民主主義を救え!

The People vs. Democracy

Why Our Freedom Is in Danger and How to Save It

民主主義を救え!

ヤシャ・モンク
YASCHA MOUNK

吉田 徹=訳
YOSHIDA TORU

岩 波 書 店

THE PEOPLE VS. DEMOCRACY
Why Our Freedom Is in Danger and How to Save It
by Yascha Mounk

First published 2018
by Harvard University Press, Cambridge, MA.

This Japanese edition published 2019
by Iwanami Shoten, Publishers, Tokyo
by arrangement with
Yascha Mounk c/o ICM Partners
acting in association with Curtis Brown Group Limited
through Tuttle-Mori Agency, Inc., Tokyo.

日本語版に寄せて

過去のことを遠い将来にまで投影するのは、人間精神に共通する弱点なのだろう。過去数年に急上昇した株価がそのまま続くだろう、あるいは過去五シーズンで勝利を収めたチームが再度勝利するだろう、と予測するようなことだ。しかし、時として同じ行為が異なる結果をもたらすのではなく、同じ行為が同じ結果をもたらすと仮定することが狂気の定義として相応《ふさわ》しいこともある。二〇世紀初頭、ニューヨークで荷馬車が増え続けたために街頭は馬糞だらけになると報告されたが、その時に自動車の発明は決して予期されなかったのだ。

この本を仕上げている時、こうした人間ならではのバイアスを反映して、自身の極めて悲観的なポピュリズムの台頭についての判断も間違っているのではないのかという疑念が頭から離れなかった。すでに目撃した驚異的な権威主義的なポピュリズムの台頭――トランプの当選、フィリピンのドゥテルテの権力掌握、あるいはドイツのＡｆＤ（ドイツのための選択肢）の急伸――は止むのではないか、と。やがて止むこともあるだろう。しかし過去数年の出来事は、これとは異なる方向を指し示している。

今のところ、民主主義に対するポピュリズムの脅威はより深刻なものとなっている。

アメリカでは、トランプ大統領が驚くべき形で民主的な制度を攻撃している。選挙戦中には、ライバルは収監されると脅し、選挙結果を受け入れるかどうかもわからないとまで宣言し、公職に就いてからは、政府の主要な機関の独立性を脅かし、非常事態宣言にまで手をかけようとしている。共和党も今のところ、彼の狂信的な攻撃を支持している。トランプが二〇二〇年の大統領選で敗北し、ホワイトハウスを恥に晒したまま去るにせよ、彼のプレジデンシーは、最も古い民主主義国であっても、それが脆いものであることを証明するものとなるだろう。民主主義的伝統に対する彼の軽蔑、政権を襲う数々のスキャンダルがあっても、彼は共和党を味方につけ、議会への説明責任から逃れ、大統領の権限を危険なまでに拡張し続けたのだ。

ヨーロッパの状況も大きく変わらない。一九四六年三月、ミズーリ州フルトンでチャーチル元首相は、バルト海のシュテッティンからアドリア海のトリエステまでヨーロッパの中心に「鉄のカーテン」が引かれつつある、と述べた。今日でも、この歴史的境界線——ポーランドとチェコに始まり、ハンガリーとオーストリアへと至る——は、権威主義的なポピュリストの統治によって依然として引かれ続けているようにみえる。

一例を挙げよう。ハンガリーは、活力ある市民社会、自由で公平な選挙をしていた過去、そして相対的に高いGDPから、政治学者はかねてからこの国を「確立した民主主義国」に認定していた。しかし、この本で示したように二〇一〇年にヴィクトル・オルバンが首相になってからというもの、この国は独裁制に近づいていった。首相は最高裁と選挙委員会を腹心で埋め尽くし、国営チャンネルを政権プロパガンダの道具へと変え、批判的な新聞を味方にして支配下に置き、国の選挙制度に打撃を与えた。ここ数年、彼の抑圧はさらに高まり、国内の有名大学〔中央ヨーロッパ大学——訳者註、以下同〕は国外移転を余儀なくされた。しかもオルバンは、それほど自由でもなく、あまり公平でもない選挙によって再選されたのだ。フリーダム・ハウスは、ハンガリーは「部分的に自由」だとしているが、こう指定されるのはEU加盟国で初めてだ。

ハンガリー、ポーランド、チェコといった国で懸念されることを、全体主義的な統治と民主的制度の若さに求めようとする向きもあるかもしれない。しかしイタリアでは二〇一八年の選挙でポピュリストが三分の二の得票を手にし、かつての共産党とファシストの協定を想起させる五つ星運動（M5S）と同盟の連立政権が生まれた。

あちこちで似たような状況が起きた結果、民主主義はグローバルに衰退している。以下で紹介する報告書によれば、私たちは「民主主義の後退」の一三年目に突入している。その年月のうち、民主主義に近づくのではなく、遠ざかる国の方が多くなったのだ。そして世界で最も多くの人口を抱える三つの国は権威主義的なポピュリストによって統治されている。

こうした政権が長期に及ぼす影響はどのようなものなのか。リベラル・デモクラシーを大事に思う市民は自らの政治システムを救うために一致団結できるのか。

数カ月前に、筆者とジョーダン・カイルは世界のポピュリストが民主的制度にどのようなインパクトを与えているのかについての初の体系的な調査を行った〔内容は『「ポピュリスト統治」がもたらすもの』『世界』二〇一九年四月号に掲載〕。その結果は恐るべきものだった。ポピュリスト政権は一般的な政権よりも、国の民主主義を後退させる可能性が四倍も高かったのだ。自由で公平な選挙で敗北した結果、あるいは任期満了から下野するポピュリスト大統領や首相はごくわずかだ。半数は、自らのより大きな権限行使を可能にする憲法改正を実現させている。多くは市民的・政治的自由を大きく制約した。また、選挙戦に汚職を根絶すると約束しておきながら、彼らの国は平均してより腐敗していったのである。

しかしこうした悪いニュースがある一方で、この調査が示したのは運命論的なものではない。なかには、規律のとれた熱意ある反対勢力が政府の権限拡張を食い止めた事例も含まれている。権力を集中させ国民の自由を破壊することに成功する権威主義的ポピュリストがいる一方で、独裁的傾向を持つ者を選挙で打ち負かし、悪逆無道から弾劾によって追い払うことに成功した市民たちも存在するのだ。

こうした事例は、ポピュリストが民主主義を深刻な形で傷つけることを示している。同時に、国の運命は民主主義を守る者たちの手にかかっていることも明らかになった。では彼らには――私たちには――何ができるのだろうか。

他国の経験からは、大事な三つの教訓を引き出すことができるだろう。まず、対抗勢力が、ポピュリストの恫喝の奥底に潜む狡猾さに気づかず、過小評価してしまうことだ。チャベスは長らく権力を維持するほどの能力を持っていないだろうとしたベネズエラの上層階級から、ベルルスコーニは道化じみた詐欺師にすぎないと国民は気づくだろうとした教養あるイタリア人まで、高を括っていた人々は一掃されてしまったのである。さらにこうしたポピュリスト政治家に対する軽蔑は、彼／彼女の支持者に対する態度でも共通していた。

次に、ポピュリストに抵抗しようとする者たちは、自分たちの無力さに気づくまで、力を合わせて協働しようとしない。多くの国でポピュリストたちが権力を掌握できたのは、野党勢が選挙協力で合意できなかったからに他ならない。権威主義的な脅威が立ち現れた時、一致団結は容易《たやす》いものと思われるが、実際はその反対であることが多い。苦痛と恐怖に駆られてポピュリストに対抗せんとする者たちは、政治に誠実さを求めるあまり、ポピュリストに背を向けたかつての味方にも踏み絵を踏ませようとしてしまう。

三つ目は、国にとってよりポジティブなイメージを提供することに失敗した。同胞市民に対して何が提供できるかを説くのではなく、敵の失政を喧伝することに躍起になってしまうのだ。ポピュリストの嘘や偏見、悪趣味を言いつのれば、国は悪夢から目を覚まして新しいスタートを切ることができると考えているかのようだ。

しかしポピュリスト支持者の多くは、自分たちがもり立てている相手が嘘つきで、憎しみに溢れ、がさつであることを十分承知している。彼らは既成政治家が無力であるからこそ、ポピュリスト政治家に惹かれるのだ。ポピュリストが非現実的な公約のわずかな部分でも実行してくれるかもしれない、と信じているのだ。そして最後には旧態依然とした政治家の偽善を一掃してくれると期待するのだ。

対抗勢力がポピュリストを追い払うのが簡単であった証はない。しかし以上の三つの教訓はどのような行動を採るべきかの指針を示すものだ。民主主義の守護者がポピュリストの脅威を深刻に受け止め、旧来のイデオロギー的分断を超えて協働し、そして生産的な選択肢を示すことができれば、自分たちの制度を守ることのできるチャンスは確実に増すのだ。

過去数カ月にこの本の翻訳が出た国々——たとえばブラジルやイタリア——では、読者の多くは自分たちの権威主義的な政権に対してどのように抗したら良いのかについて思い悩んでいる。日本の読者が直面している問いは異なっているかもしれない。それは、なぜハンガリーやアメリカに至るまでポピュリズムの危機が生じているにもかかわらず、同じような政治勢力が日本の政治システムでは見られないのか、という問いだろう。

それにはいくつかの答えがあるように思われる。一つは、権威主義的なポピュリストは、移民と人口動態の変化に対する広範なバックラッシュを元手にしているということだ。だから日本社会の相対的な均質性のもとでは、政治的起業家が排外主義的な戦略をとるには困難が伴う。

多くの国の政治は、今や過去の不正義——奴隷制度やホロコースト——を糺そうとする文化左翼と、こうした記憶の政治に反感を覚える文化右翼によって展開されている。反対に、国の暗い過去をめぐる争いが相対的に少ないということは、皮肉にも極右がバックラッシュを扇動する余地がないと言えるかもしれない。

北アメリカと西ヨーロッパの市民の多くは、急激な経済成長があった時代をもはや覚えていない。戦後の驚異的な発展の喪失は、政治システムが持っていた慈悲と効率性のオーラをも奪い去ってしまった。過去数十年に、日本もまたアメリカと同じように景気停滞の苦しみを味わった。しかし、高度成長の時期が比較的最近まで続いたことで、政治はまだ善意という遺産に頼ることができている。

こうした説明は日本にも多少なりとも応用できるように思える。それ以外の説明要因も多く見つけることができるだろう。日本の極端な高齢社会、中国の脅威による国民の一体化、市民・企業・政治家の間の合意形成によって他国よりも状況が良い、等々だ。しかし、社会科学者が「もっともらしい説明（Just so stories）」と呼ぶところのものには注意しなければいけない。すでに知られている結果を説明するもっともらしい因果関係を見出す態度のことだ。

過去にはすでに、隣国よりも遅れてポピュリズムを経験した国の政治や知的エリートが、自分たちの国ではなぜポピュリズムが生じないのかについて過信した議論を展開していた。二〇一六年秋に著名なドイツ政治家たちにインタビューした際、彼らはこぞって第二次世界大戦の経験から極右ポピュリスト政党が国政に進出することなどない、と口にしたものだ。それから一年も経たないうちに、ＡｆＤは連邦議会で第三の勢力へと伸張したのだ。トランプ当選直後にカナダに行った際、同国の福祉国家と寛容の精神から、アメリカのような政治家は現れないと言われたものだ。しかしアルバータ州やオンタリオ州で、ポピュリスト政治家は勢いを増しつつある。

つまり、日本の民主主義はアメリカやイギリスよりも確固とした基盤の上にあり、列島を取り巻く急激な環境変化に国民が動じない可能性がないわけでもない。しかし、日本がポピュリズムとは無縁だとする説も、それは単にポピュリズムが遅れているだけで、避けられているわけではない可能性も排除できないのだ。他国にとっての真は、また日本にとっても真なりだ。過去の傾向を楽観的に将来に投影する者は、結局のところ、道に迷うことになるのだ。

目次

日本語版に寄せて　1

序章　失われていく幻想　3
リベラリズムとデモクラシーの衝突　3／リベラル・デモクラシー存続の条件　16／非常時に生きる　20

第1部　リベラル・デモクラシーの危機　25

第1章　権利なきデモクラシー　31
政治は簡単にできている（そしてそれに反対するものは当然嘘つきだ）　38／「私はあなた方の声」（そして私以外はみな裏切り者）　44／人々こそが決める（そして何を決めても許される）　49／ポピュリストの原動力　54

第2章　デモクラシーなき権利……57
選挙の制約　64／法を作る官僚機構　65／中央銀行　71／
司法審査　74／国際条約と国際組織　78／議会を組み入れる　81／
カネ　82／ミリュー　92／見えない出口　96

第3章　民主主義の瓦解……103
民主主義への恋に冷めた市民たち　109／
市民は権威主義体制という代替案に惹かれている　112／
民主的価値尊重の低下　117／若者には期待できない　124／
衰退の先にある危険　128／「パフォーマンスの危機」　134

第2部　起　源……137

第4章　ソーシャルメディア……141
テクノ楽観主義者たち　145／テクノ悲観主義者の逆襲　147／
落差を埋めるもの　151

第5章　経済の停滞……157
生活水準の低下　159／将来不安　162

第6章　アイデンティティ……167
多元主義への反旗　171／ルサンチマンの地理　175／
人口的不安　180／段階を下る　185

第3部　何をなすべきか……189

第7章　ナショナリズムを飼いならす……201
排外主義的ナショナリズムの復活　205／
ナショナリズム放棄の誘惑　208／包摂するナショナリズム　215

第8章　経済を立て直す……225
課税　229／住宅政策　233／生産性を高める　236／
現代的な福祉国家　238／意味ある仕事　241／国家の意義　244

第9章　市民的徳を刷新する……247
政治の信頼を取り戻す　250／市民を育てる　255
最終章　信念のために戦うこと……265
悲観と楽観　268／アグリッピヌスの忠告　275
訳者あとがき　279
原　注／人名索引

序章　失われていく幻想

歴史が遅々として進まない、長い時間がある。選挙に勝ったり負けたり、法律が成立したり廃止されたり、新たな星が生まれ、古き者は墓穴に入る。しかし、時間の流れる日常、すなわち文化、社会、政治を導く北極星はそこに輝き続けているようにみえる。

すべてが一瞬にして変わるかのような短い時間もある。新参者が政治の舞台を荒らす。有権者は昨日まで想像すらしなかったような政策を声高に要求する。長きに亘って息を潜めていた社会の対立が激しく噴出するようになる。堅牢と思われた統治システムが時代遅れのものに感じられる。

そのような時代に私たちは生きている。

リベラル・デモクラシーの勝利は最近まで、確固たるものにみえた。多くの欠点があるにせよ、市民のほとんどはこの統治様式を深く愛していた。経済は成長し続け、ラディカルな政党が影響力を持つこともなかった。政治学者は、フランスやアメリカのような、大昔に民主主義をわがものとした国のそれは確固としたものであって、将来も大きく変化しないと考えていた。政治の未来は、過去と大きく変わらないと思われていたのだ。

未来が現実となり、そしてそれは過去とは大きく異なることが明らかになった。

市民は長い間政治に幻滅していたのが、今では落ち着きを失ったばかりか、怒り、軽蔑心すら抱いている。政党制も長きに亘って固定されたままと思われていた。今ではアメリカ、ヨーロッパ、アジア、オーストラリアといった国々で、権威主義的なポピュリストが台頭している。特定の政党や政治家、政権を嫌う有権者はこれまでもいた。しかし今では、リベラル・デモクラシーそのものが嫌われる対象になっているのだ。

この民主主義の危機の劇的な象徴は、ドナルド・トランプがアメリカ大統領になったことだ。彼が当選したことの意味を強調しても、し足りることはない。世界で最も早くに民主制を取り入れた大国の歴史で初めて、その憲法をおおっぴらに批判する大統領が選ばれたのだから。彼は選挙戦中、選挙の結果を認めるかどうかすら言明せず有権者をけむに巻き、対立候補を投獄すると言い募り、味方の民主主義国よりも敵対する権威主義国を好むと主張してきた(1)。トランプの大統領としての権力は、さまざまな形で実際には拘束されるが、アメリカ国民が国の最高権力者として、権威主義者になりかねない人物を選んだことは、決して良い兆候とは言えまい。

もっとも、トランプ選出は例外的な出来事ではない。ロシアとトルコでは、選挙で選ばれた強権的リーダーによって真っ当な民主主義が選挙独裁へと変えられてしまった。同じようにポーランドとハンガリーでは、ポピュリスト政治家が自由な報道を破壊し、独立機関を弱体化させ、野党を威嚇している。

多くの国が後に続くだろう。オーストリアでは極右政治家が大統領になりかけた。フランスでは政局が大きく動き、極左と極右が躍進しようとしている。スペインとギリシャでは、既存の政党制が息を呑むような速さで崩壊しつつある。安定して寛容な民主主義国であるとみなされてきたスウェーデン、ドイツ、オランダでも、極右がかつてないほどの支持を集めている。

私たちがポピュリズムの台頭（ポピュリスト・モーメント）を目の当たりにしていることは間違いない。問われるのは、このポピュリスト・モーメントが、いつポピュリストの時代（ポピュリスト・エイジ）へと転換するのか、つまりリベラル・デモクラシーの生存が脅かされるようになるか、だ。

リベラリズムとデモクラシーの衝突

ソ連の崩壊後、世界における支配的システムは、リベラル・デモクラシーとなった。北アメリカと西ヨーロッパで確固なものとなったのち、かつての強権的な東欧諸国やラテンアメリカ諸国にも定着し、そしてアジアやアフリカ諸国へと伝搬していった。

リベラル・デモクラシーが勝利した理由の一つは、それ以外の確たる政治システムが存在しなかったためだ。共産主義は失敗し、イスラムの神権政治は中東以外に支持者を見出すことは難しい。中国のように、共産主義の旗のもとに国家資本主義を推し進めることも、異なる歴史を持つ国ではできない。こうして、未来はリベラル・デモクラシーのものになると思われた。

リベラル・デモクラシーの勝利が確たるものとする考えは、フランシス・フクヤマの論考によって広まっていった。一九八〇年代後半に書かれ、話題を呼んだこの論文で、彼は冷戦の終わりは「人類のイデオロギー的発展の終点であり、人間による統治の最終形態としての西側のリベラル・デモクラシーの普遍化」をもたらすと論じた。一九八九年の高揚した楽観主義を象徴するかのように、デモクラシーの勝利によって「歴史の終わり」がもたらされたと宣言したのである[2]。

もちろん、フクヤマの考えのナイーヴさにはたくさんの批判が寄せられた。リベラル・デモクラシーの拡散は不可避的なものではなく、西側から輸入されることへの抵抗（あるいは憧れ）もあるはず、との指摘もあった。また、人類が来る数世紀の間にどのような進歩を果たすのか見切るのは早すぎる、との批判もあった。リベラル・デモクラシーは、より啓蒙的な支配体系の前兆にすぎないと考えられたのかもしれない[3]。

厳しい批判が多く寄せられたものの、フクヤマの主たる主張はかなりの影響力を持った。リベラル・デモクラシーが世界中で勝利することはないだろうとした者たちも、北アメリカや西ヨーロッパといったデモクラシーの本拠地では安定し続けるとした。「歴史の終わり」論に懐疑的な政治学者たちも、その多くはその結論を支持していた。確かに、貧しい国でデモクラシーはしばしば失敗する。独裁者たちは、臣民に良い生活水準を提供できても権力の座から追われることもある。しかし、その国がいったん豊かで民主的になれば、体制は強固なものになるとされてきた。一九七五年にクーデタを経験したアルゼンチンの当時の一人当たりのGDPは今日のレートで一万四〇〇〇ドルだった[4]。しかしこの値以上に達しさえすれば、デモクラシーが崩壊した事例は今日に至るまで見られない[5]。

豊かな民主主義国のかつてないほどの安定をみて、政治学者らは多くの国の戦後史を「民主制の定着」の過程とみなした[6]。曰く、持続的なデモクラシーを維持するためには、高水準の所得と教育を確保しなければならない。そして力強い市民社会を作り上げ、司法といった主な国家制度の中立性を確保しなければならない。政治的帰結を制するのに、主たる政治勢力は腕っ節の強さや財布の中身ではなく、有権者の投票に従わなければならない。しかし、こうした目標は多くの場合、難しいものだった。

デモクラシーを作り上げるのは簡単なことではない。しかし、それがもたらす果実は希少でありつつ、永続的なものだった。デモクラシーの基準が満たされれば、その政治制度は半永久的に安定的とみなされた。こうした観点から、民主制の定着は、一方通行だとされた。政治学者ファアン・J・リンスとアルフレッド・ステパンの有名な言葉を借りれば、デモクラシーが「街での唯一のゲーム」となり、そのゲームはずっと続くものと思われたのだ(7)。

政治学者のこうした想定はかなりの確信に満ちていたため、民主制の定着がいかなる条件のもとであれば、逆方向に向かうのかといったことについては、さほど考慮されてこなかった。もっとも、最近の政治的現象は、デモクラシーについてのこうした自信を疑問にさらしている。

四半世紀前まで、リベラル・デモクラシーに住む市民たちは自分たちの政府に満足しており、そのさまざまな制度を是認していた。それが現在、彼らはかつてないほど、これらに幻滅している。四半世紀前、多くの市民はリベラル・デモクラシー国に住むことを誇りに思っており、統治システムが権威主義的になることを強く拒否していた。しかし現在にあって、彼らはますますデモクラシーを敵視するようになっている。四半世紀前には、敵対する政治勢力同士であっても、基本的な民主的制度や価値は尊重されていた。しかし今日、リベラル・デモクラシーの最も基本的な価値を侵す候補者が、多くの権力と影響力を行使するようになっている(8)。

私自身の研究から二つの事例を紹介してみたい。たとえば、アメリカの高齢者の三分の二は、民主主義国に生きることが非常に大事だと回答している。しかし、ミレニアル世代〔一九八〇年代生まれ〕では、この割合は三分の一にまで低下する。アメリカ人のデモクラシーへの愛着の弱体化は、権威主義的な政治への許容にもつながる。もう一つ例を挙げるならば、一九九五年には統治制度として軍事政権が好ましいとしていたのは一六人に一人だったのが、今日そう考える人の割合は六人に一人にまで増えている(9)。

こうした根本的な状況変化にあって、デモクラシーの安定が確固たるものだと考え続けるのは愚か者でしかないだろう。戦後期最初の大きな想定――自由で公正な選挙を通じて政権を交代させることのできる豊かな国はずっと民主的であり続ける――は、もはやそれほど信頼できないものとなった。

私たちの政治的想像力の前提となってきたこの最初の大きな想定がさほど確かなものでないとするなら、これに続く第二の想定を立てなければならなくなる。

まず、私たちはリベラリズムとデモクラシーが一体不可分のものだと考えてきた。それは私たちが民意と法の支配、人々が自分たちのことを自分たちで決めることができることと、個人の権利を守ることの両方が大事だと思っているからだけではなく、それが互いに相互補完的だからだ。

実際、このどちらかが欠けてしまえば、リベラル・デモクラシーの生存は叶わないと信じるに足る理由がある。人々が自由に物事を決めることができるシステムは、金持ちや権力者がそれ以外の者たちによって権利が踏みにじられないことを保障する。一部のマイノリティの権利が守られ、報道機関が政府を自由に批判できるようなシステムも、人々が為政者を自由で公正な選挙を通じて変えることを保障する。こうした想定は、個人の権利と民意とは、リンゴとパイ、あるいはツイッターとドナルド・トランプと同じくらい、自然な組み合わせだとしてきた。

しかし、システムが現実に機能するためにこの二つの要素が十分になければならないこと、そしてその二つの要素を有するシステムが安定していることとの間には関係がない。反対に、リベラリズムとデモクラシーの相互依存は、政治においてその片方が機能不全を来すと、その片方までもが機能不全に陥ることを意味する。つまり、権利なきデモクラシーは、アメリカ建国の父たちが最も恐れた事態に帰結することになる。すなわち、「多数者の専制」だ。他方、デモクラシーなき権利も不安定なものとなる。政治制度が富豪と官僚に乗っ取られれば、重要な決定から人々を遠ざけておこうという誘引は高まるばかりとなるからだ。

そしてリベラリズムとデモクラシーのこうした穏やかな分離こそ、現下で起きていることかもしれないのだ。その結果は、想像以上に深刻なものであるだろう。

大西洋の両側で成功を収めているポピュリスト政治家のスタイルや言説が、それぞれ大きく異なっているのは確かだ。

ドナルド・トランプ大統領を、純粋にアメリカ的な現象だとみなすことは可能かもしれない。その粗野なマナーから金持ちであることの自慢まで、彼はアメリカの歩く偶像のようだ。ソ連のプロパガンダ省が敵国の風刺画を漫画家に命令したとしたら、同じような人物が描かれることになるだろう。実際のところ、トランプは非常にアメリカ的なのだ。彼がビジネスマンとしての実績を誇るのは、アメリカ文化で起業家精神が崇めたてられているからだ。彼の怒りの矛先も、アメリカの文脈に置けば理解できよう。リベラルなエリートが人民が銃を持つ権利を奪おうとしているとの主張は、ヨーロッパでは的外れなものだとしてもだ。

それでも、トランプが突きつけている脅威の本質は、より広い観点から捉えられなければならないはずだ。アテネやアンカラ、シドニー、ストックホルム、ワルシャワからウェリントンに至るまで、主たる民主主義国で極右ポピュリストが力を増しているのだ。これらの国で台頭するポピュリストの間の明らかな違いにもかかわらず、共通点は根深く、同じような形で政治制度を危機に晒しているからだ。

アメリカのドナルド・トランプ、イギリスのナイジェル・ファラージ、ドイツのフラウケ・ペトリ、フランスのマリーヌ・ルペン、こうした政治家はみな、既存の政治家が主張するよりも現代の最重要課題は簡単に解決でき、普通の人々の大半がそれを半ば直感的に知っていると主張する。根底において、彼らは政治をとてもシンプルなものとみなしている。つまり、民の純粋な声が響き渡れば、人々の不満はすぐにでもなくなるだろう、と。こうしてアメリカ（あるいはイギリス、ドイツ、フランス）は再び偉大になるのだ、と。

こうした主張には疑問も生じよう。もし現代の抱える政治問題がそんなに簡単に解決できるなら、それはなぜ放置されたままなのか。ポピュリスト政治家は、現実世界が複雑であることを認めないから――解決策を見出すのは善意の人々にとっても難しい――、問題を誰かのせいにせねばならない。そして実際、誰かのせいにしているのだ。

まず、真犯人は国外に求められる。だから、トランプがアメリカ経済の問題を中国のせいにするのは論理的なことなのだ。あるいは、彼がアメリカはレイプ犯罪者（メキシコ人のことだ）やテロリスト（イスラム教徒のことだ）の巣窟になっているとして、人々の不安を煽っているのも驚くに値しない。(10)

ヨーロッパのポピュリストは敵をもっと違うところに見出し、本音ももっと慎重に漏らすことが多い。しかし、彼らのレトリックも同じ論理をまとっている。トランプと同じく、ルペンとファラージは、所得が伸び悩んだり、自国アイデンティティが移民のニューカマーによって脅威に晒されていたりするのは外の者たち――イスラム教徒の物乞いやポーランド人の配管工――のせいだという。そして、これまたトランプと同じように、彼らは政治的エリート――これにはブリュッセルのEU官僚から、嘘つきのメディアまでが含まれる――は、果たしようのない約束を破ったとして非難する。ポピュリストたちはみな、首都にいる者たちは自分たちの利益しか考えていないか、国民の敵と結託しているとみなしている。また、政治エリートたちは多様性に対する誤った固執をしているともいう。そうでなければ、彼らは国の敵の味方をしているのだという。あるいは――もっとも簡単な説明をすると――彼らは何らかの意味で外国人であり、イスラム教徒であるか、もしくはその両方なのだ。

こうした世界観は、往々にして多くのポピュリストが現実に抱いている二つの政治的欲望につながる。一つ目の欲望は、誠実なリーダー――人々の純粋な外見を有し、彼らのために戦う存在――が公職につかなければならないということ。もう一つは、このリーダーが公職についた暁には、民意を体現することを妨げている制度的な障害を取り除くことである。

もっともリベラル・デモクラシーは、特定の勢力が強大な権力を手中にすることを避けて、異なる集団の利益を調和させるため、多くのチェックアンドバランスの機能を備えている。反対にポピュリストの想像の中では、民意は何らかの形で媒介される必要はなく、いかなる少数派との妥協も、腐敗を意味する。こうした観点からは、彼らは根本的には民主的であるといえる。従来の政治家以上に、彼らは**デモス**（人民）こそが統治すべきと考えているからだ。しかし彼らはまた、根本的には非リベラルである。従来の政治家と異なり、独立した機関や個人の権利であっても、人々の声を歪曲してはならないと声高に主張するからだ。

ポピュリストが台頭し、権力の座に就くことでリベラルな政治制度が破壊されるというのは懸念にすぎないのだろうか。しかし、そうした事例は過去において珍しいものではなかった。すでにポーランドやトルコでは、非リベラルなポピュリストたちが指導者の座に収まっているのだ。彼らは、自らの権力基盤を固めるために、似たような手段に頼った。まず、名指しされた内外の敵との緊張関係を高め、次に自らの分身を法廷と選挙監視委員会に送り込み、そしてメディアをコントロールする。[11]

たとえばハンガリーのデモクラシーは、ドイツやスウェーデンなどと比べてまだ日が浅く、脆いともいえる。それでも一九九〇年代を通じて、その行く末について政治学者は楽観していた。彼らは、ハンガリーは民主制への移行を成功させるためのあらゆる要素を兼ね備えている、としていた。過去に民主主義の経験を持っており、他の東欧諸国と比べて全体主義の遺産も少なく、共産主義の旧エリートは新しい体制に組み入れられ、国自体も民主主義国に囲まれている、等々。社会科学の言葉を使えば、ハンガリーは「最も適合的な事例」だった。もしここでデモクラシーができ上がらなければ、その他のポスト共産主義国でも成功しないだろう、と思われていた。[12]

こうした予測は、一九九〇年代を通じて現実のものになるかと思われた。経済は好調で、政権交代もあった。活気ある市民社会は批判的なメディア、強力なNGO、中央ヨーロッパで最も優れた大学を生み出すに至った。デモクラシーはハンガリーに定着したかにみえたのだ。[13]

しかし、困難が生じるのも早かった。多くのハンガリー人は経済成長の果実の分け前が少なすぎると感じ始めた。そして、大量の移民が到来して、(現実ではなかったにせよ)自らのアイデンティティが脅かされると感じるようになったのだ。そして中道左派政党による大規模な汚職事件が発覚すると、不満は一気に政権に向けられた。有権者は、二〇一〇年の議会選挙でヴィクトル・オルバン率いる政党フィデスを圧倒的な多数派に押し上げた[14]。

首相の座に収まったオルバンは、自らのルールを手際よく作り上げていった。国営テレビ局や選挙監視委員会、憲法裁判所に腹心を送り込み、支配下に置いた。自らが有利になるよう選挙制度を変え、自分の仲間に資金が渡るよう外資系企業を追い出し、NGOに厳しい規制を課し、中央ヨーロッパ大学を閉鎖に追い込もうとした[15]。

ルビコン川があったわけではない。それまでの政治的規範が破壊されたという、わかりやすい証拠があるわけでもない。オルバンのとった措置をいろいろと擁護することさえできるだろう。しかし総体的にみれば、疑いようのない結果を生んでいるかにみえる。すなわち、ハンガリーはもはやリベラル・デモクラシーではないのだ。

それでは、ハンガリーは何になってしまったのだろうか。

年を追うに従ってオルバンはこれに明瞭に答えるようになった。当初、彼は自らを保守的な価値観を持った実直な民主主義者だと規定していた。現在になって、彼はリベラル・デモクラシーへの敵対意識を隠そうとしなくなった。彼によれば、デモクラシーとはリベラルであるよりもヒエラルキカル（序列的）であるべきなのだ。こうしてハンガリーは彼の指導のもと「ナショナルな基礎に基づく新たな非リベラル国家」になるという[16]。

部外者による数多の説明より、この言葉ほど彼の姿勢を表しているものはないだろう。オルバンは一般的に非民主的とされる。確かに彼の非リベラルな改革が民意を無視していると指摘するのは正しいかもしれないが、他方ですべてのデモクラシーがその本質からしてリベラルであったり、現存する政治制度に類似すべきというわけでもないだろう。
ヒエラルキカルなデモクラシーは、支持されて選ばれた指導者が解釈する民意を、対抗的な少数派の権利や利益と妥協しないまま、体現することを可能にする。自らは民主的であるとの主張が虚偽であるわけではない。現下に生まれているシステムにおいては、民意こそが至高のもの(少なくとも当初において)なのだ。私たちが慣れ親しんでいるリベラル・デモクラシーと何が違うかといえば、それはデモクラシーが欠落していることではなくて、独立した公的機関や個人の権利を尊重しないことにあるのだ。

非リベラル・デモクラシーの台頭、もしくは権利なきデモクラシーは、二一世紀の最初の一〇年間における政治の一側面にすぎない。一般民衆がリベラルな実践や制度に対して懐疑的になる一方で、政治エリートたちは、彼らの怒りを遮蔽しようとしている。世界は複雑なのだと彼らは主張し、正しい解決策を見つけるために日夜努力している、ともいう。もし人々がエリートの進める賢明なアドバイスを無視するまでに反抗的ならば、彼らには教育が施されるか、無視されるか、もしくは言うことを聞かせるしかないのだ、と。

こうした態度が最も顕著に現れたのは、二〇一五年七月一三日早朝のことだった。大恐慌によってギリシャは膨大な債務を抱えていた。エコノミストは、ギリシャの負債は返せるような額ではなく、緊縮政策は沈む経済をさらに悪化させることにつながることを知っていた[17]。しかし、EUがギリシャのデフォルト(破綻)を許してしまえば、スペインやイタリアといったもっと大きな国に波及すると投資家は予測しかねない。こうしてブリュッセルのテクノクラートたちは、ヨーロッパ通貨システムの生存のために、ギリシャを苦難へと追いやることを決断した。

取りうる選択肢が限られる中、ギリシャの歴代政権はブリュッセルの勧めに従ってきた。しかし、年を追うごとに経済規模が縮小し、若年層の失業率が五〇%を超えるようになると、絶望した有権者たちは、緊縮策に終止符を打つと約束した若いポピュリスト指導者、アレクシス・ツィプラスを首相に押し上げた[18]。

ツィプラスが首相になって一番に取り掛かったのは、欧州委員会、欧州中央銀行(ECB)、国際通貨基金(IMF)によって代表される主たる債権者との再交渉だった。しかしこの「トロイカ(三頭)」と呼ばれた機関は交渉に応じようとしなかった。ギリシャは欠乏の中で我慢するか、破綻を選び、ユーロ圏を離脱するしかなかった。厳しい救済プランを前に、二〇一五年夏にツィプラスには二つの選択肢しか残されていなかった。テクノクラートの要求の前に跪くか、ギリシャを経済的カオスに陥らせるかのいずれかである[19]。

重大な決断を前に、人々による統治を求めるシステムにあって、ツィプラスはごく自然な判断を下した。それは国民投票の呼びかけだった。この判断に対しては、たくさんの、ありとあらゆる批判が寄せられた。ヨーロッパ各国の指導者は、国民投票は無責任だとした。ドイツのメルケル首相は、トロイカはすでに「非常に寛大」な申し出をしているのだとした。メディアもツィプラスの決断を非難した[20]。

熱狂の中、ギリシャは二〇一五年七月五日に国民投票を実施する。結果は、ヨーロッパの官僚エリートたちに対する大きなしっぺ返しだった。結果についてさまざまに警鐘が鳴らされたものの、有権者たちは自分たちの誇りを失うことを拒否し、トロイカとの取引を拒否したのだ[21]。

民意の明白な付託を受け、ツィプラスは再び交渉の場に臨んだ。少なくともトロイカの歩み寄りが期待されたからだった。もともとの提案は引き下げられたものの、しかし代わりに提示されたのはもっと強硬な緊縮策だった。(22)

ギリシャの破綻が現実味を帯びて、ブリュッセルに集まったヨーロッパの政治エリートたちは密室でのマラソン交渉に臨んだ。七月一三日早朝、血走った目と青白い顔をしたツィプラスがテレビカメラの前に現れた時、交渉は彼を血祭りにあげるものにすぎなかったことが白日の下に晒された。ギリシャの人々が受け入れようとしなかった救済案が拒否されてから約一週間後、ツィプラスは当初案よりも明らかに厳しい合意に署名せざるを得なかった。(23) つまり、テクノクラシーが競り勝ったのだ。

ユーロ圏の政治は、人々が目の前で起きていることに対し、ますます無力になっていると感じさせるシステムのわかりやすい例だ。(24) しかし、それはもはや珍しいものではない。北アメリカと西ヨーロッパでは多くの政治学者が見過ごしていた非民主的なリベラリズムの形が、根付いている。この統治様式において、手続きの正しさは（多くの場合）丁寧になされ、個人の権利は（大体において）尊重されている。しかし有権者は政策に影響力を持っていないという無力感に苛まれることになる。

そして、彼らが間違っているというわけではないのだ。

ハンガリーでのポピュリズム台頭とギリシャに対する官僚支配は、正反対の事例のようにみえる。前者は、法の支配と少数派の権利を守るための独立機関が民意によって駆逐された。後者は、市場の力と官僚の信念が民意を駆逐した。

しかしハンガリーとギリシャは同じコインの表裏なのだ。世界の民主主義の中で、この両国は異なる道を歩んでいる。一方において、人々は非リベラルであることを望んでいる。有権者は独立した機関に対し批判的で、民族的、宗教的マイノリティの権利に厳しい目を向けている。他方でエリートは政治制度を支配して硬直的なものにしている。権力者たちは人々の意見に従わなくなっているのだ。その結果、私たちの政治制度の主たる要素であるリベラリズムとデモクラシーは、衝突するようになったのだ。

学者であれば、リベラリズムとデモクラシーは、時として互いに関わり合いを持たないということを知っているだろう。一八世紀のプロイセンは、絶対王政のもとで臣民の（部分的な）権利と、（限定的な）表現の自由を認めるという、相対的にはリベラルな形で統治がなされていた[25]。反対に、古代アテネの民会では、不人気な政治家を追放したり、批判的な哲学者を処刑したり、政治演説から歌に至るまでを検閲するような、非リベラルな決定が下されていた[26]。

そうであっても、政治学者は長い間、リベラリズムとデモクラシーは補完的なものだと考えてきた。個人の権利と民意がいつも両立するとは限らないが、そうであるべきとの考えは急速に広まった。それは、リベラリズムとデモクラシーが邂逅する時、安定していて、強靱で、一貫性ある対となると考えられたからである。

しかし人々の世界観が非リベラルになり、エリートの選好が非デモクラティックになって、リベラリズムとデモクラシーは衝突するようになった。北アメリカと西ヨーロッパのほとんどの政府の特質だった、個人の権利と民衆による支配という、独特な組み合わせを持つリベラル・デモクラシーの結び目は解けようとしている。その代わりに私たちが目にしているのは非リベラル・デモクラシーもしくは権利なきデモクラシー、そして非民主的なリベラリズムもしくはデモクラシーなき権利の台頭なのである。

リベラル・デモクラシー存続の条件

その昔、幸せな鶏がいたそうだ。鶏に毎日農夫が餌をやりに来た。鶏は毎日少しずつ肥え、少しずつ大きくなっていった。

農場の他の動物は鶏に注意した。「君はもうすぐ死ぬんだよ」と。「農夫は単に君を太らせようとしているんだよ」

鶏は耳を貸そうとしなかった。その一生はずっと優しい言葉をかけ、餌をくれる農夫とともにあったからだ。そうした日々がなぜ突然に変わってしまうというのだろう?

しかし、それでもある日、変わったのだ。「鶏の一生で毎日餌をやっていた男は、最後にその首を捻った」と、バートランド・ラッセルは冷たく書いている(27)。鶏が若く、痩せているからこそ、農夫は太らせようとしたのだ。市場に出せるようになれば、殺される。

ラッセルがここで言いたかったのは、安易な予測は慎むべきということだ。過去に起きたことがなぜ起きたのかを理解しない限り、この素直な鶏の話のように、未来はそのまま続くと思い込むことになる。鶏がある日突然に世界が終わることを予期できなかったように、私たちもまた、これから起こる変化に目を閉じたままかもしれない。

もし私たちがデモクラシーの未来について意味ある問いを発したいのであれば、「鶏問題」を問わなければならない。過去のデモクラシーの安定は、今日すでに存在しない条件があって初めて維持されていたのではないか、と。

答えはイエスであるように思われる。

デモクラシーが生まれてからというもの、それは少なくとも三つの要素に特徴付けられていたが、今日では、それらの条件はすべて揃っていないのだ。

まず、デモクラシーが安定していた時代、多くの市民は生活水準の急激な改善を経験していた。たとえば一九三五年から一九六〇年まで、平均的なアメリカ家庭の所得は倍増した。一九六〇年から一九八五年にかけて、さらに倍増した。しかしそれ以来、所得は横ばいのままだ(28)。

これはアメリカ政治のラディカルな変化につながった。アメリカ市民は政治家一般を好いていたとはいえないが、それでも政治家は公約を守り、結果として自らの生活も上向くはずと、概ね信頼していた。しかし今日、この信頼と楽観はもはや雲散霧消している。市民は将来を大きく悲観しており、もはや政治をゼロサムゲームとみなすようになった。移民やエスニック・マイノリティにとって得になることは、自分たちの損になる、といったように(29)。

これは安定した過去と、ますます混迷する現在との二つ目の違いにつながる。デモクラシー安定の歴史においては、特定の人種ないしエスニック集団が支配的地位にあった。アメリカとカナダでも明瞭な人種的な序列があり、その頂点は白人が占めていた。西ヨーロッパでこの支配はもっと明確だった。単一のエスニシティのもとに作られたドイツやスウェーデンといった国が移民を国民の一員と認めたことはなかった。私たちは、デモクラシーの機能は、こうした画一性に一定程度依存しているということを見逃しがちである。

大量の移民と社会運動の時代を通じて、こうした社会は根本的に変化していった。北アメリカでは人種的マイノリティがマジョリティと同じ座に就くようになった。西ヨーロッパでは、移民の子孫たちが、肌の色が黒かったり、褐色であったりしても、真のドイツ人やスウェーデン人であり得ると主張し始めた。社会の一部分がこの変化を受け入れ、あるいは歓迎するにしても、他の部分はこれに対して恐れを抱き、憤っている。その結果として、民族的、文化的多様性に対する大規模な反乱が西半球を覆うようになった(30)。

さらに最終的な変化が短期間のうちに世界を襲っている。最近まで、マス・コミュニケーションは政治的、経済的エリートが独占していた。新聞紙を刷ったり、ラジオ局を運営したり、あるいはテレビネットワークを管理するコストは、一般市民が担えるものではなかった。しかしこのことで、政治エリートは極端な意見を排除することができていた。政治は相対的に常識の範囲に留まっていたのだ。その反対に、過去四半世紀でのインターネット、特定のソーシャルメディアの台頭は、政治的インサイダーとアウトサイダーの力関係を急速に揺るがすようになっている。今日では、どんな市民でも一瞬にして数百万もの人々に噂話を広めることができる。政治的に組織することのコストは限りなく低くなった。そして中心と周辺との間の技術的格差が縮まったことで、不安定を扇動する者の力は、秩序を保つ力を上回るようになっている(31)。

何がリベラル・デモクラシーの実存的危機を引き起こしているのか、そしてその危機にどう対処したらよいのかについて、私たちはようやく理解し始めたところだ。しかし、私たちが生きているこのポピュリズムの時代の予兆を深刻に捉えるのであれば、少なくとも三つの局面で行動する必要が出てくる。

一つは、不平等を和らげ、生活水準の急速な向上という期待に応えるために、国内と世界における経済政策を改革することだ。こうした観点からは、経済成長の果実のより公平な分配は、分配的正義の問題ではなく、政治的安定の問題となる。

ある経済学者は、デモクラシーとグローバル化と国民国家の三つを同時に維持することはできないと指摘している。ある哲学者は、直面する経済問題に対しては、国民国家を捨て去り国際的な解決を見出すべきと主張する。しかし、これらはいずれも間違った対処法なのだ。自由をもたらすというグローバル化の持つ潜在能力を諦めぬままデモクラシーを維持するために、国民国家はどうしたら自らの運命を再び手中に収めることができるのかを考えなければならないからだ[32]。

次に、近代の国民国家においてメンバーシップと所属とは何を意味するのか、考える必要があるだろう。どのような信条を持っていようが、どのような肌の色であろうが、構成員は真に平等でなければならない、という多民族デモクラシーの約束を反故にすることはできない。自らの国が単一民族だと考える国では、ニューカマーやマイノリティを認めることは難しいかもしれないが、専制や市民間の対立を避けたいのであれば、こうした変化の受け入れこそが現実的な選択肢となるだろう。

多民族的なデモクラシーという高貴な実験はまた、その構成員が何で分けられるのかではなく、何で結びついているのかに力点を置かなければ成功しないだろう。ここ数年、人種的な不正義に対する正当な苛立ちから、リベラル・デモクラシーの原則が偽善だと非難したり、集団的権利の集合として社会をみなすべきだとしたりする人々が出てきている。しかしこれは戦略的に間違っているばかりか、道徳的にも誤っている。構成員を尊重することのできる唯一の社会とは個人が特定集団に属していることではなく、個々人が市民であることを基礎として権利を有するものであるべきだからだ[33]。

最後に、インターネットとソーシャルメディアがもたらす変容に耐える術を学ばなければならない。ヘイト・スピーチとフェイクニュースが蔓延する中、ソーシャルメディア企業――ないし政府――がこれらを検閲しなければならないとの意見も出てきた。確かにフェイスブックやツイッターが、ヘイト集団によるこれらプラットフォーム利用を防ぐために取り得る手段はまだ多くある。しかし、政府や企業CEOによって誰がウェブで発言できるかを決められるようになれば、表現の自由は早晩失われてしまう。デモクラシーにとって安心できるようなデジタル時代は、ソーシャルメディアで広がるメッセージに対してのみならず、それがどのように受容されるかについても配慮する必要がある。

その昔、デモクラシーが大胆かつ繊細な実験だった時代、その政治制度についての善なる情報を広げるために多大な教育的・知的資源が投じられていたものだった。学校や大学は、自身の最も重要な任務は市民を育てることと自任していた。著述家や学者も、リベラル・デモクラシーの徳を説明し、擁護するために大きな役割を担っていると自覚していた。しかし、この使命感はもはや過去に消え去ってしまった。リベラル・デモクラシーはいま、実存的危機にある。そして、それを蘇生させる時が来たのだ[34]。

非常時に生きる

ある政治的決定によって、数百万の市民の生活に大小関係なく影響を及ぼすものの、国の集合的生活が危機に晒されることのない平時がある。ひどく対立していても、相対する政党はプレーするルールを承認している。互いの優位は自由で公正な選挙を通じて決せられることで合意しており、基本的な政治制度の規律についても同意しており、選挙で負ければ相手が国を統治することは正当なことであることを受け入れているような時だ。

その結果、平時に生きる人々は、あらゆる政治的勝利は暫定的なものであって、負けた側も次に勝つ見込みが期待できるようになる。今日の敗北は明日に正義が実現されるためのものであり、それゆえ、次のチャンスを待ち、平和裏な勝利の実現を目指し努力が重ねられる。

一方で、政治と社会の基本的な特性が批判の遡上に登るような非常時もある。この時、相対する政党間の対立は深まり、醜くなり、ゲームのルールも承認されない。相手の優位に立つため、政治家は自由で公正な選挙を無視し、政治制度の基礎的な規律を迂回し、敵をののしるようになる。

その結果、非常時に生きる人々は、政治によってもたらされるものこそ、本質的なものだとみなすようになる。誰が統治するかについて合意が得られないのであれば、選挙での敗北は次のチャンスが奪われることを意味してしまう。一回の政治的な敗北は永遠の政治的敗北となり、今日の負けは、国が永久の不正義のもとに置かれることを意味するかもしれないからだ。

私たちの多くは人生の大半を平時に生きていた。

私が物心ついた一九九〇年代後半のドイツでは、政治家は重要な問題について議論していた。福祉の受給権は無制限であるべきなのか[35]、あるいは移民やその子どもたちは自分たちの国籍を保持したままドイツ市民になれるのか、あるいは市民間の契約といった形で同性愛を認めるべきなのか、などの問題だ。

こうした問いの答えは、確かに来る数年間、ドイツにとって重要なものであることは確信が持てていた。将来がどうなるかは未知数だった。一方の道には、開かれていて、寛容で、歓迎の国があった。もう片方の道には、閉鎖的で、不寛容で、停滞する国があった。大きな政党の青年部の一員として、私は自分が正しいと思えるもののために戦っていた。

この時、私はアメリカという国についてほとんど無知で、もっと大事な問題がこの国で議論されていたことも知らなかった。数百万もの無保険の市民は、歯科医にかかることができるのか、自分の性的指向をカミングアウトしたからといって軍隊を除隊させられねばならないのか、福祉国家の重要な部分を廃止してしまってよいのか、などについてだ。

こうした問いの答えも、国のあり方をまた大きく決めるものだ。多くの人々の生活の質や程度、収入を左右するからだ。国がどのような道を歩むかについて――とてつもない――影響を及ぼすものだった。しかし今となっては、こうした問題は平時の政治の問題にすぎないと私は思うようになった。

それとは反対に、今日にあっては、一日を数えるごとに、私たちは非常時に生きていることが明らかになりつつある。すなわち、私たちが下す判断によって、恐るべき混乱が広がり、言い表し難い残酷な事態に陥っていくのか、それとも人類の歴史の中でかつてない平和と繁栄をもたらした政治制度であるリベラル・デモクラシーが生存できるかがかかっているのだ。

私たちが陥っている窮境はまだ始まったばかりで、あまりにも恐ろしい事態のため、それがいったい何を意味しているのか、理解しようとする者はまだいない。パズルのピースの一つひとつについては新聞やテレビ、あるいは学界でも取り上げられている。しかし、パズルのピース一つひとつにあまりにも集中してしまうと、全体の図画が見えなくなってしまうものだ。

この本では、四つの観点から、私たちが経験している、新しい政治の風景を明らかにしてみたいと思う。まず、リベラル・デモクラシーが自らの要素に分解しつつあること、すなわち、一方で非リベラルなデモクラシーへ、他方では非民主的なリベラリズムへと分岐しつつあることをみる。そして、私たちの政治制度に対する深刻な不信は、リベラル・デモクラシーの生存にとって危険な実存的危機となって表れていることを証明してみたい。また、この危機の源泉はどこにあるのかをみた上で、この破壊されつつある社会的、政治的秩序を取り戻すために何が真に有益なのかを論じてみたい。

私たちは人類史の中で最も平和で繁栄した時代に生きているという幸運に与《あずか》っている。確かに過去数年に起きた出来事は混乱と停滞を引き起こしているが、より良い未来を勝ち取るための力はまだ残されている。それでも一五年や三〇年前と比べれば、未来はより不透明なものになっている。

現在のところ、リベラル・デモクラシーの守護者たちよりも、その敵の方がこの世界をリードしようとする意思が固いようにみえる。平和と繁栄、人民の支配と個人の権利の両方を維持することが求められているのであれば、それはもはや平時ではない。私たちの価値を守るために非常時へと移行しなければならないのだ。

第1部

リベラル・デモクラシーの危機

一八三〇年のこと、フランス王は当時の最新発明を学ばせるため、イングランドに若い技術士を派遣した。マンチェスターからリヴァプールにかけて、ちょうど蒸気機関車が乗客を乗せて走り始めていたのだ。イングランドに着いたその技術士は次のような行動をとったという。

硬い小さなエンジンが世界で最初の汽車を引っ張って二つの都市の間を往来する様子を入念にノートに書き留めた。自分が観察したものについて十分な反芻をした後、彼は自分が目撃したものについてこう書いてパリに送った。「これは実現不可能なものです。動くようなものであるはずがありません」と。(1)

この技術士を嗤《わら》うのは簡単だろう。彼は科学の教義にあくまでも忠実であろうとして、時速三〇マイル〔約四八キロメートル〕の速度で目の前を通り過ぎていく物体が何であるのか理解できなかったのだ。しかし、彼の言い分もわからないでもない。想像するに、彼はノートの物理的計算に沿って現実を否定したのではなく、自分の住む世界はかくも間違ったものであってはならないという、あまりにも人間的な拒否感から、この愚かな結論を導いたに違いない。数カ月という短い期間に次々に政治的なショックが起これば、過去には合理的でプラグマティックな反応をみせていた人々が、この若いフランス人技術士の如く振る舞うのも驚くに値しない。

専門家や政治学者たちは、イギリス人は決してEU離脱に投票しないだろうと公言してはばからなかった。しかし、それは現実のものとなった。専門家や政治学者たちは、ドナルド・トランプが大統領に選ばれることなどない、と言い切っていた。しかし彼は選出された。そして専門家や政治学者は、民主主義は決して危機にあらず、崩壊することもないという。しかし、それは現実となりつつあるのだ。

私たちは不確かな時代に生きている。数年前よりも、ある出来事が起こり得る幅は、より広いものになっている。予測すること自体が以前よりも難しいものになっている。その中で、私たちをミスリードしている予測もある。それは、物事は過去にそうであったのと同じようにあり続けるはずという、最も信じられている予測だ。「これは不可能なことだ」と、同じ言葉が繰り返される。「あり得ないことだ」と。

近年になっての驚きのように、将来になっても驚かないようにするには、私たちの基本的な思い込みをまずは精査することから始めた方が良いだろう。私たちが思うほどに、多くのリベラル・デモクラシーは安定しているのだろうか。そしてポピュリズムの台頭は、私たちの政治制度の崩壊をもたらすのだろうか。

リベラル・デモクラシーが直面している危機を明確に理解するためには、それが現在何を意味しているのかを知る必要がある。しかし、これは二つの事実から、難しい作業となる。

一つは、**リベラリズム**という言葉は、普段の政治について話す時と、私たちの政治制度について話す時で、異なる意味合いを持つためだ。多くの場合、とりわけアメリカで「リベラル」という時、それは個人の政治的志向を示している。左派と右派、民主党支持者と共和党支持者がいるのと同じ意味で、アメリカにはリベラルと保守が存在する。しかし、私の使うリベラル・デモクラシーや**リベラル**という言葉は、これと異なる。この本でいうリベラルとは、表現の自由や権力分立、人権の擁護などの基本的な価値を信じていることを指す。こうした意味において、ジョージ・W・ブッシュも、バラク・オバマも、そしてロナルド・レーガンもビル・クリントンも、みながリベラルということになる。

二つ目の困難は、デモクラシーの持つ気高さから、好ましいものすべてにこの定義を当てはめるという悪い習慣に私たちが陥っていることだ。その結果、現存するデモクラシーのほとんどの定義は、次の異なる三つを区別できないままだ。リベラリズム、デモクラシー、そして北アメリカと西ヨーロッパにおいて歴史的な偶然からでき上がったさまざまな制度である。

好ましい性質を持つものすべてを、デモクラシーとして一緒くたに呼称する傾向は、最も正しい政治システム――広がる貧困や拡大する不平等などの不正義をなくすことができる理想の社会――を指すためにこの語句を用いたいと考える哲学者にもあてはまる。しかし、デモクラシーの最小定義を施すことに自覚的な政治学者もまた、リベラリズムとデモクラシー、そして議会や裁判所といった制度を区別しないままだ。たとえば政治学者ロバート・ダールのいう「手続き的最小主義者」によるデモクラシーの定義は以下のようなものだ。

- 自由、公平、競争的な選挙
- 普通選挙
- 表現・報道・結社の自由を含む市民権の広範な守護
- 選出された公職者の「統治する力」を制約する非選出の「指導」機関（たとえば軍部、王政、ある

いは宗教的権威）の不在(2)

ダールによるこの概念枠組みは、自由の権利をデモクラシーの定義と混同させてしまっている。これでは、デモクラシーとリベラリズムは区別し得るのかどうかを問うことすらできない。また、歴史的な偶然からでき上がった特定の制度からの定義は、こうした制度が人々の統治を実際に可能にするものなのかもわからない。こうして、さほど最小主義的ではないデモクラシーの定義は、私たちの政治制度の重要性を過大視することへとつながる。つまり、これらがデモクラシーとリベラリズムを実現するための手段ではなく、それが最終的な目的であるかのような錯覚を引き起こすのだ(3)。

そのため、ここで私はもっとシンプルな定義――思い込みを排除し、人々の統治を目指すというデモクラシーの約束をより反映するもの――を採用したいと思う。

- **デモクラシー**とは、民衆の考えを公共政策へと実質的に転換できる拘束的な選挙による制度／機関のことである(4)。
- **リベラル**な制度／機関は、すべての市民の表現、信仰、報道、結社の自由（民族的・宗教的少数派を含む）といった、個人の権利や法の支配を実質的に守るものである。
- **リベラル・デモクラシー**とは、単にリベラルでデモクラティックな政治システムのことである。それは個人の権利を守る一方、民衆の考えを公共政策へと転換するものである。

この定義によって、私たちはリベラル・デモクラシーが逆進する二つの方向を占うことができる。

まず、さまざまなデモクラシーは非リベラルになり得るということ。これは多くの人々が独立した機関を指導者の意思に従属させることを好んだり、嫌っている少数派を抑圧しようとしたりするところで起きやすくなる。反対に、リベラルな諸制度は、定期的かつ競争的な選挙があっても非民主的になり得る。これは選挙があっても、民衆の考えが公共政策へと転換されないといった、エリート中心の政治システムで生じやすい。

　これこそが、過去数十年間、世界の至るところで起きていることだと私は考える。私はリベラリズムとデモクラシーとは、技術的、経済、文化的前提から偶発的に結び合わされたものだと思っている。この結び目は急速に解けかかっている。そのため、リベラル・デモクラシー——北アメリカと西ヨーロッパのほとんどの統治体の特徴となった個人の権利と民衆支配というユニークな混在——が、分離するようになっている。その代わりに表れているのは、二つの新しい体制だ。一つは、**非リベラルな民主主義**あるいは権利なきデモクラシーであり、もう一つは**非民主的なリベラリズム**、あるいはデモクラシーなき権利である。実際、二一世紀の歴史が書かれる時、このリベラル・デモクラシーの二つの要素への分解は、その記述の中心を占めることになるだろう。

第1章 権利なきデモクラシー

一九八九年の秋、東ドイツという「労働者の天国」の市民たちは、ライプツィヒとドレスデンの街頭で共産党体制に対するデモを毎週月曜の夜に繰り広げていた。彼らの主たるスローガンは希望に満ち、尊厳あるものだった。群衆は「私たちこそ民衆だ」と叫んだ。私たちこそ――秘密警察でもなく、党幹部でもなく――が民衆なのだ、と。(1)

ここ三年で、このライプツィヒとドレスデンの人々は再び街頭に繰り出すようになった。二〇一五年にドイツに難民数万人が流入したことへの怒りがピークに達し、恥ずかし気もなく「西洋のイスラム化に反対する欧州愛国者（略称PEGIDA）」と名乗る運動が、メルケル首相とその政策に反対して結成された。(2)

このPEGIDAは同じ街の中心部に毎週月曜の夜に集まることで、民衆の抵抗運動の遺産を受け継いでいるとアピールした。つまり、今日メルケルに反対する者は、四半世紀前に共産党支配に反対した人々の正当な後継者というわけだ。だから本当であれば、ドレスデンの中心に集まった怒れる数千人のデモ参加者を私が見物に行った時、反革命の雰囲気を感じることはなかったはずだ。しかし、それはそこにあった。

運動の中核的イデオロギーは「**嘘つくマスコミ**」であり、ほとんどのデモ参加者は私と話すことを拒否した。何枚か写真を撮ろうとして、一言もなく脇に追いやられた。群衆を遠まわしに撮影していた現地のテレビ局のプロデューサーは「自分は独身だから」と私にいった。「子どものいる同僚はこのデモを報道するのは嫌がるんだ。殴られる可能性があるからね」(3)と。

それでもPEGIDAの中核的な訴え――難民に対する嫌悪、アメリカへの不信、ドイツ民族の純潔さ――は画面を通じて映し出されていた。フランス革命の普遍的価値を思い出させる黒赤金の三色を纏うドイツ連邦共和国の国旗を掲げる者は少なかった。その代わりに掲げられていたのは、赤色を背景色に黒の十字があしらわれた、「ヴィルマー旗」として知られる旗だ。これは、極右界隈ではドイツの北方系・キリスト教の伝統を象徴するものとして、好んで用いられている。

抵抗のアイコンとしては場違いなものだったが、さまざまなバリエーションがあった。群衆が手にしていたもので私の目についたのは、ロシア国旗（「プーチンは自国民を優先している」とあった）やアメリカの南部旗（「彼らは本物の反乱軍」）、そして日本の国旗まであった。

日本の国旗の意味はわからなかった。群衆がプーチンの独裁体制や自国マイノリティへの弾圧を崇めたりするのは、まだ理解できる。アメリカを嫌う人々であれば、民族の多様性を恐れて南部連合に同化するのもわかる。しかし日本に何がいったい関係しているというのか？

少し慄きながらも、日本の国旗を持つ男性におずおずと尋ねてみたところ、彼は喜んでその理由を説明してくれた。彼は日本とドイツは同じ問題を抱えているという。それは人口減少だ。ドイツは、労働力不足に際して多くの移民を受け入れたことで、社会保障の負担が増えた。しかしそれは間違いだったのだ、と。反対に、日本のように移民に門戸を閉ざしたままの方が賢いのだという。「人口を減少させておく方が外国人を入れるよりは良い」ということだ[4]。

他のメッセージも同じようなものだった。一つは、メルケルやその大臣たちは「私たちを殲滅させる戦争をしかけている！」、「ドイツ人民の敵」であるとするもの。ほかにも「ヤンキーどもお前の操り人形と一緒に消えうせろ」というのもあった。三番目に目にしたのは、各地の駅でボランティアが難民を歓迎する時に掲げ、数カ月前まで全国的に目にした「**ようこそ難民**（REFUGEES WELCOME）」のスローガンに似せたものだった。しかしそれは、馬に乗り槍を手にした十字軍兵士が、カラシニコフ銃を持ち伝統的衣装を着た男性とニカブを被った女性のテロリストを追いまわす図柄に「**イスラム主義者は歓迎しない**（ISLAMISTS NOT WELCOME）」と大文字で書かれたものだった。「**来るな、さもなくば尻を蹴飛ばしてやる**」、ほかにも、「**レイプ難民は来るな**」「**ムハンマドは来るな**」というのもあった。

しかし、このヘイトのカーニバルには余興もあった。抗議の中心的な感情――核心的なメッセージと陰湿な繰り返し――、スローガンの叫びは四半世紀前と変わっていなかった。群衆は「私たちこそ民衆だ」と繰り返し、繰り返すほどに攻撃的になっていった。私たちこそ――ドイツになだれ込んでくる外国人でも、彼らと結託する政治家でもなく――が民衆なのだ、と[5]。

抗議に続く数カ月後、ヨーロッパでは権威主義的なポピュリストが脚光を浴び、アメリカでドナルド・トランプが大統領に選ばれる中で、私はこの凍てつく夜のことを思い出していた。ドレスデンの通りには怒りのエネルギーがあまりにも溢れていたため、二〇一六年と二〇一七年に起きた出来事を、そこで見たことと関連付けて考えざるを得なかった。そこには移民や民族的マイノリティへの敵意、報道機関への不信感とフェイクニュースの拡散、サイレント・マジョリティが声をあげていることの実感、そして何よりも、人々の名のもとに声をあげる人物を探し求める渇望があった(6)。

歴史をみれば、自らこそ民意を体現するとする者が、権力の階段を駆け上るのは早い。政治学者のリプセットとロッカンがいうように、戦後の大部分の時期、北アメリカと西ヨーロッパの政党制は「凍結」されていた(7)。二〇世紀後半は、ベルン、コペンハーゲン、ヘルシンキ、オタワ、パリ、ストックホルム、ワシントンの議会で議席を有す勢力にさほど変化はなかった。確かに選挙で中道右派が長く政権の座にあったり、中道左派による政権交代が起きたり、その反対の出来事などがあって、党派の構成は変わることはあっても、政党制の基本的な構造は驚くほど変わらなかったのだ(8)。

しかし、過去二〇年のうちに政党制は大きく「解凍」させられている。どの国でも、それまで周縁部分にいたり、ほとんど存在しなかったりした政党が、政治の表舞台で極めて確固とした存在感を示すようになった(9)。

このような過程を最初に歩んだ民主主義国は、イタリアだった。一九九〇年代初頭、この国の政治システムは大規模な汚職事件によって機能停止に追い込まれた。終戦直後からイタリア政治を支配してきた政党は解党させられるか、選挙で壊滅に追いやられた。長きに亘るこの空白を最初に利用したのは、政界入りしてから自身が汚職の嫌疑をかけられていた実業家、シルヴィオ・ベルルスコーニだった。システムを一掃し、国を豊かにすると約束した彼は、政権を手にする。続く数年で政権が取り組んだのは、ベルルスコーニの数々の失敗をつくろったり、収監されないようにしたりする措置をとることだった。結果、彼は四半世紀近くも国の政治の中心に居座り続けたのだ(10)。

この時期のイタリアは異常に見えた。しかし過去数年で、ヨーロッパ各国で政治の新参者が現れ、権力と影響力を持つに至るのを見るにつけ、むしろイタリアこそが正常であるかのように見える。

ギリシャでは、中道左派の政権与党である全ギリシャ社会主義運動（PASOK）、中道右派の新民主主義党が、それぞれ得票の八割ほどを分け合うのを常としていた。しかし二〇一五年一月に急進左派連合（シリツァ）がアレクシス・ツィプラスのリーダーシップのもと予期せぬ勝利を収め、与党の座を奪い取った。(11) スペインでは、マドリード・コンプルテンセ大学の若い政治学講師で、「映画、政治的アイデンティティ、ヘゲモニー」といった科目を教えていたパブロ・イグレシアスが、二〇〇八年金融危機を受けて抗議運動を組織してできたポデモスが、二〇一五年選挙で二一％の票を獲得、国の第三党となった。(12) イタリアでは、新しい世代のポピュリストたちが変化を引き起こそうとしている。人気あるコメディアン、ベッペ・グリッロは二〇〇九年に「五つ星運動」を立ち上げ、この文章を書いている時点でも支持率の首位を走っている(13)〔二〇一八年選挙で政権与党となった〕。

ただし、ポデモスやシリツァのような極左政党より、極右政党の台頭の方が目に付くことも事実だ。スウェーデンでは、穏健党の率いる連立政権期を除けば、一世紀以上も社会民主労働党の一党支配が続いたが、近年ではネオナチ運動に起源を持つ民主党が支持率で首位に立ち、選挙で二番手につく勢いをみせている。(14) フランスの国民戦線〔二〇一八年に国民連合へと改称〕は政治システムの隅っこに追いやられていたが、二〇〇二年大統領選で党首ジャン＝マリ・ルペンが中道左派の候補者を破り、現職シラク大統領とともに決選投票に進んだ。その娘のマリーヌ・ルペンは、得票を倍増させて同じ快挙を成し遂げた。(15)

同じ状況は、オーストリア、オランダ、フィンランド、ドイツでも起きている。これらの国の極右ポピュリストたちは近年、過去に例をみないほど支持を拡大させ、勢いを増している。実際、過去数

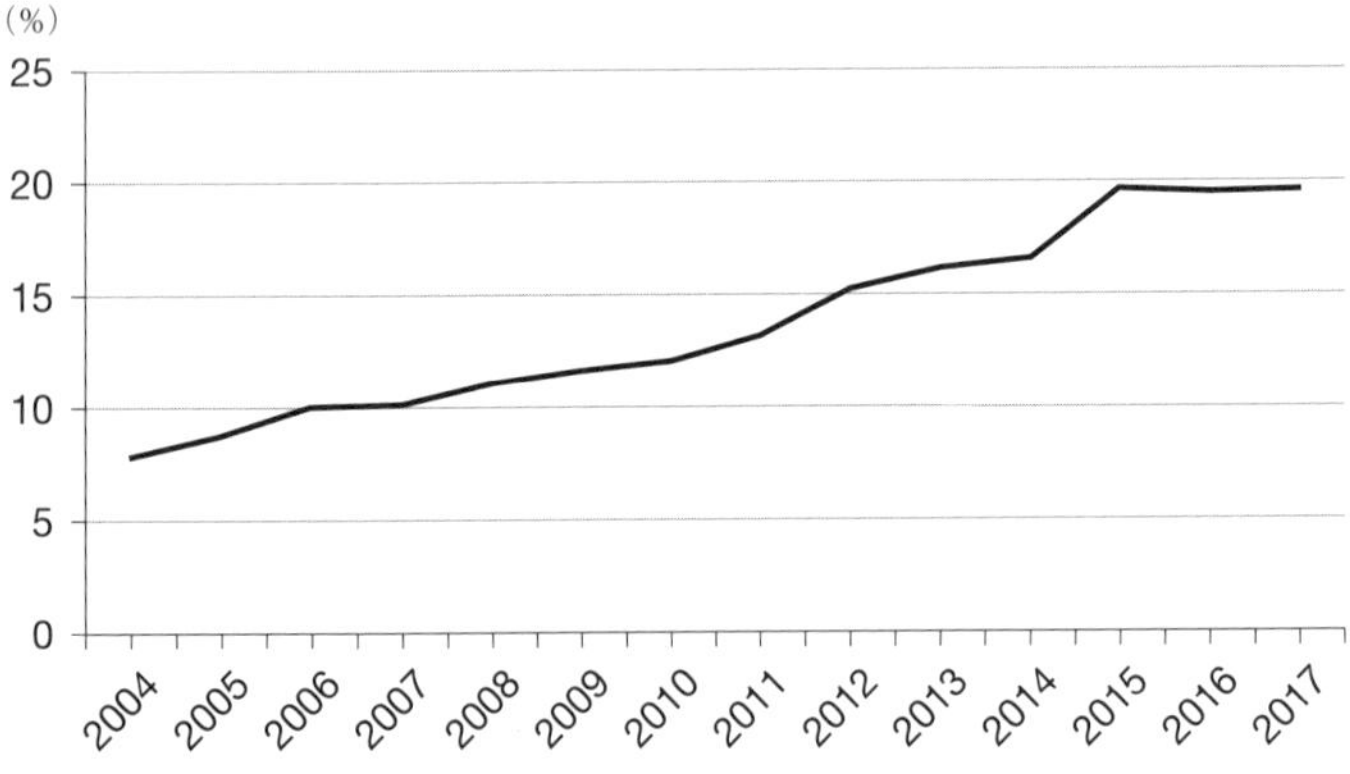

(EU 15 カ国における得票シェアの推移)

図 1　反既成政党勢力への支持

出典：Timbro Authoritarian Populism Index 2017.

十年でヨーロッパの極左と極右政党の得票率は倍以上も伸びているのだ[16](**図 1**)。

私はドレスデンでの体験から、ポピュリズムに関する議論でよくみかける言葉が、実際にはミスリードだとの確信を強めた。

ポピュリズムの擁護者は、こうした運動は私たちの政治システムがむしろ健全であることの証拠とみなす。アストラ・テイラーはたとえば「今日、デモクラシーが直面している課題は」と問うて、「観察される反民主的な怒りは、民衆の力の過剰ではなくその欠落から来る」と書いている[17]。イギリスの社会学者フランク・フレディは「アンチ・ポピュリズム」は「単にアンチ・デモクラシーなのだ」とも言う[18]。

テイラーとフレディがともに、ポピュリストが人々の声を純粋な形で反映しているとする点は正しい。しかし、彼らはポピュリズムの台頭の裏に、極めて非リベラルなエネルギーがあることを見落としているか、少なくとも言及することを忘れているようだ。ドレス

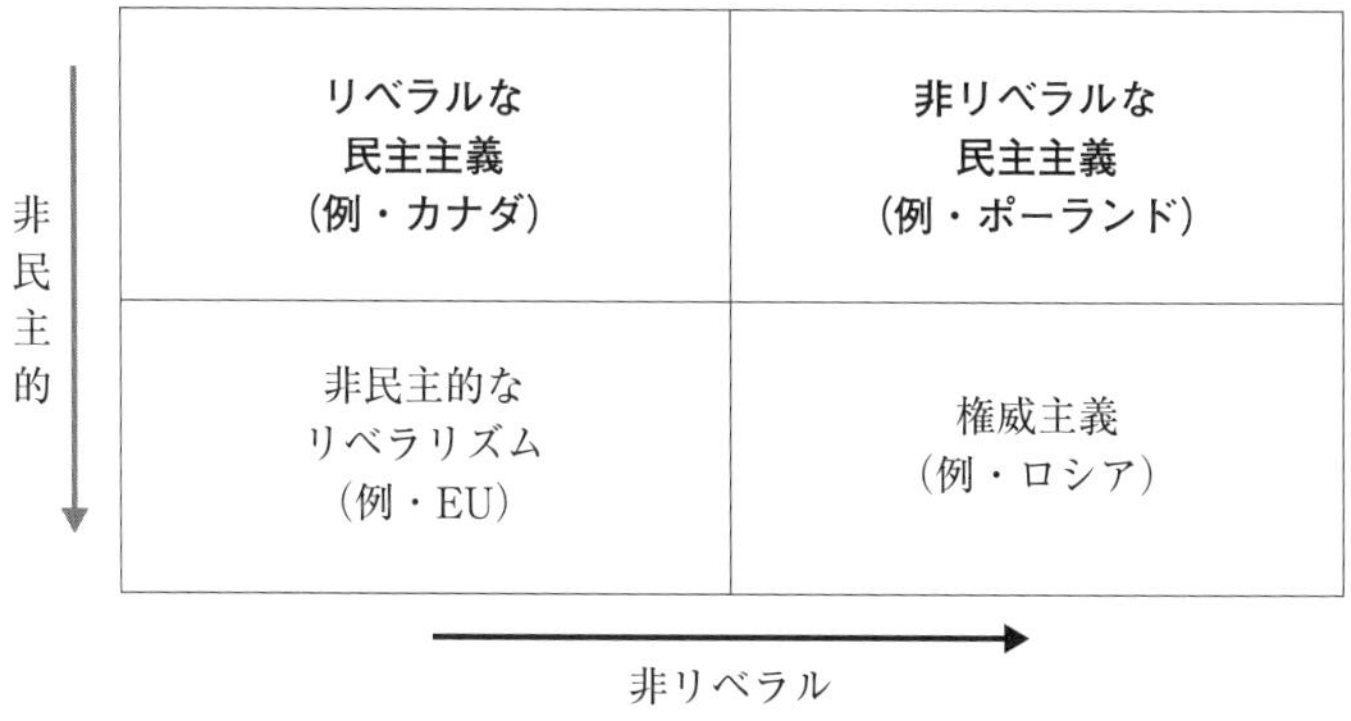

図2　権利なきデモクラシー

デンのデモ参加者が「ムハンマドは歓迎しない」と書いたり、「私たちこそが人民だ」と叫んだりする時、テイラーやフレディが思う以上に、彼らは個人の権利を重大な形で犯しているのだ。

ポピュリズムには、本質的にデモクラティックな要素がある。しかし長期的にみれば、その擁護者がいうほどには、人々の意思を尊重しているわけではない。トルコやロシア、あるいはベネズエラを研究したことがある人なら、非リベラルな強権的なリーダーの誕生は、独裁的な支配の前兆であることに同意するだろう。メディアが抑圧され、独立機関が廃止された後、非リベラルな支配者がポピュリズムから独裁へと移行するのは極めて容易だ。

ならば、こうした新しい運動はデモクラシーに敵対しているのだ、と結論づけたくなるのも、わからないではない。イヴァン・クラステフは、多くの論者と同じく「ポピュリズムは反リベラルなだけでなく、反デモクラティックでもある——それは代表制政治につきまとう影だ」とする。[19]

ただ、こうした見方も真実とはいえない。ポピュリストの大群を、単に反デモクラティックとしてしまうことは、彼らの特徴のみならず、彼らがなぜかくも支持されているのかを説明していないからだ。旧い極右はファシズムを大っぴらに礼賛し、民主主義の廃止までを主張していた。しかし、PEGIDAやトランプは、選挙とは普通の人々が声をあげることを可能にするものだとみなしている。民主主義を廃止するどころか、民意が自らの想像の赴くままに国を操ることを欲しているのだ。

だから、この新しい運動の意味合いを探る唯一の方法は、まずその性質と、それが与えるかもしれない影響とに分けて考えなければならない。ポピュリズムの**性質**を知るためには、それがデモクラティックであると同時に非リベラルでもあること――双方ともに人々のフラストレーションとリベラルな制度を打破するものであること――を認識しなければならない。そして、それが与えるかもしれない**影響**を理解するためには、リベラルな制度がデモクラシー生存のために必要とされてきたことを想起すべきだろう。そして民意の表出を妨げるこれらのリベラルな諸制度をポピュリスト指導者がいったん取り除いてしまえば、自分と人々との選好が食い違った時、後者を無視するのは簡単になる（前頁図**2**）。

政治は簡単にできている（そしてそれに反対するものは当然嘘つきだ）

過去数十年間で世界のGDPは大きく増えている。その中で数十億人もの人々が貧困から抜け出すことができた。識字率は天井知らずとなり、乳児死亡率は低下した。世界全体でみれば、所得の不平等は縮小傾向にある。(20)

しかし、このような状況の改善は中国のような急激な発展をみせる途上国に集中している。先進国にあって、GDP成長率は低いままだ。西洋の多くの国、とりわけアメリカとイギリスにあって、成長の果実は少数のエリートに独占されている。その結果、リベラル・デモクラシーの中核を伝統的に担っていた中間層の人々は苦しい立場に追いやられている。貧しい国が豊かな国よりも早く成長することで世界の不平等が縮小した一方、ほとんどどこの国の社会でも――豊かな西洋の停滞した社会でも、グローバル・サウスのダイナミックな社会でも――不平等が拡大している。(21)

なぜこうした状況になったかについては、さまざまな説明が可能だ。グローバル化もあれば、オートメーション化もある。製造業からサービス産業への移行もある。デジタル・エコノミーの発展という、規模の経済を可能にし、少数の企業と高技能の労働者に多くの富をもたらし、残る者に残余を許さないこともあるだろう。

しかし、こうした変化のいずれも政治の守備範囲ではない。今日でも、正しい政策があれば、富の再分配を促し、一般市民の生活水準を押し上げることはできる。しかし、こうした政策は簡単でもなければ、即効性もなく、何よりも人気あるものとは言えない。だから、政治家が複雑なものをそのまま複雑だということは困難なのだ。

異なる政治的立場の双方からビジョンに欠けると評価された二〇一六年のヒラリー・クリントンの大統領選キャンペーンは、その代表的なケースだった。左の側からは、たとえばニューヨーク市長ビル・デブラシオからは「(ヒラリー氏の)ビジョンがどんなものかを聞きたい」と問われ、(22)右の側からはケビン・ウィリアムソン(保守派評論家)に「彼女が何になりたいのかはわかったが、何をしたいのかわからない」と揶揄された。(23)双方からの批判は的を射たものでもあった。多くの有権者は、ヒラリーはホワイトハウスの座を射止めたいだけで、そこで何か特定の課題に取り組むと感じていなかったからだ。実はといえば、私もそう感じた一人だった。彼女が優秀な政治家として長いキャリアを持ち、初等教育からアルツハイマー対策まで幅広い分野で大きな改革をもたらすと期待される政策を提言していたことは知っていたとしても、だ[24]。

彼女とは対照的に、ドナルド・トランプが「トランプ大学」の学生から取引相手への不払いまで、数多くの人を欺いてきたことは広く知られている[25]。彼の掲げた政策の多くは、実現しないだろう。たとえば移民に対する市民の怒りに乗じて彼は、メキシコ国境との間に壁を作るという。また、製造業が衰退する街の怒りに乗じて彼は、中国からの輸入品の関税を引き上げるという。専門家は、壁を作っても、滞在期間を過ぎて米国にい続けるメキシコの不法移民を食い止めることはできないし、輸入によってではなく機械化で失われた製造業雇用は中国との貿易戦争によって戻ってくることはないと指摘する[26]。それでも、何百万人という有権者がトランプの主張のシンプルさこそ、その信憑性と覚悟の証明であり、そしてクリントンの主張の複雑さは彼女の不実さと無関心の表れだと捉えたのだ。

口当たりのよい簡単な解決法こそ、ポピュリスト的アピールの核心にある。投票する者は、この世が複雑であることを認めたがらない。自分たちの抱える問題に簡単な解決法などない、と言われることを嫌うのだ。このますます複雑になる世界にあって、政治家はますます統治することに困難を抱えて、誰であってもシンプルな解決を提示する者こそが支持されることになる。だからそれぞれ異なるイデオロギーを掲げるにもかかわらず、インドのモディ首相やトルコのエルドアン大統領、ハンガリーのオルバン首相、ポーランドのカチンスキ元首相、フランスのルペン、イタリアのグリッロの発する言葉は似通っているのだ[27]。

ポピュリスト指導者が絶対に上手くいかない、簡単な解決法を提示するのは非常に危険なことだ。いったん彼らが権力の座についてしまえば、公憤のもとをさらに悪化させてしまうことになりかねないからだ。だから、引き起こされる混乱をみて、有権者らが既存の政治家に対する信頼を取り戻すと予想したくなるかもしれない。しかしさらなる痛みは、彼らの態度をもっと硬化させ、苛立たせるだろう。そして南米諸国の歴史が示すように、一人のポピュリストが失敗すると、有権者は旧エリートを権力の座に戻すのではなく、新たなポピュリスト――あるいは問答無用の独裁者――を探し求めるようになる(28)。

ポピュリストによる簡単な解決策の主張は、もっと直接的な危機をも生み出す。もし世界の抱える問題に簡単な解決策があるとして、それが政治エリートたちによって実現されていないのだとすれば、それには二つの理由があるということになる。エリートたちが腐敗しているか、それとも外部の利益を優先しているか、だ。

多くの場合、ポピュリストは両方の罪を声高に言い募る。

ヒラリーの本当の目的は私腹を肥やすことだ、というのはトランプの選挙キャンペーンでの執拗な批判だった。「ヒラリー・クリントンは彼女の資金提供者と支持者のために働くインサイダーだ。私はあなた方のために働くアウトサイダーだ」、とトランプは言った。「金蔓をたどってみるといい」と彼は脅かした(29)。

トランプの批判には見当違いのものもあったが、それは他国のポピュリストが主流派政治家を批判する手法と変わらない。ポーランドのヤロスワフ・カチンスキ元首相は、もっと洗練した口調ではあるが、国を率いた過去の政治家たちは「社会的に優遇された階層に懐柔され」、その結果「社会のヒエラルキーを変えられなかった」という。[30]フランスのマリーヌ・ルペンは、自己利益しか考えない「EU寡頭制」に対する広範な抵抗を繰り広げるべき、と主張する。[31]

左翼ポピュリストの言い方も同じだ。イタリア「五つ星運動」のグリッロは、自分たちの利益しか顧みないネットワークたる「政治カースト」を揶揄することを得意とする。[32]スペインでは、二〇一四年欧州議会選挙で躍進したポデモスを率いるイグレシアスが同じような言葉を口にする。曰く「政治カーストに属する政党は深刻なダメージを受けた。しかし我々の政治的目標は達せられていない、なぜなら明日も政治カーストによる政府が権力の座に留まり続けるからだ」、と。[33]

もちろん、既成政治家が大事にする(とされている)資金源は必要なものだが、彼らが自分の利益を第一にしているという非難は、実際には大企業の操り人形なのだ、という別の非難を呼び込むことになる。アメリカ大統領選でこうした主張に真実味を与えたのは、ゴールドマン・サックス証券でのヒラリーの演説に大金が支払われたという事実だ。トランプは、これを都合のいいように利用し、ゴールドマン・サックスは「ヒラリー・クリントンのことを完全に、完全に支配している」と言い募った。[34]ポピュリストの多くは、既成政党の指導者たちを、単なる裏切り者として済ますこともない。政治カーストの政治家は自己利益で動いている、あるいは既得権益の子飼いと非難するだけでなく、また人々の敵とされる勢力に忠誠を誓い、多数派の運命よりも不人気な宗教的ないし民族的マイノリティの利益を増幅している、とも言う。

ここでもトランプは、他に例をみないほど象徴的な人物といえる。彼が初めて政治に介入してきたのは、オバマ大統領の出生証明書は偽物であり、アメリカ人でないばかりか、もしかしたら隠れイスラム教徒ではないか、と口にした時だった。選挙キャンペーンでは、同じような非難が繰り返された。彼は、オバマは「ＩＳＩＳ（イスラム国）の創始者」だと大統領の地位を揶揄した[35]。オバマのようなわかり易い苗字を持たず、特定のエスニック・宗教に属していないヒラリーも、同じように論難を受けた。トランプは、クリントンは「ＩＳＩＳの共同創設者」であり、国務長官時に私用メールを送ったかどで「牢屋に入れられるべき」と言ってのけた[36]。

既存の政治家が、どの種の背信の罪で非難されるかは、国によって異なる。しかし、文脈に応じてポピュリスト政治家が裏切られた多数派のアイデンティティを口にし、マイノリティを蔑むといった、基本的論理は世界のどこでも見られる。

インドでも、モディ首相が自身に敵対する勢力はヒンズー教徒の敵でもある、と名指しすることで、ヒンズー強硬派に批判的な学者らが「脅迫されて殺される」ような社会を作り上げている[37]。トルコではエルドアン大統領がクーデタに乗じて政府の敵対者はみなテロリスト支援者だと断定し[38]、多くの学者やジャーナリストが逮捕された[39]。そしてフランスやドイツ、イタリアでは、ルペンやペトリ、サルヴィーニといったポピュリスト政治家が、既存の政治家はみな白人とキリスト教徒を嫌っている、と公言してはばからない。ルペンの姪で国会議員でもあったマリオン・マレシャル＝ルペンは「我々がイスラム主義を窒息死させるか、向こうが我々を窒息死させるか（略）現状維持を言う人は我々の敵と共犯であるも同じ」という[40]。

「私はあなた方の声」（そして私以外はみな裏切り者）

ポピュリストたちは、今日の問題はいとも簡単に解決できるのだ、と主張する。そのために必要とされるのは常識なのだ、とも。もし雇用が外国に奪われているのであれば、その国の製品の輸入を止めればよい。もし移民が大挙してやってくるのであれば、壁を作ればよい。そして、もしイスラムの名においてテロが起こるのであれば、イスラム教徒を追い出せばよい。

普通の政治家が、こうした常識的な政策をとろうとしない理由も簡単だ。それは彼らが自分たちのことしか考えていないからだ。彼らは既得権益者層やエスニック・マイノリティと通じているからだ。だから、政治的正しさもその影響も排除すべきだ、と。

すなわち、やるべきことは明白だ。危機を乗り切るためには――問題を追い払い、経済が再生し、国が（再び）偉大になるには――正直な彼らの代弁者が権力を手にし、裏切り者を追いやり、そして常識的な解決策を断行すればよいのだ、と。

この代弁者こそがポピュリストであるならば、彼は口を閉じようとはしないだろう。

それゆえ、共和党の全国大会でトランプが同じことを繰り返し口にしたとしても驚きはない。彼は「私のライバルの選挙キャンペーンを大企業、エリートメディアと大口献金者が手伝っているのは、不公正なシステムを維持するためだ」と演説している。「奴らは彼女がなすことすべてを支配できるから投げ銭するのだ。彼女は奴らの操り人形にすぎず、背後で糸を引いている」(41)

しかし状況は改善できる。「我々が直面している問題――国内の貧困や暴力、海外での戦争や破壊行為——は、それを作り出した政治家をそのままにしている限りなくならない」と彼はいう。だから新しいスタートを飾るためには「指導者を変えることが大事だ」。この新しい指導者は、普通のアメリカ人を大事する、とトランプは言う。「我々とライバルの違いは、我々の政策はアメリカ・ファーストだということ。グローバリズムではなくアメリカニズムこそが我々のモットー」だと。(42)

聴衆に向かってこう宣言したトランプは、その後にも繰り返される自身の核心的メッセージをようやく口にすることができる。長きに亘って、男女庶民は忘れられていた。彼らは「声を奪われていた」(43)のだ。しかし、トランプはそれを変えることができる。「**私はあなた方の声**」となることによって。

この言葉は、演説で繰り返し触れられた。そして、世界中にこの言葉が伝えられ、ポピュリスト政治家たちの有権者への決まり文句として流通することになった。マリーヌ・ルペンは二〇一七年大統領選で「人々の名のもとに」と謳い、エルドアンは敵対者に「我々こそが人々だ」とのたまった。オーストリアの極右、自由党指導者のノルベルト・ホーファーは選挙戦の最中に「君たちはいったい何者なのだ」と問うて、「君たちの背後には既得権益層がいる。私の背後には人々がいるのだ」と公言した。(44)人々の純粋な声を表現すると約束すること、これがポピュリズムの基本的な特徴なのだ。

人々へのアピールは、そこに誰が含まれ、誰が除外されるかということと対になっている。ポピュリストが人々を語る時、彼らはその権利が制限されて当然の部外者に対置される部内者——共有されたエスニシティ、宗教、社会階層、政治的信念からなる——を想定している。言い換えれば、彼らは**デモス**の外延を定め、政治的決定が特定市民に限定されるとするのだ。ヤン=ヴェルナー・ミュラーの卓越な表現を借りれば、彼らは「代表制の道徳的な独占」を主張しているのだ[45]。

代表制の道徳的独占の歴史は長く、血塗られている。フランス革命の最中、ロベスピエールは王こそが国家を体現しているという主張を否定し、権力に就いた。しかし、時が経つと彼一人のみが人民の意思を表現できると主張するようになった。人民を抑圧する資本家階級に対して、自らこそが社会主義者として戦っていると考えたムッソリーニは、一九一四年に『イタリアの人民（*Il Popolo d'Italia*）』という新聞を発行している[46]。

同じようなレトリックの乱用は最近のアメリカでもみられた。サラ・ペイリン〔ティーパーティ系政治家〕は、「アメリカで最良なのは小さな町（略）こうした小さなポケットこそ私は本当のアメリカと呼ぶ」と述べ、「この偉大な国の親アメリカな場所」と、その理論上の対置である「アンチ・アメリカ」とを明示的に対比させた[47]。これは、グレン・ベックの『リアル・アメリカ――ハートとハートランドからのメッセージ』というタイトルの本と響き合う[48]。そしてもちろん、ドナルド・トランプがその独特なぶっきらぼうさで「他の人々は何も意味はない、一番大事なのは人々の団結だ」、と言ったこともも[49]。

ポピュリストが立候補する時、彼らの怒りは「本当」の人々ではないと見なされる民族的、宗教的マイノリティにまず向けられる。そしていったん公職に就くと、その怒りは次の標的に向けられる。それは代表制の道徳的独占を邪魔している――公式、非公式を問わない――諸制度に対して向けられる。

独立した組織に対する攻撃は、最初の段階では報道機関に対する激しい不信や憎悪となって表れる。

なぜなら、批判的なメディア群はポピュリスト政治家への抗議を報道するからだ。彼らは政府の失敗や、それに対する先鋒的な批判を紹介する。ポピュリズムで生まれた被害者にも同情的だ。こうしてメディアは、コンセンサスは幻想で成り立っていると告発し、ポピュリストが全人民の名において発言しているとの嘘を暴くからだ。

だからこそ報道機関は、ポピュリストの統治下での脅威となる。そして、だからこそポピュリストは独立したジャーナリストに厳しい制裁を課し、自らの一挙手一投足を褒め称える忠実なメディアのネットワークを作り上げようとする。

合衆国大統領として選出された後の初会見で、トランプはCNNを「フェイクニュース」と決めつけ、バズフィードを「ゴミのかたまり」と呼び捨て、BBCを「勘違い」と非難して、プレス全体を「不誠実」と批判した(50)。トランプの大統領としての初日は、プレスが「意図的に間違った報道をしている」という嘘の発表を報道官にさせることに費やされた(51)。任期の最初の数カ月は、ホワイトハウスの記者会見場から主要な新聞社を締め出し、『ニューヨーク・タイムズ』やCNNを「アメリカ人民の敵」と罵ることに費やされた(52)。

トランプは自身のカウンター計画を練るまでになった。彼はフォックス・ニュースと近しい関係にある。また、彼の政策を無批判に支持する、取るに足らないウェブサイトを公的プレスとして認めるようになった。そして、自身のフェイスブックに定期的にニュースを提供し、たて続けに自らの手柄を流してフォロワーを無思考へと誘う(53)。

ヨーロッパのポピュリストも、それが左のであれ、右のであれ、同じような行動をとっている。ポーランドのカチンスキ極右政権は、国営テレビを支配し、議会から独立ジャーナリストを締め出そうとした[54]。ギリシャではツィプラス極左政権が放映権を制限し、テレビ放映の決定権を握り、外務相を批判した雑誌を実際に廃刊に追いやった[55]。イタリア・メディアの政治的支配を終わらせると公言するベッペ・グリッロが政権を握っても、同じ行動に出るに違いない[56]。

しかし自由なメディアへの攻撃は序の口にすぎない。次なる独立組織への攻撃は、財団や労組、シンクタンク、宗教組織、その他の非政府機関に向けられることになる。

それはポピュリストたちが、社会にある多くの部分の現実の意見や、利益を体現している中間組織によって、彼一人こそが人々の声であるという虚偽が露わになるのを嫌うからだ。そのため、彼らはこうした組織は旧エリートや外部の利害関係者の手段にすぎないと、その信頼を失墜させようとする。それでも足りなければ、こうした機関を支援する海外の財団を規制し、資金を痩せ細らせるか、政府の規制機関を通じて機能できないようにする。

しかし最も激烈な怒り、容赦ない攻撃は、ポピュリスト政府の直接の支配が及ばない国家機関に向けられる。公共ラジオやテレビが政府のプロパガンダを垂れ流すのを断る時、選挙管理委員会が自由で公正な選挙を実現しようとする時、軍隊が違法な命令の実行を拒否する時、議員が議会を対決の場として選ぶ時、あるいは高等裁判所がポピュリストの行動を違憲と判断する時、こうした重要な機関はまず裏切り者の汚名を着せられ、次に「改革」されるか、廃止される。

たとえばハンガリーのオルバン首相は、熱心な追従者を使って、かつては自律的だった官僚機構を漏れなく支配し、国の司法機関の独立性を奪った。ベネズエラではチャベスが大統領になると同時に憲法を書き換え、国の主要な機関を自らの党派で埋めてしまった[57]。

同じような手法は西ヨーロッパと北アメリカでもみられる。たとえばイギリスでは、司法権への介入は歴史的に控えられてきた。しかし、イギリスのEU離脱に際して、政権は議会の承認を取り付けなければならないとの司法判断が下されて、かつてないほど批判の矢面に立たされることになった。この判決を下した三名の判事を、『デイリーテレグラフ』紙は一九三〇年代のドイツ司法への攻撃と同じような劣悪さでもって描き、彼らは人々の意思に従おうとしていない、とこき下ろした。『デイリーメール』(58)紙は同じような風刺画にさらに大きなヘッドラインを掲げ、彼らが「**人々の敵ども**」と煽ったのである。

これらはポピュリズムが独立機関をどのように攻撃するかについての格好の事例だ。人々の意思の唯一の体現者と自称するポピュリストを前に、政治は本当の人々とその敵との間の、実存をかけた闘争と化す。それゆえ、左であれ、右であれ、力が増すにつれてポピュリストはますます非リベラルになっていく。時間が経てば、自らに異を唱える者すべてを裏切り者とみなし、行く道を拒む機関や制度は、人々の意思を不法に歪曲していると決めつける。その両方とも許してはならない。後に残るのはポピュリストの気まぐれでしかない。

人々こそが決める（そして何を決めても許される）

スイス北部にあるヴァンゲン・バイ・オルテン市の小さなトルコ人コミュニティの長だったアリ・エルドアンは大きな夢を抱いていた。彼はある日控えめな――二〇フィート〔約六メートル〕ほどの――青と金色からなるミナレット〔モスクの塔〕でもって、自らの文化センターを装飾しようと思い立ったのだった。

数年に亘る努力によって必要な資金をかき集めた彼は、建設許可を待つばかりだった。そこで立ちはだかったのが、住民による反対運動だった。ミナレットによって景観が損なわれると言う者もいた。他にも、こうした明らかなイスラムのシンボルでは街の文化アイデンティティを損なうとする者もいた。もっと直截的に、ヴァンゲン・バイ・オルテンにミナレットもいらなければ、それを建てようとする移民もいらないという者もいた。市の建設計画委員会は、彼の申請を全会一致で却下した。

エルドアンは計画を諦めず、対立は——今日では多くの場合そうであるように——政治から司法の場へと移り、今度はゾロトゥルン州の行政裁判所がミナレット建設を認める判決を下した。住民は連邦高等裁判所に上訴したものの判決は覆らず、ミナレット建設は実現するかに思われた[59]。

しかしヴァンゲン・バイ・オルテンのトルコ人コミュニティのこの小さな勝利は、スイス中の宗教的マイノリティ集団にとっての大きな敗北へとつながった。裁判所の判決に反発した極右活動家らが判決を無効にできるレファレンダム(国民投票)実施のための署名集めに成功したからだ。スイス国民党のロラン・キスリングは「人々は、こんなものはいらないと決めた」と述べた。「移民を統合するのは賛成だ。でも彼らの要求は過度に過ぎる」[60]と。

キスリングの同胞たちの過半数が、彼の意見に賛成した。二〇〇九年一一月二九日、スイスの数百万人の有権者は、イスラム教徒の信仰の自由を阻止するため、投票所に足を運んだ。政治指導者、主要な新聞、外国の機関が、国内最大の宗教マイノリティの権利を尊重するよう求めたにもかかわらず、だ。最終的に、レファレンダムは五八％で可決された[61]。投票を経た後、スイス憲法には「宗教と良心の自由は保障される。……ミナレットの建設は禁止する」と実際には書いてあるかに読めた[62]。

それでも、アリ・エルドアンの夢は叶えられた。レファレンダム以前にミナレットは完成していたからだ。しかし、街の外れにある無味乾燥な建物を飾る控え目なミナレットをスイスで目にするのはこれで最後になるだろう。

レファレンダムが終わってからの数日間、ショックを受けた世界中のコメンテーターたちは、その結果はかなり非民主的なものだったと評した[63]。しかし、それがいろいろな意味で使われるものである限り、民主主義という用語についてのこのミスリーディングな使い方は、今日の危機を正確に理解することがいかに難しいかを物語っている。なぜなら、意見の分かれる争点について人々に決めてもらう以上に最も直接的な統治方法はないからだ。

それゆえミナレットをめぐるこうした対立は、リベラル・デモクラシーが新しい政治形態、すなわち非リベラルな民主主義と、非民主的なリベラリズムへと変化していることの象徴例と私には思えるのだ。

分断の片方には、個人の権利を守る官僚制とテクノクラシーが存在する。ゾロトゥルン州の行政裁判所と連邦高等裁判所の判事は公選ではない。しかし、ともに好かれないマイノリティの信仰の自由を守ろうとした。反対に、人々の意見の表明を可能にする民主的な制度もある。公選される建設計画委員会の委員と、スイス人の有権者に最終判断を呼びかけるレファレンダムはともに、人々の意見を公共政策に転換する装置となった。

すなわち問題は、スイスのレファレンダムが非民主的なことにあるのではない。それはスイスの民主主義が、リベラルの基礎的な規範に対抗するために多大なエネルギーを注いでいることにあるのだ。

そしてそれは、スイスだけの話ではない[64]。

私は極右政党の集会に参加する習慣を持たないゆえ、AfD（ドイツのための選択肢）のそれは、多少はエキゾチックなものではないかと期待していた。しかし、それは私の少年期を再び思い出させるものだった。そこで目にした光景は、一九八〇年代後半から一九九〇年代前半に私が過ごしたドイツの田舎街のもののように思えたからだ。

AfDの集会は、オッフェンブルク郊外の中間階級が住む殺風景な公民館兼体育館で行われていた。こうした街は、家の形はそれぞれ少しずつ異なるものの、壁は同じ色に塗られ、屋根は同じ角度で作られている。そこにいる聴衆は予想されたように高齢者が多かったが、地味な人々だった。もし入れ歯メーカーが試供品のために人を集めたとして、同じ雰囲気になるだろう。党のプラカードすらもが地味だった。青が青すぎ、赤が赤すぎる淡い青の旗は、私にはパワーポイントのテンプレートか、地下鉄でみかける悪趣味な広告にしかみえなかった。

移民に対する悪意あるレトリックで知られるAfDの主要な指導者フラウケ・ペトリ（二〇一七年離党）は、関係者に向けたメールで「口頭での挑発」を広報戦略として採用する旨、推奨している[65]。彼女はまたドイツ警察に対して、銃撃を含むあらゆる手段を講じて、不法移民の越境を防ぐべきとも明言している[66]。

そのペトリがオッフェンブルクで壇上に立った時も、彼女の直感的な非リベラルさはいかんなく発揮された[67]。移民に対する怒りの表明はあまりにも直截的であり、ニューカマーがドイツに統合され得ないという偏見も聞くに堪えないものだった。非合理な怒りを焚きつけることで非難されることの多い彼女は、「恐怖と妬みは政治において大切なもの」と言い放った。拍手する観衆に向かって彼女は

「フォルク（民族）」という歴史的に負の意味を持つ言葉も、プライドを持って用いるべきだとした。

集会の夜を通じて、こうした大層に非リベラルな主題が繰り返し主張されていった。メディア報道されないものの、しかし最も衝撃的だったのは、この党が集会を通じていかに民主主義を深化させているのかを強調していることだった。ホールを見渡して「移民には明確なルールを」とか、ドイツは「世界の支払い主であってはならない」といったプラカードが掲げられていることに驚きはしなかった。しかしスイス国旗を印に「スイスでは国民投票をしている！」とのプラカードを見つけた時には仰天した。そこには続けて、「私たちにも必要」とあったからだ。

ペトリは、党にとって優先事項は直接民主主義であり、ジャーナリストたちはその主張に耳を傾けようとしない、とこの演説で述べた。彼女はドイツ憲法（西ドイツ基本法）が一九四九年に制定された時、二つの法律が想定されていたという。一つは議員を選出すること、もう一つは市民が国民投票実施のための賛同書を集める規定だった。しかし最終的に、政治家は連邦議会選挙に関する法だけを可決したため、ドイツ国民は自らの手で自らに関する喫緊の課題を決することができないままでいるのだ、と。「その結果」、とペトリは三〇〇人あまりの支持者を前に声を荒らげた。「私たちは民主主義を半分だけ生きているのだ」、と。

彼女は既存の政治家は自分たちの地位を保全したいだけ、彼らは「政治に市民が幻滅していることに密かにとても満足している。彼らは、好きなことを好きなようにできるからだ」と続けた[68]。しかし、こうした既存の政治家の党と彼女の党は違う。この党こそ、この党のみがドイツ国民が自らの運命を決めることを欲しているのだ、と。

ここで、ドイツの小さな隣国の出番がやってくる。彼女は、スイスは市民が重要な判断を下すことのできる非常に良い政治制度を持っているという。そして、今こそドイツもその姿を見習うべきだ、云々。

ドイツ以外でも、国民投票は同じような理屈で訴求力を持ち始めている。イギリス独立党（UKIP）、スペインのポデモス、イタリアの五つ星運動（M5S）など、ヨーロッパの多くの政党が国民投票の実施を呼びかけている。オランダではヘルト・ウィルダースが二〇一七年下院選でのあまり知られていない公約の一つとして掲げてもいる。彼の一一の公約のうち、二番目は「コーランを禁止する」という、非常にシンプル（かつ非リベラル）なものだ。しかし三番目の公約は極めて民主的なものだった。それは、結果を尊重しなければならない拘束的国民投票の導入を求めるものだ。[69]

ポピュリストの原動力

ポピュリズムの台頭は、民主主義の本質でもあるという主張なくして、正しく理解することはできない。

旧世代のファシズム運動は、ファシズム回帰ないし民主主義を克服するヒエラルキカルな制度の設立を、隠すことなく目指していた。フランスでは国民戦線の創始者（のひとり）[70]であるジャン＝マリ・ルペンがヴィシー政府を擁護し、ホロコーストは「歴史な些末事」と片付けた。ドイツでは、NPD（国民民主党）がナチス幹部のルドルフ・ヘスを称賛し、戦後の憲法秩序に疑義を挟んだ。[71]

反対に、こうした運動の後継者は、より権威主義的な体制へのシンパシーを持たないだけでなく、寡頭的な既存政治に対して、自らこそが民主的なオルタナティブと位置付けることが多い。

フランスでは、ホロコーストについて放言を繰り返した父親を党から追い出したマリーヌ・ルペンが、既成政党より自党の方が民主的であると主張している。(72) ドイツでは、AfDが（やや消極的ではあるが）自党のビョルン・ヘッケを「過去をどう記憶するかを一八〇度捻じ曲げた」廉で除籍しようとしている。AfDは、自らこそが真に民主的制度のための唯一の党との主張を声高に叫ぶようになった。スローガンの一つは「彼らは、私たちがあなたのために戦っているゆえに私たちに敵対している」というものだ。(73)

ポピュリストのこうした騒々しい民主主義への介入は、二〇一六年のアメリカ大統領選の讃え方にもよく表現されている。ハンガリーのオルバン首相は、トランプ勝利はアメリカの「リベラルな非民主主義」から「真の民主主義」への移行を意味すると褒め称えた。(74) ヤン＝ヴェルナー・ミュラーのようなポピュリズム研究の大家は、この民主的なエネルギーを認めようとしない。彼は「非リベラルな民主主義」という言葉は、こうした体制の指導者にとって好都合であり、自らの行為が民主的だとする免罪符を与えるにすぎないという。その上で、実際にこれら非リベラルな政府は、本質的に非民主的なのだとする。「政府の失敗について野党の指摘が有権者に届かず、ジャーナリストも報道しないならば、選挙で勝ったも同然」とも。(75)

私はポピュリストによって現実に引き起こされる損害についてのミュラーのこのような怒りや、それの危険性についての認識も共有しているつもりだ。しかし、彼らを権力の座に押し上げたエネルギーに何かしら民主的なものがあることを否定してしまえば、彼らの主張の本質を見損なってしまうことも恐れる。見損なってしまえば、それをより注意深く観察し、そしていかに有効に止めるかを考えることもできなくなるからだ。

今日のポピュリストたちは、かつての極右運動が目指したように、民主主義を超えるヒエラルキカルな政治システムの創立を目指すというよりも、我々が持っている民主的要素をより強化すると主張しているのだ。これこそが問題なのだ。

ポピュリストの民主主義へのコミットメントに疑う余地がないとしても、民主主義にとって危険でないということにはならない。ミュラーが正しく指摘するように、彼らの非リベラルな処方箋では、彼らが不人気となった時、民意に歯止めをかけるのに必要な自由で公平な選挙といった制度を維持できなくなってしまうからだ。

ポピュリストは、彼らが人々の現実の声を代弁していると主張する。彼らは、自身の統治への抵抗も正当化されない、という。それゆえ、彼らは過度に反対勢力の口を封じ、敵対勢力の権力基盤を破壊する誘惑に駆られる。彼らの原動力となっている民主的なエネルギーを理解しない限り、その本質は理解できないだろう。そしてそのエネルギーが、今度はいとも簡単に人々に対して牙を剝くのかを理解しない限り、ダメージがどう及ぶかも想像できないだろう。リベラル・デモクラシーの守護者たちがポピュリストたちに対して立ち上がらない限り、非リベラルな民主主義があからさまな独裁主義へと転じる危険性を避けることはできないのだ。

第2章 デモクラシーなき権利

東プロイセンの隅っこにあったヤヌシャウ村の農民にとって、それは記念すべき日だった。彼らは、自身の人生、あるいは父親、もっといって祖父の時代から数えても、初めての選挙に赴くことになったからだ。数世紀に亘って彼らはオルデンブルク家の臣民——所有物としてみなされる——であって、何の意見や権利を持つことは許されていなかった。それが、自らを自らの手で統治するという、高貴な行為の一部を担うことができるようになったわけだ。

選挙を機に、急ごしらえの投票所へと変わった宿泊所に集まった彼らは、新しい世界が古い秩序とさほど大きく変わっていなかったことを知る破目になった。オルデンブルク家の土地監理官は、封のされた封筒を手渡したが、その中にはすでに印のつけられた投票用紙が入っていたのだ。疑問に思った勇気ある農民の一人がその封筒を開けようとして、監理官の怒りに触れた。農民を杖で叩きながら、彼は真っ当な叫び声をあげた。「これは秘密投票なんだ、馬鹿者！」(1)

ほとんどの場所において、人々の支配を許す民主主義はもう少しだけまともに捉えられており、選挙プロセスを統御するエリートの影も、もう少しだけ薄いものだった。そうであっても、民主主義の夜明けにみられたこのエピソードは、伝統的なエリートが持つ大衆に対する感覚が、私たちの政治システムの起点にあることを物語っている。それは、「我々が采配を振るうことが許される限りにおいて、お前たちが統治する振りをする」というものだ。

こうした取引は過去二五〇年もの間、円滑に進んできた。しかし、今日となっては維持することが極めて難しくなっている。

リベラル・デモクラシーと無関係な人は存在しない。すなわち、大衆が采配を振るうこと、抑圧的なマジョリティからマイノリティが自らの諸権利を守ること、経済エリートが金持ちであり続けることなどが約束されるものだからだ。こうしたカメレオン的な性質こそ、リベラル・デモクラシーを珍しく安定的なものにしてきた。

最も根本的な部分では、この性質はリベラル・デモクラシーの歴史に固有の緊張関係による。イギリスやアメリカの政治システムは、民主主義のためではなく、これに抵抗するために作られた。人民の統治を許容する民主的な性格を有しているとされるのは、後世になってからのことだ。こうした主張が正しいかどうかは、何と比べて民主的かにもよる。絶対主義王政の記憶が新しく、他方でより直接的な民主的システムが信頼できない状況にあれば、リベラル・デモクラシーとは人々による統治を意味するのだ、と主張することができたのである。この主張は、一世紀かそこら、民主主義が史上ないほどの理念的ヘゲモニーを誇った時代にこそ、真実味を持った。しかし、もはやそうではない。その結果、私たちの制度が唯一正当なものであるという民主主義の神話は崩壊しつつある。

私たちの民主的とされる制度の非民主的な起源は、イギリスによく表れている。議会は人民の統治を可能にするためのものではなく、変化を求められた王政と国の上層エリートとの間の血塗られた妥協の結果にすぎなかった。一九世紀と二〇世紀の過程で、参政権が徐々に拡大されてからというもの、この統治システムは民主主義に類似しているという考えが広まっていった。そうであっても、参政権の拡大は、民主的改革の賛成派、反対派の双方にとって、思ったほどにシステムを大きく変えるものではなかった(2)。

理念的には、より自覚的に作られたものであるゆえ、こうした話はアメリカに、よりよく当てはまる。私たちにとって、民意を政策に転換するために最も民主的な方法とされる選挙とは、アメリカの建国の父たちにとっては、人民を遠ざけておくための手段でしかなかった。

ジェームズ・マディソンの言葉を借りれば、選挙とは「国にとっての真の利益を最もよく認識できる知恵を備え、愛国心と正義を持つ選ばれた市民の集団を経て、公的な見解が一時的もしくは部分的な検討しか国益に加えない」ためのものだった(3)。人々が政府に決して影響を与えないようにしたのには理由があった。マディソンは続けて「人民の代表が表明する公的な声の方が、そのために集まった人民が個々に意見を言うよりも、公共の利益により一致することになる」という(4)。

簡単にいえば、アメリカ建国の父にとって代表制による共和政は次善の策などではなく、民主主義という世を分断する悪物よりも好ましいものだった。アレクサンダー・ハミルトンとジェームズ・マディソンが『フェデラリスト・ペーパーズ63番』で明らかにした通り、アメリカ共和政の本質は統治においていかなる部分においても、**人民とその集合的能力の完全な排除**」だったのである(5)。

これが変わるのは、移民の大量流入や西部開拓、南北戦争、急速な工業化によって、アメリカ社会が大きく変化した一九世紀のことだった。この頃に新しい思想家たちが、新たな衣装をまとい、再生された民主主義によって、理念的な共和政を意識的に作り上げようとした。統治のいかなる部分からも人々を排除するために作られたかつての制度は「人民の、人民による、人民のための」の統治を可能にすると読み換えられた[6]。

こうしてアメリカは、民主的な国とますますみなされるようになった一方、現実の姿とは程遠かった。アメリカが民主的プロセスを経験するには時間がかかった。一八七〇年の憲法修正第一五条では「人種、肌の色あるいは以前の隷属状態」によって市民の投票権を奪ってはならないことが決められた（しかし実際にはしばしばそれが行われていた[7]）。上院議員の直接選出は一九一二年の憲法修正第一七条で導入され[8]、一九一九年に可決された修正第一九条では「合衆国市民の投票権は、性別を理由としてこれを拒否または制限されてはならない」とされた[9]。

こうした改革は、アメリカ憲政がより民主的になることを可能にした。しかしアメリカの民主主義の制度を表す言葉の変化は、実際の制度的変化よりも根本的なものだった。そして、こうした変化は、近代の条件下では民主的統治が制約されることを指し示すものだった。

語られるところでは、古代アテネの人々――少なくとも市民とみなされた者、つまりは成人男性のこと――は、自らを直接に統治できたのはその数が少なく、領土も狭く、奴隷がいたことで日々の生活に煩うことがなかったからだった[10]。しかし、現代ではそうはいかない。ジョン・アダムズが書いたように、人々は「五〇〇マイルも歩けず、時間を捻出できず、会う場所もないのだから、ともに行動し、討議し、結論を導き出すことなどできない[11]」からだ。現代的な条件のもとでは、直接民主主義は不可能であるかに思われた。

この制約は、一九世紀後半の民主的思想家たちが、アメリカ統治について不思議な再発明をする理由となった。代表制はもともと、民主主義の理念に対する意識的に対抗する制度だったにもかかわらず、現代の条件では、それが最も民主主義の理念に近い制度とされるようになったからだ。こうして、リベラル・デモクラシーの理念——代表制による政府が人々の統治を容易なものにするという実現不可能なフィクション——誕生についての神話が生まれたのだ。

新しいぶどう酒を古い革袋に入れる者は悲観に暮れることになる、としたのはルカ福音書だ。「もしそんなことをしたら、新しいぶどう酒は皮袋をはり裂き、そしてぶどう酒は流れ出るし、皮袋もむだになる」からだ(12)。民主主義にとっては、その反対も真なりだ。一九世紀を通じてみられた平等意識の拡大は、貴族主義的な制度と当然ながら対立するものであったはずだ。しかし、その代わりに新たな代表制が新たな意匠をまとうことになった。エリートたちは自分たちで決定権を握り続けられることを、平等主義者たちは自分らの希望が叶えられるものとみなしたからだ。

長きに亘って、民主主義誕生の神話は、人類史の中で最も強力な理念的な力を持つことになった。その流れの中で、そしてエリートによるコントロールと大衆の要望とが奇跡的に混合していく中で、民主主義は世界の半分を支配していった。正しく理解されることはなくとも——国民投票の導入や代表者が有権者の意思に反しないような制度もある——民主主義についての想像力を埋め続けることに成功したのである。

しかし今やその基礎が揺らぎ始めている。その理由の一つは、インターネットの誕生もあって、人々がともに討議することは叶わないのではないかというジョン・アダムズの懸念が時代遅れのものとなったことだ。確かに人々は依然として五〇〇マイルも歩けないし、集う場所もない。しかし、その必要性すらもないのだ。もし人々が自らを統治したいのなら、それは簡単にできるようになった。ヴアーチャルな広場は、市民全員が大小問わない政策的課題について討議し、投票することを可能にするがゆえに、古代ギリシャの物質的な広場にとって代わることができる。

現代の民主主義に生きるすべての市民が政策形成のプロセスに参加しようとしている、と言っているわけではない。そうではないのだから。また、ヴァーチャルな広場で、より市民的かつ理性的なものが生まれると言っているのでもない。そうはならないのだから。実際、直接民主主義の理想は、実践上の賛同よりも、理論的な賛同の方が得られやすいのが何よりもの証拠だ。

しかし今日の市民が、一八三〇年代ばかりか、一九六〇年代の市民と比べても、不明瞭な法律や規制について討議し、投票することを望んでいることは確かだ。現代の民主的制度が遠いところにあるという感覚を持っているためだ。先の世代にとって、議会を通じて統治し、投票所を通じて代表を選ぶことは、ごく自然なことと思われていたことだろう。しかしデジタル環境のもとで、全員で投票し、ツイッターやフェイスブックで意思表明し、「ビッグブラザー」や「アメリカン・アイドル」〔ともにアメリカのテレビ番組〕で投票することに慣れている世代にとって、こうした制度はとてつもなく面倒なものに思えるだろう。

今日の市民は「ビッグブラザー」での投票結果ほどには、政策についての討議の結果に関心を寄せていないかもしれない。「アメリカン・アイドル」のファイナルシーズンでの投票ほどには、統治制度に影響を及ぼそうとは思っていないかもしれない。しかしそれでも、リアルで直接的なインパクトを持つとは何であるのかについての、明確な感触を持てるモデルはすでに視野に入っている。人々の統治を本当に許容する統治制度をデザインするのであれば、それが現代の代表制民主主義とは似ても似つかぬものになることをよく知っているはずなのだ。

もう一つ、民主主義出生の神話がなぜかつてほど民衆の想像力を掻き立てないのか、重要な理由がある。それは、過去数十年に亘って政治エリートが狡猾に民衆からの視線を遮ることに成功してきたからだ。

制度は人々の統治を可能としないまでも、その政治参加のために重要な役割を果たしてきた。たとえば、多くの政治的決定は選挙を経た議員たちによって下されてきた。こうした政治家は、自らの選挙民と深い関係を保ってきた。国の各地から集まり、教会や労組に至るまで、地域の組織と密接な関係を築きあげてきた。

議員たちはまた、自らの使命についての理想を抱いていた。それが貧困世帯出身で一般の労働者を擁護する社民主義者であろうが、敬虔なクリスチャンの家庭で育った伝統を守ろうとするキリスト教民主主義者であろうが、いずれも明確な政治的使命を抱き、議員を辞めた後には、彼らの属する共同体へと戻っていった。

しかし今日の職業政治家にもはや、こうした事例は当てはまらない。最も重要な機関であった立法府は、司法や官僚組織、中央銀行、国際条約や国際機関に対する権力を後退させている。同時に、立法府を支えていた多くの国の政治家も、代表するはずの有権者とは似ても似つかないような人間ばかりになっている。今では、自らの地域共同体と密な関係を持つ政治家は少なく、その基盤となるイデオロギーにコミットする者はさらに少ない（次頁**図3**）。

結果として、一般的な有権者は、かつてないほど政治家と疎遠になっている。彼らが政治家をみても、そこに自らの姿を見出すことはない。だから、政治家が下す判断は、自らの選好が反映している

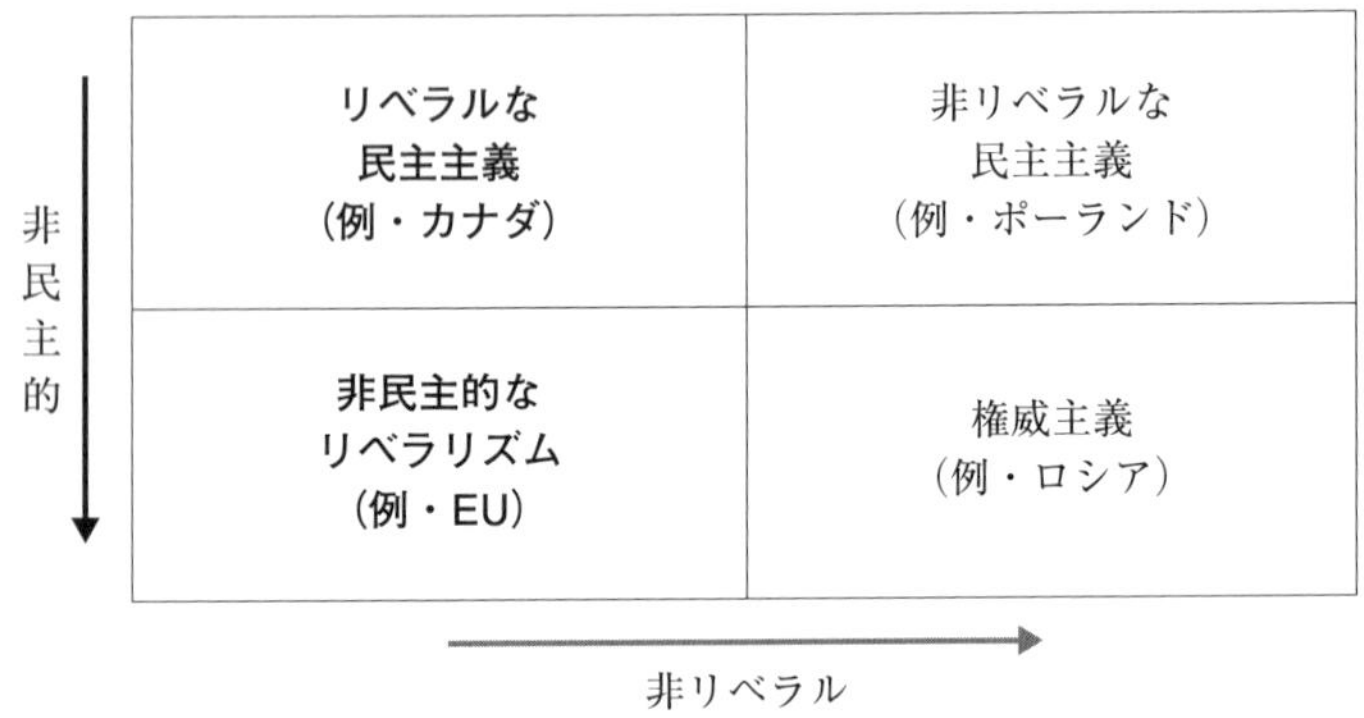

図3　デモクラシーなき権利

とはみなされないのだ。

いまほど完全な民衆参加が可能になった時代はない。しかし、民主主義誕生の神話が示すように、コップの水は常に半分しか満たされていない。しかし、いまではコップが空となる危険が迫っている。

選挙の制約

過去数十年間で、人々の代表はその権力を喪失し続けてきた。第二次世界大戦が終わってから、国家を拘束する規制はますます複雑になっていっている。技術の進化と経済のプロセスも、より複雑になった。金融政策が経済の安定のための主たる手段となった。より重要なのは、気候変動や格差拡大といった人類が直面している喫緊の政治的課題は、真にグローバルな問題であるゆえ、これに解を見出すことは国民国家の範疇を超えていることである。

これらの課題の一つひとつが、国家の議会の権能を奪っていった。高度に技術的な領域にあって、官僚機構は問題を熟知している専門家の集う専門機関を使って、規制に乗り出し、法制化しようとする。金融政策を策定して、選挙の年に人為的な経済バブルを作り出そうとする政治的圧力をはねのけるため、中央銀行の独立性はますます高められている。そして、貿易協定や気候変動交渉などにおいては、国際条約や国際機関が幅を利かすようになっている。

こうした人々の代表の権限の喪失はエリートたちの陰謀によるものではない。むしろこれらは漸進的な現象であり、さほど認知されていない現実の政策的課題に対応するためのものなのだ。しかし一連の動きによって、民主主義は徐々に後退していくことになる。こうした政策が人々の論争から隔離されるようになれば、人々の政治に及ぼすことのできる影響力は劇的に削減されることになるからだ。

法を作る官僚機構

イギリス総務省による桁外れな無駄遣いが指摘され、同省の事務次官のハンフリー卿は庶民院の委員会に召喚され、質問を浴びせられていた。しかし、彼は使わずじまいとなった屋上緑園のために納税者の税金を自分の省の部局が支出したことへの批判に反論しただけでなく、批判そのものが不当との論陣を張る。

ハンフリー卿：「花と野菜の販売によってコストは回収されることが予想されました」
　議　員：「それは実際に実現されたのでしょうか」
ハンフリー卿：「いえ、されませんでした」
　議　員：「つまり、お金は無駄になったということですね」

ハンフリー卿：「政府の政策にコメントする立場にはありません。大臣に尋ねるべきことです」
議　員：「よろしいですか、ハンフリー卿。大臣に何を尋ねても、行政に関する質問はあなたにするようにと答えます。そして、私たちがあなたに何を尋ねても、政策に関する質問は大臣にするようにと答えます。ならばいったい真相は何なのか、どうしたら知ることができるというのでしょう」
ハンフリー卿：「まったくもっておっしゃる通りです。完全なジレンマです。大臣と行政、官僚の責任に関わる政策に関する政府の政策である限り、行政の政策に関する質問は、行政の政策と政策の行政との間の混乱を招きますし、とくに政策行政についての政策責任が、政策行政との対立や重複が起きる時に問題が生じることになるかと思います」
議　員：「そのような発言は無意味な虚言としか受け取ることしかできません」
ハンフリー卿：「私は政府の政策についてお答えする立場にありません。大臣に尋ねるべきことです」

薄々感じているかもしれないが、ハンフリー卿と総務省の存在は想像上のものだ。これは一九八〇年代に高視聴率を記録したテレビドラマ「イエス・ミニスター」の一シーンで、自分の政策を実現し利益誘導しようとする無責任な政治家と、これに抵抗する官僚機構との間の戦いを描いたものだ(13)。

確かにハンフリー卿の抗弁と官僚答弁は荒唐無稽に過ぎるかもしれないが、核心的な真実を含んでいる。ドラマを評して、マーガレット・サッチャー首相は「権力の裏側で何が起きているのかをよく描写しており(14)」、「心から楽しめる時間をもらった」とかつて述べているし、オックスフォード大で政治学を学び、サッチャーの約三〇年後に首相職を継いだデーヴィッド・キャメロンは「学生時代に

『イエス・ミニスターはいかに真実ではないか』というレポートを書いたが、首相となったいま、本当のことを描いていることがわかった」と吐露している[15]。

多くの民主主義国で官僚機構が過剰な役割を果たしていると訴えるのは、フラストレーションを抱えた政治家だけではない。学界でも、政治家が官僚制を統御するのは非常に難しく、官僚機構が下している決定の重要性は、過去一貫して増加していることが指摘されている。

仕組みを最も簡単に説明するならば、人々は政治家を選び、彼らが民意を法律に転換する。官僚はこれら法律を適用する。官僚は重要な役割を果たすが、従属的な立場にある。端的にいって、彼らの仕事とは法制された民意に尽くすことであるはずだ。

しかし実際には、それほどことが簡単に進んだことは一度もなかった。たとえば、マックス・ウェーバーの官僚制についての記述を借りるならば、役人は「個々の事例についての個別的な命令」よりも「一般規則」に従うものだとされている[16]。しかしウェーバーは裁判官や官僚は単なる「上から順に積みあがる法的書類や予算書を最後の一枚まで判断を下すような機械」ではなかったことに気づく[17]。法の執行はむしろ、常に秘密裡かつ創造的になされるものだった。いくら入念に書かれた法案でも、細部については予期されず、重要な行政プロセスについても定められていない。その結果、現代官僚制において役人は重要な政治的役割を果たすことになる。政治の世界が私たちに教えるように、官僚が単なる使い走りであることは一度たりともなかったのだ[18]。

とくに最近の役人の数の増加とその役割の拡大には目を見張るものがある。二〇世紀と二一世紀初頭に、役人の数はうなぎ登りになり、その影響力も格段に拡大した。結果として、人民の代表によって定められる政策は大きく減ることになった。

これは、数字をみれば明らかだ。たとえばイギリスの国家公務員の数は一九三〇年に一〇万人だったのが二〇一五年には四〇万人にまで膨れ上がっている（この間、人口は約三割しか増えていない）[19]。

官僚制の規模の拡大が顕著な一方、さらに質的な変化も二つ指摘しておかなければならない。一つは、議会で通る法案の起草に当たって、政府機関の影響力が強くなったことだ[20]。次に、これらは議員たちとほぼ類似の働きをするようになり、金融や環境といった重要な政策領域で法案の策定と実行主体となった。この二つの発展が意味するのは、一般市民が主人であるはずの多くのルールが、選挙を経ない官僚たちによって書かれ、実行され、場合によっては主導されているということだ。

伝統的な官僚機構は、立法府の定めた法令を執行する役割を負っており、大統領や首相が任命した――議会に議席を持つ議員の権能として――政治家によって主導される。しかし、こうした仕事は、ますます増える政策領域において、立法府や政府の長の目の届かない政策を自らの手で策定する、いわゆる「独立行政機関」によって補完されている[21]。これらが立法府によって設立されると、こうした協議体や委員会は「法的に困難で、技術的に複雑で、政治的にセンシティブな決定」を任されるようになる。規制の権限を有して「規制を決定し、自らの法的地位と規制を強化する行政的活動を行い、行政決定を通じて判断を下す」ことになるのである[22]。

アメリカには、ラジオ・テレビ放送網を規制し、デジタル時代のネット中立性といった重要な判断を下す一九三四年に設立された連邦通信委員会（FCC）[23]、銀行その他金融機関の取引を監視して投資家を守り、公正な市場と資本形成を容易なものとする役割を担う、同年にできた証券取引委員会

（SEC）[24]、安全な水管理から絶滅危惧種保護までを担う一九七〇年に設立された環境保護庁（EPA）[25]、そして不動産融資やクレジットカードといった個人向け金融サービスを規制する二〇一一年設立の消費者金融保護局（CFPB）[26]などがある。

近年、こうした独立機関が論争的な政策において果たした役割は、その重要性をよく物語っている。FCCはケーブルテレビ上の放送禁止用語を長らく規定して、多くのテレビ番組での悪態を自主規制させた[27]。二〇世紀終わりに重要な規制の主体となったFCCは、二一世紀初頭に入っても未来に関わる重要な決定を下している。インターネットプロバイダー各社は、サイトにアクセスする権利を平等にしなければならないという「ネット中立性」を求めるルールだ[28]。同じく、EPAは過去半世紀に亘って環境保護政策の主たるプレイヤーであり、DDT（殺虫剤）使用禁止から公衆水道水の品質管理までを担ってきた[29]。ここ数年は、気候変動に関するアメリカの政策を主導し、炭素を汚染物質と定義し、新規発電所の排出ガス抑制策を提案している[30]。設立されてから五年間のうちに、CFPBはペイデイローン（小口ローン）規制を提案し、ファイナンシャル・アドバイザーに投資家の利益を考慮して行動するよう求め、二〇〇八年の不動産貸付を端とする危機へともつながったリスク行為を廃止した[31]。

耳目を集める少数の政策での意思決定を除けば、独立機関は多くの法案や規制についての主体となっている。たとえばアメリカ議会は二〇〇七年に一三八の法案を可決しているが、連邦機関は他方で二九二六もの規制を施行している[32]。そしてこれらの規制は、自らが対象となる有権者の監視が行き届かないものばかりだ[33]。

こうした事例はアメリカに留まらず、独立機関に類似するものは他国でも多くみられる。イギリスでは、ＱＵＡＮＧＯｓ〔クアンゴ、独立公共機構〕と呼ばれ、税金によって運営されるものの、納税者の監視がほとんど、もしくはまったく行き届かない機関が九〇〇以上も存在している。[34] 環境庁のように、ＱＵＡＮＧＯｓの中には重要な機能を担っているものもあるが、その数の増加と事業拡大に対して公衆の懸念が集まった。[35] イギリス議会は批判に応えて、二〇一〇年に既存の三分の一のＱＵＡＮＧＯｓの予算ないし数を減らすことを約束せざるを得なかった。[36] しかしこれらの多くは生き残り、改革は表面的なものに留まった。「詳しくみれば、政府が減らすとした公共機関はその機能を減じるばかりか、代わりに〔略〕『官僚的ごまかし』に終わった」のだった。[37]

もっとも、世界最強の「独立機関」はといえば、欧州委員会だろう。多くの国では、官僚制の権力は、強力な政府の長ならびに市民の声を受けた立法府によって、相対的に抑止されている。他方、ＥＵでは年に数回顔を合わせる各加盟国の首脳会議で曖昧な政策目標が決められているにすぎない。欧州議会は、各国での高い棄権率のもと、時の不人気な政府に対する異議申し立ての中で行われる選挙を通じて構成されているにすぎない。これは欧州議会の権能が抑制的なものとなっているからだ。結果として、キャリア官僚の組織たる欧州委員会が、歴史的にみてもＥＵ政策の原動力となってきた。ＥＵ法は委員会が主導し、起草し、執行するのである。[38]

誤解しないでもらいたい。独立機関は、その名に恥じない働きをしている。総体としてみれば、ＦＣＣ、ＳＥＣ、あるいはＥＰＡやＣＦＰＢの決定は、アメリカをより良い国にしたことは間違いない。これは欧州委員会やイギリスのさまざまなＱＵＡＮＧＯｓについても同様だ。それでも、民意の尊重と複雑な政策的課題の解決は、深刻なトレードオフの関係にある。独立機関がその他の機関によっては容易に達せられない問題解決を可能にする一方で、その重要な決定が政治的争議の場から隔離された場所で行われていることは事実なのだ。

中央銀行

私は一九八〇年代と一九九〇年代にドイツで育ったが、ハイパーインフレーションによって紙幣が紙屑と化してワイマール共和国の安定を奪ってから六〇年近く経った後も、教師たちは私が生まれる数カ月前の出来事かのように、その時期のことを語ったものだ。

私は小学校三年生の時の担任だったリーメンス先生が「私のお父さんは貯金があったの」と言っていたことを覚えている。「彼はお金を銀行に預けていたのだけれど、周りの皆はお金をすぐに使うようにと言っていたわ。それもすぐにね。そこでお父さんは熟慮の末、皆が必要としていた砂糖を買ったの。砂糖を少しずつ売れば、混乱が終わるまで私たちにパンとか洋服を買えると思ったからよ」。そこで私のクラスメートは「それでうまくいったの？」と質問した。「必要なものを買えたの？」と。

先生は深刻な面持ちでこう答えた。「お父さんは隣の家の牛車を借りて砂糖を買いに行ったの。たくさんの砂糖で積み台を一杯にして帰ってきたわ。まるで大きな白い山のように。だから家に運び込むのにすごく時間がかかったの。そして砂糖を運ぼうとした途端……」。「それで、それで」と私のクラスメートは先を急ぐ。

「砂糖を下ろそうとした途端に急に雨が降ってきたの。ざあざあ降りだったわ。だから数分も経たないうちに大きな白い山は——大事な貯金の全部だったのよ——溶けてなくなってしまったのよ」

「すごい！」とクラスメートは興奮して言った。

「そう、すごかったわ」とは私の先生。

どのような話であれ、それが明示的であってもなくても、こうした話は危機から償いへと展開するのが常である。そもそもの問題は、とリーメンス先生は困惑顔の九歳児たちに語った。「それは政治家たちがお金についてのことを決めていたから」と。だから戦争が終わって「連邦中央銀行を独立させたの。だから今日は同じような問題は起こらないのよ」。

ただし、インフレと中央銀行独立についての本当の話は、リーメンス先生が私たちに教えたほどに単純ではない。第一次世界大戦の膨大な赤字を抱え、債権国は打ち負かした国から最大限のものを搾り取ろうとしたため、ドイツ政府は外貨不足に陥っていた。どの策も成果が見込めなかったが、なかでも選ばれた選択肢は最悪のものだった。それは紙幣を山のように刷ることだったのだ(39)。

しかし、結果として生じたハイパーインフレから国が得た政治的教訓は、リーメンス先生が小学三年生に教えた程度には単純なものだった。第二次世界大戦後、多くのドイツ人はヒトラーの台頭をハイパーインフレによる混乱に求め、ハイパーインフレの混乱は貨幣供給についての政治的介入に求められた。そして、カオスないしファシズムへの移行を避けるためには、連邦中銀は可能な限り中立でなければならないとの結論が導き出された。この独立は、中銀の日々のオペレーションへの介入や、中銀総裁の指名を政治家に禁ずることでもたらされた。他国の中銀と異なり、ドイツの連邦中銀は政策目標を自身で定め、低インフレか低失業率のいずれを優先するかについても、自由に決められることになった(40)。

戦後ドイツの経済的成功とマルクの高い安定は、ナショナル・プライドの核心を成すに至った。だから一九八〇年代にヨーロッパの政治エリートが通貨統合のプロセスに着手する際、ドイツの指導者がこだわったことの一つは、ＥＣＢ（欧州中銀）がドイツ連邦中銀のモデルに添うことだった。

実現したのはまさにそれだった。ダニエル・グロは「ＥＣＢは連邦中銀2・0であり、独立性に関してはそれ以上の地位を得た」と指摘している[41]。クリストファー・アレッシィは「ＥＣＢの制度的デザインは選挙に晒されず、政治的アカウンタビリティの範疇に置かれないテクノクラートたちによって統治される」としている[42]。

ドイツ連邦中央銀行が与えた影響はもっとある。多くの経済学者は、一九七〇年代と一九八〇年代を通じてドイツモデルに沿った中銀の独立性について大胆な議論をし始めた。著名な学者であるロバート・バローやロバート・ゴードンは、定期的に選挙に臨まなければならない議員たちは短期的なバブルを起こす誘因を持つため、独立していない中銀は長期的に失業率を低下させる見込みがないまま、短期的にインフレを起こす、とした[43]。反対に、中銀に独立性を付与すれば、金利水準の決定権は短期的な誘因から隔離された人々に渡り、長期的な経済パフォーマンスが改善されることになるというのだ。こうしてイギリスや日本、モルドヴァ共和国からケニアに至るまで、中銀にはいっそうの独立性が付与されることになった。シモーネ・ポリッロとマウロ・ギレンは、一九九〇年代に世界五四カ国の中銀が「より高い独立性のための定款の変更を経験し（略）一九八九年時点で中銀に独立性を与えていなかった二四カ国のみこの時代に定款の変更を行っていない」と試算している[44]。

中銀の独立性が世界で大事とされる理由は、多くの機関が五〇年前に議員の実質的支配下にあったり、現在では選出を経ず応答責任を持たない官僚たちに統治されていたりすること以外にもある。それは、この時期にこうした機関が下す決定が大きな影響力を持つようになったことだ。

リベラル・デモクラシーの歴史を通じて、中銀の持つ政策的な選択肢はそうたくさんはなかった。一九世紀を通じて、そして二〇世紀初頭まで、ほとんどの通貨の価値は金本位制に依存していた。第二次世界大戦後に成立したブレトンウッズ体制のもとでも、為替はほぼ固定されており、稀に調整が必要な場合でも、それは政治家たちの手によるもので、官僚によるものではなかった。この時代は「財務相たちが主要な意思決定者であり、中銀は（略）経済金融政策では相対的に制約的で限定的な役割しか持たなかった」と、先のポリッロとギレンは書いている[45]。

しかしブレトンウッズ体制が一九七〇年初頭に消滅すると、中銀は自らの政策目標に沿った金利を決めることができるようになっていく。選出された議員たちによる制度の安定要因とされてきた中銀は、いまではたとえば国がインフレを抑制すべきなのか、雇用を優先すべきなのかといった重要な決定を下す存在となった[46]。その結果、世界各国が直面する最も重要な経済的決定権は、官僚たちの手に渡ることになったのだ。

司法審査

アメリカ建国の父たちが統治機構から人々の集合的能力を排除して二五〇年が経ってから勝ち取られた普通選挙権は、二つ目の大きな制度的革新に過ぎない。最初の大きな革新は、個人の権利が侵害された場合、民意を棄却することのできる九名の判事が任命されたことだった。

判事の力は歴史的にみて、高貴な目的のために用いられるのが常だった。多くのアメリカ人が自らのために求めた権利を、酷い状況にあったマイノリティにも付与することを決めたのは、最高裁判所だった。人種隔離の撤廃は、アメリカ人民の意思というよりも、それに優先する制度的な仕組みによって実現したのだ。公民権運動と聞けば、私たちはローザ・パークスやジェームズ・フッドといった勇敢な一般市民の名を思い浮かべるが、実際には、多数の選挙民の抵抗を押し切ったリベラルな一つの決定だったのだ(47)。

アメリカ市民の権利を促進してきたのが司法部門であったことは疑う余地がない。また、九名の非選出の最高裁判事が強大な権力を有していることも間違いない。そして二〇世紀を通じて、彼らがその権力をますます行使するようになってきたことにも合理的な理由がある(48)。

一九五四年、最高裁は学校と大学での人種隔離を禁止した(49)。死刑を違憲とし、後にそれを覆した(50)。妊娠中絶を合法化した(51)。テレビとラジオの検閲を制限した(52)。同性愛の刑罰化を止め、同性婚を認めるようになった(53)。選挙資金規制や銃規制を緩和した(54)。数百万人ものアメリカ人が保険に入れるような配慮もした(55)。そして、数百万の「ドリーマーズ」（成人した不法移民）が国外追放に怯えないで暮らせるようにもした(56)。

それゆえ、こうした積極的な判事を右派は批判し、反対に戦後に判事の過半数を占めた左派は、彼らは正しく職務を果たしているにすぎないとしてきた(57)。それゆえ、最高裁が右派に少しずつ傾き始めると、その役割は逆方向に向くことになる。最高裁の決定の影響が過去数十年間で大きくなったのかどうかについては論争があるものの、信頼ある研究は、最高裁の役割は憲法が制定された時に想定されたもの以上になっているとしている。そして、それは民意から大きく隔離されたものなのだ(58)。

世界の多くの国々についても、二〇世紀における司法審査の地位をより明確に捉えることができる。私の調べでは、たとえば一九三〇年代で民主主義に分類され得る二二カ国のうち八カ国のみが司法審査権を有していた。今日、その数は二二カ国となっている[59]。

憲法審査の世界的な拡大は、新興民主主義国と専制国家を含めると、より顕著なものとして捉えることができる。トム・ギンズブルクとミラ・フェルステークの研究では、一九五一年に憲法裁判所に違憲審査権を認めていた国は三八%だったのが、二〇一一年には八三%にまで増えている[60]。

憲法が司法による審査権を認めていない国でも、現実には審査権を有するようになった例もある。イギリスがその何よりもの事例だ。イギリスは長い間、下院が全能を有する議会主権の国であることを誇りとしてきた。数世紀にも亘って、判事には違憲審査権が与えられていなかった[61]。もっとも、イギリスが一九七三年にEU〔当時はEC〕に加盟してから、事態は変わり始める[62]。EU法に基づいて、司法が議会の決定を審査できるようになったからだ[63]。イギリスが欧州人権条約を国内法に転換してから、その権能はさらに拡大していった[64]。議会主権ドクトリンへの制約は、二〇〇五年に最高裁が新たな名称を与えられた際に、名実ともに完成した。それまで判事は貴族院の一部を為していたのが、それとは異なる機関として再編されることになり、連合王国最高裁判所と名付けられたのだ[65]。

同じような事例は、司法審査権を制約してきた他の国にも認めることができる。カナダでは一九八二年に制定された権利と自由に関する憲章によって、議会主権は憲法主権へと変化させられた[66]。フランスでも憲法院の役割が徐々に拡大し、毎年一万件もの判断が下されている[67]。オランダは憲法第一二〇条で、憲法規定や議会の決定は司法審査権の対象にならないとしているものの、国際的な人権条約を批准したことから、判事たちの権能に重みを与えることになった[68]。こうして、一九三〇年には議会の決定を判事たちが否定することを認めていなかった国々でも、意図や目的は何にせよ、ソフトな司法審査権が導入されているのである。

法学者ジェレミー・ウォルドロンのように、司法審査権に対して批判的な立場をとる者もいる。確かに裁判所の判決は、多数派による専制に対する防波堤として機能する。しかし、とウォルドロンは言う。歴史的に司法審査権の仕組みを持たなかったイギリスのような国と比べて、アメリカのような強い司法審査権を持つ国の方が個人の権利を守ることができたという事実はない(69)。また、裁判所は一般市民や政治家があまり知識を持たない、妊娠中絶といった複雑な法的ないし哲学的問題を処理するのに向いていない。ウォルドロンは、司法が関与しなくとも、妊娠中絶のような問題は議会で議論されれば重要な問題として認知され、司法審査権がない国でも、倫理上論争的な問題について、幅広い社会的合意が得られることもあるとしている(70)。

ウォルドロンのこうした議論は説得的だが、私はむしろハンス・ケルゼンやロナルド・ドゥオーキンのように、司法審査権の正当性を主張した著名な理論家による議論に賛成する。危機時にあって、民意から隔離された判事たちこそが脆弱なマイノリティを擁護することができ、強力な指導者のもとにある権力に抵抗することができるからだ。司法審査は必要な防波堤なのだ(71)。

そうであっても、司法審査への支持は、その本質を覆い隠すものであってはならない。本質とは、一般市民が政治的討議を経て特定の意見を持つ争点について判断を下すものであるという点だ(72)。たとえば、性的ないし宗教的マイノリティを民意から守ることは、当然ながら重要なことだろう。しかし、そうした場合、私たちが大事にしているはずの制度的特性が何であるかについて問うような知的誠実さも求められるはずだ。司法審査が民意を多く否定する場合、それは個人の権利と法の支配を守る限りにおいてなのだ、と。

国際条約と国際組織

第二次世界大戦が終わってから、各国は政治、文化、軍事、そしてもちろん経済といった多くの次元で互いに緊密な関係性の網でつながるようになった。一九六〇年に遡れば、貿易は世界のGDPの四分の一を占めるにすぎなかった。二〇〇〇年になってその割合は半分にまで増え、現在でも右肩上りで上昇している。対外投資の額の上昇はもっと顕著で、二〇世紀最後の二〇年間でそれは一〇ドル中の一ドルから、三ドル中の一ドルと、三倍へと増えている(73)。

グローバルな相互関係が密になるにつれて、国際条約や国際組織が増加するのは自然なことだ。人類の半分の経済活動が国外でやりとりされる時代にあって、国民国家はどのように自国の経済政策を遂行できるというのか。あるいは一国の排出ガスだけで世界の気温が上がるような中で、国際協力なくして環境規制することの意味はどこにあるのか。

自由貿易や国家間条約、国際機関に強固に反対する者たちは、こうした課題を深刻に捉えていない。新たな「国際ガバナンス」の様式は、企業と官僚とのエリートによる陰謀だと形容するが、それは誰もが消し去ることのできない大きな流れに対する漸進的な対応だからだ。

ただ、国際条約と国際組織の増加に合理的な理由があるとして、それが国内政治のあり方に影響を与えていないとするのも不誠実だ。国際条約や国際組織に拘束される政治的決定が増えるということは、国内でとられる政策領域の実効性が減少することを意味するからだ。

国際的な協定がなぜ重要かと言えば、それがさまざまな国の行動を調整し、安定した環境の中で共通の目標を達成させやすくするからだ。従って、国際協定の主体となって国内の統治能力を喪失するのは、国際的な合意が抱える固有の問題ではない。それこそが目的なのだ。これは、二酸化炭素を規制するための国際条約、世界銀行や国連創設のための条約に至るまで共通している。

自由貿易協定はその最たる事例だろう。こうした協定を結ぶために国家は、関税のような独立して下すことのできる決定権を（多少なりとも）手放さなければならない。もし関税がいったん再導入されれば、経済的利益をもたらすとされる自由貿易協定は、安定した環境を提供できないという意味で失敗に終わることになる。

自由貿易は、それを取り結ぶ国に多くの利益をもたらす。そうであっても、関税をかけられないといった制約がかかることは、その国の自由度を著しく奪うことになる。過去には、多くの途上国が暫定的に自国の基幹産業を国際競争から守ることで、その発展を図ったことがあった。アメリカは一九世紀に鉄鋼分野でそのように行動したし、二〇世紀になっても、日本や台湾は自国の自動車産業やエレクトロニクス産業発展のため、同様の措置をとった[74]。それが今日、WTOや、より不利な地域での貿易協定に加盟する途上国は、自らの経済力を高める同様の政策をとることを実質的に禁じられてしまっている[75]。

この統治能力の喪失は、現代の貿易協定が関税を低めたり、なくしたりすること以上のことを目標にしていることによる。たとえば、外資の買収から自国産業を守ることを禁止すれば、政府がグローバル化による雇用喪失を調節したり、産業変化による社会的影響を緩和したりすることを難しくする。規制や技術標準などの非関税障壁が廃止されれば、政府が新しい環境規制を敷くことは困難になるだろう。短期の雇用ビザ発給を含む、より包括的な北米自由貿易協定（NAFTA）などは、移民流入に関する国家の能力を減少させる。[76] また、「投資家対国家紛争解決」などは、企業に対して、ローカルなルールによる利益喪失に対する補償を求めて国を国際裁判所に訴えるほどの力を与えることになる。[77]

こうした影響が最も顕著なのはEUだ。真の「単一市場」を作るため、EUは加盟国の自律性を大幅に制約していった。[78] たとえば、異なる酒に異なる税率をかけることは、ビール製造国であるベルギーがワインに課税し、反対にワイン製造国であるイタリアがビールに課税するといったことを招きかねないゆえ、制限された。[79] 技術的、環境的な規制は各国の首都ではなくブリュッセルで決定されるため、欧州委員会が実質的な権限を握ることにもなった。[80] そして域内の自由移動は、欧州の市民が他国の領土へのアクセスを容易にする。[81] それはしかし、誰が自国の領域に住むかを決めるという、加盟国の権利を奪うことになった。[82]

それでも自由貿易協定は、国際システムを構成する国際協定や国際機関の中のほんの一部にすぎない。たとえば、多くの協定の当事国であるアメリカの国務省は分厚い「アメリカが締結した条約その他の国際協定リスト」を作成しているが、それは五六八ページにものぼる。[83]

自由貿易が経済的利益をもたらすものであるように、多くの協定はこの世界をより安全なものとし、気候変動のようなグローバルな問題解決のために役立っている。私は――普通の市民と同じく――こうした条約についての細かい知識を持ち合わせないものの、こうしたものは必然性があって結ばれるもので、重要な役割を担うものと確信している。

しかし、ここではそのことを論じたいわけではない。確かに民主的な討議から離れて政策決定がされるのは当然のことだ。そうであっても、人々がこうした政策領域について意見を反映させることができないという事実には変わりがない。言い換えれば、非民主的なリベラリズムは利益をもたらすことができる。しかしその本質を見逃してはならないのだ。

議会を組み入れる

私たちの体制がここまで非民主的になってしまったことの理由――ここでの理解でいえば、なぜ公衆の意見を政策に転換することが難しくなってしまったのか――は、過去数十年で政治的討議の場から多くの政策領域が外れていったからだ。本来であれば、立法府は増大する官僚制の力、拡大する中銀の役割、司法審査権の確立、重要度を増す国際条約・組織の力を借りて、民意を実行する能力を高めていくはずだった。しかし、非民主主義のパズルに欠けているもう一つの大きなピースがあった。それは、立法府が実質的に権能を有している領域であっても、民意を政策に転換する能力に欠けていることだ。人々の意思を反映させるために選出される議員たちが、民意から隔絶した場所にいるのだ。

マーティン・ギレンズとベンジャミン・ペイジが最近の論文で説いたように、「誰が統治しているのか？」という根本的かつシンプルな問いに対しては、四つの大きな理論が存在してきた(84)。一つは、平均的な人々の意見が決定的だとするもの。片や経済的エリートの意見が反映されるとする理論。三つ目は、アメリカ退役軍人協会（AARP）のように、大衆的基盤を持つ利益団体が優位とする説。最後には、米国ポテト協会のように、小さな利益団体の意向が重要とするもの。ギレンズとペイジは、二〇年間に亘って一七七九の政策を調べ上げて、これらの集団・組織のいずれの意見が反映されやすいのかを調べ上げている。

その結論は衝撃的なものだった。なぜなら、経済エリートと小さな利益団体こそが極めて大きな影響力を持つことがわかったからだ。大衆的基盤を持つ利益団体は、むしろ政策にインパクトを及ぼすことができておらず、一般市民の意見はほとんど考慮されることもなかった。「経済エリートの選考と組織された利益団体の立場を統計的に処理した場合、平均的なアメリカ市民の選好が反映される値はほぼゼロに近いほど小さく、政策へのインパクトは統計的に有意なものとならない」のだ(85)。この結論は揺るがないようだ。彼らは「アメリカにおいては多数派が統治してはいないのだ」と結論付ける(86)。

立法府が依然として権能を持ち続けている領域でも、一般人の影響力が発揮されないことを理解するためには、その理由を探らなければならない。なぜ一般人は彼らの代表の行動に対して「ゼロに近いほど」の影響しか持たないと考えているのだろうか。

カネ

再選を目指す保守党のルパート・アラソン議員は、地元選挙区トーベイ〔イギリス南西部〕のパブに赴いていた。彼は根っからのプレイボーイでポルシェ好き、億万長者であることで知られていたが、こともあろうにウェイトレスにチップを渡すことを怠った。地元紙によると、憤慨したウェイトレスは、それまでしてきたように保守党にではなく、自由民主党に票を入れることを決意し、職場の仲間にもそうするよう説得したという[87]。

選挙当日、アラソンは自信に満ちていた。その五年前に彼は相手候補者を五七八七票差という大差で破っていたからだ。しかし、開票速報が飛び込んで、激戦となったことが判明する。結局、票を三回数え直し、彼は対立候補のエイドリアン・サンダースに一二票差で敗れることになった。これはイギリス議会選挙で最も僅差で決まった選挙の一つに数えられている。

地元紙の報道を信じる限り、敗因はアラソンがチップを渡しそびれたことに起因することになる。そして、アンドリュー・エッガーズとジェンス・ハインミュラーの最近の研究に基づけば、アラソンの粗相は選挙での敗北につながっただけでなく、生涯所得の見込みを引き下げることにもなった[88]。

エッガーズとハインミュラーは、政治家の経済力が当選の決め手となるのかどうか、一〇年ほど前に調査をした。しかし、すぐに難問にぶち当たる。ありとあらゆる要素――魅力、能力、資産、その他――が選挙での勝利、そして政界の外で高報酬の職に就くかどうかを決めるからだ。こうした交絡因子を統御するため、彼らは誰が勝ち、誰が負けるかが単なる偶然に近いような接戦の選挙を「擬似ランダム」ケースとして導入した。その結果、導き出されたデータは驚くべきものだった。彼らは「保守党の議員は、落選した同じような保守党候補者と比べて二倍も金持ちとなって逝去した」という[89]。

この検証結果でもっと憂慮すべきなのは、僅差で勝利した議員は、僅差で落選した候補者よりもロンドン証券取引所の上場企業の取締役になる確率が三倍も高かったというものだ。こうして導かれる結論とは、ごく自然に以下のようなものとなるだろう。すなわち「保守党議員にとって議席が重要なのは、政治的コネクションを使って個人の資産を有利な形で増やすような知識を得ることができるためである」、と。[90]

カネが政治システムにもたらす癒着を問題にする時は、わかりやすい極端な事例に注目が集まりがちだ。とある男性が札束の詰まったスーツケースを手にして運ぶ、あるいは人ごみにまぎれて分厚い茶封筒を手渡すといった光景が脳裏をかすめる。世界の多くの新興民主主義国では、確かにこうした直接的な賄賂は大きな問題となっている。インドやイラクといった国では、運転免許証の取得から建設許可を得るにいたるまで、賄賂の支払いが求められる。

しかしドイツやアメリカといった、民主主義が定着した国でも、特定の政治的陳情のために決まった額が要求されることがある。それが法学者のいうところの「特定報酬(quid pro quo)」型の汚職だ。これはイリノイ州知事のロッド・ブラゴジェビッチが、二〇〇九年にオバマ大統領の上院議席の後任指名で用いようとした手法でもあった。彼は司法に盗聴されていた電話口で「クソ高い何か」を持っているとほのめかし、別の電話では「このクソみたいな黄金のものを手にしている」「クソでもないもののために手放してなるか」とわめいた。[91]

ブラゴジェビッチは汚職の廉で投獄されることになった。しかし、こうした事例は彼だけに留まらない。一九九〇年から二〇〇二年の間だけで、一万人ものアメリカ公職者が大小さまざまな汚職によって有罪判決を受けているのだから。[92]

そうであっても、民主主義が定着した国では、政治システムにおけるカネの役割はさほどではない。政治システムから得られるレント〔超過利潤〕として直接的な賄賂を受領するより、個人や企業は政治資金の提供、ロビイング、高報酬の職の提供などを通じて、自らに有利な政治決定を誘導しようとするからだ（**図４**）。

選挙キャンペーンのための資金提供は、上限についての規制が緩いため、アメリカで大きな問題となっている。その結果、選挙での支出は過去数十年でうなぎ登りとなり、現在では過去最高の水準に達している。たとえば、二〇一二年に「連邦レベルのキャンペーン支出は（略）およそ六三億ドルに達している」とされるが、これはアフリカのブルンジ共和国のＧＤＰの二倍にも相当する。[93]

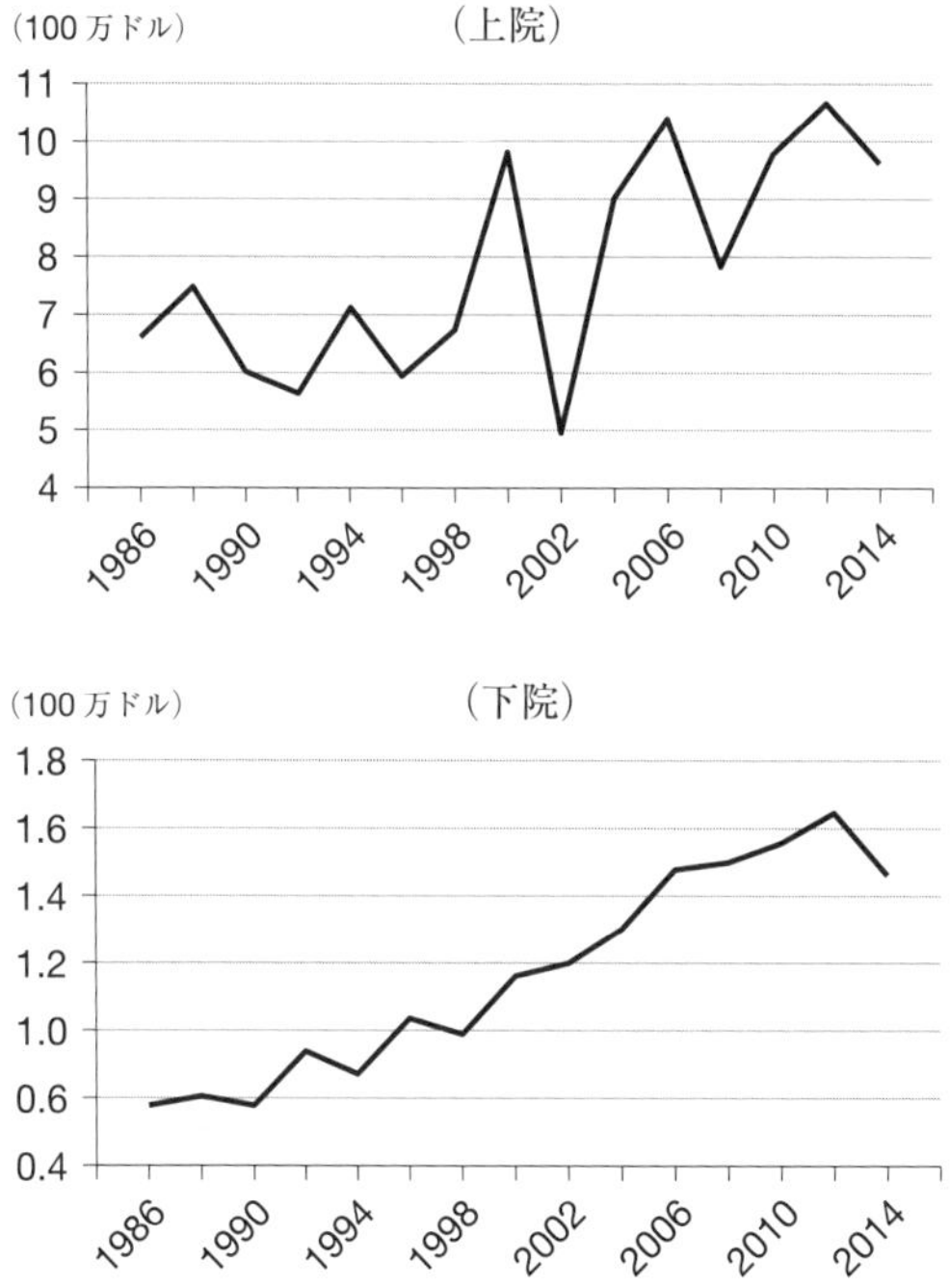

図４　アメリカ上院ならびに下院議席獲得に要するコスト
出典：Federal Election Campaign data processed by the Campaign Finance Institute.

ある種の政治家にとって、このシステムはハッピーなものだろう。大口のドナー〔資金提供者〕と良好な関係を続けていれば、新人候補に対して大きな経済的優位を保つことができるからだ。もし彼らが選挙資金についてのルールを変えようとすれば、ドナー層の大きな怒りに触れることになるだろうし、もし変えることができたとしても、彼らは新たな不安定な世界に足を踏み入れることになる。つまり現状維持がベストなのだ。

しかし多くの政治家が、変更不可能なシステムの囚われの身になっていると感じていることも事実だ。二〇〇二年にこのシステムが変わるという稀な出来事が起きた。拡大し続けるカネの影響力を懸念した二人の大物上院議員が選挙の戦い方を変えるべきとの超党派の決定を下す。すなわちジョン・マケインとラス・ファインゴールドが「ソフト・マネー」といわれる、特定候補ではなく特定の政策のために提供される質の悪い資金を規制する法案を提出した。そして、多くの予想を裏切り、法案は可決に至った。数十年間で初めて、政治でのカネの動きが、上昇する以外の動きをみせるかに思えた瞬間だった(94)。

しかし、マケイン＝ファインゴールド法として知られる同法は、七年間しかもたなかった。同法は、その後「シチズンズ・ユナイテッド」という保守的なロビー集団によって改変させられたからだ。このロビー集団は、ヒラリー・クリントンについてのドキュメンタリー――実際には悪意ある攻撃コマーシャルでしかなかった――を作製した。新しい規制のもとでは、予備選までの三〇日間、あるいは本選までの六〇日間に、ドキュメンタリー放送のスポンサーとなることが禁止されていたが、「シチズン・ユナイテッド」はこれが合衆国憲法修正第一条の表現の自由に反すると訴えたのである。

ロビー集団といえども――利益団体や労組といった結社も同様だが――自然人と同じ権利を有すると考えた最高裁判事の多数は、この訴えを認めるに至った。ケネディ判事は、マケイン＝ファインゴールド法は「シチズン・ユナイテッド」の表現の自由を奪っていると判決文に書いた。つまりロビー集団や政治団体であっても、特定候補を支持したり、対立候補を批判したりするためなら、いくらカネを費やしても構わないとしたのだ。候補者個人への直接の資金提供への規制は残ったものの、こうした最高裁判決は私的な利益団体による大量の資金を流入させることになった[95]。「シチズン・ユナイテッド」については数多の書籍や記事が費やされ、アメリカの民主主義への負の影響を及ぼしたこと（あるいはそうではないということ）が指摘された。しかし、あまり指摘されていないのは、この事例は、非民主的なリベラリズムが互いに補完しあっているという構図だ。すなわち、まず政治過程から離れた場所で重要な決定を司法審査が下したことで、人々の代表が通した法案を非選出の判事たちが覆すに至った。次に、こうした決定によって、議員たち自らが実質的権限を持つ政治過程の場に、人々の意見を反映させることをますます難しくすることになったからだ[96]。

加えてロビイングの発達は、選挙資金提供よりもさまざまな意味において、より劇的なものとなった。

ゼファー・ティーチアウトは著作『アメリカの汚職』で、建国の父たちは、人々が政治的決定を歪めようとする数多の方法について頭を悩ましていた、としている。感謝の証として自国大使が王からの法外な贈り物を受領することをヨーロッパの国々が認めていた中、アメリカ議会では、ベンジャミン・フランクリンがルイ一六世から粗末なタバコ葉入れを受け取ったことが問題視されたほどだった。確かに、建国の父たちが四〇八個ものダイヤモンドが散りばめられ「髪粉とチークを塗った頬、首に白いレースを巻いて肩には二本の金鎖、金色の白百合を縫われた青い礼服」をまとった全権大使の絵が描かれたものを訝しがったのは無理ないかもしれない[97]。しかしティーチアウトは、現在では何の問題がない政治的行為であるようにみえるものすら、疑心の対象になっていたという。

こんな衝撃的な逸話もある。ある年老いた病人は連邦政府に貸し付けがあった。自身で債権を回収できないこの老人は、弁護士に依頼した。後日、老人の息子がこの弁護士に約束した報酬を支払うのを渋ると、裁判所は彼に対する政府の支払いを止める判決を下した。当初の目的はまったく関係なかったにもかかわらず、判事たちがロビイストの行為に法的根拠を与えることを恐れたからだった。ティーチアウトは次のように言う。

もし国の大企業が市場で有利になろうとして政治家に金を支払い、私的利益促進のために彼らが一般法を通そうとするのであれば、健全な精神を持つ人間の道徳心は雇用主と被雇用者の間に何らかの癒着があるとみなすのが普通ではないだろうか[98]。

こうした事例は極端かもしれないが、珍しい事例では決してないと彼女は指摘する。アメリカ憲政史上、連邦政府はさまざまな形態をとるロビー活動を禁じてきた。その昔、ジョージア州法は「ロビイングは犯罪である」と修正された[99]し、カリフォルニア州では重罪に科せられる行為だった[100]。二〇世紀を通じて、ロビイングが胡散臭い活動とみなされることは、もはやなくなっていった。しかし、活動が当たり前のものとなっても、財界にはその影響力を行使することにためらいがあった。そして、その活動の場も、現在よりはずっとフェアなものだった。

リー・ドラットマンが『アメリカの仕事はロビイングである』でようやく示したように、一九六〇年代に労働組合の影響力や、公共の利益団体の声は今より大きかった。反対に大企業は自らがロビイングすることはなかった。後に最高裁判事に任命されるルイス・パウエルJr.は「企業幹部の全員が知っているように、現在のアメリカ政府に対して財界、企業、あるいは数百万人の株主が行使し得る影響力はほとんどない。これを疑う者がいるならば、議会の委員会の前でビジネス界を代弁する『ロビイスト』役を演じてみるがいい[101]」と書いていた。

ただ、こうした状況は一九七〇年代初頭になってから、急速に変化していく。賃金上昇に伴う労働コストの増加や新たな規制があり、議会に対する影響力を行使するため、有名なCEOたちが一致団結したからだ。当初、彼らの行動は、自らの利益を脅かす法制に待ったをかけようとする、もっぱら防御的なものだった。しかし、大企業によって政治への影響力が増加して、利潤につながるようになると、新たなプロフェッショナル集団たるロビイストたちは、自らの仕事とは「政府を遠ざけておくようにしておくだけではなく、政府を近づけること」であると説得してまわるようになった[102]。

今日では、法案に影響を与えることこそ、ロビイストの主たる仕事になっている。ロビイストの目標は何であるかとドラットマンが尋ねたところ、その答えは「第一の目標は『政府の政策から企業を守ること』」だったが、もう一つの大きな目標は「政府の政策をより好条件なものへと改変して企業の競争力を付けること」だった[103]。

それゆえ、アメリカ企業のロビー活動への支出が急激に増えているのも驚くべきことではない。二一世紀最初の一五年間でその額は、一六億ドル弱から三二億ドル超へと倍増しているのだ[104]。

このことがもたらしたのは、システムへの多額の資金流入だけでなく、主戦場の歪曲でもあった。過去と異なって、非常に優位な位置を企業が占めるようになった。「労組や公共的な利益団体がロビイングに一ドル支出するところ、大企業とその傘下の団体は今では三四ドルも支出している。ロビイング支出額のトップ一〇〇団体のうち、九五団体はビジネス界のものだ」とドラットマンは試算している[105]（次頁**図5**）。

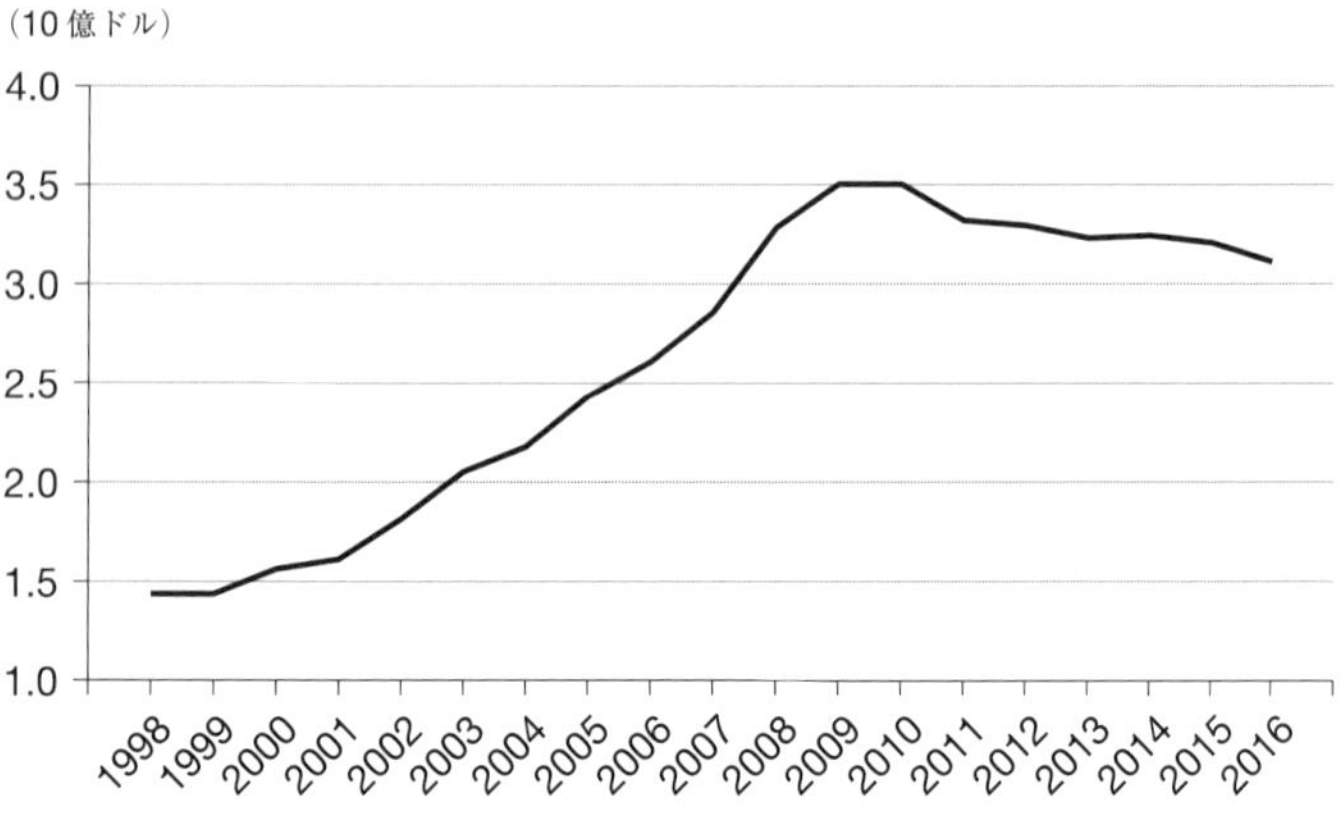

図5　アメリカにおけるロビイング支出(1998-2016年)
出典：Center for Responsive Politics (CRP) analysis of Senate Office of Public Records (OPR) data (CC BY-NC-SA 3.0).

付け加えるなら、ロビー産業の急伸はヨーロッパでの方が顕著だ。一九七〇年代にブリュッセルに登録しているロビー団体は一〇〇〇団体にも満たなかった。それが、今日ではEUの政策に影響を与えようとする団体は三万以上を数える(106)。

ヒラリー・クリントンが二〇〇五年のドナルド・トランプの結婚式になぜ出席したのかと問われた時、彼女の答えはあまり説得力あるものではなかった。すなわち、「楽しい時間が過ごせると思った」のだと(107)。対してクリントン夫妻を招待した理由は、当のトランプによって露骨に暴露された。「寄付者として彼らに来るよう要請したからだ。彼らはそうするしかなかったけど、それがこの国の問題でもある。この国は寄付者や既得権益、ロビイストによって、彼らのために統治されている。それは国のためによくないことだ(108)」

トランプが自分の納税状況を公開しようとしなかったり、利益相反に無頓着だったりすることは、彼のロビイング評価は嘘以外の何物でもなかったことを物語っている。しかし、彼のアメリカの政治システムの現実についての描写には、真実が含まれている。国が「寄付者、既得権益者、ロビイストによって、彼らのために統治されている」というのは言いすぎだとしても、こうした集団の合意がなければ、国を統治することは困難だからだ。

ケネディ判事は『シチズン・ユナイテッド』の判決文で、寄付やロビイングを通じて「議員に影響を及ぼしたり、働きかけをしたりできる」こと自体が、汚職を証明するものではないという。[109] これは事実だろう。ロビイストが議員に変わって法案を起草すること、あるいはその議員が数週間後の選挙に臨む際、契約企業による献金があることは贈収賄とは呼ばれない。もちろん、イギリスの現職議員が公企業の利益を代弁したり、政界から引退したりした後、その取締役になることも贈収賄ではない。彼らが政治的な生き残りをかけて、こうした慣習に従わざるを得ないのであれば、システムの要求に沿って行動する政治家を責めても、何の意味もない。それでも、こうした従来からの慣行を受け入れることとは、ローレンス・レッシグがいうところの「依存的汚職」を生み出すことにつながりかねない。[110] これは「ギブ・アンド・テイクからなる贈答経済の結果が制度的次元で作用する」システムのことだ。[111]

言い換えれば、依存的汚職と実際の贈収賄との間には、無視し得ない法的――そして道徳的――な区別があるとのケネディ判事の指摘は正しいかもしれない。しかし、非民主的なリベラリズムの観点からすれば、両者ともに同じような効果を持っているといえる。私的資金が投じられることで、巨大な利益と政策が曲げられることになるからだ。人々の意見を政策に転換する任にあるべき議員たちは、耐えがたいほど、個別利益の囚われの身になっているのだ。

ミリュー

日々私たちを取り巻く人々、私たちの嗜好や価値や期待を形作る人々、それがロビイストたちだ。つまり、ロビイングと選挙資金提供が政治システムを歪めるものの中で最悪なのは、彼らと日々付き合う政治家の世界観が形作られることだ。多くの場合、議会で寄付者に関する法案に投票する時、政治家は自らの理念に反しているとは考えない。それというのも、既得権益集団の代表とあまりにも多くの時間を過ごしたために、彼らの世界観を共有してしまっているからだ(112)。

この種の影響力についての体系立った研究は存在しないが、無視し得ないと想定するのが妥当だろう。そもそも、政治家が資金調達のために時間を割かなければならない時間は増加する一方にある。一九八六年から二〇一二年までの間、上院に議席を占めるのに有する平均資金は六二%増加し、下院の場合は、なんと三四四%も増加している。逸話でしかないにしても、議員の活動時間のほぼ半分が資金調達に充てられていると想定するのには、合理的な理由がある(113)。

最も高位の政治家であっても事情は同じだ。ジミー・カーターとロナルド・レーガンの両大統領は、一期目で、二〇日間に一度、資金集めに奔走していた。レーガンと違って、オバマ大統領は資金集めを嫌ったとされる。そうであっても、彼もまた現代政治の要請に応えざるを得なかった。五日に一度は資金集めをしていたのである(114)。

資金調達の必要性は、政治家が代表しなければならない人々とは異なる仲間集団と多くの時間を過ごさなければならない理由の一つだ。しかし、それも氷山の一角にすぎない。さらなる真実は、議員になる以前から、多くの政治家が平均的アメリカ人とは異なる文化的、教育的、経済的エリートと馴染んでいることにある。

アメリカ国民で法学の学位を持っているのは二〇〇人に一人以下しかいない。しかし下院でその割合は三人に一人となる。上院では二人に一人だ。資産額にも大きな違いがある。アメリカの平均資産は四万五〇〇〇ドル弱だが[115]、下院議員のそれは一〇倍以上、上院議員はさらにその上をいく[116]。誤解のないように言っておくと、建国の父たちは、議員をエリート階級とみなしていた。アメリカ人が、自らの代表に共同体構成員の中でも高学歴者――もしくは高所得者――を選ぶこと自体が問題なのではない。問題なのは、地理的にも、人生経験にしても、エリート層が他の国民から乖離していることにある。

数世代前であれば、下院の政治家は国の特定地域にそのルーツを持っていた。地方の名士であったかもしれないが、地域に根差していた人々だった。民主党議員は、地方の労組ないし学校出身者であったし、共和党議員も地方企業やコミュニティ指導者であることが多かった。ある特定の州で生まれ育ち、そこで教育されることの多かった議員は、退職した後、地元に帰っていくのが常だった。

それに代えて今日では、数少ない調査研究をもとにする限り、平均的な議員と地元選挙区のつながりは、かなり限られたものとなっている。生まれ育った地元を自身の選挙区にしている政治家は少なくなってきている。地元が選挙区であっても、かつてのように生活の中心はそこにはない。しばしば東・西海岸のエリート大学で教育を受けた彼らは、大都市でキャリアをスタートさせる。一定期間をビジネスやファイナンス、弁護士事務所、あるいは議会で過ごした後、政治的野心を抱いて彼らは地元選挙区から立候補しようとする。そして、政界から退いた後は、地元に住宅を持ちつつも、そこがリタイア後の人生の中心となることはない。議会の先人たち以上に、高報酬の仕事を求めて大都市での生活を送るからだ(117)。

ヨーロッパの多くの人々は、自国はこうしたアメリカの状況より酷くないはず、と思うかもしれない。アメリカの民主主義は長らく超資本主義的な精神と、そのもとでの起業に囚われているのに対して、大陸はそこまでではないと主張しがちだ。

主張に根拠がないわけではない。ヨーロッパの多くの国では選挙キャンペーンの資金規制はより厳しい(118)。確かにロビー活動は急増しているものの、政治資金の額はアメリカと比べてかなり少ない(119)。とりわけヨーロッパ社会は、アメリカよりもはるかに平等だ。従って、議員と一般国民との間に横たわる社会的・経済的溝は、そこまで深いものではない。

ただ、合法的に政治資金を集めるのが困難であれば、それだけ政治家にとって非合法な形で資金を調達する誘因が高まるとする指摘もある。最も知られている例は、ドイツ首相を長らく務めたヘルムート・コールの例だ。キリスト教民主主義政党の党首時代、党は闇献金のシステムを構築し、これが武器輸出といった政府の政策に影響を与えたとされる(120)。選挙の際の非合法な献金はフランスではより深刻で、過去数十年もの間、主要な政治家一〇名以上が汚職の疑いで捜査を受けている(121)。

また、資金集めが困難であるゆえに、政治家が自らの主張を広く届けるのを難しくしているとの指摘もある。これは、自分のイメージがメディアでどのように報じられるかについて、常に関心を払わなければならないことを意味する。イタリアやイギリスのように、一人のオーナーがメディア産業を支配するようになると、彼らがキングメーカーになってしまう。たとえばイギリスで最も読まれている『サン』紙が応援する候補者が、過去一〇回の選挙のうち、一〇回当選しているのは偶然とは言えまい[122]。また、イタリア最大の民放テレビ所有者のベルルスコーニが、悪評高い政権であるにもかかわらず、自国を二〇年間にも亘って率いることができたのも、偶然とは言えまい。

ヨーロッパ人は、自らの政治エリートたちが、異なる階級の人々となってしまったことも憂慮すべきだろう。その最たる例はフランスで、この国ではごく稀に国立行政学院出身者でない者が指導者になれば一大ニュースとなる。他の国でも有権者集団から切り離された議員の存在が当たり前になりつつある。

前世代まで、ヨーロッパの左派政党の幹部は、労組運動にルーツを有していた。自らが労働者出身でなくとも、両親がそうであったり、労働者のミリューで育ったりしたというのが普通だった。つまり、彼らの労働者階級との結び付きは政治的である以上に、文化的、生物学的なものだったのだ[123]。同じように、右派政党の幹部も宗教運動や農村コミュニティと強い結び付きを持っていた。彼らは大都市に住んでいても、異なる社会サークルに属しており、そのライフスタイルも極めて保守的なものだった。

政治が極めてコンセンサス追求型で、社民勢力とキリスト教民主主義の政策がさまざまな意味で類似していた時代、こうした文化的次元こそ、ヨーロッパ政治を形作っていた。有権者の多数と、国政での彼らの代表との間の溝は、さほどのものではなかった。それに反比例するかのように、ライバル政党の政治家同士の溝は相対的に深かった。その結果、多くの政党指導者にとって、政治的ライバルよりも、地元の有権者と食卓を囲む方が気楽だった。もはや今日ではみられない光景である。

これらは実際に、政治的な意味合いを持っていた。私たちにとって想像しがたい利益より、直接的かつ重要な利益を優先したいことの方が自然だろう。私たちが人生で一度も出会うことのない人々が支持する法案より、私たちの友人たちが支持する法案が優先されるべきだろう。議員たちが、支持者たちの意見を政策に転換できていないのだとすれば、それは政治エリートと有権者との間の社会的、文化的な溝に原因を求めなければならない。

見えない出口

民主主義の定義は、政治思想家の数と同じほど存在する。ある哲学者がいうように、それは本質的に論争的な概念なのだ――その何が貴重かについて意見の一致をみなければ、定義に合意を見出せないことに耐え続けなければならない[124]。しかし、手品に頼って辞書を引かなくとも、今日アメリカが完全なデモクラシーと呼ぶことに躊躇を覚えるのは間違いないはずだ。

私は、民主主義国である限り、最低でも民衆の意見を政策へと転換する制度的メカニズムを備えていなければならないと考える。しかしアメリカのそのためのメカニズムは欠陥を抱えている。確かに、リベラルな権利を極めて尊重している国ではある。しかしこのリベラリズムのとる形態は非常に非民主的なのだ。

非民主的なリベラリズムに傾きつつあるのは、アメリカだけではない。多くの先進民主主義国では、防御的なメカニズムが備えられている。多くの重要な政策は、貿易条約から独立機関に至るまで、政治的討議の場から隔離されている。民意が許容可能な線を超える時、それはアメリカ連邦最高裁やE

CBといったテクノクラート的な制度によって抑え込まれる。公式的には人々が自らの命運を握っているとされる領域でも、民意の政策への転換は社会的、経済的エリートの利益によって歪められ、人々による自身の政府への影響力は抑制されている。

西側諸国では、過去三〇年間、司法、官僚組織、中央銀行、さらに超国家組織の役割の拡大をみてきた。同時に、ロビイスト、政治キャンペーンにおけるカネの役割、そして政治エリートと彼らが代表すべき人々との間の溝は広がり続けている。こうした事態が、民意から政治システムを隔離してきたのである。

スティーブン・レヴィツキーとルーカン・ウェイは、ハンガリーのように選挙に意味はあっても、政権与党が優位になるような「不公平な競争」こそが「競争的な権威主義」の特徴だとしている[125]。同じように、民主主義とされてきた多くの国は、競争的な寡占体制に似てきている。法案についての討議に意味はあっても、不公平な政策形成過程は、統治エリートの利益を促進するのに役立っているにすぎないからだ。

こうした現象について言及している数少ない研究者は、その原因について、従ってその解決法も、簡単なものとみなしているかにみえる。

彼らは、人々の力が削がれてしまっているのは、政治と金融エリートが権力を奪取したことが理由だ、という。大企業と超富裕層は、自分自身の利益のために中銀の独立性や親市場的な条約を支持しているし、政治家、学者、ジャーナリスト等は自らの決定を民意から守るためにテクノクラート的な統治を支持している、といったものだ。そして、こうした自己中心的な思考は、裕福な寄付者が支えるシンクタンクや学者集団の喧伝する新自由主義的なイデオロギーに覆い隠されているのだ、とも。現状についての説明はかなり陰鬱なものだが、処方箋も同様だ。すなわち、単に人々は力を取り戻さなければならない、とするのだ。

曰く、専門家は、独立した中銀は経済成長に資するものであり、貿易協定は消費者価格を引き下げるという。また、強大な官僚組織と強力な国際機構は、一般人が理解可能な範囲を超えて複雑な問題を解決するために必要だという。しかし、こうした機関や制度が人々を見捨てるために共謀された陰謀として済ますのも間違っている。ならば、非民主的なリベラリズムの病を治癒するためには、防御的な制度を廃止し、エリートたちを権力の座から追い出し、再び人々に任せればいい、と[126]。

こうした直感的な知的態度は、多くの争点でみられるもので、左と右の両極で観察されるものだ。貿易協定批判から中銀反対までの論拠にもなっている。そして、それはドナルド・トランプからジル・スタインまで、スティーブン・バノンからナオミ・クラインの言説にまでみられるのだ。

これら言説の問題は、こうした制度と機関の起源、運用、そして目的を、まったくもって理解していないことにある。

確かに、政治エリートが自らの権力拡大に資する官僚機構を歓迎するのは事実だ。金融エリートが自らの利益のために資金を提供し、組織に影響を与えようとするのも確かである。そして、政治に流入するカネは特定の思考を優先させ、「真剣」な世論の範囲を狭めてしまっている[127]。

それでも、民衆の意見を制約するこうした制度や機関の歴史は、その批判者が喧伝するよりもずっと複雑だ。たとえばＥＵの起源は、決して企業間の陰謀にあるのではなく、いかに第二次世界大戦後のヨーロッパ大陸を復興させるかという、合理的な理念からスタートしたものだった。同時に、環境保護庁からIAEA（国際原子力機関）に至るまで、これらの機関も今まで解決できなかった深刻な問題――環境汚染や核拡散など――に対応するために生まれたものだ。

これら機関の日常的な運用は、外側からみるより、ずっと複雑だ。たとえば、ギリシャとトロイカ（欧州委員会、ECB、IMF）との間の交渉は、しばしばギリシャ有権者と国際テクノクラートとの対立とみなされた。実際にそういった側面があったことは否定できない（序章で私も非民主的なリベラリズムの例として紹介した）。しかし、ドイツのメルケル首相が、ギリシャによりよい条件を提供することを拒んだのは、彼女が自らの有権者に向き合わなければならなかったからだ。こうした観点からすれば、ギリシャの民意が無視されたのは、それが他のヨーロッパの人々の民意を無視していたからでもあった(128)。

テクノクラート機構の運用が、その批判者が言うほどに簡単でないならば、非民主的なリベラルの投げかける問題を解決するには、その処方箋もまた簡単なものではないということになる。不完全な制度や機関が無用であったり、自己利益のためだったりするとあげつらうのは簡単だが、それでもこれらが三つの重要な機能を担っていることは想起されてもよいだろう。

まず、私たちが住む世界は、非常に複雑になっている。経済を活性化し、大惨事を避けるためには、銀行を規制し、消費者保護基準を強化し、台風を監視し、発電所を検査しなければならない。もちろん、こうした問題にどう対処するかは、さまざまな手段があろう。必要な規制のため、立法府にいっそうの権限を与え、官僚機構に説明責任を求めるといった改革は必要だろう。

そうであっても、こうした規制を考案し、それを運用するためには、いずれにしてもたいへんな専門知識を要することになる。こうしたことに、多くの市民が熱心に関わると想像するのは難しい。また、政治家たちがこうした微細な問題に精通するようになると期待もできない。従って、こうした問題は、テクノクラート的な制度や機関を廃止するだけで解決するとは考えられない。

緊密な国際協調を要する政策領域で、問題はさらに大きなものとなる。気候変動を抑制するため、核兵器拡散を防ぐため、取るべき手段については世界のほとんどの国で合意できるだろう。現在のところ、この種の決定は国家の首脳（あるいは彼らが任命する大臣）によって下されている。民主主義国にあって、これら政治家は選挙を経て選ばれる。しかし委任の連鎖は非常に長くつながっており、一般市民が国際条約などに影響を及ぼすのは、かなり難しい。たとえば、気候変動に関するパリ協定は、深刻な民主主義の赤字を抱えていた。

だから、代わりとなり得る選択肢を見出すのは難しい。真の世界議会の実現は視野に入っていないし、実現したとしても、市民から遠い存在に留まるだろう。他方、気候変動のようなグローバルな課題は、各国がそれぞれのやり方でもって対処しても、問題解決しない。結局のところ、主要な課題については、問題含みの非民主的な道筋である国際協調によって解決が図られるしかない。さもなくば、まったく解決されないか、のいずれかだ。

最後に、リベラリズムとデモクラシーの関係は、テクノクラート統治の批判者がいう以上に複雑なものだ。憲法裁判所のような、反多数派機関に欠陥があることは間違いないが、個人の権利を守ってきたことも確かだ。それゆえ、それらを廃止するのであれば、民族的、宗教的マイノリティの権利が脅かされる可能性があることを批判者たちは覚悟しなければならない。一般論として、独立した制度や機関は、歴史的にみて民主主義を一定水準に保つことに貢献してきた。近年のハンガリーやトルコの出来事が示すように、判事や官僚よりも民意を優先させることは、短期的にみれば、より民主的にみえるかもしれない。しかし長期的には、独裁者が民主主義を消し去ることに手を貸すことになるのだ。

リベラル・デモクラシーを襲う、この二重の危機は、簡単な解決策を、という誘惑に晒される。ポピュリストによる非リベラルな態度を懸念する者は、それを駆動させているエネルギーに何か民主的なものがあるということを認めようとしない。なかには、民意を政治的決定からよりいっそう隔離すべきと唱える者もいる(129)。他方では、既存エリートの官僚的態度を懸念する者は、こうした制度や機関がなぜ存在するようになったかについて思い至らない。だから、単に廃止してしまえばよいという結論に達してしまう(130)。

しかし、民主主義の危機を解決するのに簡単な処方箋は存在しない。もしシステムのリベラルな要素を保ちたいと思うのであれば、重要な決定を専門家の手に委ね、ポピュリスト政治家の影響を抑制するだけでは済まない。そうではなく、ポピュリストを選挙で打ち負かすよう、有権者を説得しなければならない。同じように、私たちが民主的な要素を保ちたいと思うのであれば、経済を安定させたり世界の喫緊の課題解決に寄与したりする制度や機関を廃止してはならない。代わりに、専門知識と民意に対する応答性からなる、より良いバランスを実現するためにどのような改革があり得るのかを問わなければならない。

戦後に実現した大前提が問い直されるようになっている。リベラリズムとデモクラシーは、多くの市民——そして学者——が想定してきたのに反して、自然な組み合わせではない。民意が個人の権利とますます衝突するようになったことからもわかるように、リベラル・デモクラシーの構成要素の二つは分離しつつある。

これは大いに懸念すべき事態だ。なぜなら、まず私にとってリベラリズムとデモクラシーは、ともに死守すべき価値だからだ。私たちが個人の権利と民意のいずれかを手放すことは、選択不可能といってもよい。非リベラルな民主主義や、非民主的なリベラリズムが特段、安定的なわけではない。個人の権利に対して民意を掲揚するシステムは、結局のところ、人々に対して牙を剝くだろう。反対に、個人の権利を守るために民意を無視するシステムは、異議申し立てを押し殺す、柔らかな圧制に頼るしかなくなるだろう。

このことは、戦後のさらなる大前提を疑問に晒すことになる。確かに、民主主義を達成するのは難しい、しかし国がいったん豊かで民主的になればその政治システムは盤石なものとなる——このように考えられてきた。フランスやアメリカといった国において民主主義は「定着」したのだ、と。しかし学者らが考えてきたのと異なり、リベラリズムと民主主義という要素の混合がさほど安定したものではないとすれば、そして、片方が失われれば、もう片方も弱っていくのだとすれば、私たちが思う以上に、この政治システムはさらなる脅威に晒されているということになる。果たして、今日のリベラル・デモクラシーは、私たちが長きに思ってきたほど、丈夫なのだろうか。

第3章 民主主義の瓦解

一九六〇年代と一九七〇年代初頭は、アメリカ人が政治家階級に信頼を失った時期に当たる。混乱は学生運動やベトナム戦争、ウォーターゲート事件で深刻なものとなり、それまで揺るぎなかった信用が失われはじめた。リチャード・ニクソン大統領が不名誉のうちに辞任を余儀なくされると、アメリカの民主主義は深刻な文化的危機の様相を呈しはじめた。この時代について、デーヴィッド・ランシマンは「大統領の二枚舌と強迫観念は、民主主義を丸裸にしてその奥底にあるものを暴露してしまった」と書いている(1)。

同じ年にギャラップ社が、数年前までは聞くまでもなかった設問を設けたのも、決して偶然ではないだろう。その設問とは「現職ないし立候補している(略)政界における男女」を、アメリカ人は信頼しているかどうかを尋ねるものだった。それでも、世論調査が明らかにした全体像は明るいものだった。重大なスキャンダルがあったにもかかわらず、一九七四年時点で、アメリカ人の圧倒的過半数が現職政治家に信用を置いていたのだから(2)。

それから数十年が経って、政治家を信頼するアメリカ人は大きく減少した。今日では、圧倒的な多数派が公職にある者を信頼しないと回答しているのだ(3)。

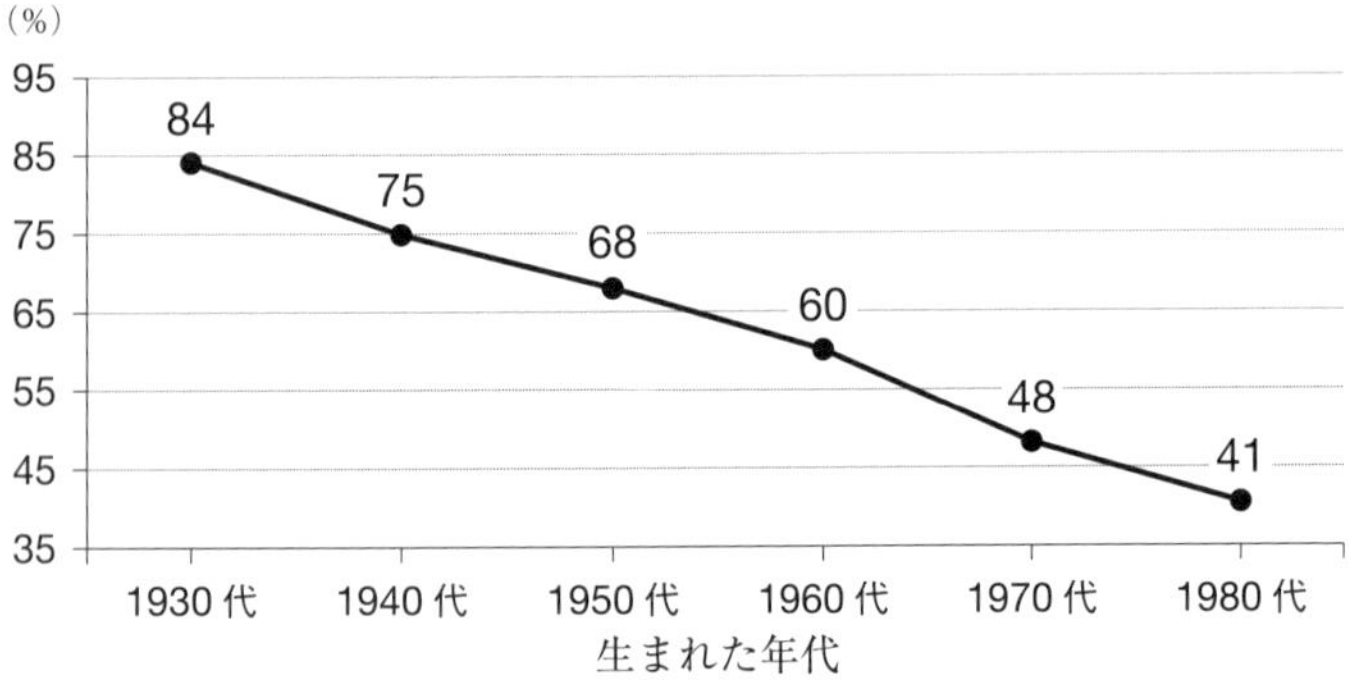

（アメリカで政治に関心があると回答した者の世代別割合）

図 6　政治への関心

データの出典：World Values Survey (WVS), Wave 6 (2010-2014), World Values Survey Association.

国の制度や機関に対する信頼も低い。二〇一四年六月段階で、最高裁を信頼するとしたアメリカ人は三割にすぎなかった。大統領職を信頼するとしたのは二九％だが、立法府に対する信頼はもっと低い。一九七〇年代初頭に議会を信頼するとしたアメリカ人が四〇％以上だったのに対し、二〇一四年にその値は七％となっている(4)。

こうした政治システムに対する尋常でない不満足を知れば、多くのアメリカの若者が政治に関わりたくないと考えているのも頷ける。そうであっても、政治に対する関心が急激に縮小しているのは驚きだ。一九三〇年代と一九四〇年代に生まれたアメリカ人は、政治に非常に関心があるとしているのに対し、同じように答える若年層の答えはその半分でしかない(5)（**図6**）。

同じような傾向は、世界の旧い民主主義国でも確認できる。ヨーロッパ諸国の多くの市民は、数十年前まで、政治家は公共の利益を優先しているとみなしていた(6)。しかし、今ではフォーマルな政治参加〔投票〕は、以前ほど活発ではない(7)。そしてアメリカと同じように、若いヨーロッパ人は前世代よりも政治に関心を抱いていない(8)。

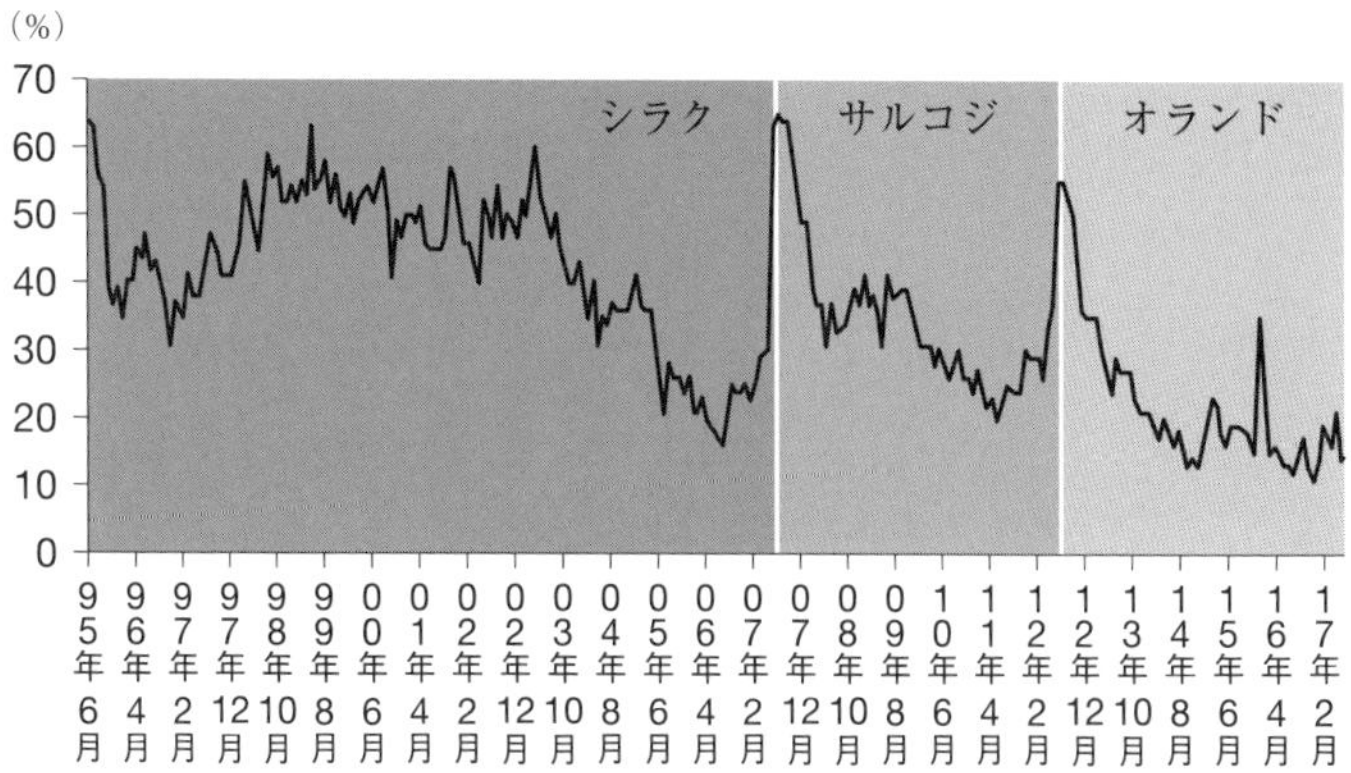

（大統領が「フランス人が直面する課題を解決できる」ことに「完全に」もしくは「ほとんど」同意するフランス人有権者の割合，1995–2017年）

図7　フランス大統領への支持

出典：Kantar TNS（formerly TNS SoFres）Baromètre/*Le Figaro* Magazine.

不満は、特定政権に向けて表明されることもある。フランスのジャック・シラク大統領の支持率は二〇〇五年六月に記録的な低さを記録した。有権者の四人に一人しか彼の仕事を評価しておらず、これは一九七九年から大統領の支持率を調査しはじめたTNS－Sofres社でのワースト記録となった[9]。その五年後、シラク大統領は、後任者の支持率をみて安心したに違いない。異なるリーダーシップのスタイルと輝ける未来を約束したニコラ・サルコジが新しい大統領になって、その公約が守られないことを知った有権者はいっそう厳しい評価を下したからだ。二〇一一年四月にサルコジ大統領の仕事ぶりを評価したのは五人に一人しかいなかったのである[10]。さらにその五年後、今度はサルコジが後任者の支持率に安堵することになる。人々の不満から大統領職に押し上げられたフランソワ・オランドは、あまりの不人気に直面し、再選を目指すことすら許されなかった。二〇一六年一一月に、彼の仕事ぶりを評価したのは二〇人中わずか一人にすぎなかった[11]（**図7**）。二〇一七年五月、既存の政治システムを粉砕し、非常に高い支持率を誇るエマニュエル・マクロンが当選してから、状況は変わるかにみえた。しかし、夏にもなると、彼の支持率は三七％と、過去の大統領以上の急落をみせた[12]。

簡単にいうと、市民はかつてほど政治家を信頼していないというのが、北アメリカから西ヨーロッパに至るまでの状況なのだ。彼らは民主的な制度や機関への信頼を失いつつある。そして、自らの政府について、ますます消極的な見方をするようになっている。これは懸念すべきことだ。しかし、最も憂慮すべき点は明確な形で表れていない。確かに、政治家は昔から不評をかこつ対象だった。しかし彼らが現在日常的に直面している不信や嫌悪、そして侮辱は前代未聞のものだ。ベテラン政治家でさえ激烈な攻撃を受けているのである。

数カ月前、私が州議会議員の集まりで講演した際、長老格の共和党議員——自身の州で非難を浴びた法案を通した筋金入りの保守政治家——が近づいてきた。そして、ここ数年で選挙区の有権者がいっそうの怒りと不信感に満ち始めているのを感じている、と述べた。彼はこうしたぎすぎすした雰囲気に徐々に慣れるようになったものの、複雑な政策の問題についてライバルが一行で解決策を述べるのに対し、自身が三行で説明しようとすると、多くの有権者が彼の方こそ嘘をついているとみなすようになってからというもの、もはや諦めの境地に至ったという。

この議員はナイーヴな新人議員とは程遠いが、それでも彼は最近の出来事に衝撃を受けたという。彼曰く、政治に足を踏み入れたきっかけは一二歳の時に当時の担任だった女性教師が相談相手になってくれたことで、彼女は家族同然の存在だったという。ところが、数日前に電話した際、「なぜ私たちに嘘をつくの?」と彼女に責められたという。

「何のことを言っているのですか」と彼は尋ねた。

「ラジオで聴いたのよ。新しい法案について貴方は嘘をついているって」

彼は保守的な信念を曲げるようなことはしておらず、純粋に戦略的な観点から投票を遅らせているのだと説明した。

「私のことはご存知でしょう。どういう事情なのかお話しします」

しかし、昔の先生は聞く耳を持たなかった。

「どうなんでしょう。ラジオではあなたが嘘をついていると言っているわ。あなたにはがっかりしたわ(13)」


政治学者は、民主的な制度や機関への信頼が低下していることをつとに指摘してきた。政治家に対する評価は消極的になり、現職議員や制度に対する支持率も低下してきた。しかし、最近になるまで、こうした事実はさほど問題視されてこなかった。

長年に亘って、ロナルド・イングルハート、ピッパ・ノリス、ラッセル・J・ダルトンといったトップ研究者は、暗闇の中に光を見出そうとしてきた。彼らは前世代の市民は、従順で素直に過ぎたのではないか、という。今日の有権者の幻滅は、不安定の兆候というより、成熟の証とみなすことはできないだろうか、と。リン・ヴァヴレックは二〇一五年に「最近の〔信頼の〕低下は、政府が有権者を失望させているというよりも、政府がどのように機能しているのかについて知識が増えたことに起因している」と述べている。彼女は「政府に対する信頼は客観的にみて低い」と認める一方、それは「政府の不透明さに対する不信感であり、それはアメリカの伝統でもある独立宣言で指摘された素直な苦悩への忍従だ」としている(14)。

事例を楽観的に捉えるための一般的な方法は、「政府の正当性」と「体制の正当性」とを区別することだ[15]。こうした研究者は、「政府の正当性」自体が低下していることは認める。市民は、ますます現職の政治家を落選させようとしている。しかし他方で彼らは、「体制の正当性」は安定しているという。過去と異なり、市民は基本的な政治システムについて批判的ではない、と。

確かに、これは魅力ある話だ。しかし最近になってからというもの、こうした議論はますます通用しなくなってきている。それはまず、普通の人々がシステムそのものについて批判的にならずに、特定の政権についてここまでラディカルに背を向けるとは――そして国の制度の日常的な機能について不信を抱いているとも――考えにくいからだ。次に、民主主義が攻撃の対象となっていることについての証拠が出揃い始めていることだ。

西ヨーロッパでは、民主的価値を攻撃する政党の得票が伸び続けている。世界を見渡せば、エジプトからタイに至るまで、民主主義拡充の試みが失敗し、独裁体制へと変転している。過去数十年のうち初めて、フリーダム・ハウス――世界の民主政を指数化している――は、新たに民主化する国々よりも、退却する国の数が多いことを報告している。ラリー・ダイアモンドの表現を借りれば「民主主義の後退」が生じているのである[16]。

したがって、どの種の民主主義についての楽観主義が続いてきたのかが精査されなければならないだろう。北アメリカと西ヨーロッパの民主主義体制の正当性は、過去と比べて高いままなのだろうか。もし民主主義の定着国が衰退へと向かっているのだとしたら。そして、もし民主主義が「街での唯一のゲーム」でなくなっているのだとしたら。

民主主義が街での唯一のゲームとして成り立つのだとしたら、少なくとも三つの条件が揃っていなければならないと私は考える。これは多くの政治学者の同意を得られるもののはずだ。

- ほとんどの市民が、リベラル・デモクラシーを強力に支持していること
- ほとんどの市民が、民主主義に代わるものとして権威主義を棄却していること
- 現実に力を持っている政党や運動が、民主的なルールと価値が重要であると合意していること

果たして、これらは今も通用するのだろうか。

この問いに答えるには、幾つかの方法がある。たとえば世論調査を用いるのは手段の一つだろう。サーヴェイ調査の使用は、少なくともとりあえずの回答を導き出すための強力なツールとなる。利用できる最善のデータによって、多くの市民が特定の政権のみならず民主主義そのものにも批判的であることが証明できれば、民主主義はもはや街での唯一のゲームではないという懸念は真実味を帯びる。

そこで同僚のロベルト＝ステファン・フォアとともに、政治から社会問題まで人々の意識を広く尋ねる国際比較調査「世界価値観調査（WVS）」の数字を用いることにした。そこでの発見に私たちは驚いた。北アメリカから西ヨーロッパに至るまで、たくさんの市民が民主主義に背を向けていたからだ。

民主主義への恋に冷めた市民たち

市民が自分たちの政治システムに、どの程度愛着を持っているのかを知る最も直接的な方法は、彼

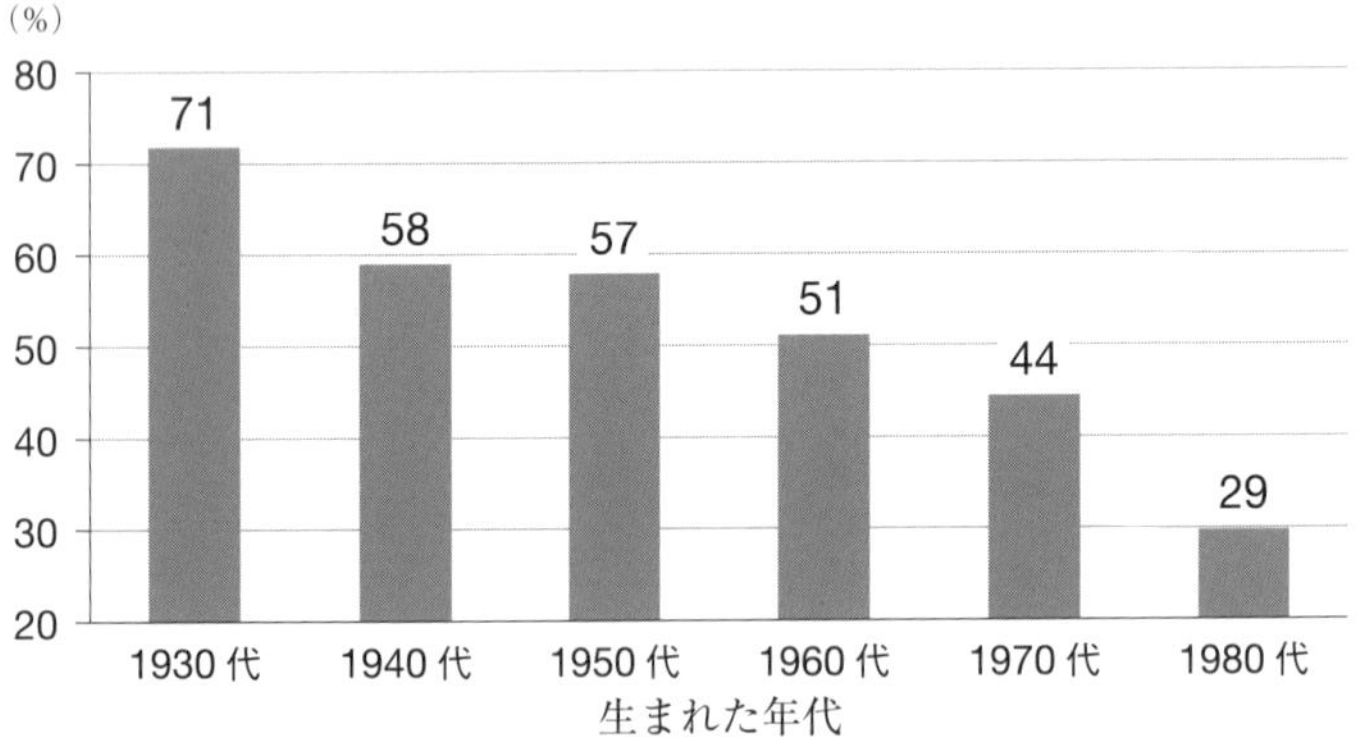

(アメリカで「民主的に統治されている国に生きることはどの程度大事か？」という設問に対する回答．1(全く大事でない)〜10(非常に大事)のスケールのうち10を選択した者の割合)

図8　民主主義への情熱

データの出典：World Values Survey (WVS), Wave 6 (2010-2014), World Values Survey Association.

らに民主主義に生きることがどの程度大事なのかを尋ねることだろう。もし市民が民主主義を真剣に支持していれば、独裁制に暮らしたいとは思わないだろう。反対に、もし民主主義に生きることを重要視していないならば、システムの防御は弱いものとなる。(17)

高齢者の多くは、民主主義に対する情熱を失っていないようだ。民主主義に生きることがどの程度大事なのかについて一から一〇のスケールで尋ねると、一九三〇年代と一九四〇年代生まれのアメリカ人で最も高い値が示される。彼らにとって、それは非常に重要なことなのだ。しかし、若者のほとんどは、自身の政治システムにさほど関心を示していない。アメリカのミレニアル世代、すなわち一九八〇年以降に生まれた人々の間では、民主主義で生きることが重要と回答するのは三分の一以下に留まる(18)(**図8**)。

アメリカ以外の国の様相は、やや複雑である。権威主義体制の歴史を比較的最近まで有していた国々では、若者は年配よりも民主主義を大切にしていないわけではない(19)。しかし、ほとんどの旧い民主主義国、とくに

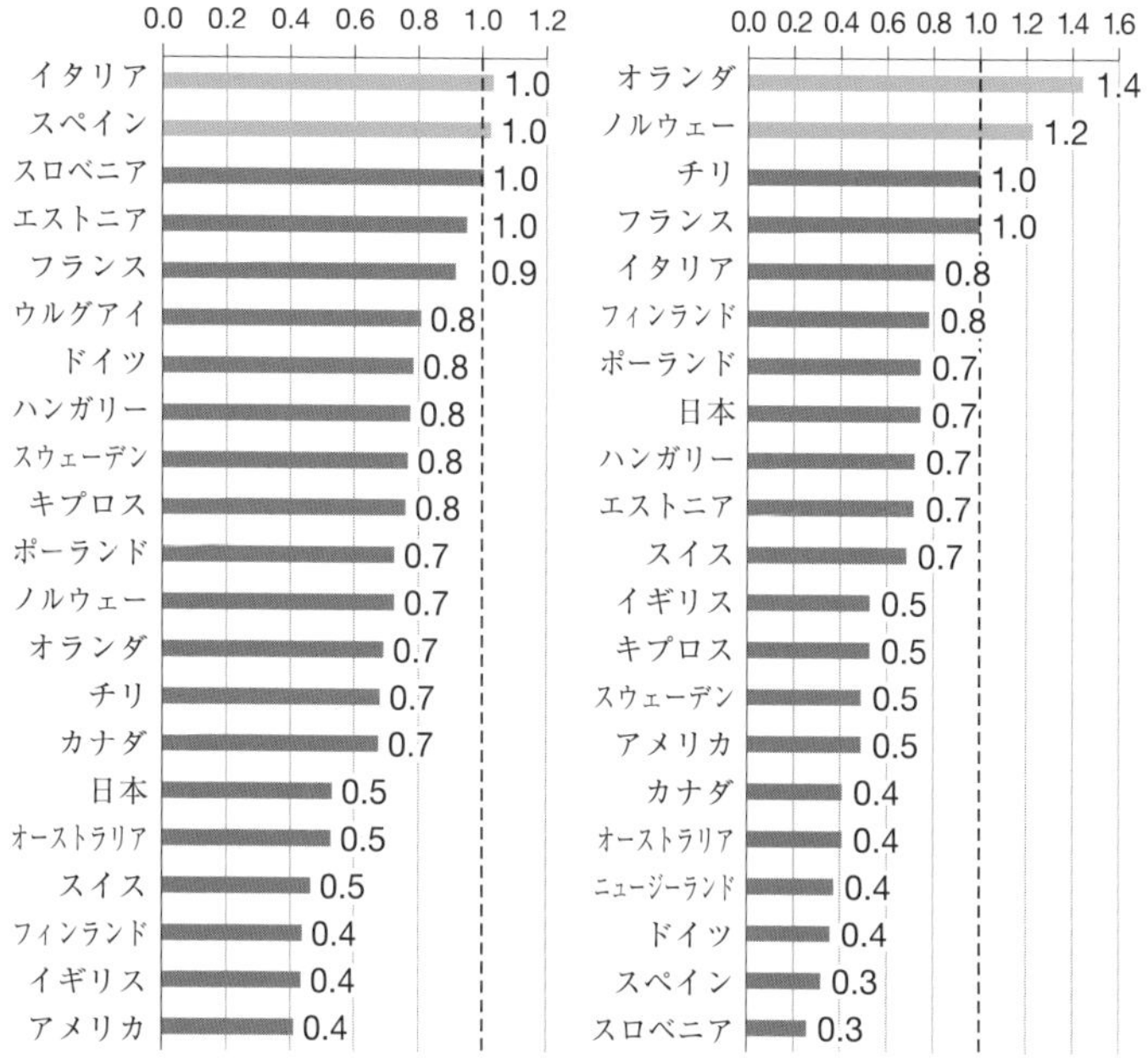

民主的に統治される国に生きることが重要と回答した者(図8と同様，スケールのうち10を選択)の，1930年代生まれの者に対する1980年代生まれの者の比率

「民主的な政治システム」によって「国を統治すること」が「悪い」もしくは「とても悪い」と回答した者の，1980年代生まれの者に対する1930年代生まれの者の比率

図9　民主主義への幻滅

データの出典：左図は，World Values Survey (WVS), Wave 5 (2005-2009) and Wave 6 (2010-2014), World Values Survey Association. 右図は，左図のデータに加えてEuropean Values Study (EVS), Wave 4. なお，図9, 10, 12, 13は，フリーダム・ハウスによって「自由」，世界銀行によって「高所得」と分類された人口100万人以上の国におけるWVSもしくはEVS上の回答を対象にしている．

英語圏は、アメリカと同じように、ミレニアル世代は民主主義に幻滅している。アメリカの若者がそうであるように、スウェーデン、オーストラリア、イギリス、オランダの若者も、民主主義に生きることを重要視していないのだ。

市民が民主主義に生きることに無関心であることも問題だが、政治システムとして民主主義を棄却していることにはならない、という指摘もなされてきた[20]。それでは、国を統治するのに民主主義は「悪い」あるいは「とても悪い」とまで市民は思っているのだろうか。

その答えは悲しいことに「イエス」なのだ。

たとえばアメリカでは、ミレニアル世代のほぼ四人に一人が国を統治するのに民主主義は悪い方法だと考えている。これは標本の最も古い世代コーホートと比べて一〇〇%以上も増えていることになる。

全体像を見ても変わらない。民主主義に対する幻滅はイギリスやオランダ、スウェーデン、ニュージーランドでも増えている。現在のリベラル・デモクラシーの危機に比較的耐えているとされる国――カナダ、ドイツ、スウェーデン――の若年層であっても、彼らの両親あるいは祖父母よりも、民主主義について批判的な見方をしているのだ(21)（前頁**図9**）。

市民は権威主義体制という代替案に惹かれている

まとめれば、市民はかつて以上に民主主義について批判的な見方をしており、若者は民主主義に生きることをさほど重要視していないことは明らかである。これは明白に憂慮すべき事態だ。しかし、こうした状況は、それに代わる代替案がないからかもしれない。人々は民主主義に代わるものが見出せずに、民主主義という統治システムに幻滅しているのかもしれない。

この仮説を検証するため、私たちはより権威主義的な統治様式への明示的な支持の有無を調べた。こうした検証がどの程度意味を持つのかについて、懐疑的だったことも事実だ。なぜなら、民主主義においては選挙を廃止したり、軍事クーデタを支持したりすることには、強いタブー意識があるからだ。もし人々が民主主義に代わる代替案を密かに支持しているとしても、その多くは自らがそう思われることを好まず、反民主的な感情を持っていることを表には出しにくいだろう。

しかし、実際にはそうでなかったことが明らかになる。


権威主義的な統治様式という代替案に対して、どれほど柔軟な態度があるのかを知るため、回答者に対し、議会や選挙に捉われない、強いリーダーがいるのは良い統治システムかどうかを尋ねる設問に私たちは注目した。これは、民主主義を即刻廃止するのを支持するかを聞いているわけではない。しかし、こうした選択肢が支持するのは、重要な点で反民主的な態度といえる。選挙で選ばれず、議会の支持も必要としない強いリーダーは、どうみても独裁者の名に相応しい。果たして、アメリカ人は強力なリーダーに対してよりオープンになっているのか。

その答えはイエスである。それも高齢者よりも若者が強いリーダーを求めているのではなく、アメリカのすべての世代で、二〇年前より強いリーダーを希求する意識が高まっていたのである。

一九五五年の段階では、一八〜三四歳のアメリカ若年層の三四％のみが、選挙にも議会にも捉われない強いリーダーを有する政治システムは良い、もしくはとても良いと回答していた。二〇一一年になると、同じように答える若年層は四四％に増えていた。この傾向は、他の世代にも当てはまり、一九九五年にアメリカ人全体の二四％だけが強いリーダーの存在を支持していたのに対し、今日では、その割合は三四％にまで増えている。

強力なリーダーへの厚い支持があることに驚いた私たちは、リベラル・デモクラシーに対する、より根本的な代替案に対する支持の程度を調べることにした。どれくらいのアメリカ人が、完全な軍事

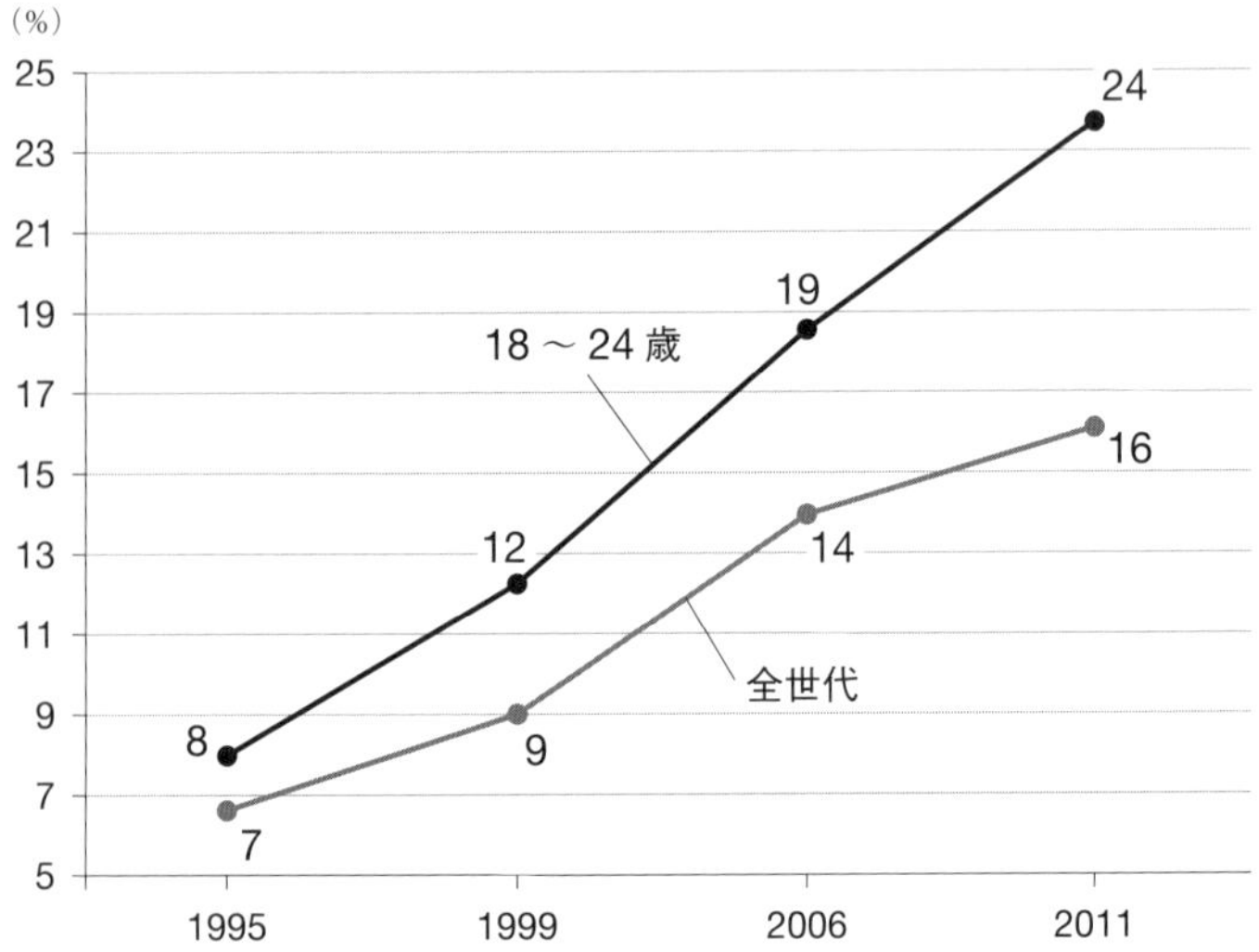

（アメリカで軍事支配を統治システムとして「良い」もしくは「非常に良い」と回答した者の割合）

図 10　アメリカにおける軍事支配への支持

データの出典：World Values Survey (WVS), Wave 3 (1995-1998), Wave 4 (1999-2004), Wave 5 (2005-2009), and Wave 6 (2010-2014), World Values Survey Association.

独裁政権を支持しているのかどうか、である。

軍事支配がアメリカ統治のための良い方法だとする人々の数が、議会や選挙に捉われない強いリーダーが良いとする人々より低かったのは、良い知らせといえる。しかし、その数が増えていたというのは悪い知らせだ。

一九九五年にはアメリカ人の一六人に一人が軍事支配が好ましいとしており、これは実際に軍事クーデタを経験した国での回答よりも低い値になっている。しかし過去二〇年間で、好ましいとする回答数は急伸している。二〇一一年の同じ質問では、軍事支配に対するアメリカ人の支持は、アルジェリアやイエメンのように激烈な政軍関係を経験した国と同

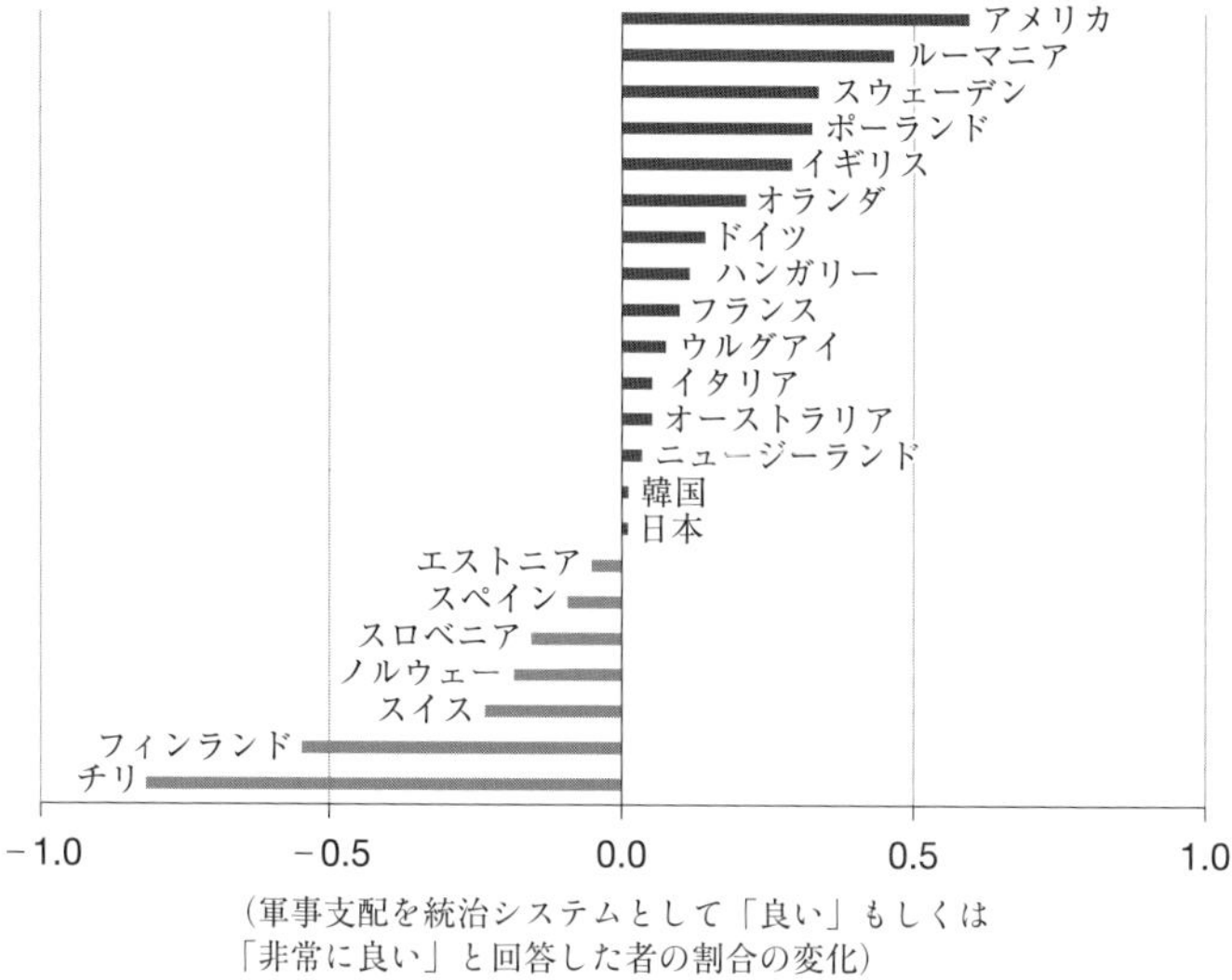

図 11　軍事支配への支持

データの出典：World Values Survey (WVS), Wave 3 (1995-1998), Wave 4 (1999-2004), Wave 5 (2005-2009), and Wave 6 (2010-2014), World Values Survey Association. European Values Study (EVS), Wave 3 (1999) ZA 3811 and Wave 4 (2008) ZA 4800, GESIS Data Archive, Cologne. なお，変化は最初のサーヴェイと直近のものとの間の割合だが，両方とも行われた年は国によって異なる．図 12，13 も同様．

じ割合になっていたのである（アルジェリアでは二〇一三年に一七％が軍事支配を好ましいと回答、イエメンでは二〇％）（**図10**）。

より注目すべきは、かつては軍事支配を明確に否定していた国民の一部からも支持されていることだ。一九九五年、裕福なアメリカ人は、貧困層と比べて軍事支配を敬遠していた。しかし、現在では同じ程度になっている。この変化の早さは、若くて裕福なアメリカ人の軍事支配の支持をみると明らかとなる。

二〇年前は、この層の六％のみが軍事支配を支持していた。しかしその支持は今では三五％と、ほぼ六倍になっている。

こうした傾向は、アメリカ以外の国でも観察される。他国の中には、軍事

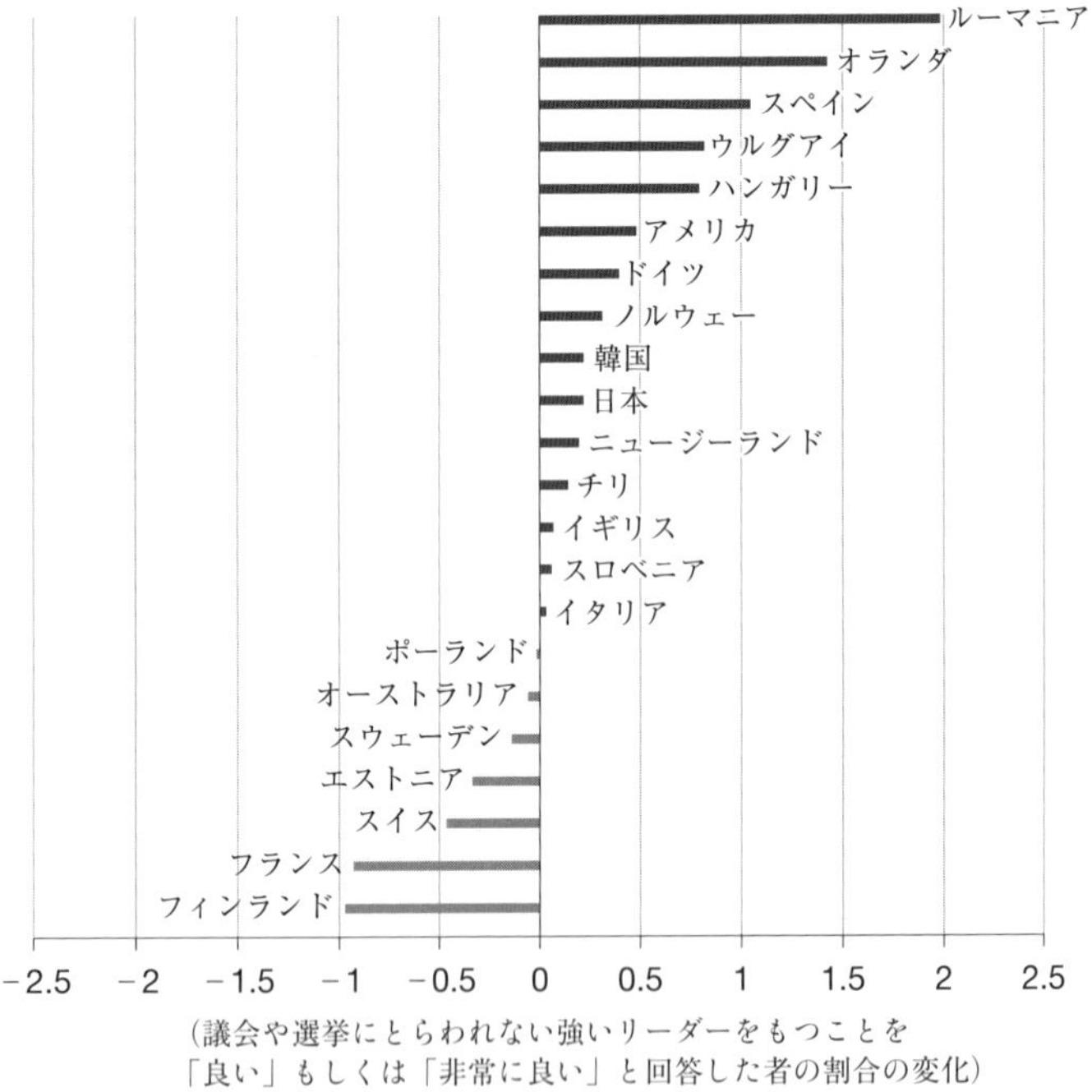

図 12　強いリーダーへの支持

データの出典および注記は図 11 と同じ．なお，未公表だが「強い指導者」についてのイギリス，ドイツ，フランスの回答は著者が保有している．

支配への支持が過去数十年のうちに低下していった国も確かにある。しかし、これらはチリに代表されるように、最近まで軍事独裁を実際に経験していた国に限られた。反対に、私たちが長期に亘って利用できるデータのある主要国――ドイツ、イギリス、スウェーデン、そしてとりわけインドといった旧い民主主義国――で、軍事独裁は良いことだとする市民の数は急速に増えている（前頁**図11**）。

同じ傾向は、議会や選挙にとらわれない強いリーダーを希求する市民の割合についてもみてとれる。スウェーデンやスイスのように、その割合が減少した国はある。しかしドイツやアメリカでは急増している。さらなる懸念は、こうした傾向が強まっていることだ。二〇一七年の調査では、強いリーダーを求めるドイツ有権者は一六％から三三％へと倍増している。フランスでは三五％から四八％となっており、イギリスでは一九九九年に同様の答えをした者は二五％だったのが、五〇％にまで増えているのだ（**図12**）。

民主的価値尊重の低下

以上の調査結果は、当然ながら憂慮すべきものだ。しかし依然として民主主義が街での唯一のゲームであるかを知るためには、数字以上のものをみなければならない。民主主義が安定しているのだとすれば、原則として主要な政治アクターによって民主主義というゲームのルールが基本的に是認されていなくてはならない。

ルールのいくつかは公式的なものだ。たとえば、一国の大統領や首相は、政権メンバーに間違った行いがあれば、検事を罷免するのではなく、司法の調査を受け入れなければならない。報道機関からの批判があれば、新聞社を閉鎖したりジャーナリストを告訴したりするのではなく、それを受けて立たなければならない。選挙で負ければ、権力の座にしがみつくのではなく、つつがなく退任しなければならない。

しかし、多くのルールは非公式的なものであるため、それが破られてもグレーゾーンに留まることになる。たとえば、選挙で勝とうとして、その数カ月前に選挙法を改正したりしてはならない。政治運動は、過去の権威主義政治を称えたり、敵対者を監禁したり、民族的、宗教的マイノリティの権利を侵したりしてはならない。選挙で敗北しても、政権末期になって野党の行動を制約したりしてはならない。野党も、最高裁判事の座を空席に留めるのではなく、受け入れられないイデオロギーを持っているにせよ、有能な判事であれば任命を受諾しなければならない。予算案で折り合いがつかなくとも、政府機関をシャットダウンさせるのではなく、不十分な妥協で我慢しなければならない。

ここで、システムで重要な役割を果たす政治家は、政治のことを相手に少しでも有利になろうとする、コンタクト・スポーツのようなものとして捉えている。同時に、自らの党利党略には自制的でなければならず、主たる選挙で勝ったり、緊急の法律を可決させたりするよりも、システム維持を優先させるよう、自覚的でなければならない。何よりも、民主政治は全面戦争の様相を呈してはならないのだ。

政治理論家でカナダ自由党党首だったマイケル・イグナティエフは「民主主義が機能するためには敵とライバルとの違いをわきまえないといけない。ライバルを前にすれば勝つことが目標となるが、敵を前にした場合には殲滅が目標となるからだ」と、少し前に書いている[22]。

アメリカ、そしてその他の国でも、こうした民主政治はもはや成り立たなくなっている。イグナティエフが言うように、私たちは「ライバルの政治が、敵の政治に置き換えられていく」のをますます目撃するようになった[23]。そしてその責は、ここ数十年で目にするようになった政治を荒らしているポピュリスト政治家にこそ、問われなければならない。

ただし、これら政界のニューカマーは、民主的な健全さと活力の証であり、病理を防ぐ役割を果たしてもいる。政治システムは、理念間の競争と、特定の統治エリートの入れ替わりがあって、初めて機能する。そこで新しい政党は二つの働きを果たす。まず、長らく無視してきた争点を政治課題に付加し、政治システムの代表制を拡大する。そして、新たな政治家集団を公職に就かせることで、システムに新しい血をもたらすのである。

そうであっても、近年の政党制の液状化は、深刻な結果をもたらす可能性がある。こうした新しい政党の多くは、民主主義のシステム内でイデオロギー的な代替案を提示するだけでなく、システムの主ルールと規範そのものへの挑戦を行おうとしているからだ。

最も初期に現れたポピュリストは、オーストリア・ケルンテン州の、魅惑的でカリスマ性のあるイエルク・ハイダーだった。一九八六年に自由党党首に選出されてから、彼は党を極右政党へと変転させていった。ハイダーの強固な移民を争点とする姿勢は、それまで主流派政党が政治的課題として扱うことを避けてきたものであり、有権者の歓心を買ったという意味では、擁護されて然るべきものかもしれない。しかし、リベラル・デモクラシーの基本的な規範を捨象しようとしていたことは、彼がオーストリアのナチ時代を狡猾にも再評価しようとしたことからも明らかだ。

ハイダーは、ナチ親衛隊出身者を含む聴衆を前に、「我々の兵隊は犯罪者ではなく、むしろ被害者だった」と述べ、第三帝国への惜しみのない賛辞を表明し、ヒトラーの親衛隊の中には「多くの抑圧にもかかわらず、信念を持ち続け、善意に溢れた尊厳ある人々」がいると持ち上げた[24]。

政治的規範を破るのを常とするのは、オランダ自由党党首、ヘルト・ウィルダースも同じだ。彼は、イスラムを「危険な全体主義的なイデオロギー」とこき下ろし[25]、他のポピュリストのように、ミナレットやブルキニ〔ブルカ風の水着〕禁止を要求することで満足せずに、さらに踏み込んで、コーラン禁止までをも主張した。

ハイダーやウィルダースと比べて、ベッペ・グリッロのような人物は、小粒に見えるかもしれない。グリッロは、最初——真っ当なことに——シルヴィオ・ベルルスコーニ首相の汚職に対する激烈な批判でもって政界に殴り込みをかけた。彼が五つ星運動を立ち上げた際に約束したのは、自己利益に邁進し長老支配が慣行となった「政治階級」から権力を奪い返し、より近代的で寛容なイタリアを取り戻すことだった(26)。

ところが、人気を博すにつれ、この運動は反システム的な様相を呈することになる。政治家個人の汚職に対する批判よりも、議会を含む政治システムのラディカルな否定へと変容していった。政治家支配に対する怒りは、陰謀論や敵対者に対する根も葉もない嘘の喧伝となって表れることになった(27)。

民主主義の基本的価値に対してポピュリストや政界の新参者が攻撃を仕掛けるのは、幾分、戦術的な側面もあるだろう。この種の攻撃は、既成政治家から総スカンを喰らうが、それはまた、ポピュリストが現状変更を本当に望んでいることの証明ともなるからだ。彼らの挑発的な言動も論評者の不評をかこつが、注目を浴びることはアピールにもつながる。しかし、真の問題はこうした無謀さではない。政治システムの構成員の一人がルールを破れば、他の者もそれに続く可能性が出てくる。そして、それが現実のものとなりつつあることなのだ。

民主主義の基本的価値に対する激烈な批判は政界のニューカマーからなされることが多い。しかし、近年では古くからの既成政党までもが、民主主義の基本的なルールを無視するようになってきている。

こうした姿勢は、ポピュリストという新たな競争相手に抗する手段でしかなかった。たとえば、フランスのサルコジ大統領は、それまで気候変動の存在を否定したことはなかったものの、二〇一六年に二期目に向けた選挙戦では「気候はもはや四〇億年前から変わりつつある〔略〕人間の活動が気候変動を起こしているとするのは傲慢なことだ」と、極右支持者たちの歓心を買おうとした[28]。民主的な価値を侵そうとしている点は、左派の既成政党も同じだ。アメリカでは、民主党が極端なゲリマンダリング〔恣意的な選挙区割り〕を当然のことのように行っている[29]。オバマ大統領時代、政権は機密情報漏洩を理由に多くのジャーナリストを訴追し、環境や移民政策では、議会を無視して行政命令で対処しようとした[30]。

しかし、今では既成政党のうちでは共和党こそが一致団結して民主的価値を攻撃しているという点において人後に落ちないという点では、多くの政治学者が一致している[31]。

二〇〇八年の大統領選で、共和党候補者ジョン・マケインは、対立候補をライバルとみなすか、それとも敵とみなすかで、大きな違いがあるということを理解したかのようだった。あるタウンホール集会のある有権者が、オバマが大統領になるのは恐ろしいことだと述べた際、彼はライバルを擁護してみせた。「彼は立派な人間だということをわからないといけない。だから彼が合衆国大統領になることは恐れなくてもいい」と述べた。この集会で、ある老女がオバマ大統領は「アラブだから」信用できないと発言した時も同様だった。「奥様、それは違います。彼は立派な家族人かつ市民の一人で、たまたま大事な点で私と立場を異にしているから、この選挙があるのです」と反論した[32]。

党派を超えて対立候補の正当性を認めたマケインのような道徳的明瞭さは、彼が舞台から去ってからというもの、共和党から失われていった。オバマ大統領が初めての所信表明演説をした際、ある共和党議員が「嘘つき！」と叫んだことで、長く保たれていた儀礼的雰囲気はもはや失われてしまった[33]。その一年後、ティーパーティ——マケインが副大統領候補にしたサラ・ペイリンによって率いられた

——が注目され始めた時、共和党の政治家の中には、オバマ大統領はアメリカ生まれではないとする陰謀論に加担する者もいた[34]。

全般的にみて、オバマ政権との正面からの対決は、共和党が例外状況を想定して作られた議会規則の乱用や、自らの責務を放棄する誘因となった。こうした事態が顕著だったのは、上院だ。同院の規則や過程は、必要とあらば、上院議員は自らの党派性を乗り越えて議会機能を優先させることを目的に作られている。しかし今日、上院議員は憲法上すれすれのことを日常的に行うようになった。自らの権限の法的制約に自覚的であっても、あらゆる規則や過程を都合の良いように利用するようになったのだ。それが、上院設置という意図に反するものであっても、である。結果として生まれたのは制度上の混乱に近づいたことだった。

たとえばフィリバスター〔議事妨害〕は、歴史的には稀にしか用いられないものだった。リンドン・B・ジョンソンが大統領だった時、上院の野党がこれを用いたのは一六回だったのに対し、オバマ大統領になってからは、実に五〇六回も行われている[35]。

憲法規定がより乱暴な形で用いられたのは、アントニン・スカリア最高裁判事が逝去した際だった。二〇一六年三月一六日、オバマ大統領は、後任者として輝かしいキャリアを持ち、中道的立場から二大政党の支持を受けていたメリック・ガーランドを任命しようとした[36]。憲法規定では、上院は大統領の任命にアドバイスを行うとされているものの、この時の上院議長のミッチ・マッコネルは司法委員会を開催することすら承諾しなかった。こうした前代未聞の事態から、最高裁判事の席の一つが二〇一六年中、空席のままとなった。上院がガーランド判事の誕生を阻止しようとしていたのは明らかだが、これはオバマ政権の司法および行政人事全般の徹底阻止の一環として行われた[37]。

さらに、全国的な注目を浴びることのない基本的な民主的価値の侵食がアメリカの各州で徐々に進んでいる。過去数十年で、次選挙で共和党が有利になるよう、党派的な委員会の手による選挙区割りが進んだ。[38] 過去数十年で、共和党の州議員は不必要な身元確認を求めたり、民主党の選挙区での投票所を閉鎖したりすることで、マイノリティを投票所から遠ざけてきた。ノースカロライナ州などでは、公正な選挙を実施することよりも、選挙に勝つことが長らく目的となってしまっている。[39]

些細にみえるかもしれないが、二〇一六年のノースカロライナ州知事選で起きたことは信じがたいことだった。民主党候補だったロイ・クーパーは、僅差で激戦を制したが、共和党議会がしたことといえば、彼に任期を全うさせるどころか、知事の職務内容を変えてしまった。知事は、約一五〇〇名のスタッフの任命権を持っていたが、議会の任期切れに可決された法案はこれを四二五名にまで絞った。それまで、知事は州議会選挙委員の過半数を指名できたのが、これ以降は共和党とその権限を分け合わなければならなくなった。さらに、知事はノースカロライナ州立大学の理事六六名を任命できたのが、その数もゼロになってしまった。[40]

こうした行為の赤裸々な党派性は明らかであろう。その帰結もだ。ノースカロライナ州の共和党議員は、政治的な違いを自由で公正な選挙で解消し、選挙で負けた際には相手に統治を任せるという観念そのものを棄却してしまったのである。

ドナルド・トランプ大統領は、議会や州議会でのこうした憲法上の疑いの残る行為をさらに強化する形で、ホワイトハウスへと持ち込んだ。

トランプ大統領は選挙キャンペーン中、すでに民主政治の基本的なルールを破ることになった。彼は、まず、対立候補を投獄すると言ってのけた。次に選挙結果を受け入れないとした。さらに報道機関を脅し、名誉棄損で訴えると宣言した。また、外国組織が対立候補を攻撃するに任せた。それだけでなく、民族的、宗教的マイノリティに対する憎悪をまき散らし、憲法違反の政策を実施すると言い放った[41]。

選挙が終わった後でも、彼は基本的な民主的価値を無視し続けた。選挙は不正行為のもとで行われたと根拠のない主張を展開し、司法や諜報機関など独立機関の中立性を侵した。他国との電話首脳会談では、自分の不動産建築の認可状況について確認した。自身の事業の白紙委任信託を拒否した。そして、敵対する国の独裁者を繰り返し称賛している[42]。

大統領になった彼の言動はますますエスカレートしていった。自らの利益相反を解消しようとせず、嘘を拡散するのに政府機関を利用した。アメリカに定住する外国人の再入国を拒否し、「判事と呼ばれている者たち」を攻撃した。ジャーナリストを「アメリカ国民の敵」と呼び、自らに批判的なメディア所有者への課税を引き上げるとした。懇意の議員と共謀し、FBI長官を更迭、さらに同氏との会話を秘密裡に録音していたと脅すことで、ロシアとの関係の調査を妨害した[43]。

これらを総合する限り、世界で最も強力な民主主義国で最も高位の職にある者が、民主政治の基本的な価値を無視するばかりか、おそらく蔑視すらしているのだ。こうした言動がシステムの安定にどう影響するのか、私たちはようやく理解しはじめたところだ。

若者には期待できない

市民は民主主義を大切にすることに及び腰で、かつてより権威主義的な選択肢に理解を示すようになっている。民主的規範とルールへの尊重は急落している。民主主義は、街での唯一のゲームなどではなく、衰退しつつある。

このような結論が受け入れ難いことは、十分に承知している。時間が進むにつれてこの世界はより良い場所になっているはずであり、リベラル・デモクラシーは年を重ねるごとに根を張っていくものだと考えられてきたからだ。だからこそ、私の主張の中でも、若者こそが民主主義に批判的になっているという見方は、強く批判されたのだろう。

とくにアメリカ人とイギリス人は、若者が民主主義に不満を持っているという主張に懐疑的になる理由がある。若者は、先の大統領選で立候補し続けてきたヒラリー・クリントンを結局のところは支持したではないか。三〇歳以下の有権者のうち、五五％がクリントンに投票し、反対にトランプに投票したのは三七％にすぎなかったではないか。ブレグジットにしても同じだ。年金生活者の三分の二が離脱に投票したのに対し、ミレニアル世代の三分の二は残留に投票したではないか(44)。

しかし、ラディカルな変化、さらに民主主義に対する直接的な代替案を許容しているのが年長世代の特徴だとする結論は、性急に過ぎる。リベラル・デモクラシーの危機は、よりリベラルな世代が上の世代に置き換えられれば、過ぎ去るわけではないのだ。

その反対に、多くの国で若者は、年長世代よりも自らがラディカルであると自任するのが当たり前になっている。そして彼らは時間を追うごとに、政治的な極端へと吸い寄せられているのだ。ドイツやイギリス、そしてアメリカといった国でも、極左ないし極右に自らを位置付ける若者の数は過去二〇年で倍増しており、スウェーデンでは三倍にも達している(次頁**図13**)。

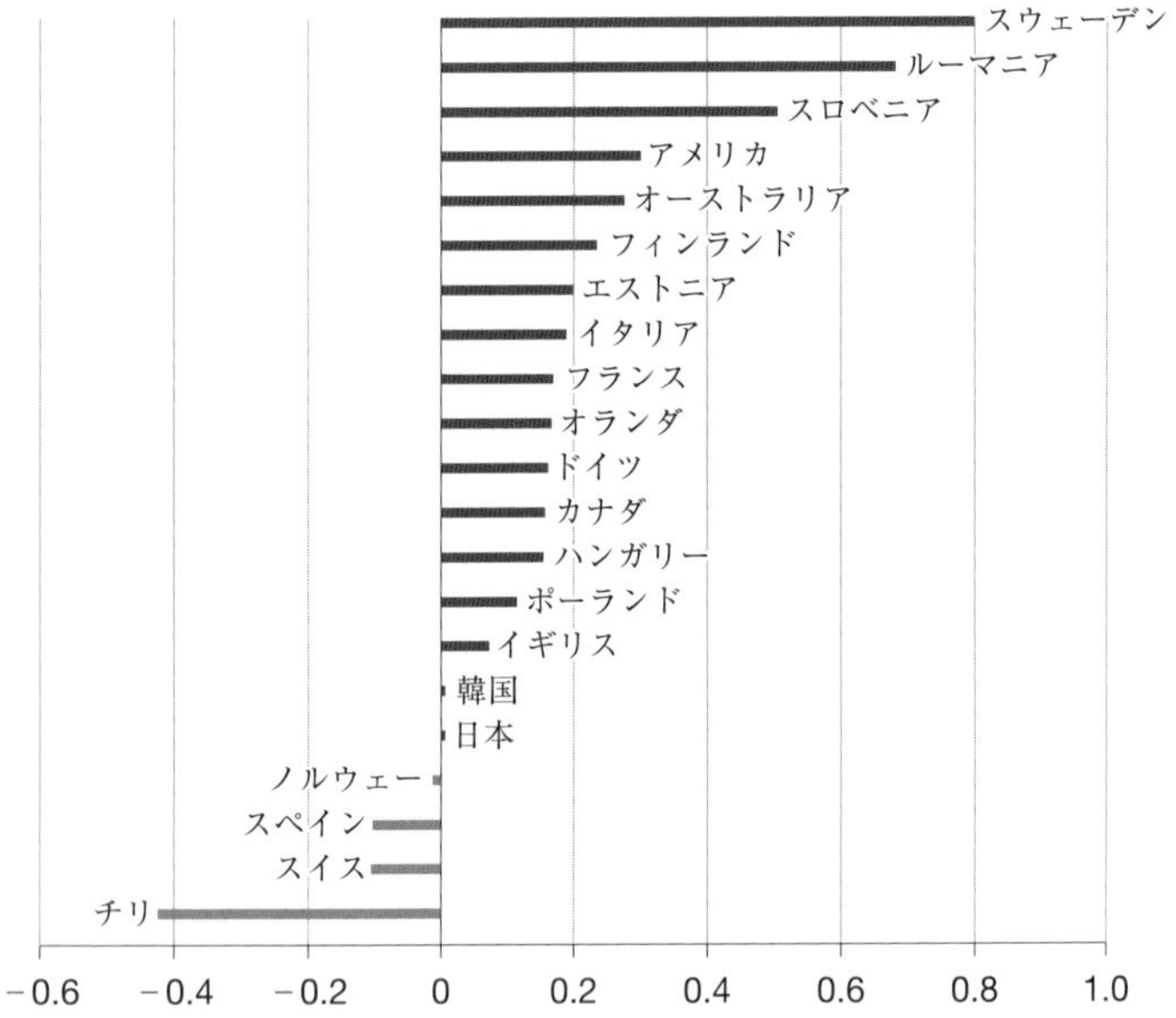

(ミレニアル世代の中で自己を政治的位置「1」(極左)もしくは「10」(極右)に位置付ける者の割合の変化)

図 13　政治的ラディカリズムへの若者の支持

データの出典：World Values Survey (WVS), Wave 2 (1990-1994), Wave 5 (2005-2009), and Wave 6 (2010-2014), World Values Survey Association. European Values Study (EVS), Wave 2 (1990) ZA 4460, Wave 3 (1999) ZA 3811, and Wave 4 (2008) ZA 4800, GESIS Data Archive, Cologne.

ポピュリスト政党の得票率も、こうした傾向と整合的だ。確かにトランプやブレグジットに投票する若者は少ないが、反システム政党に投票する割合は世界で増えている。

これは南ヨーロッパやラテンアメリカ諸国に顕著で、こうした国々ではポピュリストの脅威は左派から生じている。イタリアの五つ星運動、スペインのポデモス、ギリシャのシリツァ、そしてジャン＝リュック・メランション率いる「屈しないフランス」などは、若年層の支持が顕著だ。たとえば、イタリアの二〇一六年二月の選挙では、五つ星運動に投票したのは六五歳以上で一五%だったのに対し、四〇歳以下では有権者の四〇％が投票している[45]。

若者の民主主義に対する幻滅の追い風を受けているのは、極左政党だけではない。多くの国では、上の世代よりも、若者が極右を支持するようになっている。たとえばマリーヌ・ルペンは若者からの支持を集めている。二〇一七年大統領選の決選投票では、彼女に投票したのは高齢者層の五人に一人のみだったのに対し、若年層では二人に一人だったことが調査から判明している（ただ、若年層の得票差はわずかだったとする調査もある）[46]。フランスだけが例外ではない。オーストリアやスウェーデン、ギリシャ、フィンランド、ハンガリーなどでも同じ結果が出ている[47]。

イギリスとアメリカでも、一般的に言われるよりも事情は複雑だ。泡沫候補と思われていた労働党のジェレミー・コービンが党首に選出され、二〇一七年の総選挙で同党が善戦したのも、若者からの熱烈な支持があったからだ[48]。アメリカでも、思われる以上に若者はポピュリスト的アピールの受け皿になっている。三〇歳以下の白人でヒラリー・クリントンに投票したのは四三％、たいしてトランプに投票したのは四八％だった[49]。

若者がなぜかくも民主主義に幻滅しているかといえば、彼らが違う政治システムに生きた経験を持っていないからだろう。一九三〇年代、一九四〇年代に生まれた人々は、幼少の頃にファシズムの脅威を身近に感じたか、それと戦った家庭に育った。教育を受けたのは、ソ連の拡張によって共産主義を現実のものと感じられた冷戦時代のことだ。彼らに民主主義に生きることが大事かと尋ねれば、それに代わるものが何であるかについての知見を持ち合わせていたのだ。

反対に、イギリスやアメリカのミレニアル世代は冷戦をほとんど経験しておらず、多くはファシズムと実際に戦った者すら知らないだろう。つまり、彼らにとって民主主義に生きるのが大事かどうかは、抽象的な問いとしてしか響かない。自らのシステムが脅威に晒された時、彼らはそれを守るために立ち上がるのだろうか。さほど確かではないように思える。若者が彼らの生きているシステム以外を知らないということは、政治的な実験に前のめりになりやすいということを意味する。生まれ育ったシステムへの批判、(現実的な)不正義、偽善に慣れてしまい、彼らの多くはシステムのポジティブな側面に気付かないだろう。

若年層におけるトランプ大統領の相対的な不人気を考えれば、リベラル・デモクラシーに公然と批判的なミレニアル世代は、それが実際に危機に瀕すれば、その防衛に立つと期待するのは——しかも若者が前の世代に置き換わっていくにつれて——魅惑的かもしれない。しかし、実際には、もっと悲観的な結論が待ち受けているのではないか。アンチ・システムのエネルギーは、マグマのように溜まっている。若者が次の選挙でシステムを救済することがあっても、より不明瞭な、無意味な、あるいはまだ現実になっていない運動によって、現状変革の道へとなだれ込んでいく可能性はある。

衰退の先にある危険

いずれの証拠も、非常に気がかりなものだ。アメリカやイギリス、スウェーデン、オーストラリアといった世界の多くの国で、民主主義はもはや街での唯一のゲームではなくなってきている。多くの市民も、民主主義にますます消極的な見方をしているか、あるいは特段重要なものだとはみなさなくなっている。数としては小さくとも、強い指導者による統治や、軍事独裁といった権威主義的選択肢を検討すべきとする市民も急増している。その一方で、基本的な民主的価値をさほど、あるいはまったく大事だと思っていないポピュリスト政治家の力は強くなっている。そして、そのうちの一人は、世界で最も強力な権力の座を射止めたのである。

民主主義の衰退が明確に確認できる一方で、こうした傾向がどのような結果をもたらすのかは、はっきりしない。民主主義の衰退は短期的な現象で、しばらくしたら、強く立ち直り、波乱の時代は数十年で過ぎ去るのだろうか。それとも民主主義の衰退は、かつては非常に安定しているとみなされてきた政治システムの生存にとって、本格的な危機の兆候なのか。過去一世紀のうち四分の三を占めた、民主主義の安定という期待に終わりを告げることになるのか。

こうした喫緊の課題を解くためには、過去の豊かで定着した民主主義がどのように壊れていったのかについての理論を見ればよい、ということになる。問題は、こうした事例が過去に存在しないことだ。最近まで、民主主義の定着は一直線に実現してきた。しかし、歴史の数少ない事例をみれば、流れが一方的に変わった際、どのような混乱が起きるのかについての予想が可能となる。

実際、今日の状況が前代未聞であるとはいえ、似たような事例がないわけではない。たとえば、民主主義の定着が順調に進んでいると考えられてきたポーランドやベネズエラといった国では、ポピュリスト候補者が当選し、政治システムに深刻にダメージを与えた経験を持つ。非リベラルな民主主義が独裁に転じるかどうかを知るためには、こうした国々の民主主義が混乱に陥る以前、似たようなプロセスが進んでいたのかを精査する必要が出てくる。

政治学者らは、ポーランドをポスト共産主義で民主主義への移行が最も成功した国と評価してきた。

こうした楽観も、故なしのことではなかった。一九九〇年から二〇〇五年の間、この国の政府は、自由で公正な選挙によって五度の政権交代を経験してきた。この間、国のGDPは三倍となり、一人当たりGDPも一般的に民主主義が安定的になる一万四〇〇〇ドルを超えるまでになった。市民社会の組織も活発で、ポーランド人の多くはスポーツクラブやカトリック教会の活動に積極的に参加していた。NGOはさまざまな社会的・政治的問題を提起し、良質な報道機関が政府の失策や汚職を暴き、学校や大学が数多く設立されるなど、民主主義にとって良い兆候が表れていた。[50]

こうした進展もあって、ポーランドは二〇〇四年にEU加盟国となる。加盟が認められるためには「民主主義、法の支配（および）人権の保護」を可能にする制度を備えていなければならない。[51] そして、この基準をポーランドは十二分に満たしていた。

それゆえ、多くの政治学者が同国を「民主主義の定着国」とみなしたのも、当然のことだった。[52] ポーランドの民主的制度が完全に根付いた、あるいはカナダやアメリカのように完璧に実現されたとする者はいなかったが、リベラル・デモクラシーが根を下ろし始めたようにみえたのだ。

しかし、こうした根拠ある楽観的な見方は、早計に過ぎたことが発覚する。

二〇一五年の選挙は不可解なものだった。ドナルド・トゥスク首相率いる与党「市民プラットフォーム」の政権は敗北を予想だにしてなかった。二〇〇八年の世界恐慌から国を守り、近隣諸国との関係も改善し、EU議長国という大役も無事に務め終えていた。ポーランドは非常にうまく行っていたのだ。

しかし、与党になってから七年、政権は飽きられ始め、有権者は変化を望むようになっていた。そこで、政権幹部の不明瞭な取引をめぐる赤裸々な会話の盗聴記録が明らかになると、政権支持率は急落した[53]。

このことが、すでに二〇〇五〜二〇〇七年にヤロスワフ・カチンスキのもと与党の座にあった極右政党「法と正義（PiS）」にとってまたとないチャンスとなった。与党時代、PiSは高官のスキャンダルや閣僚の失言が相次ぎ、信任をすぐに失った。世論調査でも、その強硬な保守主義と敵対的なレトリックは不評だった。二〇一五年の選挙でPiSは退職年齢の引き下げ、減税、児童手当の引き上げなど、より穏健な公約を掲げる政党へと変身したかにみえた。党首を辞任したカチンスキは背後から糸を操り、選挙中に姿をみせず、政権入りしないことを約束していた[54]。

結局、選挙でPiSは大統領選と下院選の両方を制して、絶大な権力を握った。そして権力の座についてからというもの、ポーランド民主主義の基本的なルールを捻じ曲げ始めたのだった。

まず、PiSは政府の独立機関の中立性を損ね始めた。国の最高裁判所である憲法裁を支配下におくため、判事の人数を増やし、議会が一晩で自党派の裁判官を任命し、さらに、それまでに任命されていた三名を排除した。裁判所が野党任命の三名にも投票権があるとの判断を下すと、議会は裁判所の権限を縮小し、判決を無視した[55]。

次に、PiSは政府資金を使ってプロパガンダを拡散し、批判的なジャーナリストの声をかき消した。過去の政権も、国営放送局で、全国ネットワークを持つポーランドテレビ（TVP）の政治姿勢を糺そうとしたことがあったが、今回の集団的な乗っ取りは質的にまったく異なるものだった。TVP番組のレギュラーだったコメンテーターは一晩にして消え、政見を支持する番組は赤裸々なプロパガンダを垂れ流すことになった[56]。

国営メディアを手中に収めることで満足しなかった政権は、民間メディアと出版界に触手を伸ばし始めた。数年で民間企業を広告から締め出し、外国株主の株を国内事業主に譲り渡すよう迫った。PiS幹部の一人が言ったように、これは国の官民メディアを「再ポーランド化」することを狙うものだった。[57]

リベラル・デモクラシーからさらに一歩後退して、PiSは批判的な意見や政策への異議申し立て、あるいはその種のデモを通報するまでになった。ポーランド国民に対する批判を封じ込めるため、同国がホロコーストに加担したことを指摘したプリンストン大の歴史家、ヤン・グロスへの前政権による表彰を撤回し、「ポーランドの絶滅収容所」という言葉を非合法化する法案を可決した。[58]政権に対するデモが二〇一六年に起きると、PiSは結社の自由に制約をかけた。数千人の市民が抗議のため議会を取り巻くと、その報道を阻止しようとして、首相は民間テレビ局を議会から締め出した。[59]

ポーランドでリベラル・デモクラシーが危機に陥っているかどうかを調査したヴェニス委員会——憲法に関する有識者と専門家からなる欧州審議会の委員会——は稀にみる直截的な結論を出した。「法の支配ばかりか、民主主義と人権が危機に陥っている」としたのである。[60]ポーランドのEU加盟を推したベルギーのフェルホフスタット首相も同様に、「ワルシャワが採ろうとしている方針は（略）反民主主義的であり、ポーランドのEU加盟に際して約束した法の支配の原理に反している。もしいま加盟交渉がなされていれば、認められないだろう」と述べた。[61]ヤン＝ヴェルナー・ミュラーはもっとストレートだ。彼は「中欧は一九八九年の逆コースを行っていると思わざるを得ない。この年、リベラル・デモクラシーの名のもと平和的な革命が共産主義の国々で広がっていった。今日にあって、我々は新たな権威主義インターナショナルの台頭を目撃している」と言う。[62]

政治学者は、このポーランドのリベラル・デモクラシーからの退却がなぜ生じたのかについて頭を悩ました。この国は長きに亘り、問題らしきものを見せていなかった。それでも、政治システムは、いとも簡単に劣化していったのだ。その運命の変転は、どう説明できるのか。単なる偶然なのだろうか。つまり、政治学者が決して予見できない、歴史で時たま起きるような、奇妙で予期しがたい出来事なのか。

そのように済ませてしまいたい誘惑はある。しかし、私の見方からすれば、ポーランドの事例は決して理解し難いことではない。民主主義が失敗するはるか以前から、ポーランド人はすでに民主主義を疑問視して、権威主義的な代替案を受容しており、だからこそ基本的な民主的規範を破るような政党に投票したのだ。

- 隣国と比べて、そして世界の平均と比べても、ポーランド人は民主主義に対して極めて批判的だった。世界でみると、一〇人に一人が民主主義は自国の統治にとって悪いもの、あるいは極めて悪いものだと捉えているのに対し、ポーランドでは六人に一人がこの見方を共有している（アメリカのミレニアル世代は四人に一人がこの殺伐とした捉え方をしている）。
- PiSが与党となる以前から、ポーランド人は権威主義的な選択肢をすでに受け入れていた。二〇一〇年初頭、EU市民の一〇人に一人が軍事支配を良い統治システムとしていたのに対し、そう考えるポーランド人の割合は五人に一人だった（アメリカのミレニアル世代もほぼ同水準にある）。[63]
- 加えて、強力なポピュリスト政党が、以前から主たる民主主義的な規範を壊し始めていた。PiS

は陰謀論を広めたにもかかわらず（あるいはそれゆえ）多くの国民の歓心を惹きつけようと、外国勢力の脅威を声高に叫び、与党はポーランド国民を裏切っていると喧伝した。ＰｉＳの他にも、後に農民政党「ポーランド共和国自衛（ＳＲＰ）」党首となるアンジェイ・レッペルは、「ポジティブな独裁者」を自任し、反ユダヤ主義的言説をまき散らし、倒閣のため、根も葉もない政権の策略を予言していた。また超保守的な政党「ポーランド家族同盟（ＬＰＲ）」は、ＥＵが共産主義のエージェントであり、国のカトリシズムを抑圧しようとしているとしていた。(64)

簡単にいえば、北アメリカと西ヨーロッパで灯る危険信号は、ＰｉＳ政権が民主的な制度・機関への全面的な攻撃を仕掛けるよりも大分前から、ポーランドではすでに点滅していたのだ。もし政治学者が民主主義の衰退の兆候を読み取っていたならば――この信号の光は北アメリカと西ヨーロッパで強くなる一方だ――、ポーランドの現況に驚くことは決してなかったはずなのだ。民主主義が衰える予兆はすでに出揃っていた。政治学者は、それを見逃したにすぎない。

「パフォーマンスの危機」

見識あるリベラル・デモクラシーの守護者たちは、自らが支持する政治システムに絶対なる正当性があると信じている。

その民主主義の要素は市民の平等を約束している、と彼らはいう。王政にあって、王は偶然にすぎない高貴なる出自によって、臣民より上に君臨する。反対に、民主主義では、肌の色や先祖の階級に関係なく、市民の全員が一票を持つ。

他方、そのリベラルな要素は市民の自由を約束する。独裁制では、臣民の生活をどうするかは、独裁者の差配次第であり、望めば簡単に制裁を加えることができる。反対にリベラルな政体のもとで、法でできることには制約がかけられ、市民生活は恣意的な裁量から守られている。

リベラル・デモクラシーが最も優れているのは、この二つの要素を両立することができることにある。

ただ、これに民主的正当性があるとするのは、やや単細胞に過ぎるというものだ。お金でもって権力を簡単に手に入れられるのであれば、多くの市民は政治的平等は空疎な約束だと感じるだろう。経済的な要請から、政策的選択肢が極めて限られるのであれば、多くの市民は彼らに約束されていた自由は実現し得ないと感じることだろう。リベラル・デモクラシーが信奉者の期待に沿う実体となるためには、より大きな社会的・経済的正義に適うものでなければならず、市民が自らに権力があると感じられるようにならなければならない。そして、私たちの政治システムがいかに特殊なのかについてのこの簡単な描写だけでも、それは好ましいものだということがわかる。自由と平等を大切にする者にとって、リベラル・デモクラシーの右に出るものはない。

もっとも、リベラル・デモクラシーは他の統治形式と比べて好ましいものだという確信を持ちつつ、同じ理由から、これが歴史的に広範な支持を受けてきたとも私は思わない。

リベラル・デモクラシーの唯一無二の正当性を信じる者は、その正当性こそが、成功の理由だとする傾向がある。市民一人ひとりが公共空間で活躍でき、同時に私生活では自由になれるという、最も深く、普遍的な人間の欲求を満たすことができるのは、リベラル・デモクラシーだけではないか、と。

だからこそ、世界で徐々に浸透していったのであり、未来をも独占するのだ、と。

しかし、正しく精査する限り、市民が自らの政治システムに忠誠心を抱いたのは、基本的な原理を大切に思ったからではなく、それが彼らの平和と財産を守ったからにすぎなかったからだということがわかる。こうした見方からすれば、リベラル・デモクラシーは良い結果をもたらすことができたからこそ、支配的な地位を占めたにすぎない、ということになる。

そうであるならば、一般的なリベラル・デモクラシーへの愛着は、見識ある人々による支持よりも、幾分か薄く、脆いものであるということになる。これは、現下の憂い事の多くを説明するものでもある。リベラル・デモクラシーは市民に尽くすことができなくなって、「パフォーマンスの危機」に陥っているとみることができるのだ。世界中で伸長するポピュリスト勢力は、この危機を奇貨として、システムの主要な要素を破壊しようとしているのである。

定着したと考えられていた民主主義が市民に対して十分に貢献できない時、何が起きるかについての歴史の先例はほとんどない。経済が停滞し、権力が弱体化しても、民主主義が安定していることもある。もっとも、驚きたくないのであれば、民主主義はもしかしたらそうならないかもしれない可能性も念頭においておかなければならない。ならば、リベラル・デモクラシーのパフォーマンスになぜ市民がかくも不満を持つようになったのかを知らなければならない。

第2部

起源

私が水の沸点をニューヨークで測ったとして、それは一〇〇度だと記録される。ボストン、マイアミ、シアトル、あるいはサンディエゴで計測をしても、結果は同じだ。怪訝に思って他の場所で実験を続けても、どの教科書にもあるように、沸点は一〇〇度という結果が導かれるに違いない。

しかし、物事はさほど簡単ではない。もしモンブランの山頂で実験したならば、沸点は八五度となる。さらに、やかんをエヴェレストの山頂にまで持っていけば、沸点は七〇度と、さらに低くなる(1)。

言い換えれば、温度と沸点の固定した相関は、実験を行う高度——さらにまわりの空気圧——が一定であることが条件となる。実験を沿岸都市で行えば、普段は気付かない条件に左右されることもわかるかもしれない。文脈が変われば、因果の関係も変わるのだ。

このことは、民主主義の運命がどうなるかについて真剣に考えてみる場合も当てはまる。第二次世界大戦が終わってからというもの、民主主義は世界各地で安定しているかにみえた。そして、そのまま持続するものと思い込まれてきた。今となってはしかし、水の沸点のごとく(あるいはバートランド・ラッセルによる鶏の餌の比喩を思い出してもよい)、実際には、安定は偶然によるものではないかと考えるに足るだけの理由が見えてきている(2)。

もし民主主義の将来について的確な予想をしたいのであれば、政治学者が「状況範囲の同定」と呼ぶ問題に取り組まなければならない(3)。すなわち、過去における民主主義の安定をもたらしていた状況は、もはや存在していないのか。そうであるなら、こうした状況の劣化は、過去数十年で起きていることを説明できるのか、そして、私たちを待ち構えているかに見える忌まわしい運命は、いかにして避けることができるのか。

状況範囲として、私には以下の三つがあるように思われる。

- 第一に、マスメディア支配は極端な理念の普及を制約して、共有された事実と価値を作り出すことで、フェイクニュースの拡散に歯止めをかけていた。しかし、インターネットとソーシャルメディアの台頭から、こうした伝統的なゲートキーパーは弱体化し、周辺化されていた運動や政治家を勢いづかせることになった。
- 次に、民主主義安定の歴史の中で、ほとんどの市民は生活水準の向上を経験し、より良い未来を期待することができていた。しかし現在、生活は苦しくなっており、将来はさらに悪化するのではないかとの恐怖に駆られている。
- 最後に、安定した民主主義国のほとんどは、単一民族国家として、あるいは特定のエスニック集団による支配を許す形で建設された。しかし現在では、その支配が揺らぐようになっている。

以下の章では、こうした原因の一つひとつが精査されることになる。民主主義の安定に寄与したかもしれない大きな変化を特定するだけでなく、ポピュリズム台頭について近年のジャーナリズム――そして学界――の犯しがちな四つのミスを避けたいと思う。

多くの分析は、これらを特定の国でしか通用しない地域の文脈で語る傾向にある。しかしポピュリズム台頭がグローバルな現象である限り、過去数年でポピュリズムが拡散した国々に共通する原因が探られなければならない。

多くの分析は、最近のポピュリズム伸張の原因をリーマンショックに求める傾向がある。しかしその台頭は二〇〇八年以前から起こっていたのであり、従って、もっと長期的な説明が求められる。

多くの分析は、特定される原因はそれぞれ相互に排他的なものと仮定し、政治的な危機は経済が原因なのか、文化的なものなのかに限って議論する傾向がある。しかし経済的、文化的不安は相互作用して強化されるものであるならば、こうした「単一原因的」な説明は避けられなければならない。

最後に、多くの分析は、ポピュリズムの構造的な成功は直接的かつ明示的に現れると仮定しがちである。もし経済的要因が優位ならば、貧困者の多くはポピュリストを支持し、もし文化的要因が優位ならば、移民の多い地域でポピュリストが支持されるといったように、だ。しかし、人々は自らの運命のみならず、他人の運命にも関心を払うのであり、現在のみならず、将来に対しての恐怖も感じるのであれば、私たちは経済的不安や人種的憎悪が政治に与える、より微細で間接的な効果も考慮に入れるべきだ。

第４章 ソーシャルメディア

中世後期まで、情報を大勢の人口に届けるのはたいへんなコストがかかり、骨の折れる作業だった。長文を複写するためには、職業専門家か僧侶の手を借りて、原本から一文字一文字を書き写さなければならなかった。それをさらにもう一部作るには、同じ作業を繰り返す必要があった。

その結果、文字情報は一部のエリートの独占物となった。五〇〇人あるいは一〇〇〇人に文字を届けるために、多大な労力を要したからだ。情報を一〇〇〇人に届けることができるためには、王や司祭の権力に頼らなければならなかった。文字の拡散のための技術的制約は、従って、政治的・宗教的正統性を強化するのに役立った。司祭や貴族の手中にアイディアが留まることは、政治的な対立を沈め、宗教的異端を封じ込めておくのを容易にした。

これは、活版印刷の発明がいかに歴史的なことだったのかの理解につながる。グーテンベルクが原版を用いて何枚もの紙の複写を簡単に、それもたいへんな速度でできるようにしたことは、コミュニケーションの構造的条件を取り払うことになったからだ。こうして、「一人から多数へ」と流れるコミュニケーションは、人類史で初めて、多くの人のものになった。この技術を手にし、活用できる資本を持つ者は、瞬時にして数千人に自らのアイディアを拡散することができるようになった[1]。

グーテンベルクの同時代人たちは、活版印刷の革命的意義をすぐに感知した。そして、それが世界にもたらす奇跡に希望をつないだ。コミュニケーションが容易になれば、アイディアの拡散、学習機会の増加、経済成長の促進につながると期待されたのだ。

こうした期待のいくつかは、現実のものとなった。たとえば、マーティン＝ルーサー・キング牧師の言葉は数年のうちに二五万部も刷られることになったが、もし彼の信奉者たちが活版印刷技術を利用できなかったら、その言葉がここまで影響力を持つとは考えられなかっただろう。一六世紀と一七世紀におけるアイディアの復権に印刷機──それと識字率の急速な拡大──が重要な役割を果たしたことは間違いない(2)。

もっとも、印刷機が人類史に多大な変化をもたらした一方、それが数十万もの犠牲者を出したことも事実だ。新教が大陸で広まっていくにつれて、宗教紛争も広がっていった。異議申し立ての声が賛同者に届けば、それは政治的暴動へとつながっていった。文字に乗って、印刷メディアは解放だけでなく、識字、不安定とカオス、さらに死までもをばらまくようになっていく。

過去数年で、多くの論者がデジタル技術──とくにソーシャルメディア──の発明を、活版印刷技術のそれと比較してきた。クレイ・シャーキーの言葉でいえば「かつてはラジオやテレビ塔、あるいは印刷機を持たなければならなかった。今ではネット・カフェか公共図書館にいけば、自分の考えは公衆に届けられる」ようになった(3)。ヘザー・ブルックはもっと端的にこういう。「私たちの印刷機はインターネットであり、私たちのコーヒーハウスはソーシャル・ネットワーク」なのだ、と(4)。

こうした主張を否定するのは簡単だ。思想家たちは「同時代主義」、つまり自分たちが生きている時代が人類史の中で特別なものとみなす態度を、常に諫め続けてきた(5)。近年のツイッターやフェイスブックといった発明が人類史に大きな変化をもたらすという意見も、こうした認知バイアスの罠にかかっている可能性はある。

「同時代主義」に陥らないよう注意することは大事だ。しかし、デジタル技術と印刷機の発明に、一定程度の類似性があることは否定し難い。印刷技術と同じように、インターネットとソーシャルメディアの発明が、コミュニケーションの構造的条件を根本から変えたのは確実だ。

印刷機が発明されてから約五〇〇年、一人から多数へのコミュニケーションのコスト低下と速度向上は、その範囲を拡大させつつ、急激に進んでいる。一九九二年の時点で、数十億人もの世界のテレビ視聴者に向けて、特定事件の音と光景を瞬時に伝えることも可能となった。

それでも、このCNNの世界は、まだキング牧師の世界に留まっていた。中央集権的なコミュニケーター――TVとラジオ放送網、新聞社と出版社――は限られており、受け手の数の方が多かった。大多数の市民にとっても、自らの手で発信をするのはコスト面から無理難題だった。オピニオンリーダーとなるためには、お金を払うか、発信能力を持つオーナーを説得してそのプラットフォームを貸してもらうしかなかった。

しかし一九九二年から四半世紀が経ち、こうした制約はもはや取り払われるようになっている。

まずワールドワイド・ウェブは、先進国の住民が自身の意見を世界に向けて発信することを可能にした。寡少のコストでウェブサイトを開設すれば、ネット接続できる機器を通じて、その内容は閲覧されることになる。一人から多数の流れしかなかったコミュニケーションは、五〇〇年が経って、ようやく民主化されることになったのだ。

この形式の小さな違いは、やがて大きな違いを生むことになる。ネット接続できればサイトを閲覧できるにせよ、それは旧式のプラットフォームを通じて、いくつかの主要なコンテンツをシェアできるだけだった。たとえば、joeboggs.com と nytimes.com というサイトは理論的には同じように簡単にアクセスできるものの、joeboggs.com がどんなサイトであるかを世界の人々が知るのは難しい。

最後まで残っていたこの制約を、ソーシャルメディアは取り払うことに成功した。フェイスブックやツイッター上では、あるユーザーが投稿したコンテンツは、別のユーザーによって簡単に再投稿することができるからだ。元のコンテンツが十分に新しかったり、興味深かったりするものであれば、つながりの少ない者であっても、ものの数分で大多数のオーディエンスを得ることができる。

互いにコミュニケートするユーザーによる広範なネットワークが形成されることで、ソーシャルメディアは、配信のダイナミズムを大きく変えた。「ミーム〔模倣〕」や「ヴァイラリティ〔拡散〕」といった用語が、新しい日常用語となったのには理由がある。数人の仲間の想像力を捉えて、誰もがグローバルなオーディエンスに向けてシェアできるというこの世界の重要性を、唯一表現できるものだからだ。

別様に言えば、ソーシャルメディアの台頭によって、一人から多数へのコミュニケーションは今や「多数から多数へのコミュニケーション」へと変容した。(6) この多数から多数へのコミュニケーションで最も大事な点は、巨大なプレイヤーが、アイディアの拡散や一般民衆に響くメッセージを届ける能力を多く失ったことにある。

二五年前であれば、放送局は数百万人の聴衆の関心を引く映像――それが飼い猫のいたずら映像であろうが、テロ集団による狂暴な断首であろうが――を放送しないままでいることができた。今日でも、従来からの放送局はこうしたものを放送することを拒否できるし、実際にすることもある。しかし、これらゲートキーパーとしての役割は消滅しつつある。存分にヴァイラル〔拡散されやすい〕なものは、放送局の意向とは関係なく、ソーシャル・ネットワークを通じて拡散されることになるのだ。(7)

これらすべては、デジタル・コミュニケーションの浸食が大きな政治的影響を及ぼすことを示唆している。果たして、ゲートキーパーの影響力喪失は、そのまま一般民衆のエンパワーメントと民主主義の発展につながるのだろうか――それともポピュリストが私たちの政治を侵すために必要なプラットフォームと化して、民主主義を痛め付けているのだろうか。

テクノ楽観主義者たち

数年前まで、多くの評論家はとても楽観的だった。「解放のテクノロジー」という言葉を生んだ論者ラリー・ダイアモンドは、新たなデジタルツールは「市民がニュースを発信し、悪事を暴き、意見を表明し、異議を動員し、選挙を監視し、政府を見張り、参加を促し、自由の地平を広げる」のを可能にする、と指摘していた。(8) 彼はマレーシアの例を引いて、権威主義体制下であっても、デジタルツールによって民主派活動家の政府批判が可能になったという。ウズベキスタンやフィリピン、ベネズエラ、ナイジェリアといった国々でも、不正を報告することで、政府から応答を引き出すことができるようになったともする。共産党が「グレート・ファイアウォール」を敷いている中国のような国でも、ユーザーは体制の検閲の不備を付くようになっている。こうして、ダイアモンドは「国家がすべてを監視して検閲するには、コミュニケーションとネットワーキングが単に多すぎるのだ」と述べる。(9)

ダイアモンドのこの記事が書かれたのは、二〇一〇年夏のことだ。この年、こうした楽観的な見方は、現実のものとなったかにみえた。チュニジアに続いてエジプト、さらにシリアでも大々的な抗議運動が展開されたからだ。こうした国々では、長期に亘る独裁政権が権力の座から追い払われた。抗議者たちはソーシャルメディアを活用、政府を批判し、打倒の試みを記録し、抗議運動の時間と場所を知らせた。アンドリュー・サリバンは『アトランティック』誌で、ツイッターが「組織のために欠かせない道具」となったと評した(10)。同様にニコラス・クリストフは『ニューヨーク・タイムズ』紙で、二一世紀にあっては「暴力的な政府の発砲」は、「若い抗議者たちのツイート砲」の抵抗に遭うことになるだろう、とした(11)。

デジタル・テクノロジーのポジティブな影響は、アメリカでも見られた。『みんな集まれ！ ネットワークが世界を動かす』を著したクレイ・シャーキーは、アメリカのような国でも、多数から多数へのコミュニケーションによって、活動家が運動を組織することは容易になってきたとする(12)。金融危機の後、組織化の簡略化は多様な形で生まれることになった。たとえば、右派の側では、ケーブルニュース局CNBCの扇動に乗ったティーパーティ運動がmeetup.orgやメーリングリストといったオンライン・ツールを活用した。左派の側では、オキュパイ・ウォールストリート運動やブラック・ライブズ・マターが、全国に散らばる活動家の緩やかなネットワークをつなぎ、調整のためにソーシャルメディアを多用した。政治の両極にあって、公衆がソーシャルメディアの持つ民主化のための潜在能力を存分に活用したかに見えた(13)。

ソーシャルメディアの持つ潜在能力が、民主主義の深化と拡散に寄与しているのは間違いない。だからこそ、その能力への期待は、ますます高まっている。トーマス・フリードマンはこの時代の一般的認識を上手に捉え、「広場の人々」が世界政治をより良いものにしていくと、二〇一四年五月に述べている。

ＩＴ革命とグローバル化がともに民主化され、拡散されていくと――エリートのラップトップ・パソコンから皆が持つスマートフォンへ、恵まれた人々のダボスでのネットワーキングから皆のためのフェイスブックへ、富裕層の権力中枢での意見表明から指導者に対する民衆のツイートへの移行のように――新しいグローバルな政治的な力が生まれている。

彼らは大体において若く、より高い水準の生活と自由を求め、改革ないし革命を求め（それはどのような政府を戴くかによる）、互いにつながって、実際に広場に集まるか、ヴァーチャルな広場に集まるか、あるいはその両方をする。それは、共通の計画によるものというより、社会をどのように導きたいかという方向性をシェアしていることによっている(14)。

テクノ悲観主義者の逆襲

ソーシャルメディアについての一般的認識は、二〇一四年から二〇一五年にかけて、極めてポジティブなものだった。しかし、それ以降、評価は下がる一方となった。

こうした兆候は最初からあった。先の『解放のテクノロジー』（未邦訳）でダイアモンドは、新たなデジタルツールは良い手段とも、悪い手段ともなり得ると指摘するのを忘れていなかった。「ラジオやテレビは、多元性と理性的な議論のための手段となり得るが、それは全体主義体制の熱狂的な動員や、圧倒的な国家管理のために用いられることもある」と。[15]

続く数年で、エフゲニー・モロゾフやキャス・サンスティーンといった懐疑主義者が、ダイアモンドの批判を引き継いだ。ツイッターとフェイスブックの大ファンでもあるモロゾフは、これら新たなテクノロジーは昔からの敵同士を接触させ、昔からの憎しみを和らげることができるように、ローカルな文脈を組みなおすこともできるはずだったという。しかし実際に生じたのは、その反対のことだった。ローカルな文脈は、フェイスブックのようなツールの使い方そのものを変えてしまい、解放を容易にする一方で、独裁的な支配——そして人種的憎悪の促進——を許すものとなった。[16]

インターネットが解き放った力については、サンスティーンも言及している。ソーシャルメディアは、人々が自分の情報源を過大視するため、「エコーチェンバー」という、同じような政治志向を持った人々に囲まれる状況を作り出す。世界の誰とでも容易にコミュニケーションをとれるようになる一方、今度は大きな社会的・政治的分断の向こう側にいる人々とコミュニケーションがとりにくくなるという逆説をもたらすのだ。[17]

二〇一三年春にハーヴァード大学で「デジタル時代の民主主義」という講義をした際、多くの学生は、こうした警鐘に関心を示したものの、縁遠い話と感じたようだ。全体的に、彼らはソーシャルメディアについての好意的な意見をまだ信じており、大きな可能性を見出していた。

そしてトランプがやってきた。

トランプの異例な選挙キャンペーンの最中、彼がアメリカ政治の伝統的なゲートキーパーを迂回して、ソーシャルメディアを使いこなしたことは疑いようがない。昔であれば、テレビ放送局は彼の赤裸々な嘘や移民、宗教的マイノリティ、そして政敵への暴言を放送しなかっただろう。しかしツイッターのお陰で、ドナルド・トランプは伝統的なメディアというインフラを必要としなかった。その代わり、彼は数百万ものフォロワーに対して直接に自らのメッセージをツイートできたからだ。従来のテレビ番組は難しい選択に迫られた。報道の主たる対象を無視して自身が無意味な存在と化すか、もしくはツイートについて議論して、それを検証するにせよ、トランプの発言を増幅させてしまうかだ。驚くべきことではないかもしれないが、後者が選択されることになった[18]。

トランプはツイッターという強力な武器を手にした。しかし、イデオロギー的な理由、あるいはそうでなければ経済的な理由から、彼は忠実な追従者も持っていた。その中でも、とりわけ重要だったのが、デジタル時代のマス・コミュニケーションの民主化の速さを物語るニュースサイト、「ブライトバート」だった。このサイトは創設から数年で、従来のメディアに伍するほどの規模と影響力を誇るようになった。何の制約も受けないため、真実というよりは炎上を目的とした記事を繰り返し発信していたためだ[19]。

もっともブライトバートは、もっとひどい嘘や噂を拡散する、より小さなニュースサイトの頂点にあったにすぎない。VDARE、InfoWars、American Renaissance といったポータルサイトの記事はあまりにもくだらなく、下品で、誰がそうした情報を信じるのか、疑わしいほどだった。「フランシスコ教皇がトランプ候補を支持して世界に衝撃を与える」という見出し[20]、あるいは「衝撃！ ヒラリー・クリントンによるサタン・ネットワークをスクープ」というものもあった[21]。

しかし、アメリカ国民の一定程度は、こうした情報を真に受けたようだ。二〇一六年八月に行われたある世論調査では、登録有権者の四二％がヒラリーは「悪」と答えた[22]。もっと衝撃的なノースカロライナ州の別の調査では、トランプがヒラリーを「悪魔」と非難した数日後、彼の支持者の四一％は、その言葉を文字通りに受け取っていた(23)。

こうした馬鹿げた考えが聴衆に受け入れられるのは、多数から多数へのコミュニケーションの新しい可能性が、より狭小なエコーチェンバー現象と共鳴したからだ。インターネットのどこかでは――アメリカ国民の少なくない数のフェイスブックのフィードや、ツイッターのタイムライン――、ヒラリー・クリントンへの罵詈雑言が真実であるかどうかは、もはや関係なくなっていた。

発言に反発する者たちによる継続的な検証が続いたおかげで、トランプの勝利は僅差に留まった。しかし当選してからの数カ月間で、こうした常識も覆されてしまった。最初の数年、ソーシャルメディアは救済としてみなされていたのが、今では死神かのごとく扱われるようになった。デジタルテクノロジーの解放の力に対する度重なる礼賛は、終末論的な悲観にとって代わり、ソーシャルメディアはリベラル・デモクラシーの最も危険な敵として祭り上げられている。『ニューヨーク・タイムズ』紙のファルハード・マンジョーは大統領選の数日後、次のように書き記している。

ソーシャル・ネットワークは、今ではその擁護者たちが約束していたのと異なるものとなって、世界を粉砕するようになったのを認めるべき時がきた。それは、多大な社会変化をもたらす力によって人々を幸せにするのではなく、不幸にしている(略)ある意味、私たちはかつてＩＴ専門家が予言していたような、ソーシャルメディアのもたらすユートピアの奇妙なバージョンを生きているのかもしれない(24)。

落差を埋めるもの

マンジョーの指摘は正鵠を射ている。ソーシャルメディアのネガティブな力は現実のものだからだ。しかし、ソーシャルメディアが酷いディストピアにつながる「世界を粉砕する力」だと済ましてしまうのも簡単に過ぎる。

そうではなく、ソーシャルメディアはリベラル・デモクラシーにとって特段よいものでも、悪いものでもないのではないか、というのが私の主張だ。ソーシャルメディアは、寛容度を必然的に高めたり、低めたりするものでもない。実際には、ソーシャルメディアはインサイダーとアウトサイダーとの間の技術的落差を埋める作用を持つものなのだ。

数十年前まで、マス・コミュニケーションの手段は、政府と大手メディア企業による寡占状態にあった。結果として、これらは受容可能な政治的言説の基準を設定できていた。だから、民主主義がよく機能していれば、人種差別的なコンテンツや陰謀論、あからさまな嘘ははじかれ、従ってリベラル・デモクラシーの安定につながっていた。このことは、独裁制下では、独裁者への批判が検閲可能となり、逆にリベラル・デモクラシーを退けることにつながる。

ソーシャルメディアの台頭によって、こうした技術的優位性は雲散霧消してしまった。こうして、権威主義体制の国々の民主派は、長期独裁を倒すことのできる手段を得ることができた。その反面、憎悪の喧伝者や嘘の売人は、リベラル・デモクラシーを後退させるのだ。

こうした変化を導くメカニズムについては、デジタル民主主義の台頭に関する、最も不吉な最近の研究によって明らかにされている。数年前、ヤン・ピエルスカラとフロリアン・ホレンバックは、それまで通信環境が劣悪だったアフリカの僻地での携帯電話網の導入が、どのような結果をもたらしたかについて検証している。

経済学者の予想は楽観的なものだった。情報が拡散すれば、たとえば、人々はより良い医療情報を手にすることができるだろう。欠乏している物品を確実に届けることも容易になるだろう。大都市との接続は、教育や識字率を改善するだろう。こうした期待の一部は現実のものとなった。しかしピエルスカラとホレンバックは、付随する大きな負の効果もあることを実証した。それは、携帯電話の導入が進んだところでは、政治的暴力の度合いが高まったというものだ(25)。

携帯電話が登場するまで、反乱軍に対して政府軍は非常に大きな技術的優位を持っていた。固定電話線や軍隊ラジオを独占していたことで、政府軍は反乱軍が絶対手に入らない二つのものを有していた。一つは、集合行為にまつわるものだ。政府軍の兵士であっても、司令部から離れた場所にいれば、任務をサボる誘引に駆られる。しかし、司令官が彼らの日常的な行動を監視し、定期的に命令を下すことができれば、ただ乗り行為は回避される。次は、協調問題に関わる点だ。戦闘がいったん始まれば、兵士たちにとって、他の部隊が何をしているのか、敵がどこにいるのかをリアルタイムで知ることが死活問題となる。軍隊ラジオを使うことで、政府軍はこうした問題を回避し、戦術能力を高めることができていた。

対照的に、同じようなツールを持たない反乱軍は大きな問題を抱えていた。一兵卒は反乱軍から給与をもらいたい一方で、命を惜しんで、しばしば任務を放棄しがちだった。もっと悪いことに、いったん戦闘が始まると、仲間との連絡手段がないため、大きな犠牲を出すことになった。結果として、政府軍と反乱軍との衝突は、前者の一方的な勝利に終わり、反乱分子を減らし、武力衝突の件数を一定以下に留めておくことができていたというのだ。

しかし、携帯電話の登場は、こうした状況を一変させた。反乱軍のリーダーたちは、新しい技術を活用して、定期的に部下に命令を下したり、戦闘時に行動を調整することができたりするようになった。一夜にして、反乱軍は士気でも戦術でも、政府軍と肩を並べるようになった。互角の戦いが繰り広げられることで、武力衝突はより長期に亘り、死者数が増えることになったという。(26)

携帯電話のせいでアフリカの僻地で武力衝突が増えた真の理由は、新しいテクノロジーが穏健派よりも過激派を、善よりも悪を強くするからではない。それはもっと即物的な理由だった。つまり、政治のインサイダーとアウトサイダーの落差を埋めて、現状維持よりも反乱を、秩序の力よりも不安定の力を強くさせたのだ。

電話をかけたり、ショートメールを送ったりすることしかできない携帯電話は、ツイッターやフェイスブックを通じて数百万人にメッセージを送れるスマートフォンと比べものにならない。同じように、アフリカの僻地のように国家の能力が低い所と、当局の管理が行き届く先進国も比べることはできない。しかし、ピエルスカラとホレンバックの研究は、アメリカやフランスといった民主主義国でのデジタル技術が、政治をどのように再編させるのかを知るための手掛かりになる。すなわち、つい最近まで、政治家になろうとする者は、集合行為問題と協調問題解決のため、たくさんの資源と既存の組織を必要とした。しかし今となっては、潜在的な協力者と接触し、政治的に活動的になるよう仕向け、その行動を調和させることができるようになった。政治エリートの持つ技術的優位性は、ケニアやナイジェリアと同じく、ミシガン州やサウスダコタ州でも、大きく失われているのだ。

こうした観点からすると、イランの緑の革命やＩＳＩＳの台頭、アラブの春、トランプ当選に至るまでのソーシャルメディアの作用が説明できることになる。多くの論評が逆説と捉えていたもの――ソーシャルメディアはある時はポジティブに、ある時はネガティブに働くこと――は、同じダイナミクスによるものなのだ。アウトサイダーの力を増幅させるデジタル技術は、世界中の統治エリートを不安定にさせ、変化の速度を加速させる。こうした影響は今後とも長らく続くことだろう。

活版印刷の発明から十数年が経って、この新しい技術はマインツ市にまだ留まっていたし、世界で書物を手にすることができる人々も、極めて限られていた。コミュニケーションと政治において来るべき革命は、まだ影響を及ぼしていなかった。(27)

対照的に、フェイスブックという発明から十数年が経ち、新しい技術は地球のありとあらゆる場所に届けられている。フェイスブック利用者は、世界に二〇億人もいる。その結果として生まれたコミュニケーション革命は、すでに私たちの政治では欠かせない条件になっている。(28)

数十年前、あるいは数百年前の出来事をとってみても、これが世界をより良い場所にするのか、それとも悪い場所にするのかを占うのは難しい。しかし短期的にみれば――すなわち私たちが生きている時代――、世界をより波乱に満ちたものにすることは、疑いようがない。

近年、この新技術を巧妙に用いてリベラル・デモクラシーの基本的要素を攻撃しているのは、ポピュリストたちだ。旧メディア制度の制約から解き放れて、当選するために何でも口にしようとし、実際に口にした。それが嘘やごまかし、そして同じ市民に対する憎しみであっても、だ。

彼らのレトリックを止めることはできないだろう。議員が私に語ったように、三行のフレーズを用いらなければならない理知的な政治家は、ツイッターやフェイスブックからの一方的なメッセージでもって一行で解を出すライバルに勝つことはできない。

しかし、ソーシャルメディアを使って独裁者を倒した民主派運動家が、勝利を確たるものとするのがいかに難しいかを思い知ったように、ポピュリストの後続者も、技術に覆われた未来を統御するのは、思いのほか難しいことを悟るだろう。「現時点での勝利者はいつも不倒かにみえる」とは、ジョージ・オーウェルの言葉だ。[29] ポピュリストがいったん権力の座に就き、公約の多くを反故にする時、彼はその統治に抵抗する新たなアウトサイダーに力を与えるソーシャルメディアの能力を思い起こすことになるだろう。

第5章 経済の停滞

経済的にみて過去三〇〇年間は異常な時代だった。

歴史を通じて、経済成長のあった時期は稀だった。古代アテネ建国から蒸気機関の時代までの平均成長率は、わずか〇・一%にすぎない。その主たる原因も、人口増によるもので、家計の生活水準の向上によるものではない。(1)

成長の速度が遅かったため、経済発展は、個人の人生の範囲で感じられることはなかった。豊かな時代と欠乏の時代は交互にやって来て、私たちの先祖の多くの食卓の上は、食物で溢れることもあれば、まったくないこともあった。そして例外を除けば、階級を飛び超えて、子どもの頃に予想もしなかったほどの金持ちになれる個人もほとんどいなかった。つまり、人類史のほとんどの間、経済は停滞するものだったのだ。自分の資産が増減することはあっても、生まれた時と同じように金持ちのまま、(もっと確実性が高いのは)貧乏なままで生涯を閉じるのが普通だったのだ。

多くの人々が実感できる経済成長が生じるのは、ようやく一八世紀に入ってからのことだ。

五〇年の間、〇・一%の成長率が続けば(複利が生じるため)、合算で五・一%の成長率ということになる。もし年一%の成長率なら、五〇年間で六四%となる。これが年二・五%なら、三四四%になる。

このようにして、イギリスという国は一八世紀になって年一％の成長を経験し、一九世紀には一・五％の成長を見せた。それまで人類史上記録されたことのないほどの高成長を実現したことになる。[2] 数百万もの人々が初めて、自分の一生のうちに経済が成し遂げ得ること——自らの文明が食料と住宅を提供し、衣服のみならず奢侈品を製造すること——を目撃したのだ。

もっとも、問題が一つだけあった。こうした成長の果実を社会の最も豊かな層が受け取っていたことだ。だから、急速な経済成長の時代は、いつも大きな不平等の時代とともにあった。たとえば、一八二七年から一八五一年の間、イギリス経済は八〇％成長した。しかし所得格差を示すこの時代のジニ係数も、同じ程度に増えていった。実際、わずか四半世紀の間にイギリスは現在のアイスランドでの所得格差からインドでの所得格差と同水準になるまで、その不平等を増大させている。[3]

さらに、人類史上さらなる異常な時代が続くことになった。それは、かつてないほどの経済的平等の時代が訪れたことだ。

トマ・ピケティは、一九二八年の段階で、フランスやイギリスといったヨーロッパ諸国で、最も豊かな人口の一％が国の総収入の一五〜二〇％を、アメリカでは約二五％を所有していたことを示した。しかし一九六〇年になると、富の分配はより平準的になっていった。フランスとイギリスの最も富める一％は、総収入の一〇％以下を手にできただけだった。アメリカでも、その割合は一二％以下だった。その結果、多くの市民は、自らの一生のうちに生活水準の大幅な上昇を経験することができたのである。[4]

生活の改善は、具体的だった。今日生きている人々の多くは、冷蔵庫や車、テレビのない環境で生まれ育った。しかし、今では、冷蔵庫はもちろん、車は二台、家にはホームエンターテイメントのシステムが備わっている場合もあるだろう。相対的な平等化を伴う、感嘆すべき先進国の経済発展は、市民の日常生活に恩恵を授け、家庭では物質的な姿でもって表れた。

生活水準の低下

それも過去のことだ。

対照的にこの数十年間は、先進国の経済成長は大幅に停滞するようになった。

戦後の二〇年の間、アメリカ経済は年平均四％で成長していったのに対し、過去二〇年で二％へと減速している[5]。違いは、西ヨーロッパではより鮮明だ。フランスの戦後期の平均経済成長率は五％だった。過去二〇年の平均成長率は一・五％にすぎない（これはドイツも同じであり、イタリアはさらに低い）[6]。

経済成長の鈍化とともに、不平等も拡大した。一九八〇年代以降、社会の格差は欧米で広がっていった。北アメリカ、西ヨーロッパの今日の不平等は、一九三〇年代とほぼ変わらない[7]。

経済の失速と拡大する不平等という組み合わせは、人々の生活水準の停滞という事態をもたらした。長い人類史の中で、経済成長率だけは、まだ良い数値を示しているかにみえる。ただ、民主主義の安定の頂点と照らし合わせれば、大きな下落を経験している。

このことは、とりわけアメリカで顕著だ。一九三五年から一九六〇年の間、アメリカの標準的な家計の生活水準は、ほぼ倍増した。一九六〇年から一九八五年の間に、さらに倍増した。しかし一九八五年以降、伸び幅は皆無となった。アメリカの標準的な家計の生活水準は、三〇年前と変わっていな

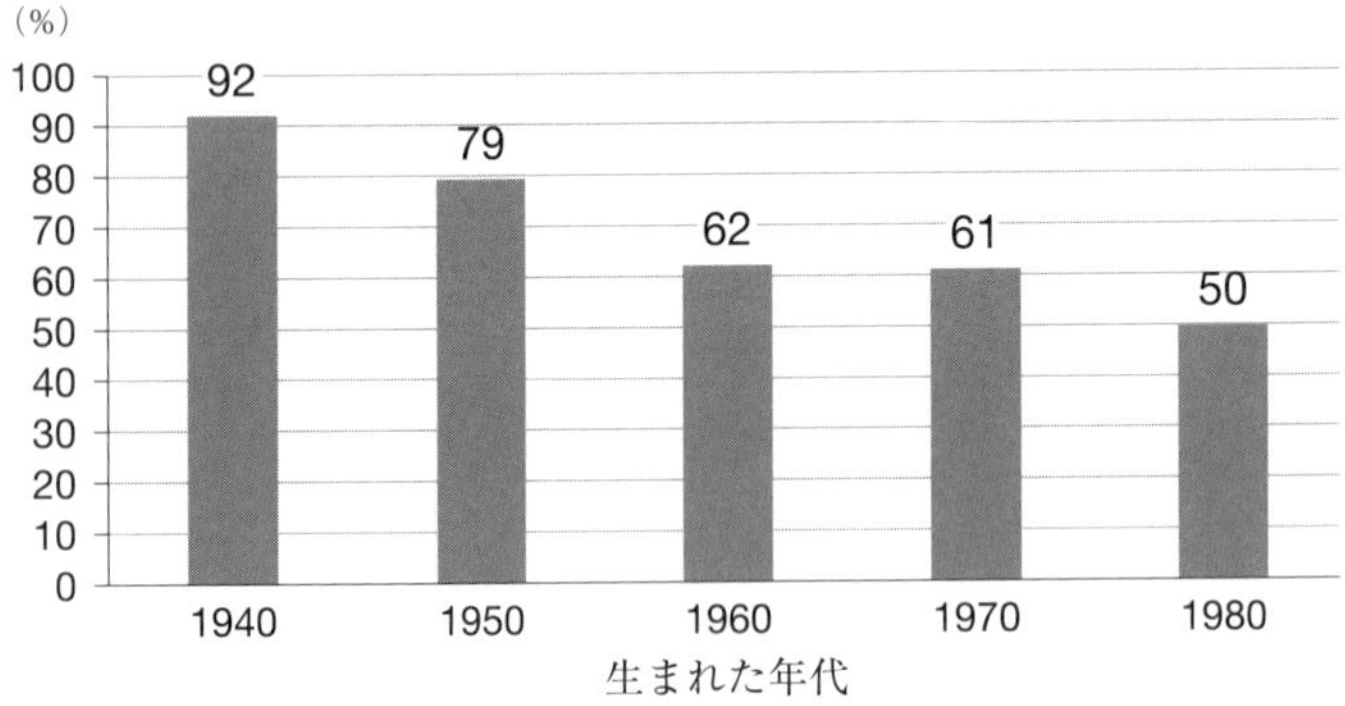

（アメリカにおいて，出生年代別の 30 歳の時点での家計の所得が，自分の親が 30 歳だった時より多かった者の割合）

図 14　絶対的収入の流動性

出典：Raj Chetty, David Grusky, Maximilian Hell, Nathaniel Hendren, Robert Manduca, and Jimmy Narang, "The Fading American Dream: Trends in Absolute Income Mobility since 1940," The Equality of Opportunity Project, December 2016.

いのだ[8]。

この変化は、中年を迎えて経済の発展が止まった現在の高齢者層にとっての打撃となった。勤労が経済的な豊かさを生むと約束されて育ってきた若年層にとっては、いっそう厳しいものとなっている。彼らは、親世代が同じ年代で手にしていたものを、もはや望めなくなっている。

経済的な豊かさの向上を経験していない人々が増えていることは、注目すべきラジ・チェッティの調査チームによって明らかにされている。調査では、暮らし向きを尋ねる質問に回答する場合、回答者は「両親の生活水準と比較することが多い」としている[9]。最近まで、この種の比較――「絶対的収入の流動性」と呼ばれる――は、肯定的なものだった。なぜなら、一九四〇年生まれのアメリカ人の一〇人に九人は、三〇歳を迎える段階で、親がその時の年齢で得ていた以上の所得があったからだ。しかし今では、一九八〇年生まれのアメリカ人で、同じような境遇に恵まれるのは、二人に一人でしかない（図14）。

こうした衝撃的な調査結果を別様に表現するとすれば、アメリカ人の多くにとって、アメリカン・ドリームの核心にあった所得の向上は、もはや蜃気楼と化した、というものになる。その昔、自分の生活水準の改善を経験したことのないアメリカの若者はごく少なかった。現在では、彼らの半分が同じ目にあう[10]。

イギリス『ガーディアン』紙の調査報道によれば、こうした北アメリカの状況は西ヨーロッパでも再現されているという。「アメリカ、イタリア、フランス、スペイン、ドイツとカナダのミレニアル世代は、賃金の低下を経験している」と、この記事は指摘している。リーマンショック以降の大恐慌で傾向が強まったのは事実だが、「二〇〇八年の金融危機以前からこうした状況が進んでいる国もあった[11]」。親からの教育資金を当てにできない、あるいは生前贈与を期待できない若者は増え続けており、彼らの経済的困難はいっそうのこととなる。

同様のことは、生活の質を示す、非経済部門の数値でも確認できる。平均寿命でみてみよう。戦後期、人が生きることのできる期間は急速に伸びていった。たとえば一九〇〇年にアメリカで生まれた人の平均寿命は四九歳だったのが、一九五〇年生まれは六八歳まで生きることができた。アメリカ人の寿命はこの間、二〇年も延びたのだ。しかし医療の進歩も頭打ちとなり、寿命の延長も止まった。二〇〇三年生まれは七七歳まで生きることができるが、これは祖父母世代と比べて、七年延びただけだ。アン・ケイスとアンガス・ディートンが示したように、アメリカの白人の寿命は、史上初めて短くなってもいる。「一九七八年から一九九八年の間、四五〜五四歳のアメリカの白人の死亡率は年平均二％減少していった」。しかし一九九八年以降、「死亡率は年平均〇・五％上昇している[12]」。

経済指数以外の単純な数値をみても、全体の結論は変わらない。産業革命以降、近代民主主義が生まれてから、市民は世代が進むごとに自らの生活が向上するという経験をしてきた。しかし過去四半世紀の間、よく言っても、ごくわずかな改善しかみられない。

結果として生まれる不満は、どのような影響をもたらすのだろうか。

将来不安

戦後期に当たり前となった経済発展は、リベラル・デモクラシーが正当性を得るのに、大いに役立っていた。アメリカ人が政治家を好いたことはないし、ワシントンDCが道徳上の中心地だったと考えたこともなかった。しかし、システムが彼らのために機能しているのであれば、多くの人々は、政治家は自分たちの味方だと捉えていたのである。彼らは「政治家が信用に値するとは思っていないが」、と言うだろう。「でも、私は父親より倍も稼いでいるし、自分の子どもたちも、私より倍稼げるようになるだろう。だから信じておくことにしておく」と。

対照的に今日、政治家に対する、このとりあえずの信頼の残余は消え去ってしまっている。有権者の多くは、既存政治家が彼らの味方であるとは、もはや思っていない。彼らは、今ではこう言うに違いない。「私は生涯、一所懸命働いてきた。でも何も手元に残っていない。子どもたちはもっとたいへんだろう。だったら一か八かの賭けに出るしかない」、と。

このことは、個人の経済的苦境と、ポピュリスト政治家への投票が直接的に関係していることを意味しない。貧しく生まれて、貧しいままで暮らす人々と同じように、中流より少し下に生まれ育ち、上流階層に移動しようとする者が、経済発展がないことをフラストレーションに思うのは変わりない。同じく、相対的に豊かな市民であっても、経済的地位が脆弱になっている者もまた――子どもの将来を憂い、近隣住民が破産するのを見て――、家計の苦しい者たちと同じく、ポピュリストに投票する可能性がある。言い換えれば、ここで重要となるのは、経済の実態ではなく、経済上の不安なのだ。

ジョナサン・ロスウェルとパブロ・ディエゴ＝ローゼルは、二〇一六年の大統領選時のギャラップ社によるアメリカ成人一二万五〇〇〇人の調査を分析して、同じ結論に達した。トランプとクリントン候補のどちらかに投票するかの直接的決め手となったのは、経済的な豊かさではなかった。トランプを支持した成人収入の中央値は約八万二〇〇〇ドルだったのに対し、クリントン支持者のそれは約七万七〇〇〇ドルだった。同じく、他の標本と比べても、トランプ支持者が「失業者ないしパートタイム雇用者である確率は低かった」[13]。つまり、トランプに一義的にアピールを感じたのが貧しく、下流の人々だったという一般メディアの解釈は正しくない。

こうした複雑な実態を前に、多くの利口ぶった分析は、簡単な結論を導き出した。曰く、経済がポピュリズム台頭の理由ではない。『ニューリパブリック』誌は、「〝経済上の不安〟はトランプ勝利の説明にならない」と題した記事を掲載した[14]。「〝経済上の不安〟はドナルド・トランプの勝利の理由ではない」としたのがテレビ局のＭＳＮＢＣ[15]。「なぜ経済上の不安はトランプ支持の説明にならないのか」とはニュースサイトＶｏｘのタイトルだ[16]。

しかし、有権者の属性ではなく、彼らの居住地やその地域の趨勢に目を向ければ、経済的要因が重要だったことは明らかだ。まず、トランプ支持者には、学歴が大卒未満、専門職に就いていない者が多かった。これは、グローバル化やオートメーション化によって、自らの経済条件の悪化を経験しやすい状況にある者であることを意味する。[17] 次に、こうした有権者は「健康状態が悪く、社会的流動性が低く、社会資本に劣り（そして）福祉受給者の多い地域」に住んでいる傾向がある。つまり、自分が住んでいる街や地域が貧しくなっていることに恐怖を覚えている人々、ということになる。[18] 簡単に言えば、以下のようになる。

トランプ支持者は相対的にみて恵まれている者が多いが、彼らは近隣住民の暮らし向きが悪くなっている地域に住んでいる。こうしたコミュニティでは、白人は若くして死に、貧しい家庭に生まれた者がきちんと暮らしていくことも難しい（略）トランプ支持者は具体的な経済的困窮を経験しているわけではないが、次世代のための経済的機会が喪失されている地域に暮らしている。[19]

この基本的事実は、多くの調査でも裏付けられている。ジェド・コルコは、極めてルーティン化され、反復的な業務に従事している者――ロボットや海外移転されやすい仕事――ほど、トランプに投票する傾向があったことを突き止めている。[20] 二〇一二年大統領選で共和党ロムニー候補に投票した郡のうち、二〇一六年にトランプ得票が大きく伸びた場所でも、同様の傾向が見て取れた。コルコは「失業率が高く、雇用が増えず、収入が低い所」ほど、トランプ支持が厚かったとする。彼は続けて「経済上の不安とは将来に関わるものであり、現時点のものではない」と結論付けている。[21]

機械化された仕事が集中する地域とトランプ得票との関連を調べあげたベン・デルズマンも同じ結論に達した。その結果は明瞭だ。機械化が迫られる二二州のうち二一州がトランプに投票した。反対に、機械化とは無縁な一五の州は、すべてがクリントンに投票している。平均すると、州が機械化に晒される可能性が一％増えると、トランプの得票率は三％増加したという(22)。

こうした調査からは、経済の良し悪しと政治的安定との関係が、一般に言われる以上に複雑なものであることがわかる。政治システムに背を向けるのは、社会の貧困層とは限らない。彼らは、政治システムからの恩恵に与る立場にある。あるいは、個人的に経済的苦境に陥った者とも限らない。そうではなく、システムに背を向けるのは、最も恐れをなしている者たちなのだ。現段階では物質的には恵まれているものの、将来それを失うのを恐れる者たちだ(23)。

彼らが勤めている企業は、まだ順調かもしれない。しかし、同じような会社が倒産したり、労働力が置き換えられたりするのも、また目撃している。住宅ローンをまだかろうじて払えているかもしれないが、破産して家を手放さざるを得なくなった近隣の住民を目撃しているかもしれない。その地域も、まだ快適な場所かもしれない。しかし、通りを一、二本挟んだ、似たような向こうの地域が衰退していったのを知っているのかもしれない。

調査の過程で、ポピュリスト政党の支持者と話す機会もあった私にとって、こうした結果は驚くべきものではなかった。彼らは「景気は酷い」と言っただろう。「政治家は私たちより、外国人の境遇の方を気にかけている」とも。だから「この国は没落する一方なんだ」。

彼らの言うことに耳を傾けた後に、私は彼らの暮らし向きはどうなのか、丁寧に尋ねるとしよう。ならば笑顔でこんな答えが返ってくるに違いない。「私かい？　文句はないさ、万事順調」、と。

アメリカやイギリス、イタリアなどは、まだ豊かな国々だ。人類史を通じて、社会がここまでの人々を豊かにできた時代はないだろう。ある意味、こうした幸運に恵まれた人々は、それが続くことを切に願っているに違いない。

しかし、これは物事の一面にすぎない。反面では、こうした国々は、もはや市民が期待できるほどの勢いを保てていない。豊かであることには間違いないが、物質的な状況の改善は望めず、将来がより暗いものになると信じるに足る理由も揃っている。

このことは、私たちがいかなる政治の時代に生きているのかという、根本的な問いを投げかけている。過去の驚くべき安定を更新し続けるために、リベラル・デモクラシーにとって何が必要なのだろうか。市民に尊厳ある生活を送ることを約束できれば良いのか。それとも、高度成長の時代を通じて、次世代により良い生活を送らせることができるという、かつての約束を守られるべきなのか。

腹立たしいかもしれないが、この問いに簡単な答えはない。

民主主義の驚くべき安定の歴史を知れば、リベラル・デモクラシーは、これからも続くと予測できる。しかし、この民主主義安定の時代は全体を通じて、二つの事柄を成し遂げたものでもあった。安定した民主主義を持つ国は極めて豊かであり、かつ多くの市民は所得の上昇を経験していたこと。ラッセルの鶏が、五ポンドではなく四ポンドしか体重増を経験しなかったように、私たちもまた成長なき豊かな時代が、リベラル・デモクラシーの政治的動態にどのように作用するのかを知るための歴史的な経験を持っていないのだ。

第6章 アイデンティティ

民主主義は人々による統治を約束するものだ。しかし、これは避けることのできない問いかけを含んでいる。この人々とは、いったい誰のことを指すのか。

民主主義の歴史のほとんどで、ここでいう人々とは限定された範囲のものだった。よく知られるように、古代アテネでは女性と奴隷は、完全な市民とはみなされていなかった。しかし、これとは別の排除――あまり知られていないことだが――もあったことも思い起こすべきだろう。それは、移民とその子孫も、市民とみなされていなかったことだ。

アテネができてから数十年もの間、ポリスの完全なメンバーシップは「地上から生まれたもの」、すなわち建設時にその場所に住んでいた、限られた人々の父系子孫にあることを証明できる者に限られていた。時が経つにつれて都市は豊かになり、芸術が花咲くと、アゴラに移民が流入してきて、古代アテネでいうところのこの人々の割合は小さなものになっていった。こうした事態は、民主主義の歴史で最も有名な雄弁家ペリクレスに、新たな市民法を求めさせることになった。これ以降、アテネ人の父親と母親から生まれた者のみが、市民の権利と義務が与えられることになった。古代アテネの歴史で最もよく知られている人々でさえ、こうした基準を満たせず、「混血」ないし定住外国人とみなされることになった。すなわち、アリストテレスもディオゲネスさえも、実際には都市の統治に携わらせてもらえなかったのだ。[1]

共和政ローマ〔ローマ帝国の前身〕は、アテネよりも幾分か寛容だった。自由奴隷は、ローマ人になることができた。異人種間の結婚から生まれた子にも市民権が与えられた。さらに、友好国の住民も、市民権を得ることができた。この相対的には寛容なローマでもしかし、市民権は同胞者を上位に、外国人とみなされた者を下位に置くものだった。同じ民族の領土だったラチニアの住民は、市民権を与えられはしたが、歴史を通じて、投票権や被選挙権が与えられたことはほとんどなかった。ラチニア外の領土の住民には、市民権すら与えられなかった。[2]

共和政ローマがローマ帝国となって――そして市民権は統治の権利と義務と同一ではなくなった――、メンバーシップの規定は、より包摂的になった。紀元前二一二年、カラカラ帝の出した勅令〔アントニヌス勅令〕は、帝国領土内に住む自由人にローマ人と同じ権利を与えるとした。[3]ただし、この権利も、もはや権利とは言えないものだった。

これは不都合な真実だ。つまり、王や皇帝の方が、臣民への市民権付与を容易にするからだ。それは、王政において市民権は実質的な意味を持たないからだ。民主主義や自己統治の共和国の方が、メンバーシップ付与においては厳しく対処する。それというのも、人々の統治を許容するシステムでは、市民権を持つ者は同胞の将来に関わることについて何らかの決定権を持つことになるからだ。ローマ帝国の方が、共和政ローマよりもメンバーシップ付与に寛容だったという事実は、民主主義と排他的な市民権との間に、何らかの関連があることを示しているのだろうか。もっと明確な問い方をするならば、自己統治という理念は、多様な市民が平等に暮らすことを、むしろ難しいものにするのではないか、と。

ヨーロッパ二〇〇〇年の歴史はこの疑念を確かなものにしてくれる。異なる民族や宗教が平和裏に共存していた時代は、強力な王政の支配を伴っていた。たとえば、ハプスブルク帝国とオスマン帝国が繁栄できたのは、臣民の多様な信仰、それよりもいっそう多様な言語を認め、その働きと創造性を高めたからだった(4)。対照的に、一八世紀と一九世紀に始まるナショナリズムの熱狂は、民主主義とともに、民族的な純粋さを追い求めることを常とした。

これは、多民族帝国に対して政治的アイデンティティを追い求めた国家において、とりわけ顕著だった。たとえば、チェコ人、スロヴァキア人、ハンガリー人のように、異なる言語を話し、自らの地域の風習や利益を考慮しない皇帝に不満を覚えるようになる。それぞれの文化的な開花を可能にするための集団的な自己統治と集団的な生活への希求は、広がりを見せていくことになる(5)。

多くの点で尊重に値するものの、この文化的ナショナリズムは、つまりは最初から排外主義的な要素を含んでいた。レオン・ヴィーゼルタイアーの的確な表現を借りれば、多くのヨーロッパ国民は「民族、領土、国家の完璧な同盟」を求めたのだ(6)。ハンガリー人自身が自らの統治を欲するのであれば、その政治に参加できるのは生粋のハンガリー人であることが条件となる。ハンガリーの民主主義が実現するためには、オーストリア人、チェコ人、スロヴァキア人、ルーマニア人は、排除されなければならなかった(7)。

イタリアやドイツの自由主義的なナショナリストも、同じような情念を抱いていた。彼らが掲げた原則が、さまざまな意味で高尚なものであったことは確かだ。それは、市民に表現と信仰の自由を許して、自分たちの手による統治国家の建設を目指すものだったからだ。しかし、こうした計画は、「真」のドイツ人やイタリア人（建設を目指す国の基礎となるべき人々）と、他の国家のメンバー（排除されるべき人々）を分け隔てるものでもあった(8)。

こうした排外主義的な情熱は、ナショナリズムの熱が高まるほどに強くなった。一九世紀後半にドイツやイタリアといった新生国家は、画一的な文化の創設および言語的マイノリティ抑圧の政策を展開していった(9)。一九二〇年代と一九三〇年代、民主主義がポーランドやドイツ、スペインといった国で進展しようとする中、国内に潜む敵は、民族的、宗教的マイノリティへの憎悪を、事あるごとに駆り立てた(10)。そして、ヨーロッパの少なくない国でファシストが権力を最終的に握ると、国境を越えた向こうに住む彼らの「同胞」は、侵略のための大義名分となった。たとえば、第三帝国のズデーテンラント侵攻は、チェコスロヴァキアに住むドイツ系住民が抑圧されていることを理由に正当化された(11)。

第二次世界大戦の惨禍が始まり、そして終わるまでに、ヨーロッパ大陸の多くはすでに民族的な浄化を経験していた。ヨーロッパの歴史で初めて、多くの国家がそれまで長く待ち望んでいた完璧な「民族、領土、国家の同盟」を誇ることになったのである。そしてこの時になって、民主主義もまた、ヨーロッパ大陸で勝利したのである。

イタリアやドイツといった国で一九二〇年代と一九三〇年代に民主主義が失敗し、反対に一九五〇年代や一九六〇年代に確立されたのには、さまざまな理由がある。もっとも、ファシストが人民の名のもとに議会を制圧した際、国内では相対的に異質な人々がおり、その後、大多数の国民がリベラル・デモクラシーの規範と実践を受け入れた際、国内は相対的に同質的な人々で占められていたのは、偶然ではあるまい。

もちろん、民族的な同質性だけが、これら新興民主主義国の成功に寄与したわけではない。こうした民主主義が、どう自己規定したのかも重要だった。前世紀のヨーロッパ政治を支配した多民族帝国とは対照的に、これらは確固とした単一民族国家だった。ドイツ人であったり、イタリア人であったりすること――あるいはスウェーデン人やオランダ人であろうとも――は、特定のエスニック集団の一員であることを意味したのである。

それゆえ、大量の移民受け入れが強い緊張を強いるものであることは、容易に想像できる。民主的社会の歴史にあって、よそ者が自らの声をかき消してしまうことに市民は敏感であった。同質性という自己定義に長らく慣れる一方、急激な経済上の不安をみるようになった現在のヨーロッパにおいて、人口上の変化が受け入れがたいものであることも間違いない。問題は、こうした緊張がどのくらい深刻なものであり、それを乗り越えることができるかどうかだ。

多元主義への反旗

歴史的にみると、第二次世界大戦後、高度に同質的だった国家がいかに多様になっていったのかは、驚異的ですらある。イギリスでは、「民族的マイノリティの市民は一九五〇年代に数万人(程度)だった」とされる。(12) その数は今日では八〇〇万人を数える。(13) こうした傾向は、他の西ヨーロッパ諸国でも同じだ。ドイツは、戦後の高度経済成長をさらに加速させようと、政権が一九六四年からギリシャ、イタリア、トルコからの単純労働者を「ガストアルバイター」として迎え入れ始めた。(14) 一九六八年には、同国で暮らす外国人は二〇〇万人近くになった。今日では、一七〇〇万人の移民とその子弟らが暮らす[15]。イタリアでの移民増加はもっと最近になってからだが、その分、急激だ。二〇〇二年に外国人居住者数は一〇〇万人程度だったのが、二〇一一年にその数は四〇〇万人以上に達している[16]。

文化と民族意識を共有する人々が集団となって社会に大量に流入すると、想定と現実との間の緊張はより強いものになっていく。移民反対を叫ぶ政治勢力が過去数十年のうちに支持を集めるようになったのも、驚くべきことではない。

今やヨーロッパの有権者にとっての一番の関心事は、移民に対する恐怖だ。二〇一六年には、デンマーク人の七一%、ハンガリー人の六七%、そしてドイツ人の五七%が、移民こそが喫緊の政治的争点だと答えている。EU加盟二七カ国のうち、重視する争点上位二つに移民が入らなかった国は一カ国しかない[17]（アメリカでは、大統領選で重視する争点として移民問題を挙げた有権者は、二〇一二年の四一%から二〇一六年の七〇%へと増えている[18]）。

ポピュリスト政党の主たる主張として、移民の恐怖が煽り立てられていることは疑いようがない。オーストリアでは自由党の党首が「ウィーンをイスタンブールにしてはならない」とぶち上げた[19]。ドイツではAfDが同じように「ドイツ人家族にもっと子どもを」と、恐怖心に訴えかける[20]。そしてデンマークでは、国民党の反移民意識があまりにも強いためか、そのスローガンは単に「私たちが何のために戦っているか、あなたは知っているはず」というものだった[21]。

移民に対する恐怖と、ポピュリスト政党の成功は、選挙において最もよく表れる[22]。多くの研究によれば、移民に対する態度は、個人の投票先の最も有力な要因の一つであり続けている。移民と民族的マイノリティに対するネガティブな評価は、ブレグジット支持からルペン支持まで、あらゆる場面で結びついているのだ[23]。

アメリカは一見、単一民族に基づく民主主義を作り上げたヨーロッパとは異なるかにみえる。植民地だったアメリカは、建国期から自らを移民国家として位置付けてきた。その結果、当初から市民権とは「国旗とそれが象徴する共和政」に忠誠を誓う意思のことだとされてきた。ヨーロッパと異なり、多くのアメリカ人にとって、アメリカ人とは単にアメリカ合衆国で生まれた者のことを指すもの――当然のことながら――だった(24)。

移民国家たるアメリカは、多民族的な民主主義にとっては、うってつけの国であるはずだった。ただ、アメリカ人は移民に慣れているとはいえ――そしてヨーロッパ各国市民よりも移民に対してポジティブな意見を持っているとはいえ――、現在受け入れている移民の数がその歴史の中でも極めて多大であることは確かだ(25)。

一九六〇年代後半、アメリカに住む二〇人に一人だけが外国生まれだったのが、今日では七人に一人になっている。外国人の割合がやはり増えた二〇世紀初頭、排外主義が急激に広まり、厳しい移民規制法につながった(26)(次頁**図15**)。

ヒスパニックとイスラム人口――トランプの怒りの矛先――の増加はとりわけ急激だった。例をとれば、外国生まれのヒスパニック系は、一九八〇年から二〇〇八年の間に四倍にもなっている(27)。国内のイスラム教徒の数については専門家の間でも諸説があるが、過去数十年で急増し、二〇五〇年までに、さらに倍増すると予測されている(28)。

ヨーロッパと同じように、アメリカでも極右ポピュリストが外国出身者を目の敵にした。一九九〇年代、大統領候補だったパット・ブキャナンの公約は、「我々の沿岸に大挙してやってくる移民の波

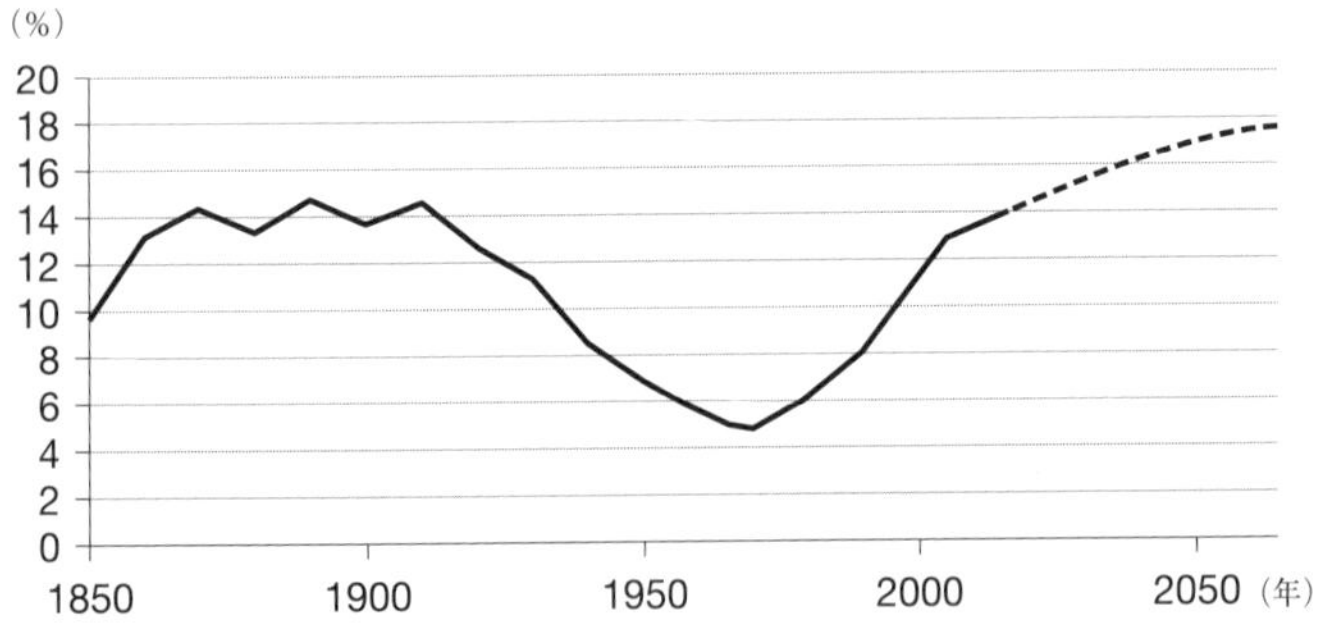

図 15　アメリカにおける外国出身者の割合

出典：U.S. Census Bureau, "Historical Census Statistics on the Foreign-Born Population of the United States: 1850–2000,": Pew Research Center tabulations of 2010 and 2015 American Community Survey (IPUMS) in Gustavo López and Kristen Bialik: "Key Findings about U.S. Immigrants," Pew Research Center, Washington, DC, May, 3, 2017.

に対して防波堤を作らなければ（略）第三世界の国」にアメリカがなってしまうと謳っていた[29]。そして二〇一六年になって、ホワイトハウスの主となったトランプは、異口同音にメキシコが「レイプ魔と犯罪人」をアメリカに「送り出している」とぶち上げた[30]。

移民集団の台頭——とくにその文化的、政治的な可視性の向上——が移民に対する態度を基準とした政治システムの極化をもたらしたのも、ヨーロッパと同じだ[31]。不法移民にも滞在の道が開かれるべきだとした有権者の六〇％は、クリントン候補に投票した（トランプへは三四％）。反対に、彼らは強制送還されるべきだとした有権者の八四％は、トランプに投票している[32]（クリントンへは一四％）。より広く、人種に対する態度も、同じようなパターンを描いている。多くの調査からは、オバマ大統領がアメリカ生まれであることを信じるかどうかが、トランプ投票の決め手となっていることがわかっている。二〇一六年一二月に行われた調査に基づけば、オバマはケニア出身ではなくアメリカ人だと信じていたのはクリントン支持者で八二％、対するトランプ支持者のそれは五三％にすぎなかった[33]。

もちろん、ヨーロッパとアメリカには大きな違いもある。大西洋の向こう側の親戚と異なり、アメリカ人は皆の祖先が同じ場所から生まれたといった、歴史的なファンタジーには耽溺していない。しかし、その歴史の多くの場面で、完全な権利を有していた市民は広い意味で同じ民族に属していた。彼らは皆ヨーロッパの子孫であり、ほとんどがキリスト教徒だったのだ。

大陸には白人ではない者も住んでいた。先住民、アフリカの奴隷、メキシコ国境沿いのヒスパニック系、そして少数のアジア系アメリカ人だ。民族的多様性は常にアメリカの歴史とともにあったにせよ、しかし、民族間の平等がそうであったわけではない。歴史の長きに亘って、民族上のマイノリティ集団は、公式的に抑圧され、奴隷にされることすらあった。

言い換えれば、ヨーロッパの歴史――そして北アメリカ以外の先進民主主義国――は、ドイツやスウェーデンといった民主主義国のように、多民族民主主義に対する反旗の狼煙《のろし》があがることを運命づけているかにみえる。一方、アメリカの歴史は、これとは異なる方向性にあるようにみえる。それは、すべての個人を真に平等とみなす多民族民主主義に対する反旗である。

ルサンチマンの地理

以上が大きな見取り図だ。しかし、経済問題に関連した投票パターンを詳しくみれば、全体の構図が暗いものとなったのと同じく、移民問題に関しても、詳しくみればみるほど、話は複雑なものとなる。

その（わかりやすい）複雑さは、たとえば以下のようなものだ。もし移民に対するバックラッシュ

――そしておそらく多民族社会という理想そのものへの――が、ポピュリストへの主たる支持要因となっているのであれば、それは多くの移民を受け入れている地域に住む非移民からのものであるはずだ。具体的には、トランプはシカゴ、ロサンゼルス、ニューヨークといった都市の白人有権者の支持を受けたはずだ。あるいは、フランスのマリーヌ・ルペンは、パリやマルセイユの中心部で多く得票していたはずということになる。そして、AfDはベルリンやノルトライン＝ヴェストファーレンで大きな支持を得たはずだ。

しかし、現実にはそうした結果ではまったくなかった。トランプはシカゴで一三％、ニューヨークで一七％、ロサンゼルスで二二％を得票したにすぎなかった。反対に、彼の高得票率は外国出身の住民の少ない地方で記録された。カリフォルニア州トリニティ郡(外国出身の住民は三・四％)で、彼は総票数の四八・六％を獲得している。ニューヨーク州のルイス郡(同一・七％)では六五％、イリノイ州のギャラティン郡(同〇・三％)では七二％にも上った。[34]

同じ状況はヨーロッパでも確認できる。ドイツのAfDが躍進をみた二〇一七年連邦議会選挙で同党が首位となったのはザクセン州だが、ここは外国人出身者が四％以下と最も少ない地域だ。[35] 同様に、ルペンは二〇一五年一二月のノール＝パ・ド・カレ・ピカルディ地方議会選の決選投票で四二％の票を得たが、同地域の外国出身者は五％に留まる。[36]

北アメリカと西ヨーロッパ以外をみると、様相はより複雑になる。ポーランドやハンガリーといった中欧諸国で、ポピュリストはとりわけ支持を集めている。しかしこれらの国で過去数十年に受け入れた移民の数は特段多いわけではなく、西ヨーロッパの社会と比べれば、相対的に同質的だ。

こうした事例に共通しているのは、次の二つだ。すなわち、まず移民の数が急激に増え、ポピュリストのレトリックが反移民となり、そして人種的ルサンチマンを抱く有権者は、ますます彼らに投票するようになっている。他方で、ポピュリスト政党が成功を収めているのは移民の数の少ない地域か、ポーランドやハンガリーのように、総体的にみて移民数が限られている国だ。こうした逆説はどう説明できるのか。もし大量移民こそがポピュリストの成功を生んでいるのであれば、移民の多い地域よりも、少ない地域で得票しているのは、なぜなのか。

これが大きなパズルに見えるのは、ある単純な思い込みがあるからだ。それは、もし大量の移民がポピュリズム台頭の理由なのであれば、移民の多い地域の非移民が彼らに投票しているはずだ、というものだ。しかし、こうした前提にはさほど根拠があるわけではない。そもそも、移民の多い地域に住む非移民が不寛容だと決めつける理由もない。

まず、移民の多い地域は多様性を好む、若く、学歴の高い人々が集まる大都市に集中している。移民に対してリベラルな考えを持つ人々は、田舎のアイオワ州よりもニューヨーク市に住む可能性が高い。だから、アイオワ州の住民よりも、ニューヨーク市の住民の方が移民に対してリベラルなのも、驚くようなことではない[37]。

多くの研究はさらに、マイノリティ集団との定期的な接触が偏見を低めることを指摘している。ゴードン・オールポートやトーマス・ペティグルーといった研究者は、正常な範囲での異なるエスニック集団との頻繁な接触は、信頼構築ならびに敵意の低下につながることを証明している。他方で、極度に同質的な社会が初めて外国人と接触する場合に、摩擦が生まれる可能性があることも指摘されている。とくに、政治家が自らの野心のために緊張をわざと高めようとした場合に、だ[38]。

こうした指摘は、多くの市民の日常生活が根本的な変容を被るのは、移民と定期的に遭遇する場合であって、出会う移民の数が増える場合ではないことを示唆している。多くの移民を抱える地域に住む人々は、彼らのコミュニティはもはや「純粋」でないことに慣れており、自分たちの言語や文化、民族性を共有しない人々との付き合い方を知っているのである。彼らの中には外国出身者を好まず、福祉国家による再分配に反対する者もいるだろうが、移民の増加が彼らの世界を変えてしまうわけではない。日常を送る上で二人の移民と接触するか、それとも四人と接触するかは、程度の問題であって、性質の問題ではない(39)。

戦後を通じて移民が各地で増えたのは確かだが、多くの地方や田舎で、こうした現象が現実のものとして感じられたわけではない。西ヨーロッパ、さらにアメリカの多くのコミュニティでは、移民の数は三〇年、四〇年前から低いままで、ほとんどの住民はニューカマーと顔を突き合わせる機会すらなかった。その結果、移民との付き合いに困難を感じ、自国の単一民族的な側面に固執しやすくなる。

今日でも、こうした地域は、国の都市部よりも移民の数は少ないままだ。しかし、過去と比べれば、不可逆的な重要な変化を経験している。この地域にすら相当数の移民が移動してきたことで、昔からの特性は変容を余儀なくされている。異なる出自を持つ人々と共生しなければならない状況は、日常のものとなった。つまり、移民の数は相対的に低くとも、住民が織りなす社会は大きく変化しているのだ。

ニューヨークのクイーンズ地区やロサンゼルス郊外ではなく、なぜミシガンの田舎のような場所でポピュリスト支持が高まるのかについては、ここ数年、多くの調査が明らかにしている。

アメリカの研究者は、これまで東・西海岸の大都市に移民が集中しているとしてきたが、他方でより人口密度の低い郡で大きな人口構成の変化があったことを突き止めた。一九八〇年の段階で、これらコミュニティは、白人が九〇%以上を占める同質的な場所だった。その後三〇年間で移民の数が拡大したため、こうした場所も多様性が増すようになった。二〇一〇年には、白人が九〇%を占めるコミュニティは三分の一にまで減っている[40]。

研究者による調査や幾つかの事例は、こうした変化が多くのルサンチマンを引き起こすようになったことを強調している。ある報道は、こうした人口構成の変化を被ったウィスコンシン州にあるアルカディア市の小学校教頭の「津波に襲われているようだ」との証言を紹介している。別の住民は「この街のすごい変化に対してどうにかしないといけない」と述べた[41]。

この「何か」はドナルド・トランプ支持となって表れた。

多くの選挙分析はトランプの勝利を、伝統的に民主党支持だった白人労働者層が寝返ったためだとした[42]。なかでも、こうした有権者は、かつては高度の同質性を有していたものの、その後多様性を抱え込むに至った北西部に位置していたことが重要だ。『ウォール・ストリート・ジャーナル』紙が分析したように、「北西部の各州——アイオワ、インディアナ、ウィスコンシン、イリノイ、ミネソタ——は二〇〇〇年から二〇一五年にかけて、他のアメリカの地域でみられなかったほどの非白人住民が流入した地域である。白人層が主たる住民だった数百もの都市には、中米諸国やカリフォルニア、テキサスから北上してきた非白人が住み着くようになった」。この人口構成上の変異は、投票行動の明確な変化となって表れた。たとえば、共和党予備選でトランプは全米七一%の票を得ている。しかし、二〇〇〇〜二〇一五年に「多様性指数」が倍となった郡部で、その割合は七三%にのぼり、同指数が一五〇%増となったところでは八〇%も得票するに至ったのだ(43)。

人口的不安

こうした現象には、さらに付け加えるべきことがある。移民に対する怒りは、現実の日常生活からのみならず、想像される未来への恐怖から来ていることだ。移民の数が増えた場合、変化するのは、日常生活での経験だけではない。それ以上に、国の未来がどうなっていくのかという、社会的想像力もまた変化を余儀なくされる。結果として、それまでマジョリティだった集団がマイノリティになってしまうのではないかという思いが、西ヨーロッパと北アメリカの極右の政治的主張に反映されるようになってきている(44)。

アメリカでは、アイオワ州選出の共和党議員スティーブ・キングが最近、「人口構成こそが私たちの運命を決める。私たちの文明の再興を外国の子どもに任せるわけにはいかない」とツイートした(45)（キング氏が、先の人口変化でもみたように、二〇〇九〜二〇一五年に外国人住民数が二四%も増えた選挙区の出身というのも偶然ではないだろう(46)）。現在、ホワイトハウスの外交上級顧問であるマイケル・アントン（二〇一八年に辞任）は、二〇一六年大統領選時に匿名で署名した論文で、同様の主張を展開した。「第三世界からの絶え間ない移民の輸入」を懸念した彼は、アル・カイーダによる9・11テロのハイジャックを例にとる。

二〇一六年は93便（ワールドトレードセンターに激突した旅客機）選挙といえる。操縦席を奪い返すか、死ぬかだ。あなた――あるいはあなたが支持する党のリーダー――は、操縦席にたどり着けるかもしれないが、しかし飛行機を飛ばして着陸させるだけの技術を持っていないかもしれない。[47]その保証はない。しかし次のことだけは確実だ。もし試みなければ、我々はみな死ぬことになる。

恐怖は、政治エリートによって弄ばれているだけではない。市民による投票の主たる理由にもなっている。予備選最中の二〇一六年四月、ピューリサーチセンターが行った世論調査によると、共和党支持者の三分の一が、白人がマイノリティになることは「国にとって悪いこと」だと回答している。こうした人口構成の変化を恐怖に感じる者の間で、トランプ人気は圧倒的だった。彼らのうち六三％はトランプに親しみを感じ、反対に親しみを感じないのは二六％にすぎなかった。人口構成上の変化を脅威に思わない者のうちでは、四六％がトランプに好意を抱いたが、そうでないとする者も四〇％いた。[48]

西ヨーロッパの政治家もまた、人口変化について口にし、また、その恐怖を煽っている。一例をとれば、二〇一〇年に公刊され、戦後ドイツで最大のベストセラーの一冊となった『ドイツの自滅』は、自国でドイツ民族が少数派に転落することに警鐘を鳴らすものだった[49]（著者ティロ・ザラツィンにとって、ドイツ人はトルコ人よりも遺伝的に優秀であるゆえ、問題はいっそう深刻だそうだ）。その数年後、数百万人のシリア難民が西ヨーロッパに流れ込んでからというもの、政界では人口構成比の問題が一大争点となった。

強調すべきは、同国人がマジョリティでなくなってしまうことの恐怖感は、実際にはすぐにそうなりそうにない国で起きていることだ。中央ヨーロッパから東ヨーロッパにかけては、国外で生まれた人々の人口は、過少に留まる。それでも、民族的、宗教的マイノリティの「侵略」は、政治での大きな論点となっている。ポーランドのカチンスキ元首相は、移民は「寄生虫と（略）病気」[50]を国に持ち込む、と繰り返し発言し、ムスリム難民は「ポーランドの治安を脅威に晒す」としている。ポーランドでは、レトリックのみならず、司法の許可なしに外国人を勾留できる法案が可決され、「人種差別・外国人憎悪・不寛容評議会」も解散させられている。[51]他方のハンガリーでは、オルバン首相が国境に鉄条網を張り巡らせ、三〇〇〇人の「国境ハンター」を配備した。[52]

エストニアのような国でも、移民に対する恐怖はさらに顕著だ。トルクレル・イスクセルは以下のように記している。

エストニアの非ヨーロッパ系移民は全人口の一・一％にすぎない。ある統計によると、二〇一一年の国勢調査でアフリカ系エストニア人（奇妙なことにアメリカ系黒人も含まれている）は三一人を数えるのみだ。一方、エストニア人口は長らく減少傾向にある。出生率が人口増を上回り、国外に移住する人数は国内への移住人数より多い。それでも、二〇一六年五月のユーロバロメーターによる世論調査では、エストニア人の七三％がEUの直面する最大の問題として移民問題を挙げている。二番目に来るのはテロリズムということだ。[53]

この不整合を説明するのは、単純にマイノリティの割合が過大に――とくにムスリム系――見積もられていることだ。これは今日のリベラル・デモクラシー国に共通して観察される。アメリカ国民は、人口の一七％がムスリムだと考えている。しかし、確かな数字によれば、実際には一％前後にすぎない。フランス国民は、自国民の三一％がムスリムであるとみなしている。しかし、本当の数字は八％だ(54)。

こうした人口構成上の恐怖は、誇張された結果によるとはいえ、イワン・クラステフがいうように、見かけほど馬鹿げたものではない可能性がある。彼は「近年の中央・東ヨーロッパの歴史で、国民と国家は後景に退いていた」と指摘する。こうした国々――そして西ヨーロッパの地方――は、人口が減っているとの認識がある。そして移民の受け入れこそが解決になると、しきりに喧伝される。もっとも、移民問題がすでに他の国々を変えてしまっていることも知っている。

過去二五年間で、ブルガリア人の一〇％が出稼ぎのために国を出た。国連の推計によると、ブルガリアの人口は二〇五〇年までに二七％も減少するそうだ。東ヨーロッパの多くの国で「民族的消滅」が実感されている。彼らにとって、移民の到来は自国の歴史を奪われることを意味し、高齢化するヨーロッパには移民が必要だとする一般的議論は、彼らの実存的な郷愁を強めるばかりなのだ(55)。

こうした感情をネガティブに解釈することもできる。長らく単一民族的だった地域は、移民と共生するための条件を欠いているのかもしれない。ニューカマーを迎え入れ、他者性を受け入れる環境もなく、移民と長らく暮らしてきた地域の住民よりも移民の増大に対して否定的なのかもしれない。こう考えれば、外国出身者の増大とポピュリスト政党の台頭との間には直接的な関係を見出すことができる。長らく数字だけを分析してきた研究者が著した論文によれば「移民の数が人口の二二％に近付くと、(極右)ポピュリスト政党を支持する有権者は五〇%を超える」という[56]。

しかし、もっとポジティブな捉え方もある。特定地域への移民流入の第一波は、後に訪れる第二波より、負の効果を持つかもしれない。ただ、地域で実現する多民族社会に晒されて、彼らの恐怖は現実とならなかったこと——そして変化のプロセスは恐れるほどのものではなかったことに気づくはずだからだ。

カリフォルニア州の経験は、こうした楽観的な解釈が成り立つことを示唆している。一九八〇年から一九九〇年にかけて、同州の外国出身者は一五%から二二%にまで増えた。州全土を不安が覆った。生粋のカリフォルニア生まれは早すぎる変化に戸惑い、移民の文化や言語を尊重すべきとする政治家に不満を覚えた。バックラッシュは、政治へと波及していく。これは反移民の言説を前面に押し出し、再選を目指す現職州知事の大勝につながった。多くの政策を住民投票で認める民主的な同州法を利用して、公的支援から不法移民を締め出し、州立大学のアファーマティブ・アクションを禁止し、さらに学校でのバイリンガル教育を廃止するまでに至った[57]。

当時、論者の多くがカリフォルニア州の人種対立に心を痛めていたのは当然のことだろう。しかし二〇〇〇年代、二〇一〇年代になって、反移民の熱は下がっていった。たくさんの移民が日常的な風景となって、多くの州民は「マジョリティの中のマイノリティ」の州となることを歓迎した。そしてカリフォルニア州は、アメリカで最も寛容な州として名が知られるようになった。ここ数年、二〇年前に州民が住民投票で支持した、移民を敵視する法律も、白人有権者も賛成する形で廃止されている。カリフォルニア州はそして、トランプ大統領の移民政策を正面から批判する知事のもと、移民を優遇する法案を次々と可決している[58]。

段階を下る

アブラヒム・マズローによると、人間は欲求の段階に沿って行動するという。最も根本的かつ喫緊の段階は、食糧や家、身体への攻撃の回避の欲求だ。こうした欲求が満たされると、関心はより希少なもの、愛や所属へと向かう。つまり、承認されることを欲するのだ。ここでマズローがいうところの「自己実現」を可能にする、さまざまなものが試される[59]。

有力な社会科学者ロナルド・イングルハートは、この基本的な考えからはじめて、極めて楽観的な見方を発展させた。一九七〇年代、彼は多くの社会が極度の欠乏と激しい紛争に襲われていた時代の政治的対立を、マズローの欲求の第一段階にあったとする。食糧と住処の提供を目的としていたこの時代の政治は、階級に沿って編成されており、貧しい有権者は福祉国家と再分配を訴える政党に投票し、豊かな有権者は彼らの財産を守ってくれる政党を支持した。他方、安全を失うかもしれないとの恐怖は、道徳的、民族的、そして国民的な境界線がはっきり守られることを前提にしていた。多くの有権者は自分の属する集団に忠実であり、民族的、宗教的マイノリティや他の国民といった「外れ者」に対しても、厳しい態度をとった。

しかし、民主的な社会がより豊かで平和になり、より多くの人間の基本的な物理上、安全上の欲求が満たされるようになると、彼らはマズローのいう欲求の階段を一段上がろうとする。イングルハートは、その結果、市民の社会的、政治的態度に大きな影響を与えることになると予想した。物理的欲求に惑わされる必要がなくなり、市民は環境問題や表現の自由、あるいは世界の貧困などの社会問題を重視するようになる、としたのだ。さらに、安全についての懸念が消え去ったことで、民族的、宗教的、性的マイノリティに対する寛容度も高まっていくだろう、とも。[60]

こうしたイングルハートの洞察は、その後になって社会的にリベラルな政党の台頭や、文化的寛容度の高まりといった重要な政治的変化を予感させるものだった。しかし、リベラル・デモクラシーについて言及して、民主主義の定着が一方通行だとした多くの研究者が早とちりしたのと同様、脱物質的な価値観の拡大は持続的だとした彼の見方も、早計に過ぎた。イングルハートは、生活水準の深く継続的な停滞に合わせた移民の数の増大が、実際には「脱物質主義的転回」を逆回転させるかもしれないことを見過ごしたのだ。

経済成長が早い時は、誰しもが勝者になれる。確かに金持ちと貧乏人は対立するかもしれない。しかし、再分配を巡る戦いは、多大な経済的残余があってのことだ。誰が何を失うかではなく、誰がどれほど得られるかが問題となる。

しかし、経済成長が減速すれば、財をめぐる競争はより厳しいものとなる。富裕層が財産を増やし続けるためには、貧者から吸い取らなければならない。ノーベル経済学者のアンガス・ディートンは、最近のインタビューで「年二、三%の経済成長しかない時には、誰かの牛を殺さない限り何も残らない」、つまり「ゼロサムだ」という。[61]

生じる変化は、経済上のものだけでなく、心理的なものもある。成長が止まれば、不平等は拡大し、不安は高まり、人口の多くは、もはや自己実現には関心を抱かなくなる。つまり、マズローの欲求の段階の初歩に連れ戻されるのだ。自分の収入を気にかける白人層は、移民や民族的マイノリティが求める自身の集団のための資源要求に対し、ルサンチマンをいっそう抱くことだろう。そしてグローバル化やテロリズムといった、統御できない力学に脅威を覚え、民族的、宗教的マイノリティに対し、いっそう不寛容になっていくことだろう。

数十年前、イングルハートは脱物質主義的価値観の広がりは、新しい政治の予兆だと唱えた。彼は、自己実現を目指す有権者たちであれば、賃上げを主張する社民党より、環境問題や途上国支援を訴える緑の党を支持するだろう、と占った。返す刀でいえば、物質主義的な価値観の復活は、同じような影響を政治にもたらすだろう。すなわち、自らの安全と収入に捉われた有権者たちは、経済問題に簡単な解決法を見出し、あらゆる問題の原因を国外に求めるポピュリストたちの声に耳を傾けるであろう、と。もしポピュリズムが今になってなぜ台頭しているのかと問われれば、長期の社会的、経済的トレンドによって、ポスト・ポスト物質主義的な価値を持つ有権者が台頭しているからだ、というのが答えになる(62)。

政治的安定をみた過去の時代と、政治的に不安定な今日の時代との間には、三つの大きな違いがあることをみてきた。まず、過去にあって、リベラル・デモクラシーは市民の生活水準を急激に引き上げることができていた。しかし、今となってはそれができていない。次に、過去に政治エリートはコミュニケーションの最も大事な手段を手中に収めつつ、公共空間でのラディカルな意見を排除することができていた。しかし今となっては、政治的アウトサイダーは嘘と憎悪をいくらでも拡散することができるようになった。最後に、過去にあっては、市民間の同質性——少なくともはっきりとした人種的な序列——が、リベラル・デモクラシーを機能させていた。今となっては、市民はより平等で多様なデモクラシーに生きる術を学ばなければならなくなっている。

これらすべてが、喫緊かつ深刻な課題となって浮上している。こうした課題に取り組むこと自体、非常に困難なことだ。三つの問題をすべて同時に解決することは無理かもしれない。それでも、リベラル・デモクラシーの命運がかかっているのだとすれば、この難問に挑まざるを得ない。

第3部 何をなすべきか

「選挙の女王」が大統領の座を射止めた際、多くの同胞は、韓国の民主主義が危機に陥ることを懸念した。

実際、朴槿恵《パククネ》大統領に対しては賛否両論があった。軍部を率いて国を一〇年以上も統治した将軍〔朴正熙大統領〕の娘である彼女は、ポピュリスト的な言辞を弄して、法と秩序を守るべきというタカ派的立場を貫いた。しかし、韓国の人々――軍部支配と戦い、アジアで最も安定した民主主義国を打ち立てることに成功した――は、彼女を見誤っていた。実際、優れて選挙に強く、巧みな演説家だった朴槿恵は、「チェボル〔財閥〕」の地位を見直すとして、国民の支持を集めた。苦しい政治家生活を送った後、選挙に打ち勝ち、同国の最大右派政党のトップに昇り詰めることに成功した。

二〇一二年に大勝利を収めた朴は、青瓦台〔大統領府〕の主となった。大統領の支持勢力も議会で過半数を占め、国を変革する準備は整ったかに見えた。

しかし、彼女が大きく批判されたのは、結局のところ、その権威主義的な姿勢ではなく、韓国のビジネス・エリートたちとの親密な関係――その程度は前任者と変わらなかった――だった。任期二年目も過ぎると、自身の友人で協力者であり、精神的な支えでもあった崔順実《チェスンシル》に、職権を用いて利益供与したのではないかとの疑惑が浮上するようになる。崔は、大統領との親密な関係にあるという立場を利用して、慈善事業のためにチェボルから数百万ドルもの寄付を受けたとされた。馬術選手を目指す娘のため、サムスン社に高額な馬を買わせ、さらに熾烈な受験競争で知られる同国のエリート大学にコネ入学までさせた。

朴槿恵は、スキャンダルが公になっても辞任するそぶりを見せず、党も支持を表明した。汚職にまみれた前任者たちと同じように、彼女も嵐を乗り切れると思っていたのだろうか。

そして抗議が始まった。二〇一六年一一月初旬、辞任を求める数十万もの市民が、ソウルの街を埋め尽くした。中旬になると、辞任を求める声は、一〇〇万規模にまで膨れ上がった。下旬には、弾劾を求めて二〇〇万の市民がソウル広場に集まり、韓国史上最大の抗議運動へと展開していった。

ますます頑なになった朴は、それでも辞任しようとしなかった。ここに至ってようやく――低迷する支持率と数カ月にも及ぶ抗議運動を受けて――議会は大統領に対する支持を撤回し始めた。自党六二人を含む過半数の議員が弾劾訴追案を可決し、これを最高裁が追認したことで、大統領は罷免されるに至った。そして、横領や職権乱用の罪で訴追されることになった(1)。

世界のリベラル・デモクラシーの守護者にとって、この大統領罷免に至る努力の成果は、大いに参考になるに違いない。腐敗したポピュリスト政権の権力確立を阻止するため、市民は民主的ルールや規範からの逸脱を追及しなければならない。ポピュリスト政治家は市民の代表などでは決してないことを示すため、街頭に繰り出さなければならない。そして、権威主義的な強いリーダーの味方や追従者たちを軽蔑するにせよ、現体制の構成メンバーを引きずりおろすため、ベストを尽くさなければならない。

しかし、ポピュリストが将来、権力の座に就くのを防ぎ、システムを長期に亘って守るためには、いっそうの努力が必要だ。それはリベラル・デモクラシーが市民の期待を満たせるものにしていくことだ。

トルコ政府は、過去数年に多くのジャーナリストを逮捕し、公務員を罷免し、制度的なセーフガードを解除し、独裁制への道を歩んでいっている。二〇一五年に発足したポーランド政府は、司法の独立を侵し、国営メディアをわが物とし、官僚機構を支配したため、選挙でも野党に対し圧倒的有利な立場を獲得した。連邦と州レベルで多くの拒否権が設けられているアメリカでも、法の支配を行政府が無視したために、リベラルな制度が後退している(2)。

権威主義的な強いリーダーが権力を握ったこうした国々では、最も根本的なゲームのルールが変更させられてしまったゆえに、リベラル・デモクラシーが生存の危機に直面している。ポピュリストがいっそうの権力を得る前に、守護者たちはどのような行動をとることができるだろうか。

政権の決意が固ければ、野党や反対勢力がその行動を制するのは、一般的にいって容易ではない。しかも、権威主義的なポピュリストが自らの権力に対する伝統的な制約を無視し、システムを自らの意思に従わせようと躍起になっているのであれば、いっそう困難なものとなろう。それでも、韓国のように、危険な法や政令に抗議するため街頭を占拠し、信じる大義がどのようなものであるのかを敵対的な議員に知らしめなければならない。そのためには、数多くの集会、手の込んだ段取り、絶え間ない資金集め、そして自らが信じる高貴な大義と一見関係のないような、たくさんの退屈な作業をこなさなければならない。

『自由とは終わりのない集会のことである』と題された、フランチェスカ・ポレッタの本がある。政治が危機に陥った時、自由を守るためには、終わりのない集会を終わりなく続けなければならない、と(3)。

レジスタンスという行いが非常に骨折れるものであることは確かだが、それでも政治学者はそれがポピュリスト政権に対する対抗手段となることを証明している。反対勢力の努力によって、不人気な政策に関心を集めることができるし、法案の進みを遅らせることもできれば、法律を違憲だとする判事の背中を後押しすることもできる。メディア報道に対する攻撃を押し返すこともできれば、体制内の穏健派の見通しを変えることもでき、独裁者にならんとする者に対する諸外国や国際組織からの圧力をかけやすくなることにもなる(4)。

成功例は多くある。ポーランドでの全国的な抗議運動の結果、カチンスキ政権による司法に対するより強い支配力付与の法案は、大統領が署名拒否することになった(5)。ハンガリーの大規模な抗議運動は、オルバン首相が中央ヨーロッパ大学を閉鎖する法律を施行した後でも、大学を創立することを可能にしている(6)。そしてアメリカでは、各地の抗議運動は、政権のムスリム入国禁止措置を判事が覆すのを後押しした(7)。

つまり、それがいかに直接的で骨が折れるものであるにせよ、ポピュリズムの脅威に対する最初の方策は、次のようなものとなる。すなわち、強力な敵対者に直面した時、それがいかに時間の浪費に感じられるとしても、リベラル・デモクラシーの守護者たちは、既存の政治システムの基本的な原則と規範を保守するため、戦わなければならない、というものだ。ポピュリストが与えられた職権を超えて統治しようとする時、彼らは街頭に繰り出さなければならない。それも、声を張り上げ、多数でもって、だ。

抗議するための理由が増える一方、抵抗運動が絶望的なまでに無益に見える中、権威主義的な強い指導者に抗するリベラル・デモクラシーの守護者たちは、勇気と覚悟を持つことが必要だ。しかし、こうした指導者がいったん権力を握ってしまえば、困難は増すことになる。従ってポピュリストに抵抗するには、彼らを選挙で打ち負かすことはより重要になってくる。

これは、ポピュリストが権力にまだ手をかけていない国々で大事なことになる。スウェーデンやフランス、オーストリア、スペインなどの市民は、民主主義のゲームのルールを蔑視する候補者の主張を実践させないだけの力を、まだ持っている。もしポピュリストが権力を行使すればたいへんなことになるだろう。ポピュリストが指導者となった国でも、選挙は依然として重要であり続ける。権威主義的な指導者が権力を確固としたものにするには数年を要するのが常であれば、選挙での対抗勢力のパフォーマンスは死活的なものとなる。

エルドアン、プーチン、チャベスによる統治の最初の五年間、多くの評論家はこうした国々の民主的制度は強化されると思っていた。実際、これらの国では、政治的公開性の原則や権威主義的な過去との決別が重視されていた。これら指導者が再選を目指し、政治を自身に有利なものへと作り変えようとしていた時、野党は勝利する可能性をまだ持っていた。しかし、再選ないし三選が確実なものとなった時、独裁への道へと転がり落ちたことに気付いたのだった。(8)

この事実は、カチンスキやモディ、あるいはトランプといった権威主義的なポピュリストがこれから再選を目指すタイミングが、いかに死活的なことであるかを示している。もし彼らを打ち負かすことができれば、リベラル・デモクラシーは——少なくとも短期的には——ポーランドで、インドで、あるいはアメリカで、復活することになるだろう。しかし、再選が為されれば、すべては失われてしまうだろう。十分な時間と権力を得た指導者は、民主主義を深刻かつ取り返しのつかない形で、傷つけていくからだ。

従って、権威主義的な指導者の攻撃から民主主義を守るためには、人々が彼らに投票しないよう、説得しなければならない。もっとも、抵抗を試みる人々は、大抵の場合、驚くほど野党を勝たせることに無関心なままだ。たとえば、ポーランドで影響力ある「民主主義防衛委員会(Committee to Protect Democracy)」は、選挙に関与することをそもそも選択肢から排除している。同じように、アメリカの「抵抗(＃TheResistance)」は民主党に敵対的ですらあり、二〇一八年の中間選挙や二〇二〇年の大統領選に際して、民主党を支援するそぶりすら、見せていない。

野党がいかに大きな欠陥を抱えているかにみえる状況でも、これらは許しがたい選択だ。結局のところ、ポピュリストを遠ざけるために唯一求められることは、彼らを権力から遠ざけておくことだからだ。活動家にとっては、既成政党のために働くことがいかに抵抗感を覚えるものであっても、選挙で勝つ可能性のある選挙運動に参戦することは、民主主義のために戦うには避けて通れないことなのだ。

他方の野党にあっては、活動家のエネルギーと熱意をともに受け止めることが不可欠だ。同時に、次の選挙で勝てるよう、前向きな戦略を練ることが求められる。そうすれば、政権与党となった際、有意義な改革を行うことができるからだ。では、選挙でポピュリストを打ち破るのに必要なことは、何であるのか。

国、あるいは地域によって、選挙制度や対立軸、政治スタイルや個人の価値観は大きく異なる。勝利の方程式は一様ではない。それでも、民主主義的規範の守護者たちが権威主義的なポピュリストと対峙した事例からは、幾つかの教訓を引き出すことができるだろう。

最初の教訓は、連帯することの大切さだ。ほとんどのケースでポピュリストが政権を射止めた、あるいは再選された理由は、野党が大きく分断されていたことにある。

たとえばポーランドでは、政党間連合であれば最低でも八%、単一政党の場合は最低でも五%の得票率がなければ議席を獲得できない選挙制度になっている。二〇一五年の選挙で左派の諸政党は、この原則に適応することができなかった。「統一左派」は七・五%、「みんなの運動」は三・六%、リバタリアン政党「共和国再生連合自由と希望（KORWiN）」は四・八%に留まり、いずれも議席獲得に至らなかった。その結果、わずか三八%に留まったカチンスキの「法と正義」が、議会の半数近くの議席を得るに至った(9)。

野党自身が最大の障害となった事例は、ポーランドにとどまらない。近年では、ハンガリー、トルコ、インド、あるいはアメリカでも、野党勢力の内部分裂がポピュリストの権力奪取ないし維持に貢献しているのだ(10)。

二番目の教訓は、普通の市民の言葉で喋り、有権者の抱く懸念に耳を傾けることだ。二〇一六年のアメリカ大統領選の際に私の友人は、トランプが「学のない者を愛している」と言ったことに喜びを隠さなかった。彼女は「アメリカにようやく大卒者のための政党と、それ以外の有権者のための政党ができたわ」と私に語ったものだ(11)。こうした社会の分断の絶望的な状況を差し当たり無視して、私は彼女に対して、アメリカ人の三分の一のみが四年制大学卒ではないか、と混ぜ返してみた。もし彼女の言う通り、「善良な側」が大卒であるならば、選挙で負け続けることは必須だからだ。

野党は、ベネズエラでも同じような間違いを犯した。経済学者のアンドレス・ミゲル・ロンドンは「チャベス主義がいかに愚かかを指差すのは止めなければならない」と警鐘を鳴らした。「『こいつ？

馬鹿じゃないか？　馬鹿に違いない』と私たちはいう。その意味するところは明確だ。『見ろ、この馬鹿は国を破壊することになるぞ』というものだ」。彼によると、野党がこうした態度を変えるのに丸々一〇年がかかった。それは、野党の政治家たちが「演説や集会ではなく、ともにドミノで遊び、サルサを踊るため、スラムや地方に出向き、説教屋ではなく、野球をプレーし、受けるジョークを言いあえる同じベネズエラ人だということを証明できた」時に、訪れたのだという[12]。

こうした方法に落とし穴があるのは確かだ。庶民の言葉を話す――あるいは受け狙いのジョークを飛ばす――のは、ポピュリストの分断的なレトリックに類するものでもあるからだ。しかし、高度な教育を受けたエリートの言葉づかいを捨て去ることと、リベラル・デモクラシーの核心的な価値を捨て去ることとの間には、大きな違いがある。ロンドンがいうように、わかりやすい言葉で自らの主張を訴えることとは「ポピュリズムと同じではない。それは立ち位置を明確にし、エコーチェンバーから抜け出ること」なのだ[13]。

三番目の教訓は、ポピュリストの失敗を繰り返しあげつらうのではなく、ポジティブなメッセージを発することが大切なことだ。アメリカ大統領選の数日後、イタリアの経済学者ルイジ・ジンガレスがアメリカ人に宛てて書いたように、なぜベルルスコーニがイタリアでかくも人気を集めたかといえば、それは野党が「彼の人格攻撃に固執して本質的な政治議論を脇に追いやり、彼の個人攻撃に集中してベルルスコーニの人気をむしろ押し上げてしまったから」だった[14]。

多くの候補者は、このジンガレスのアドバイスに従うのを困難に感じることだろう。ポピュリストがなさんと(脅迫)する破壊に怯えて、どんなに品位ある政治家であっても、自らの怒りをぶちまけたくなるに違いない。それが控えめなものならば、良い作用をもたらすことだろう。ポピュリストに対する情熱的な不支持表明が誠意の籠ったものであれば、その敵の賛同を集めることもできるばかりか、民主主義的規範への支持を復活させることができるかもしれない。しかし、多くの有権者はポピュリストの掲げる公約のみならず、その吹聴にも魅力を感じているという事実を忘れてはいけない。国の問題は自らだけが解決できるとの言説に対抗するためにリベラル・デモクラシーの守護者たちができることは、自分たちの手による現実的な約束を前面に掲げることしかない。

以上のことは、最後の、そして最も重要な教訓へとつながる。すなわち、リベラル・デモクラシーの守護者たちは、現状維持に甘んじていては、ポピュリストを打ち負かすことはできない、ということだ。二〇一六年大統領選でトランプがヒラリー・クリントンに挑んだ時、その主戦場は明らかだった。片方には、変化を約束する極端な候補者が存在した。トランプは「アメリカが虐殺されている」と述べて、「工場は荒廃し、我々の国の風景を墓石だらけのようにしてしまい(略)多くの命を奪う犯罪者、ギャング、麻薬は我々の国の能力を奪っている」とぶち上げた[15]。そして、解決には根本的に物事を変えなければならない、と続けた。多くの白人が集まったオハイオ州アクロンの集会で、彼は「アフリカ系アメリカ人からヒスパニックまでの素晴らしい人々にお願いしたい。何か失うものでもあるというのか？　私にチャンスを与えてくれ。すべてを建て直してみせよう、すべてを。それで何が失われるというのか？」と声高にアピールした[16]。

片方では、現状維持を望んでいるように見える穏健な候補者が立っていた。ヒラリーはその特有の物腰の柔らかさでもって「私たちは一緒になることで強くなれる」とトランプに反論した[17]。彼女は、オバマ前大統領とともに「アメリカはすでに偉大なのだ」と繰り返し強調した[18]。

クリントンもポピュリストのような極端な立場をとったり、単純な解決策を提示すべきだったと言いたいのではない。極左と極右が支配的であるかのように見えるものの、北アメリカと西ヨーロッパの有権者は、依然として多くの争点に関して穏健な態度をとっている。それゆえに、クリントンは、現状を真摯に変革してみせるという態度を、有権者に示し、説得することが大切だったのだ。どの国でも、有権者が現状に不満を抱いているのは間違いない。最近の世論調査によれば、フランス、ドイツ、イギリスの有権者の半数は、自国政権が中道へと近づくことを欲している。しかしそれ以上に――ドイツとイギリスでは三人に二人、フランスでは一〇人に九人――政治に継続性よりも、変革を求めているのだ(19)。

以上が意味しているところは明らかだ。リベラル・デモクラシーの守護者たちは、二〇一六年にヒラリー・クリントンが犯したミスを避けて、有権者の直面する問題を直視し、実質的な変革をもたらせることを証明しなければならない。ポピュリストのように、単純な解決策を提示したり、悪質な価値を取り入れたりすることなく、より良い未来のための骨太な見通しを提示することが求められているのだ。

過去数十年のうちに北アメリカ、西ヨーロッパ、あるいはその他の場所で、ポピュリストがなぜかくも成功を収めるようになったのかには、きちんとした理由がある。専門家は、地域の固有性を重視するが、彼らが勝利を収めているのは、特定の国に固有なものによるのでもなければ、特定の候補者の能力(またはその欠如)によるのでもない。そうではなく、長期的な政治的規範に市民が関与する能力が構造的な変化によって奪われてしまっているからなのだ。多くの国で、一般市民の生活水準は停滞したままだ。単一民族による民主主義から多民族民主主義への移行は、想像以上に困難を伴うものであることも、徐々にわかってきた。ソーシャルメディアの台頭は、政治的アウトサイダーに大きな力を与えるようになった。

こうした変化は、志ある政治家であっても、場合によっては市民からの信頼を取り戻すことが不可能になるまでに社会を変えてしまいかねない。短期的には、過去の選挙の反省を活かすことのできる、カリスマ的な候補者が復活戦を勝ち抜くことも期待できるだろう[20]。

それでもなお、近年の変化によって、信じられないほど多くの国でポピュリストが権力に王手をかけるようになっている。長期的には、リベラル・デモクラシーを守るためには、首尾よく組織された選挙戦以上のものが求められるだろう。時々の状況に左右されたり、主流派政治家の失敗からリベラル・デモクラシーが実存的危機に晒されることを避けたいのであれば、ポピュリスト支持を生み出している構造的要因こそを排除しなければならない。

言い換えれば、民主主義を救うためには、自らの国家について共有された理念のもとに市民を団結させなければならない。暮らし向きに現実的な希望が持てること、ソーシャルメディア上で毎日のように目にする嘘や憎悪に抵抗力をつけること、などだ。こうした大きなチャレンジが成功するかどうかが、ポピュリストに勝利できるかを左右するのであり、すなわち、より良い社会が来る時代に作り上げられるかどうかも、かかっているのだ[21]。

第7章 ナショナリズムを飼いならす

国家〔ネーション〕は、自然な理念とは言えない。歴史を通じて、人は家族、氏族、都市、領邦、あるいは宗教共同体のもとで暮らしてきた。アメリカやフランス革命を経てから国家が歴史の表舞台に登場した後も、それはエリートたちの企図にすぎなかった。たとえば、国家統一の過程でナショナリズムの熱が高まった際、ナポリで「イタリアよ、永遠なれ」と叫ぶ民衆をみた文筆家マクシム・デュ＝カンは、彼らが博識そうな紳士に「イタリアが何であって、それが何を意味するのかを尋ねていた」ことを記している(1)。

私の家族もまた、国家が恣意的なものであること――そしてナショナリズムの破壊的な力――をよく知っている。祖父レオンが一九一三年にリヴィウ市〔ウクライナ西部〕近くのシュテットル〔東ヨーロッパのユダヤ人集落〕に生まれた時、そこはハプスブルク帝国の領土だった。その後、その地はポーランド、そしてソ連のものとなり、今ではウクライナに帰属している。

二〇世紀を通じた祖父の生涯は、出身地の帰趨に劣らず、複雑なものだった。彼はシベリアのホロコーストを生き延び、年少期をポーランドで過ごし、そして最終的に〔驚くべきことに〕難を逃れてドイツに落ち着いた。そして、彼の生涯はスウェーデン南部の小さな都市で閉じた(2)。

こうして、あまりにも悲惨な爪痕を残したナショナリズムの力を、前世紀で終わりにしたいと私が願ったのは、故なしのことではなかった。二一世紀に入ってすぐ、生まれ育ったドイツを後にしてイギリスの大学に進学した頃には、戦争と破壊、民族憎悪と宗教的非寛容から逃れるには、ナショナリズムとは異なるアイデンティティによって人々を団結させること――あるいは皆が所属できる集合的なものが必要だと考えていたのだ。

人は、自分のことをアーティストであるとか、サッカー選手であるとか、あるいは思想家や実践家とみなすかもしれない。自分の住む街の住民であるとか、ヨーロッパの市民であるとか、あるいは地球の住民と考えているかもしれない。ただ、最も簡単なのは、自分は自分である、とみなすことかもしれない。ドイツとイギリス、もしくはイタリアとフランスの間の文化的差異がそれほど大きくないのであれば――言語でも、料理でも――、アイデンティティを変えることも、さほど難しいことではないように私には思われた。

私の来歴が、こうしたユートピア的希望の源泉だったのは間違いない。しかも、こうした希望は、より広範な政治的・知的潮流とも合致していた。

ごく最近まで、EUが新しい政治組織のモデルとして崇められていたことは忘れられがちだ。限りなく複雑になる政策課題に直面する加速的なグローバル化にあって、相対的な小国としての西ヨーロッパの国々は、それぞれの資源を寄せ集めなければならない。そして、大陸の政界を仕切っていた政治指導者たちがより深化した統合が必要だとしている限り、有権者たちもそれに従うはずと思われていた。(3)

かつてナショナリズム吹き荒れたEUの周辺国も、その仲間に加わるかに見えた。同時に、アフリカやラテンアメリカ、それ以外でも、地域ブロックを作る試みが盛んになった(4)。有力な思想家たちも、EUは世界政治の歩む道しるべであると議論し始めた(5)。

こうして、ヨーロッパが過去に経験した超ナショナリズムに対する懸念は、徐々に超国家主義による未来への期待へと変遷していった。多くの政治学者は、ナショナリズムは「発展によってその機能を減じることが宿命づけられ、周縁的なものとなり(略)消え去ることになるだろう」と確信していたのである(6)。ジョージアの文筆家であるギア・ノディアは、こうした予想は根拠あるものだった、としている。ナショナリズムが過去のものになるとの宣言は「規範的、理論的な合流をみたのだ」、と(7)。

イギリスで暮らすようになってから数カ月、イギリスとドイツの文化が想像以上に違っていることに気付くようになった。違いは、思ったよりも大きいものだったのだ。食事や言語だけでなく、気質や性質、個人の装いから集団的な価値観も違っていた。

大学を出た後、イタリアやフランスで暮らした時も、同じ結論に達した。ヨーロッパ各国の住民は彼らのナショナルな文化に愛着を持っており、私が信じたかったように、自らをヨーロッパ人とみなす考えに抵抗感を持っていた。

自分自身の経験からだけでなく、過去数十年の政治的変化からも、私はポスト・ナショナルな未来について、徐々に懐疑的になっていった。世界中でナショナリズムが再び頭をもたげ始めたからだ。

戦後を通じて、EU各国政府はブリュッセルにより大きな権限を与え、自らの国民に決定を求めることはほとんど、あるいはまったくしないようになっていた(8)。二〇〇〇年代になって、各国が市民に欧州統合の是非について国民投票でもって尋ねた際、反対意見の多さは政治家たちを慄かせた。フラ

ンス、オランダ、そしてアイルランドの国民は立て続けに、いっそうの統合に反対の意を表明したのだった。(9)

世論の硬化は、すぐにEU機構の危機へとつながっていった。二〇〇八年の金融危機の後、南ヨーロッパ加盟国は破産の瀬戸際に追いやられた。しかし、各国はユーロ圏の一員であったために通貨を切り下げたり、債務を棒引きにしたりすることは許されなかった。長きに亘って経済規模の縮小が余儀なくされた。失業率も急上昇した。(10) EUの重要な制度は、現状では維持され得ないことが、白日の下に晒された。再度の経済危機でユーロ危機が生じるのを避けるには、単一通貨を諦めるか、いっそうの政治統合という大きな、しかし不人気な選択をするかの二者択一が迫られた。(11) いずれの選択も歓迎されるものではない。イギリス人が離脱を決めるよりも以前から、EUはすでに創設以来の危機に襲われていたのだ。

EUが野心的な改革に着手すれば、幾つかの問題は解決に向かう可能性はある。EUが崩壊するといった予測も大げさに過ぎる。しかし、EUのような地域ブロックがあれば、国家の政治的、文化的、あるいは感情的側面はいつか消え去ることになるだろうとの長きに亘った期待は、時代遅れに見えるようになった。ポスト・ナショナルな未来という夢に対して最も積極的だったヨーロッパ大陸の国々でも、国民国家の優位性がその地位を奪い返しつつある。

EU域外では、ナショナリズムの台頭はもっと顕著になっている。中央・東欧諸国では、リベラル・デモクラシーに対する、嫉妬深く、猜疑心に富んだ、外国人嫌いのナショナリズムが呼び込まれた。トルコも、ナショナリズムとイスラム主義を利用した強い指導者のリーダーシップによって、独裁制へとなだれ込んでいった。インドや中国——世界秩序の鍵を握り、その空間の広さからポスト・

ナショナルな取り組みが注目されていた国――でもナショナリズムの復活の苦しみの中にある。[12]二〇〇〇年の段階で、ポスト・ナショナルな未来を夢想するのに、大した想像力は必要なかった。ナショナリズムが世界史の舞台から消え去ると考えるのは合理的なことであり、そして不可避的にそうなると思われていた。ただ、過去数十年の経験を振り返った時、ギア・ノディアが「幸せな合流という予想」と呼ぶところのものは、もはや実現し得ないかに見える。[13]ポスト・ナショナルという未来への期待は、もしかしたら二〇三六年だか二〇五四年になって蘇るかもしれない。しかし、今この文章を書いている段階で、こうした未来は到底訪れそうにない。

良きにつけ、悪しきにつけ（こちらの方の可能性は高いが）、ナショナリズムは、一九世紀と二〇世紀でもそうであったように、二一世紀になっても居座り続けるだろう。それは、時代の最も強力な政治勢力なのだ。[14]それがどのような意匠をまとうのかによって、情勢も変わるだろう。野心ある政治家は、民族的、宗教的マイノリティを抑圧し、ジンゴイスト（他国への強硬）的感情を煽って、自由な機関を潰し、異なる国の人々を対立させようとするのか。それとも、二一世紀のナショナリズムは民族的・宗教的多様性を受け入れて、活気ある民主主義を維持することができるのだろうか。

排外主義的ナショナリズムの復活

多くのヨーロッパ諸国と異なり、アメリカは建国時から、共通の歴史、民族、あるいは宗教的共通項を持たなかった。アメリカという理念は、常に政治的なものだった。「我々人民は」という言葉が指し示すように、アメリカという共和政の本来の目標は「より完全な連邦を形成し、正義を樹立し、国内の平穏を保障し、共同の防衛に備え、一般の福祉を増進し、われらとわれらの子孫のために自由の恵沢を確保する」ことにあった[15]。アメリカ市民権を得た者のうち、共通の目標を共有する者であれば誰でも、「我々」の一員になれた。このメンバーシップの公開性こそ――過去に多くのニューカマーがやってきたということ以上に――アメリカを移民の国せしめたのだった。

慎重を期せば、こうした原理は、守られるよりも破られることの方が多かった。奴隷とその子孫はアメリカが約束したこの自由から、数世紀に亘って排除されていた。カトリックやユダヤ教徒、アジア人、ラテンアメリカ人、そしてイタリア人やアイルランド人も、酷い差別にあった。憲法の普遍的な理想は、実際には、イギリス人の子孫であるプロテスタントへの固執によって裏切られ続けたのだ。

差別という苦い現実がアメリカの歴史とともにあったのは確かだが、同時に「より完全な連邦」に向けた進歩もともにあった。過去数十年どころか、数世紀にも亘る対立の中で、奴隷制と隔離政策は廃止された。カトリックとユダヤ教徒に対する偏見も沈静化した。イタリア人やアイルランド人は普通のアメリカ人として迎え入れられた。やがてラテンアメリカ人とアジア人も、同じ道をたどった。数千万人のアメリカ人が投票権を自由に行使して、ホワイトハウスに黒人を送り込むまでになった。レイシズムがまだ無視できない勢いを持ち、右派政治家が民族的、宗教的マイノリティへの憎悪を隠語でもって煽ることがあるとはいえ、アメリカ人の実際の日常生活は、当初からの志の実現に向かって進んでいるようにみえる。いずれの人種であっても、いずれの信仰を持っていても、それが真のアメリカ人であることを妨げないような日は、かつてないほど近づいているかにみえた。

そして、ドナルド・トランプがやってきた。

トランプは自身の選挙キャンペーンで、世界的宗教の信仰者は国の一員になることはできないとして、ムスリム移民の禁止を訴えた。またメキシコ移民を繰り返し非難し、特定の民族はアメリカ人よりも劣っているとして、メキシコ系判事の正当性に疑問を投げかけた。こうしてみると、これは、「我々人民は」の意味を民族的・宗教的な意味に置き換えて、アメリカン・ナショナリズムが実際には人種と信仰に基づくものであることを示そうとするものだった。

トランプは包括的な国民の定義を、排外主義的なものにかくも簡単に転換できるのかを示しただけでなく、権威主義的な志向を持つ者にとって、排外主義は基本的な民主主義的規範の攻撃のための強力な手段となり得ることも示している。ポピュリストの訴えの核心にあるのが「代表の道徳的独占」にあるのだとすれば[16]、ポピュリスト指導者に敵対する者こそが、非国民であるということになる。これこそが報道機関を「アメリカ人民の敵」と名指ししたり、オバマ大統領がケニア生まれだとしたりしたことの、より重要な意味合いなのだ。そしてまた、「アメリカ・ファースト」というスローガンが真に意味するものなのだ[17]。

アメリカ政治を追うヨーロッパ人にとって、トランプの排外主義的なナショナリズムは新しいものには見えないだろう。多くのヨーロッパ人にとって、国民の一員であることは、共通の先祖の子孫であることを意味していた。ニューカマーは、よく言って歓迎すべき客人として、悪く言えば歓迎されざるべき侵入者として扱われてきた。

こうした態度もあって、市民権に関する法律やさまざまな形の差別の形をとって、移民に与えられた選択肢は、戦後を通じて制約される傾向にあった。選挙時、保守政党は国の基盤が侵されると、移民反対の論陣を張ることもあった。しかし排外主義的なナショナリズムは、リベラル・デモクラシーの約束を全員に保障できなくなることを意味するため、システムそのものに対する攻撃手段として用いられることは、まずなかった。

しかし、こうした状況は過去数十年で少しずつ変わってきた。新たな意匠をまとったポピュリストたちが、既存の制度に対する非リベラルな攻撃を展開し、排外主義的なナショナリズムを掲げるようになった。トランプと同様、ウィルダースやルペンといった政治家は、リベラル・デモクラシーを葬り去るための武器としてこれを利用できるのではないかと考えるようになった。つまり大西洋の両岸で、ナショナリズムとデモクラシーは両立不能なものとなったのだ。攻撃的で排外主義的なナショナリズムがもし勝利すれば、リベラルな多民族民主主義は、ほどなく消え去ることだろう。そしてそれは、スペイン、ドイツ、ハンガリーあるいはアメリカで、現実のものとなりつつあるのだ[18]。

ナショナリズム放棄の誘惑

アメリカ憲法による高貴な言辞と約束は、こと人種に関する限り、繰り返し破られてきた。共和政が生まれてから最初の世紀、アフリカ系アメリカ人は、奴隷もしくは(よく言って)二級市民として扱われ続けてきた。続く世紀でも、公的世界からほぼ排除され、あからさまな差別に苦しんだ。共和政の第三の世紀になっても、彼らに対する法の下の保護は痛々しい頻度でしか提供されなかった。

こうした現実問題は、今日では法的というよりは、実際的なものとなっている。労働市場でアフリカ系アメリカ人が差別を被っていたり、同罪でもより重い刑罰を受けたり、あるいは警察に射殺される割合が高いのは、法的な地位によるものではない。そうではなく、法律の中立性の原則が、実践にあって差別的に運用されていることの結果だ[19]。

しかしそれゆえ、保守派によるアメリカの人種差別に関する常識的な処方箋は、常に不十分なものに留まっている。最高裁判所首席判事ジョン・ロバーツから保守派評論家トミ・ラーレンに至るまで、彼らは国の原則がいかに高貴で中立的であるのかを強調する。しかし、それは糺すべき人種上の不正義は、あたかも存在しないと主張しているのに等しい。学校の人種隔離に関する最高裁判例についてロバーツ判事の著した『関与する親たち』は、「人種に基づく差別を止めさせるためには、人種による差別を止めなければならない」と書くことしかできないのだ[20]。

これはまったくもって不誠実な態度と言わざるを得ない。もし私人──不動産屋や人事担当者──が人種に基づく差別を続けているにもかかわらず、人種は存在しないとする国家は、生じている不正義を結果として矯正できなくなってしまうからだ[21]。いっそう悪いことに、現実には、有色人種自身がカラー・ブラインド〔人種的に中立的であること〕であることは難しい。社会学者アディア・ハーヴェイ＝ウィングフィールドが説明するように、「多くの社会的な相互作用において、白人は個人としてみなされるが、反対に人種的少数者は、人々は自身が属している集団に基づいて判断され、そして〔一般的にネガティブな〕ステレオタイプに基づいて判断されることを若い時から経験する」からだ[22]。

カラー・ブラインドという高貴な原則があれば物事が解決するとするのは、確かにナイーヴか不誠実かのいずれでしかない。こうした論拠から、左派の一部からは、人種上の不正義をなくすためには、アメリカという共和政がよって立っている、最も基本的な原則を打ち捨てることが唯一の解決方法だとする声もある。

これは、大半の大衆文化が民族的、宗教的マイノリティを無視ないし軽視して、有色の人々に対する感性が欠けている、もしくは文化的簒奪〔マジョリティがマイノリティ文化をあたかも自らのものであるようにすること」と呼ばれる現象は大いに非難されるべきという主張だ。大っぴらな人種差別や無意識的な差別を含む公共の言説が、もし表現の自由の行使として用いられるのであれば、人種的な正義を実現するために、この侵すべからざる原理すらも犠牲にすべき、というわけだ[23]。もしカラー・ブラインドであるはずの法律が、実際には有色であるということだけで人種差別に手を貸しているのであれば、人種とアイデンティティこそが法システムの根本に据えられなければならないというわけだ。また、憲法で謳われる共通の市民権と普遍的な原理が有効に対処し得ていないのであれば、アメリカ・アイデンティティの象徴と意匠までもが見直されなければならないとも指摘される。

こうした怒りの奥底には、真に正当なものがあることは認めざるを得ないだろう。その源泉は、なくならない不正義という現状と、現状維持に満足する保守派の対応がある。なおもって、彼らの解決法は産湯と一緒に赤子を捨てるようなものだ。こうした対応は戦略的に愚かであるだけでなく――これは賛同者たちに対する批判として多い――、真に開かれた多民族民主主義のための可能性を、最終的に破壊してしまう原理ともなるからだ。

文化的簒奪についての論争は、象徴的だ。今日使われる文化的簒奪は、マジョリティの構成員が民族的、宗教的マイノリティの文化的実践を利用してはならない、といったように使われている。たとえば、アメリカでは、白人がドレッドヘアにしたり、あるいは寿司を握ったりすることも不適切だとされる[24]。

歴史的に不正義を被り、そして今も差別されている集団が、自らの文化が部外者に真似されることを不愉快に感じるのは、理解できないことではない。さらに、文化的簒奪の中には、現実的かつ道徳的に非難されるべきものもある。マジョリティ集団がマイノリティ集団の文化から着想を得るのではなく、その文化を馬鹿にしたり侮辱したりするために、象徴や伝統を意図的に用いることは、慎まなければならない。文化についての感受性を高めることは、確かに必要なことなのだ。

それでも、文化的簒奪のすべてを否定すべきとの原理は、真にリベラルで多様なデモクラシーという理想と対立することは明らかだ。

文化的簒奪を批判する者に対する最も直截的な反論は、それが歴史的観点からみて、無意味なものであるということだ。たとえばドレッドヘアは、すでに古代ギリシャや古代エジプトに見られていたものであるから、それではアフリカ系アメリカ人こそが文化的簒奪を行っているということになってしまう(25)。

歴史的に無意味であるとの観点からは、より大きな問題も露わになる。多くの歴史家が知っているように、文化はいつも模倣されるものであった。多文化社会を擁護する者は、伝統的に一二世紀のバグダッドや一九世紀のウィーン、あるいは二〇世紀のニューヨークでは、さまざまな文化が互いに模倣しあったことで、その魅力と成功が生まれたと指摘してきた(26)。文化的簒奪を非難する者は、異なる文化がお互いから着想を得ることに反対し、文化は純粋なものだと主張する。文化とは特定の集団に永続的に保持されるものであって、互いへの影響は極力制限されるべき、とする。言い換えれば、特定のアイデンティティを持つ集団の文化についての彼らの指摘は、自国文化に対する外国の影響を論難する、外国人嫌いの極右と何ら変わるところがないのだ(27)。

だから、文化的簒奪を端から否定することは、人種や文化の垣根を越えて市民が共通体験を共有するための障害となる。異なる文化の相互作用は、多様な社会にとって不可欠な（そして実際のところ好ましい）ものであると認めるか、あるいはそれを否定して、個々の文化的、人種集団を分け隔てたままにしておくかが、迫られているのだ。

増大しつつある表現の自由に対する否定も、同じ問題を抱えている。

繰り返しになるが、表現の自由を際限なく認めるべきではない、という態度は理解できなくもない。北アメリカと西ヨーロッパでの外国人嫌いの台頭、そしてインターネット空間でのヘイト・スピーチの広がりをみれば、善意ある人々は、一定程度までこうした炎上を封殺しておくべきと考えるだろう。ドイツのように、ファシズムの歴史が依然として痛々しいものとして感じられている国で、こうした意見がとりわけ強いのは当然のことだ。それでも、文化的簒奪の事例と同じく、表現の自由を棄却することは、リベラル・デモクラシーの基盤の掘り崩しにつながる可能性がある。

なかには、何の価値もない主張があることも事実だ[28]。こうした言葉が発されなければ、あるいは必ず封じることができれば、世界がより良い場所になるのは間違いない。しかし、数世紀に亘って表現の自由を擁護してきた者たちが揃って指摘してきたように、有害な主張を禁止する権力を持った当局は信頼ならないという問題がある。ミスであろうが、自己利益によるものであろうが、検閲することのできる力を持つ組織は、早晩、現実的に価値ある言説までをも禁止するようになるのだ。

アメリカに限っていえば、表現の自由を規制すべきとする議論は、戦略的に見ても視野が狭い。表現の自由は、社会正義の実現のためだけに許されるものであるべきとの主張は、エリート大学のキャンパスや、最も進歩的な都市の最も進歩的な地域で唱えられている。サザン＝バプチスト大学の総長やテキサスのヘレフォード市の市長、あるいは報道機関嫌いのアメリカ大統領などが、自身の好ましくないと思う主張を禁じるようになったらどうなるかについて、活動家の多くは無関心なままなのだ[29]。もっとも、その戦略的な間違いが糺されたとしても、表現の自由への批判に対する違和感は依然として残る。自由な社会とは、世界についてどのような見方が正しく、間違っているのかは、公的には定められないという原理に基づいている。禁止を求めて、どのような主張が価値あるものではないかの決定権を当局に譲ってしまえば、市民はリベラル・デモクラシーの重要な教えを見失ってしまうだろう[30]。

表現の自由と文化的簒奪についての議論は、学界や出版業界では大きな反対に遭うことはない――読者以上にこうした世界に浸りきっている書き手や編集者であれば、なおさらのことである。もちろん、彼らの議論を念頭に置いておくことも大事なことだ。こうした特定の主張が時によって大げさなものだとしてもだ。それでもなお、多様な民主主義の守護者たちは、いったいどんな社会を作りたいと思っているのかの問いに、答える必要がある。

今日の社会が本当にカラー・ブラインドであると見なすのは、政治的に臆病、知的に不誠実であることは間違いない。ウィングフィールドが指摘するように、確かに人種的マイノリティは個人としてみなされてもいなければ、扱われてもいない[31]。しかし、集団のためのいっそうの自由と義務を通じてのみ、より公平な社会が実現するとの結論に一足飛びにたどり着いても、不正義を糺すことにはならない。こうした社会では、人々の属する集団がいっそう事を決める権利――人々が歌うことのできる歌、どのような料理をしてよいか――が与えられることになるだろう。しかし、それはアメリカの黒人やラテン系、アジア系――そしてヨーロッパのトルコ系、シリア系、モロッコ系――が個人として認められることを意味せず、自らの肌の色、何人を祖先に持つかによって、社会の集団が永続的に規定されることになってしまう。

簡単に言えば、問題がリベラル・デモクラシーの原理――あるいはアメリカ合衆国憲法やドイツ基本法――にあるとするのは、間違いであり、偽善的ですらある。問題はそれが十分に実現されてないことなのだ。従って、解決策はリベラル・デモクラシーの普遍的な約束に代わって、特定の民族的・宗教的集団であることから派生する権利や義務を優先することではない。その約束が持続的な形で実践されるよう、彼らのために戦うことなのだ。

公民権運動家ほど、こうした基本的な態度を貫いた人々はいないだろう。同時代人の良識に訴えて、彼らはリベラル・デモクラシーの主たる教えを棄却するどころか、その原則へのアメリカ人の畏敬の念を掘り起こそうとした。フィリップ・ランドルフという公民権運動家を引用して、ジョン・ルイスはトランプ当選直後に次のような言葉を放った。「私たちの曽祖父や曽祖母は、異なる船でこの偉大な大陸にたどり着いたかもしれないが、今や同じボートに乗っている」。つまり彼は、正義に向けた橋を渡すためには、愛国主義そのものを否定するのではなく、アメリカ共和政についての如才あるシンボルを用いることこそ有効だと、正しく感じたのだった。

反対に、今日の左派のエネルギーは、ナショナルなもの、それに関わるものすべてを棄却することに向けられている。彼らは七月四日〔建国記念日〕付けの論説で「非愛国主義者の育成」を呼びかけ、(32)「ノー・トランプ、ノー・ウォール、ノー・USA」と歌った。(33)そして建国の父たちの数多くの失敗をあげつらっただけでなく、道徳的な欠落を論難した。ネットで話題になったショーン・キングの論説は、トーマス・ジェファーソンは「怪物だった（略）彼は、アメリカ合衆国と知られることになるものの近代的基礎に決定的な役割を果たしたが、褒め称えられる存在などではない」と書いた(34)。

こうみると、アメリカの左派はヨーロッパの左派を追従しているかにみえる。アメリカの旧世代の左派は、自国の普遍主義の伝統のもと、リベラルな理想や多民族社会と共生可能な愛国主義があり得ると論じてきたはずだ。反対にヨーロッパの左派は、国家という概念は民族的かつ宗教的なものであると捉えてきた。結果として、現在のアメリカの左派が採用している戦略をとってきた。それは、民主的な愛国主義よりも、受け継いだ制度に対するラディカルな批判を優先させる道をたどっていったのである(35)。

行き着いた場所は、さほど喜ぶべきものではなかった。愛国主義を本来の目的のために利用することを諦めてしまった左派は、ナショナリズムが占める空間から退却してしまった。そして、右派が自らのやり方でもってそれを埋めるのを、指をくわえて眺めるだけになってしまったのだ。

包摂するナショナリズム

マイノリティを国家のメンバーシップから排除したい右派の一部、さらに異なる人種と宗教に基づく市民間の違いを強調して絆を寸断する左派の一部を前に、私たちは包摂可能な愛国主義のための新たな言葉を編み出さなければならない局面を迎えている。

包摂するナショナリズムは、現存の不正義に鈍感であってはならない。また、国内のマイノリティを抑圧するほどまでに国民を優先したり、他国との摩擦を引き起こすものであったりしてもいけない。

代わりに、私たちの間を取り持つ絆は、民族や宗教を超えるものであることを示す、多民族民主主義の伝統の上に立つべきものとなる。

これは多分にレトリック上のものであり、ここ数年ですでに多くの指導者たちが口にしてきたことでもある。たとえば公民権運動五〇周年を記念して、オバマはあらゆる種類のアメリカ人が、人種隔離政策を廃絶するために力を合わせたことを強調するのを忘れなかった。「多くの参加者を呼びかけるトランペットの音が鳴り響いた時、黒人、白人、若者、年寄り、キリスト教徒とユダヤ教徒といった人々はアメリカ国旗を掲げ、確信と希望に満ちて国歌をともに歌ったのだ」、と。(36)

続けて彼は、公民権運動がアメリカ憲法にある基本的な価値に訴えかけるものだったことに注意を促している。一九六五年三月に行われた、セルマからモンゴメリーまでの行進と同じ場所に立ったオバマは、次のように謳った。

これらの男女が信じていたのは、神だけでなく、アメリカでもあったのです（略）。これ以上にアメリカが経験した偉大な信仰があったでしょうか。これ以上の愛国心はあったでしょうか。アメリカはまだ完成しておらず、自分を疑うほどに強く、いずれの世代も自らが不完全であることを認識し、最も崇高な理念に近づくため、この国を作り直す力があると信じることを。だから、セルマはアメリカにとって珍しい経験ではないのです。だから、遠くから眺めるだけの博物館や彫刻であってはならないのです。そうではなく、建国の起草書に刻まれた言葉の表現でもあるのです。

「我々人民は（略）より完全な連邦のために」

「以下の事実を自明のことと信じる。すなわち、すべての人間は生まれながらにして平等であること」[37]

二〇一七年大統領選の数カ月前、フランスのマクロン候補も、より直截な形で愛国を呼びかけていた。国民戦線への支持とその排外主義的な市民権への支持が急増する中、彼は多様な人種が集うマルセイユの街に立った[38]。そして支持者に向けて、フランス国家のもう一つの概念を高らかに打ち上げた。

私がマルセイユを見渡す時、そこには二〇〇〇年の歴史、移民、ヨーロッパによって作られたフランスの街が見えます（略）私にはアルメニア人、イタリア人、アルジェリア人、モロッコ人、チュニジア人が見えます。マリから、セネガルから、コートジボワールからやってきた人が見えます。それ以外の多くの人々が見えます。

目にしているのは何なのか。私が目にしているのはマルセイユの人々なのです。目にしているのは、フランス人なのです。

フランス人――よく見てみましょう。彼らはここにいるのです。彼らは誇り高く、フランス人であることに誇りを抱いています。**国民戦線**の紳士淑女たち、彼らをよく見てみなさい。これこそがフランス人であることを誇りに思うということなのですから[39]。

レトリックは大切だ。ベネディクト・アンダーソンの有名な言葉を借りて、国家とは「想像の共同体」であるのならば、私たちがそれをどう語るかは、それがどのようなものであるかを規定する力となる。(40) 国家が長らく排外主義的だったと、包摂的に語ることのできる政治指導者は、ナショナリズムを無害化することのできる力を持つのだ。

もちろん、レトリックには限界もある。国民の多くが攻撃的なナショナリズムに向かうのだとすれば、その背景には複雑な政治的、歴史的理由があることだろう。たとえば、外国生まれの国民の数は、北アメリカと西ヨーロッパで、すでに過去最多の水準にある。歴史的にみて、単一民族的な国では、移民受け入れや、彼らの子孫が真の同胞になれると考える国民は少ないかもしれない。同時に、移民は第三世代になっても、そのかなりの数がホスト国の文化に馴染めなかったり、母国人と同じ程度の言語能力や学力を有するのに苦労していたりすることもある。(41)

こうした現状に対しては、ナイーヴさとポピュリズムを避けつつ、人々から支持を得るための方策を考えなければならない。包摂できる愛国主義を実現する戦いに勝つには、市民の間に横たわるリアルな共同体感覚を促進し、将来の移民に対する恐怖心を和らげるよう、国はさらに努力すべきなのだ。

この戦いは、まずリベラルな原理が、全員に同じ基準でもって適用されることから始まる。リベラル・デモクラシーは、すべての市民を平等に扱うとしつつも、かなりの頻度でこの約束を破ってきた。スウェーデンやカナダといった国でも、無視できない差別が残ったままだ。その差別が国家、企業、あるいは民間や私人によるものであるかを問わず、マイノリティが平等な市民権を享受することを妨げていることは間違いない。

幸いなことに、常識に基づけば、差別の機会は減るだろう。多くの国や自治体は、まだ雇用者や土地所有者によるマイノリティへの包括的な差別解消のための法律を持っていない。長らく続く慣習を変えることも役立つ。たとえばヨーロッパの国々で、履歴書への写真添付を止めれば、差別解消につながるだろうし、企業は採用の過程で名前や人種の欄を空白にすることで、偏見から脱することもできるだろう。

ただし、人種的、民族的マイノリティの成功には、構造的な差別を取り除かなければならないというハードルが残る。[42]ドイツのような国では、多層的な教育制度のため、小学校高学年の段階で、誰が大学進学できるかが決まってしまう。この場合、高学歴で、教育システムを熟知している親を持つ子は、大いに有利になる。[43]フランスのように、制度的には平等主義的な教育システムを持つ国でも、実際には限られた進学校に大きな資金が投与され、移民の多い地域の学校の教育レベルは低いままだ。[44]

アメリカの公立校は、依然として人種的に分離されている。「分離すれども平等」の原則を採用する学校は違憲だとした画期的なブラウン対教育委員会判決(公立校での人種分離を違憲とした一九五四年の判決)から六〇年が経って、議会は会計検査院に人種統合がどの程度進展しているのかを調査するよう指示したが、その結果は惨めなものだった。いまだに児童の多くは、同じ人種が多数を占める学校に通学し続けていたのである。しかも二〇〇〇年から二〇一三年の間、マイノリティの学童だけが集中的に学ぶ学校の数は二倍になっていた。[45]

マイノリティの学童の良い人生を可能にする選択を本気で与えたいのであれば、こうした心痛ましい状況は改められなければならない。異なるバックグラウンドを持つ人々が、同じ同胞の境遇を得られるための最初のステップは、ともに教育を受けることにある。こうした目標に向かって進むためには、政治アジェンダとして多くの国で無視されている、根本的な改革が求められる。ドイツは、三分岐型の教育制度を見直し、民族的な分断を克服して、移民の児童が大学進学できるようにしなければならない。アメリカは、人種分離している学校をいかになくしていくのかが課題だ。

真にリベラルな統合政策とは、マイノリティ集団の構成員が差別を経験せず、構造的な制約要因によって将来の選択肢を狭まれないような、新しい解決法である必要がある。同時に、マイノリティ集団をリベラルな社会における基本的権利や義務から排除しようとする者たち――その理由が差別の元凶となる恐怖心からだったり、文化的相対主義を信じていることからだったりするが――とも戦わなければならない。

事例には事欠かない。スウェーデンやアメリカでも、少なくない女子生徒が、結婚や割礼を強制されている[46]。ベルギーとイギリスでは、マイノリティ集団による犯罪捜査は文化的にセンシティブなため、警察が及び腰になる傾向がある[47]。さらに、多くの国では、当局が文化的な理由から、好ましからざる行為を免罪するようにもなっている。たとえばドイツでは、モロッコ人の夫から暴力を受けた女性の離婚申し立てを「彼の国の文化では、夫が妻に身体的な罰を与えることは珍しくない」という理由から、判事が却下したことがあった。判事は、妻が結婚をした際に「この種の行為がなされること」を予期すべきだった、とまで言いのけた[48]。

寛容である振りをしながら、こうした判断はマイノリティ集団自身を傷つけている。家庭内暴力が移民による文化の一部とみなしてしまえば、実際には人種差別を固定化させることになってしまう。女性が割礼で苦しんでいるのを見て見ぬふりをするのであれば、国家による寛容のコストが、マイノリティ集団の最も脆弱な人間に押し付けられていることになる。実際に差別があるかどうかとは無関係に、国家が宗教や肌の色に関係なく同じ基準に則って国民を扱うことは、最も基本的な国家の義務なのだ(49)。

包摂することのできるナショナリズムという理想は、家族に対してであろうとも、隣人に対してであろうとも、すべての個人の権利を国家が保護することを前提としている。もし私たちがリベラル・デモクラシーを守りたいのであれば、マイノリティの要求を例外とするわけにはいかないだろう。しかし、この包摂的なナショナリズムは、さらに人々の感情を逆なでする問題について、明確な答えを持ち合わせていない。その問題とは、移民受け入れの程度についてだ。

一つ明瞭なことは、リベラル・デモクラシーの守護者たちはポピュリスト的な感情に流されてはいけないということだ。原理に基づけば、移民は酷い処遇から守らなければならない。そして、人口変化の恐怖が経済的不安と結びついているものである限り、欧米のポピュリスト政治家による反移民政策に従うのは利益にならないことも確認しておくべきだろう。厳格な移民制約は経済に資するものではなく、従って長期的に見ればポピュリスト政治家の支持はむしろ強まることも予想される。

他方でリベラル・デモクラシーの守護者たちは、実効性に欠ける国境管理への不満や多大な移民流入に対する庶民の怒りを無視すれば、ポピュリストの火に油を注ぐことになる。従って、自らの方針から多少外れることになっても、政治システムに対する不信の原動力となっている意識にも配慮しなければならない。

簡単な解決策はない。しかし、主な点での妥協を提案することはできる。包摂的なナショナリズムの守護者たちは、国内にすでに居住している人々の権利を守り、居住者の近親者や技能を持つ移民にはドアを開いたままにしておくべきだろう。そして、移民流入のペースの速さに対する懸念は正当なものであることを認め、国は地理的に根差した共同体であり、国境が管理されて初めて存在し得るということも認識すべきだろう(50)。

このことは、国に合法的に居住する者は、肌の色や信仰に関係なく、平等に扱われなければならないことを意味する。トランプ大統領がムスリムの入国を禁止したような、つまり信仰(あるいは人種といったその他の属性)に基づく差別的な試みには反対しなければならない。そして、非合法の移民であっても、子どもの頃に国に連れてこられたり、あるいは長く住んでいたりする者の強制送還によって、引き起こされる悲しみにも敏感でなければならない。

つまり、国家が自らの領土に誰が入って来るのかを追跡し、制御可能にすることは、決してリベラル・デモクラシーの原理を侵すものではないことを知っておくべきだ。国境を適切に管理できれば、それはむしろ、より寛容な移民政策への支持を集めることも可能になるかもしれない。同じように、治安上脅威となるような移民の特定と送還は、民族間の緊張を高めるのではなく、和らげることにつながるだろう。

移民の全体的な受け入れレベルについても、同様の妥協を引き出すことができる。私たちの国で、多くのニューカマーを歓迎する理由は多くある。しかし同時に、移民の数を抑制したいという民衆の選好を優先させることは、国民国家のリベラル・デモクラシーと矛盾するものでもない。簡単にいえば、どれくらいの数の人間が国に迎え入れられるべきかという規制については、民主的討議の対象となるべきなのだ。

移民に関する問題は、憎悪あるレトリックが言うほどに簡単に解決できるものではない。リベラル・デモクラシーの原則を守りつつ、移民に対する大衆的不安を和らげる方法はたくさんあるはずだ。

たとえばカナダの事例は、移民を歓迎すると同時に、ある程度まで厳しく対処するという方針も可能であることを示している。移民を大量に受け入れつつ、移民が高技能を持つことも求めて、同国は寛容のモデルとなることができたのだ[51]。

ナショナリズムは、半分野生、半分飼いならされた動物のようなものだ。それが飼いならされている限りは、非常に役立つものとなり、私たちの生活を豊かにすることができる。しかし、この動物は入れられている檻から常に脱走しようとするものでもある。もし逃げ出したら、生死に関わる存在となる。

私はナショナリズムを超えた世界が存在し得るということを信じる程度には、理想主義者であり続けている。その世界に住む人々は、自らの文化的、民族的な違いに拘泥する必要もないし、人類という共通のメンバーシップに基づいて自らを定義することもできる。しかし、私はナショナリズムという野獣は死ぬことはないと信じる程度に悲観主義者でもある。

もちろん、この獣を無視したり、追い出そうとしたりすることはできるかもしれない。しかし、ナショナリズムを捨て去っても、誰かがそれを目覚めさせたり、餌付けしたりして、その狂暴な性格を引き出そうとすることは避けられない。ナショナリズムの性格についてのそれ自体正当な疑念を考えれば、可能な限り飼いならす以外、方法はないのだ。

第8章　経済を立て直す

ポピュリスト政治家のレトリックの多くには、ノスタルジアが込められている。[1] アメリカのドナルド・トランプが「アメリカを再び偉大にする」と訴えたことは、よく知られている。[2] イギリスでは、EU離脱のスローガンは「再び決定する力を取り戻す」というものだった。

こうしたシンプルなスローガンが、なぜかくも影響があるのかと言えば、有権者それぞれが個人的なノスタルジアを投影できるからだ。ある有権者は、長らく自分の国が単一民族のものだったことを思い出し、別の有権者は保守的な社会規範が尊ばれていた時代を懐かしむかもしれない。あるいは、自分の国の一九世紀の帝国主義を思い出す者、二〇世紀に勝利した戦争を思い出す者もいるかもしれない。しかしこうしたシンプルなスローガンが思い起こさせるものの中で最もアピールするのは、人々が豊かで安定した職に就いていた、経済の黄金時代についてのノスタルジアだろう。

多くの有権者が不安に思うのは、自身の収入だ。北アメリカと西ヨーロッパでは、平均的な家庭の生活水準は過去数十年間、改善していない。若者を取り巻く状況も芳しくない。不平等は増加傾向にある。近年の生活苦の中で、彼らが将来はより苦しいものになると考えるのは、自然なことだ。

しかし、経済的なものの過去についてのノスタルジアは、単に金銭的なものだけではない。それは、希望の喪失を意味している。

アメリカとイギリス、あるいはスウェーデンやイタリアでも、多くの人々は、彼らの祖父の時代の同じ時期と比べても、豊かな生活を享受している。しかし、彼らの祖父には、楽観的になれるだけの理由があった。貧困の中で育ったにせよ、自分の子どもたちがより豊かになると期待できたからだ。その反対に、今日では経済の停滞から、多くの市民が将来について悲観的になっている。彼らはグローバル化によって、国家が国境を管理すること、有効な経済政策を打つことが難しくなっていることを不安に感じている。そして、国民は決定権をすでに失い、経済の変容には対処しようがないようにも感じている。かつて安定していた雇用は海外に輸出されるか、技術によって余計なものになりつつある。歴史ある工場は閉鎖に追い込まれ、労働組合が影響力を失ったように、彼らの職はもはや社会の中の止まり木として機能してない。

つまり、人々が「アメリカを再び偉大にする」、あるいは「決定する力を取り戻す」というスローガンに惹かれるのは、収入の不安からだけではない。急速に変化するこの世界の中で、単なる消費主義を超えて、自らの地位を保証してくれる、前向きな感覚を探し求めているのだ。(3)

ポピュリズムの台頭を食い止めるには、この複雑な恐怖感を和らげ、より良い明日のための希望を取り戻す必要がある。人々は自分の職業が来る一〇年、二〇年あるいは三〇年先も求められているはずだ、という安心感を求めている。依然として自分の運命の主人公であり続けられるか、物質的な安定が保証されるかどうかこそが意識されているのだ。そして、自分の子どもたちが、自分よりも良い環境に生きることができるかどうかについても知りたがっている。自分の国が、その国として判断を下すことができるかどうか、グローバル化の中でも最も脆弱な市民を守ることができるかを知りたがっているのだ。こうした不安に対して対処できなければ、過去を単純なものに塗りこめるノスタルジアは、それを取り戻すとするポピュリスト支持へと流れ出ることになるだろう。

もっとも、経済上の先行き不安に惑わされるあまり、西洋の経済規模は過去数十年間、膨らみ続けてきたことを忘れてはならない。一九八六年からアメリカの一人当たりGDPは五九%も増加している。国自体のGDPも九〇%大きくなっている。企業の収益は二八三%も増えている。[4]

しかし、こうした総計上の数字は、収益の配分について何も語らない。一九八六年から二〇一二年までに蓄積された全体の富の中で、下位の家計九〇%に配分されたのは一%のみで、反対に富の四二%は上位〇・一%のものになった。[5]

こうした経済的推移で最も衝撃的なのは、アメリカの政治家が超富裕層と普通の市民との間の是正をしようとせず、むしろ棹指すことしかしなかったことだ。一九八一年にロナルド・レーガンは高所得者に対する最高税率を七〇%から五〇%にまで引き下げ、一九八六年には、さらに三八・五%にまで引き下げた。ジョージ・W・ブッシュは、最高税率を三五%に引き下げ、二〇〇三年に資本利得税――これは富裕者を対象にしている――を二〇%から一五%にまで引き下げた。[6]

政治家は、金持ちが収入の大部分を手元に置くことを可能にした一方、社会の脆弱な層が生きていくために必要な多くの措置を廃止してしまった。

レーガンは、家賃や公共住宅の補助金を半分にカットし、数百万もの人々をフードスタンプ(食料補助券)の列に並ばせた。ビル・クリントンは、要扶養児童家庭扶助(AFDC、無期限の連邦生活保護制度)を貧困家族一時扶助制度(TANF、二年連続ないし五年以上に亘って給付されることのない連邦政府による保護制度）に置き換えてしまった。州は連邦政府から提供される補助をつけ変えることで、社会保護制度を破壊してしまった。生活困窮者に支援金や児童扶助を提供するのではなく、こうした補助金は、州の財政の穴埋めへと変えてしまったのだ。(7)

こうした政策変更の影響は無視し得ないものとなった。二〇年前、子どもを持つ貧困家庭の六八％が福祉制度による現金支援を受けていた。その割合は、今日では二六％にまで減少している。(8)

アメリカ以外の国では、ここまでの大きな政策の変化はなかった。ヨーロッパの多くの国では、超富裕層に課される税率は、そこまで下がってはいない。しかし、緊縮政策が続いたせいで、人生の大きなリスクに対する保護の水準は大きく切り下げられ、彼らが頼っていた公共サービスも劣化している。とりわけ南ヨーロッパでは、失業給付が大幅に引き下げられ、年金は減り、公共サービス――公教育や地方バス路線――は間引かれる一方、庶民の負担する税率は上がった。(9)

二〇〇八年の恐慌は金融業界の頂点で引き起こされたのは確かだが、それが富める者と貧しい者との間の経済的格差を広げた点では、アメリカでもヨーロッパでも同じだった。

過去数十年に亘る経済的停滞は、政治家の力の及ばない、自然の力によって引き起こされたかのように言われることがある。(10) 技術革新とオートメーションによって、数百万もの雇用が奪われたという。また、中国やバングラデシュといった競争相手国によって低賃金が余儀なくされ、単純労働者の雇用が失われることになった。(11) 北アメリカと西ヨーロッパの民主主義国の市民は、自分たちが享受できていた、かつてないほどの豊かな時代が、もはや過去のものとなりつつあることを感じているのかもしれない。(12)

こうした認識が間違っているわけではない。ある国の政府が技術の進歩を食い止めたり、国際貿易を取りやめたりするのは無理なことだ。仮にそれが可能だとしても、望ましいものでもない。こうした変化はそもそも、世界の数億人もの民を貧困から救うことになったからだ。そして、豊かな国の人々にも、苦労と欠乏からの自由をもたらしているかもしれないからだ[13]。

こうした流れが政府の手に負えないものだとしても、市民の財布と意識にもたらされた負の効果は、政治的な失敗によることは明らかだ。確かに、既存の職業を消滅に追いやるのは技術のせいかもしれないが、それでも国家は、その影響を受ける者たちが満ち足りた人生を送れるような措置を講じることはできる。確かに、西洋民主主義国の経済的優位は衰退しつつあるが、それは経済的停滞だけでなく、市民の困窮は、グローバル化の果実が不平等な形で配分されていることによる。外部からの同じような挑戦を受けても、西洋の中には十分に対処できている国もある。その違いは、どのような政策を打つかによっている。ならば、問われるべきは、過去数十年に及ぶ経済のメガトレンドにいかに抵抗するかではなく、それをいかに平等な形で利用できるかにある[14]。

課税

過去数十年に亘る負の影響を反転させるには、それをもたらした政策を反転させるしかない。これは、富裕層と高収益を上げる企業に対する実効税率を引き上げることを意味する[15]。それは、福祉国家の基礎的な要素を取り戻すことにもなる[16]。そして、あらゆる予算を切り詰めるのではなく、インフラ、研究開発、教育といった公共支出などの長期的リターンが期待できる領域に投資することでもある[17]。

そしてもちろん、市民一人ひとりに適切な医療も提供されなければならない[18]。

市民がグローバル化の果実を等しく享受することに本気で取り組もうとするならば、過去の政策のブラッシュアップではなく、いまある経済政策の目標を変えるものでなければならない。既存の税制と福祉国家は、現在と異なり、多くの経済活動が国民国家の枠内に収まっていた時に構築されたものだ。多くの人々は、人生を通じて同じ職業に就き、雇用のほとんどは安定していた。戦後の経済秩序が目指した目標――経済的平等と自由市場の活力を両立させること――は、かつてないほど正当なものかつ重要なものとなる一方、それを実現する手段はすでに変わってしまっているのだ。

古き目標を実現するための新しい手段は、税制にある。

アメリカ企業に対する法人税は、最高税率三九・一％と、二〇一二年時点では、世界でも最も高い部類に入る。しかし、二〇一二年、実際に企業に課せられた最高税率は、過去四〇年間で最も低い一二・一％にすぎなかった[19]。

法人税の実効税率にかくも大きな落差があるのは、アメリカ議会が富裕層を優先させて、大きな穴を税制で作ってしまったからだ。一例を挙げれば、プライベート・ジェット機購入のための優遇税制は、企業がこれを安価に購入することが可能になっている[20]。あるいは、企業が本部機能を外国に移転させたり、たくさんのペーパー・カンパニーを作って利益を課税されないようにしたりすることで、元来の税体系から逃れることが容易になっている。イギリスのNGOオックスファムによると、アメリカのトップ五〇企業は、完全に合法的な形でオフショアのタックスヘイヴンに一兆ドルもの資金を移転しており、これは一一一億ドルの政府歳入減につながったという[21]。

富裕者個人への課税も、同じように緩いものになっている。何人かの億万長者が、自分の秘書よりも低い所得税を払って済まされているのは、ウォーレン・バフェットがかつて非難したように、政治家に多大な便宜を図っているからだ。たとえば、成功報酬の控除によって、ヘッジファンド・マネージャーの税は通常の半分で済むようになっている。[22] さらに企業と同じく、金持ちは資産逃避に長けている。「パナマ・ペーパーズ」が白日のもとに晒したように、多額の資産がオフショアのタックスヘイヴンに毎年流れ込んでおり、こうした行為は違法であるにもかかわらず、訴追の対象となることもまずない。[23]

個人と企業が相応の税を納めるために、まず一から税体系を作り直すとしたら、それはどのようなものとなるのかを考えるところから始めるべきだろう。グローバル化した世界で、大量の資本が移動する中、国民国家は所得と収益に対する課税権をどのように取り戻すことができるだろうか。

答えは思うよりも、簡単かつ明瞭なものとなる。歴史的にみて、国家の有する最大の資源は、その領土だった。実際のところ、近代国家の定義は、特定の地域に特定のルールを施行できる能力に依っていた。[24] そして、私たちが今日直面しているのは、この資源の経済的側面が過去数十年で、大きく後退しているという問題だ。農業が経済の主たる地位を占めていたうちは、資本の多くは、国境を越えて移動することはできなかった。しかし、経済活動が製造業、そしてサービス業一般、さらに金融へとシフトすると、資本移動はより容易となる。資本が域内に留まっていた時代に考案された税制が、新たな現実に対して無力なのは、驚くべきことではない。[25]

しかし、国民国家の力――悪名高い陳腐な言い方をさらに陳腐に言えば――は、過小評価されている。[26] これは、個人への課税を考えた場合は、なおさらだ。多くの人々――ここには超富裕層も含まれる――は、自分の国と深い絆を持っている。税を逃れるためにバハマ諸島で年の一八三日を過ごそうとも、故郷に帰りたいとは思うだろう。これこそが国民国家が市民に対して持つ力なのだ。もし彼らが国の領土内に入りたいと思うのなら、彼らは自国に税を納めなければならない。

世界の先進国の中で、アメリカはこうした施策を取っている唯一の国だ。アメリカ市民ないし定住者は全員、アメリカで納税しないといけない[27]。他の国もアメリカに倣い、相応の税を支払うことを渋って、年の大半をタックスヘイヴンで過ごすような市民への優遇策を取りやめるべきだろう[28]。アメリカでも、この原則をより厳格に適用し、市民権の範囲を超える要素にも適用されるべきかもしれない。たとえば、国に居住用の不動産を持つ者は、その国で納税しないといけない、といった方策である[29]。

こうしたルールをもってしても、合法的なタックスヘイヴンの悪名高い働きがなくなるわけではないし、非合法のタックスヘイヴンに対しては無力な策と思われるかもしれない。しかし、ここでも運命論者が言うほど、国民国家にとって手だてがないわけではない。

最近のスイスとイギリス、アメリカを含む各国との間で結ばれた一連の合意が示すように、大きな国がタックスヘイヴンに例外的な圧力をかければ、それは大きな成果を生む[30]。さらに、国際協力がなくとも、国民国家には対抗策がある。たとえば政府は、巨額の脱税を厳罰化することで超富裕層の行動を変えることができるし、脱税調査のためにお金をもっとかけ、資金移動に対する告発に報酬を与えることで、訴追の材料を集めることなどもできるだろう。富豪個人にとって、金融資産を隠すことが刑務所入りへとつながれば、彼らはそれをためらうようになるだろう[31]。

法人に対する課税は、非常に複雑な生産・流通システムを有する多国籍企業に領域の原理を適用するのが難しいため、より困難かもしれない。しかし、ここでも幾つかの改革が可能だ。個人が国家の領域にアクセスすることを欲するように、企業も自らの商品とサービスを提供するために、国家の内に留まらないとならないからだ。

今日、アップルやスターバックスが支払わなければならない税は、彼らの名義上の本部がダブリンにあるのか、デュッセルドルフにあるのか、あるいはルクセンブルク、ロンドン、それともウィルミントン、ワシントンにあるのかで異なっている。[32] いくつかの小国による異常なほど低い法人税という負の影響を減じるためには、企業の自国領土での売り上げに応じた全体収益から、相応の税負担することを各国は求めるべきだろう。[33] アップルが法人税を低く抑えるためにアイルランドにヨーロッパ本社を置くにしても、iPhone はイギリスで売らないと意味がない。そして、イギリスでの売り上げに応じて、税を納めることを求めるのだ。こうした観点からすると、最近ドイツとフランスがテックジャイアント企業に対し、自国で「実際の税金」を納めるよう求めたことは、より公正な未来のために各国が採ることのできる選択肢を示しているように思われる。[34]

住宅政策

ノルウェーであっても、アメリカであっても、あるいはギリシャやカナダでも、パンとバターの価格を上げると公約して当選できる政治家はいない。しかし、市民が尊厳ある生活を送るために必要な、他の財の価格を引き上げることが疑問に思われることはない。その財とは、住宅だ。国によって大きな違いはあるが、世界の民主主義各国の政権は、住宅価格を引き上げることに熱心であり続けた。そして悲しいことに、これは政府がかなり成功した、数少ない政策の一つなのである。

とくに世界の大都市で住宅の価格はうなぎ登りだ。たとえばニューヨーク市では、一九六〇年代のアパート賃料は月二〇〇ドル、分譲マンションの一平方フィート〔〇・〇九三平米〕当たりの値段は二五ドルだった。それが二〇一〇年代になると、賃貸物件の平均家賃は三五〇〇ドル、不動産物件の一平方フィート当たりの価格は一〇七〇ドルにもなった。同じように、ロンドンの平均的な物件の値段は、一九八六年の五万五〇〇〇ポンドから、二〇一四年には四九万二〇〇〇ポンドにまで値上がりしている(35)。

こうした都市に住む、とりわけ若い人々にとって、この住宅価格の上昇は彼らの生活水準に大きな影響を及ぼしている。ロンドンの住民は、収入の七二%を賃料に支払っており、住居にかかるコストは、ここ数十年で生活水準が改善しない最大の理由となっている(36)。

大都市中心部での居住コストの上昇は、法外な賃料を支払うことのできない人々にとっても、大きな負荷となっている。都市のジェントリフィケーションが進むと、都市で生まれ育った人々は郊外に押しやられ、支援を当てにできる近親者との縁のみならず、都市が供給する経済的機会も失うことになる(37)。また、より貧しい地方で生まれ育った多くの人々は、国で最も生産的な地域から締め出され続けることになり、生活の改善もままならない。

居住にまつわる多大なコストは、北アメリカと西ヨーロッパを通じて生活水準が停滞していることの主たる理由だ。市民が将来により希望を持てるようにすることが、ポピュリズムを打ち負かすための手段であるのであれば、住宅政策の根本的な見直しは喫緊の課題だ(38)。

住宅危機を解決するには、単に住居の供給量を増やすことだ。

住宅建設のための許可をより簡便にし、まつわる紛争解決のための時間が短縮されるべきだろう(39)。都市や村の管轄下にある住宅開発に対する拒否権も弱められるべきだろう(40)。中央政府は、公営住宅の新規建設といった直接的手段、あるいは自治体への補助金といった間接的手段を用いてまでも、新しいアパート建設の促進に着手すべきだ(41)。そして、地価税の導入――地主が土地を更地のままにしようと、新しく建築物を建てようとも、いずれの場合も課税すること――は、新しく住居を建てるための誘因となるはずだ(42)。

住宅供給の増加につながる他の税制もある。たとえば、別荘や空き家に対する課税を高めれば、入居率を高めることにつながるかもしれない(43)。富裕層がより大きな家や別荘を買うための税制上のインセンティブ――アメリカの住宅ローン税控除やイギリスの投資用住宅ローン貸し付け――の廃止も検討されるべきだ(44)。

こうした政策の実現は簡単ではない。多くの中産階級にとっては、不動産のもたらす利益は重要な一次所得でもあるため、住宅価格を吊り上げる政策の方が支持されやすいからだ(45)。そして、二〇〇八年に世界が経験したように、住宅価格の急落は、そのまま短期的なショックをもたらすため、投機的バブルにつながるような政策を、政治家が警戒するのもわからないではない(46)。

しかし住宅価格こそが、私たちの豊かさを制約する人為的要因だということを理解すれば――つまりは、私たちの民主主義の危機――、不動産価格の下落に何らかの補償を施しつつ、そこから得られる収益の配分を高めることができる(たとえば、国家は開発権をオークションにかけ、その収益を市民に配分することだってできるはずだ(47))。

これからの数十年で私たちが直面する経済問題のうち、住宅の法外ともいえる価格を是正することは、最も簡単に解決できるものの一つだ。そのための政策が政治的に難しいからといって諦めるのであれば、それは野心が足りないにすぎない。

生産性を高める

ここ数年、経済にまつわる議論は、不平等に集中してきた[48]。これはさまざまな観点から歓迎すべきことだ。拡大する不平等は政治過程を歪め、上層・中産階級が恵まれた教育と職を独占し、市民同士をつなぐ社会的絆を弱めてしまった[49]。もっとも、収入格差を縮めること自体は大事なことだとしても、不平等の拡大によって生活水準が停滞している点は、強調されすぎているきらいもある。

二〇一五年のアメリカ大統領経済報告では、アメリカの家計所得の中央値は、もし不平等が拡大していなければ、より高いものになっていたとされている。国民の大多数が得る所得が一九七〇年代から減っていなければ、平均的なアメリカ家庭の手元に残るお金は毎年九〇〇〇ドルも増えていたはずだという。確かに、これは無視できない数字だ。しかし、この報告書では、生活水準の停滞には、もっと大きな理由があるとしている。それが生産性の減速だ。事実、もし戦後と同じペースで生産性が上がり続けていれば、アメリカの家計は年三万ドルも余計に手にしていたのだから[50]。

つまり、生活水準の停滞を憂慮する者が本当に気にかけるべきは、生産性の水準を上げることなのだ。住宅を安く供給するのと比べて、労働者の生産性を上げる方法は簡単ではなく、それゆえ、問題はより大きい。経済学者は、生産性上昇のための魔法の杖はないという点では一致しているものの、実現のために、重点的な領域があるともしている。その領域とは、研究開発、そして教育だ。

研究開発が長期的な生産性を上げることは知られているものの、GDPに占める研究開発費は多くの国で減少傾向にある。アメリカでは、州レベルでこの現象がみられる。知られているように、カリフォルニアは自州の世界水準の大学よりも、監獄への支出を優先しているのだ。(51)

他の国の状況はもっと酷い。ドイツは自国の教育制度を誇りに思い、高い研究開発水準を自慢の種にしている。それでも同国の「**卓越した大学**（*Exzellenzinitiative*）」の予算は、ハーヴァード大学の年間予算よりも少ない。(52)

企業の研究開発投資の減少が追い討ちをかけ、各国政府による投資の減少は、さらに深刻なものとなっている。こうした投資額の推移を正確に見積もるのは経済学者でも難しいが、最近の報告書によれば「一九八〇年から二〇〇七年にかけて大企業による科学研究からの撤退」がみられるという。(53)

つまり、政府が長期的な視野に立つ研究を支援し、民間企業もこれに続くようなインセンティブを提供する余地は、大きいといえる。しかし、市民の生産性を上げるためには、何よりも教育制度を根本的に作り変えることが必要だ。戦後期には、識字率の一般化、高等教育の普及、そして大学生の急増は、製造業からサービス産業への変容の過程での労働者供給へとつながった。同じように、現在では、デジタル時代へと変化する労働世界に備えた教育を、市民に提供することが求められている。

改革では、幼稚園から大学までの教育過程を根本的に変えることが必要だ。個々の生徒の要求や適性、学習スタイルを基礎付けるデジタルツールの発明は、現在の指導内容を大きく変えるものになるはずだ。たとえば、教員は教壇の前に立って学生を教えるのではなく、一対一の指導や少人数の討議、協働学習などを促すのでなければならない。(54)

そして、変化著しい経済にあって、労働者は高校、あるいは大学院をも終えた後でも、自らのスキルを更新し続けなければならない。現在のところ、政府は生涯学習を失業者のためのものと考えている節がある。それが支出に見合うようにするためには、中等教育以降の教育過程を一から考え直さなければならないだろう[55]。

最近の経済をめぐる論争では、生産性を向上させる必要性と不平等を是正する必要性が、相反するものであるかのように議論されてきた。しかし、ともに補完的なものであると認識することが必要だ。結局のところ、生産性の低さと不平等の拡大は、補完的だからだ。低技能労働者は、賃上げのための交渉力を持たない。それゆえ、賃金は引き下げられ、彼らの子どもたちもまた、成功のための必要な技能を身に着けられなくなる。

このことは、不平等是正のための政策は、生産性向上に資するものでもあることを意味する。たとえば、経済的、人種的要因によって公立学校にある大きな格差を埋めることは、収入格差と無駄にされている才能の数を減らすことになるだろう。同じく、一般労働者の交渉力を増すことは、生活に喘ぐ者の賃金を引き上げ、ひいては技能を向上させることになるだろう[56]。

教育政策と産業政策は長期的に見て、悪循環ではなく好循環を描くべきだ。目標となるのは、労働者がより技能を身に着け、そして高賃金のための交渉力を獲得する世界に到達することだ[57]。

現代的な福祉国家

革新された税制は、国家が自らの責務を果たし、優先的な支出を行う基盤となる。そして、刷新された住宅制度は、生活コストを引き下げ、市民生活の機会を保障することになる。生産性への新たな投資は、賃上げを可能にし、労働者が将来に備えることを可能にする。しかし、先進国が力強いだけでなく、包摂的でもあるためには、その偉大な歴史的遺産を維持する必要がある。それは、最も脆弱な市民を、病気や困窮といった、生活の主たるリスクから守ることだ。

しかし、この問題は、過去に先進国が経験した大きな構造的変容に福祉国家が適応できていないという事実から、いっそう難しい状況にある。戦後期に構想された福祉国家は、ほとんどの市民が若く、フルタイムの職に就いていることを前提としていた。それゆえ、福祉国家は雇用を通じた負担と給付に軸足を置いてきた。つまり、人々が数十年に亘ってフルタイムで働き、退職した後に寛厚な制度を設けたり、従来の職業に戻ることを前提として、疾病や失業期間の面倒を見たりしてきたのだ。他方では、フリーランスや一時雇用、パートタイム、長期失業者といった、増えていく「労働市場のアウトサイダー」に対してもセーフティネットを提供していた(58)。

労働と福祉国家の関係は、政治的にも、経済的にも、望ましくないインセンティブを提供してきた。社会保障負担がフルタイムの雇用と結びついていたため、労働コストは人為的に吊り上げられて、企業が新規雇用を抑制することにつながった。そしてまた社会給付も、フルタイムの雇用と分かちがたく結びついていたため、労働市場のインサイダーは、どんなことをしても自分の職を守ろうとし、硬直的な労働市場の支持者と化す。これは、イタリアやギリシャのように、手厚い労働者保護が経済成長の妨げとなっていることが明らかな国で顕著だ(59)。

福祉国家維持のコストも大きな課題となっている。急速に高齢化する人口を前に、伝統的な福祉国家は、年金制度や医療制度、老人介護のための適切な制度を維持することが難しくなっている。こうした財政上の問題を解決するため頻繁にとられるのは、福祉国家の寛容の度合いをダウンサイジングすることだった。あからさまな支出カットを避けつつも、各国政府は年金支出を切り詰め、失業保険の受給権を厳しくし、新しい社会的リスクに対する保護をためらうようになった。その結果、北アメリカや西ヨーロッパでも、市民に対する福祉水準は大きく切り下がることになった。かつての福祉国家は、その理由が何であれ、必要な者に社会的なセーフティネットを提供できていたのが、それに値しない、もしくは無責任とみなされる者は放っておくに任されるようになった(60)。

簡単にいえば、現在の福祉国家は受給権を狭めつつ、経済成長の妨げになっているとすらみなされている。だから、問題解決のためには、国家は福祉国家を根本から再構築するだけの勇気を備える必要がある。

再構築される福祉国家において最も重要な目標は、社会的受給権と伝統的な労働を切り離して運用することだ。

これは福祉国家を維持するための財政問題を考えた場合、意味を持ってくる。社会福祉維持のために経済界の貢献は無視できないが、多くの雇用を生み出す企業に対して、そうではない企業と同じように協力を求めるのも無理な話だ。これは個人レベルでも同じであり、資産を急激に増やす人が増える中で、福祉国家維持の負担を賃金労働者だけに求めることは許されない。

同時に、福祉国家と伝統的な雇用との切り離しは、人生のリスクから市民を守ることにつながる。そして、市民がリスクを取れることができるよう、手助けをするのだ。たとえば、健康保険と年金をポータブルなものにできれば、現代的な福祉国家は労働流動性に対する障害を取り除くことができるし、企業と個人の生産性を高めることもできる。最近の研究に基づけば、柔軟な労働市場とポータブルな受給権を組み合わせられる寛容な福祉国家では、企業家精神が涵養されるという。たとえば、スウェーデンの若者は、離職しても貧困や無保険から免れるため、アメリカ人の若者よりも起業に熱心であるとされている(61)。

福祉国家をめぐる議論は、私たちの直面する真の課題を無視した二分法に留まっている。福祉国家をより寛容なものにするのか、しないのか、あるいは無責任とされる行為を許容すべきか否かが問題なのではない。そうではなく、労働市場のインサイダーのみならず、アウトサイダーも保護できる福祉国家をいかに作り上げていくのか、企業が人を解雇するのではなく、どのように雇いやすくできるのか、そして経済に寄与するような必要なリスクを、市民がいかに取れるようにするか、そのセーフティネットをいかに提供できるか、にあるのだ。

意味ある仕事

「数十年前から、私の選挙区の有権者に、仕事は何ですかと尋ねたら、工場責任者です、と決まった答えがきたものだ」と、あるベテラン政治家は私に言った。「しかし多くの製造業はなくなってしまった。人々は経済的打撃を受けた。でも、それ以上に彼らはアイデンティティの一部を失ってしまった。今日、彼が何者かを尋ねたら、彼らはこう答えるんじゃないか。『私は白人だ。だから移民が入ってくるのが嫌なんだ』、とね(62)」

この政治家の指摘は単純だが、鋭い。北アメリカと西ヨーロッパで進む現下の変容の経済的効果が議論される一方、その文化的な意味合いがどのようなものであるかについて、私たちはようやく気付き始めたところだ。高賃金で労働組合に守られていた職を失う時、人々は単に中産階級から滑り落ちるだけではない。彼は、自らの生活を形作り、生きる意味を生み出していた社会的な絆をも失うのだ。こうして「獲得された」アイデンティティが手中のものではなくなるにつれて、彼らは「属性的な」アイデンティティに引き寄せられるようになる。自らの民族性や宗教、あるいは自身の国籍が、世界観の中心を占めるようになるのだ(63)。

こうした文化的変容は、社会を下方移動する者、すでに貧しい者、そして上方移動する者と、すでに豊かな者との間で生まれている離反を説明する。たとえば、獲得されたアイデンティティを可能にする職に就いている者、あるいはそれに就こうとする者は、自らの属性は非物質的なものとして捉える傾向がある。だから、彼らは職業上の地位や、個人的嗜好を共有する人々との共通項を見出して、文化的、民族的分断を乗り越えることができる。そして、彼らのいう人種や宗教といった社会的目印に「固執する」者を見下す傾向を持つ(64)。

その反対に、職を通じて獲得されるアイデンティティをもはや持ちえない者は、ルサンチマンの感情を募らせるようになる。彼らが、自分よりも安定した生活を送り、自分たちを高みから見下ろす余裕を持つ者たちから馬鹿にされたように感じるのも、驚くべきことではない。そして、同じような経済状況にあるものの、異なる人種や宗教グループの人たちに対して同じような感情を抱くのだ。

ポピュリストは、こうしたルサンチマンの感情を武器に代えることのできる術に長けている。彼らのレトリックは、豊かな者たちに対してますます募る怒りを、統治エリートに対する怒りへと、そして増加する属性的アイデンティティへの執着を、移民や民族的、宗教的マイノリティに対する怒りへと転換させる。

ポピュリズムを助長させる経済的要因を取り除くためには、パイ全体の取り分を増やしたり、全員が平等に分け前に与れるようにしたりしておくだけでは事足りない。そうではなく、労働の世界で、人々が自らのアイデンティティを感じ、職に与っているという感覚をいかに取り戻せるかを考えなければならないのだ。これは、グローバル化の勝者が、より恵まれない同胞と何が共有できるのかを想起してもらうための、良いきっかけとなるはずだ。

こうした考えは、数百万もの雇用につながっているシェアリング・エコノミーとどう関係するのかが見えないかもしれない。ウーバーを例にとってみよう。ヨーロッパの数カ国が試みているように、ウーバーは禁止されるべきではないし、アメリカのいくつかの州のようにウーバー運転手の権利を無視すべきでもないだろう。反対に、積極的に中道的な政策を取るべきなのだ。つまり、ライドシェアリングが提供する利便性と効率性を前向きに捉え、運転手がそれ相応の賃金で働けるような規制が敷かれるべきなのだ(65)。

もっとも、政策形成者がこうした最善の組み合わせを実現できたとしても、ウーバー運転手が、工場労働者がかつて持ったような、労働を通じたアイデンティティや意義を見出すとは限らない。それはこうした職が低賃金であったり、あまり必要とされないものであったりするからではない。そうではなく、かつての職業のような共有された文化を持っていないからだ。

製造業は、毎朝シフトに就く数千人もの労働者が工場の門口に集まるものだった。伝統的な職場では、会議や休息室、給湯所でチーム内の交流が生まれていた。タクシー運転手であっても、ガレージで車を受け取る際に同僚と口を交わし、日中は同じ配車係と交信したものだ。

対照的にウーバー運転手は、仕事を通じた共同体というものを持たない。アプリでの評価システムによって接客は伴うものの、他者との継続的な関係というのは存在しない。共同体に労働者を結び付け、職業の意味を見出すことを可能にせしめていた旧来の慣習が急速に消え去っているのであれば、大量に雇用される者たちが持ちうる、新しいプライドが求められている。

国家の意義

新しいデジタル・エコノミーが仕事の意義を消滅させつつあるのであれば、グローバル化もまた、国家の意義を消滅の危機に晒している。

ポピュリストのノスタルジアは、国が偉大だった時代に戻るのを約束するものだ。このノスタルジアの核には、奪還の欲求が二重の意味で込められている。一つは、世界経済の制約に惑わされないままに再び国家が決定を下せるように望むこと、もう一つは、不安を取り除くことのできる手段と機会を強力な国家が保障し、生活を取り戻したいという欲求だ。

しかし、時計の針を巻き戻すのは、現実的な選択肢ではない。ポピュリスト自らが夢想するように、私たちの住む世界を三〇年前、五〇年前、もしくは一〇〇年前に引き戻すことができるとすれば、それは自分を欺いているのに等しい。理想化された過去を取り戻すのはナイーヴだが、経済的な不満の増加に対して、現実的に応える方法もないわけではない。求められている二重の欲求に確実な答えを見つけなければならないのだ。

北アメリカと西ヨーロッパの市民が、自分たちの国が依然として国際経済に働きかけるだけの能力があることを期待し、自分たちの運命をきちんと処遇すべきと考えるのには、正当な理由がある。国民国家が戦後期と同じ手段でもって、この期待を満たすことはもはやできないが、これまでの資源を新しく、かつ創造的に用いることで報いることはできるはずだ。個人と企業が領域へのアクセスを求めざるを得ないのであれば、中央政府は富裕者に相応の税を納めるよう、求めるべきだろう。そして政府が依然として住宅とインフラ、教育、福祉国家に責任を持つのであれば、市民の生産性を高め、経済成長の果実をより公平に分配することができるだろう。

世界経済の大きな変革は、戦後期にリベラル・デモクラシーをかくも安定的にしていた社会的合意を歪めようとしている。かつてないほどの市民が怒り、方向を見失っているのは驚くことではないし、そこから生まれるノスタルジアを権威主義的なポピュリストが利用しようとするのも理に適っている。しかしリベラル・デモクラシーが今の時代の経済的な大問題に立ち向かおうとするのであれば、市民の生活水準を現実的な形で改善していかなければならない。自らの手中にある資源をこれまで以上に有効に用いることができれば、世界に対する開かれた態度は、決して統御を失うことを意味しない未来を切り開くことができるはずなのだ。

第9章 市民的徳を刷新する

デジタル技術の台頭は、経済成長を促すとともに、人々が国境を越えてつながることを容易にした。同時に、ヘイト・スピーチと陰謀論を拡散するのにも役立っている。

これはインターネットとソーシャルメディアが、コミュニケーションの構造的な条件を根本的に変えてしまったためだ。長らく続いた一対一のコミュニケーションの習慣は、民主化された。多数対多数のコミュニケーションは、世界でヴァイラルな情報が駆け巡ることを可能にする。その結果、伝統的なゲートキーパーはその力を失っていく。キャッチーなコンテンツを発信する術を会得した普通の市民は、定期的に数百万人もの聴衆を得ることができる。ソーシャルメディア上で多数のフォロワーを持つ政治家は、基礎的なファクト・チェックには耐えられない主張を政治アジェンダにできる。今日における政治的な変化は、インターネットの変革能力抜きにしては語れなくなっている。

ポピュリズム台頭の大きな理由が技術的変化に求められるのであれば、その解決手段も、やはり技術に求めたくなるかもしれない。それゆえ、ここ数年、テック企業が大きな社会的、政治的圧力に晒されるようになったのは当然のことだろう。フェイスブックとツイッターが善をもたらすことへの期待は、その負の影響力への幻滅にすり替わり、活動家らはこうしたテック企業が自浄作用を発揮すること、あるいは政府がもっと能動的に改革を迫るよう求めるようになった。

アメリカでは、活動家がソーシャルメディアのプラットフォームを企業が自発的に改革するよう求めている。ヨーロッパでは、規則を守れない企業への罰金を導入するよう政治家が議論（そして活発に法制化）している。しかし、いずれも求めているものは共通している。大西洋の両側で、活動家らはヘイト・スピーチとフェイクニュースは包括的な形で禁止されるべき、というのだ(1)。

規制を求める勢力の声は大きいが、それに反対する声も、同じように大きい。テック企業幹部は、アルゴリズムにはフェイクニュースの特定やヘイト・スピーチの範囲を定められないとしている。好ましからざる意見を食い止めるには、多数のモデレーターを雇用しなければならず、そのために莫大な費用がかかるばかりか、旧態依然とした検閲制度のようなものにもなってしまう、という(2)。こうした異議は、政府による公的な規制に反対するものだ。政府は利他的な意識から、最初は純粋に害悪ある政治言説を検閲したいのかもしれない。しかし、政治家が本当に公的言説を規制したり、批判を封じ込めたりしないままでいるのかと市民は信じるべきなのか、という表現の自由の守護者たちによる疑問は正しい(3)。

双方の議論は両立不可能であるゆえ、同じ程度に魅力的に映らない、二つの選択肢のいずれかに決めなければならないようにみえる。一つは、自主規制や遠慮のない検閲を行うこと、もう一つは、不作為と運命に任せることだ。しかし実際には、この両極端な選択以外にも、より実践的で確実な手段を考えることもできる。

その一つは、映画やテレビ産業が、もっとあからさまな政府介入を回避するために作ってきた自己規制のモデルを真似ることだ。ソーシャルメディア企業が問題を真剣に捉えるようになったのであれば、政府は彼らに行動の自由を与えるべきだ[4]。

もう一つは、フェイスブックやツイッターといったプラットフォームは、検閲を取り入れずとも、フェイクニュースやヘイト・スピーチの拡散を食い止める手段を多く有している点にある。こうしたプラットフォーム企業は、商業的理由から、投稿者の目にする内容を取捨選択している。フェイスブックは、ユーザーの目に止まりやすいよう、ニュースフィードの最初にライブ映像を表示するようになった[5]。ツイッターも最近「見逃したツイート」を、おすすめトレンドに表示する機能を導入している[6]。同じ手段を用いれば、ソーシャルメディアのプラットフォームは、信頼できる情報の投稿を目立たせ、嘘をばらまく悪意あるポストを取り除くことができる。そして、ヘイト集団による告知を拒否することもできるはずだ[7]。

さらに模索されるべきは、人間による悪意ある言説か、それがロボットによるものかを見分けることだ。調査によれば、ツイッター上の嘘やヘイトは、かなりの割合でボット〔自動プログラム〕によるものだ。これは、実際に悪意ある少数のユーザーがボットを利用して穏健な意見を排斥し、ネット上の対話を歪曲する作用をもたらしている[8]。こうしたボットの禁止は、実際の人間による発言に対するものより、悪影響が少ない。オバマ政権の民主主義・人権・労働担当国務次官補だったトム・マリノフスキーは、は「職務にあった時、私はインターネット上の個人の表現の自由のために一所懸命戦った[9]。しかし、ヘイトを巻き散らすボットが同じような自由を享受すべきではないと思う」と私に言った。

政治の信頼を取り戻す

ソーシャルメディアのプラットフォームをプロパガンダの道具として使う民主主義の敵への常識的な対策は、より困難を伴う。それでも、かなりのことができると信じるべきだ。自由な社会にとって当然ながら好ましくない、あからさまな検閲といった手段を用いず、フェイスブックやツイッターが、高い民度と常識のユートピアであり続けることは可能なのか。デジタル時代に現れた反民主的な考えに対抗するため、他の手段は存在しないのか。

この問いに答えるには、まずフェイクニュースもヘイト・スピーチも、決して新しい現象ではないということを認識しておくべきだろう。ツイッターとフェイスブックが出てくる前でも、少なくないアメリカ人は9・11同時多発テロが陰謀によるものだと信じていた。インターネットが現れる前に、世界の少なくない人々は、スタンリー・キューブリック監督は月面着陸を演出したのだと信じた。そして、テレビやラジオ放送が始まる前から、「シオン賢者の議定書」によって、極寒のシベリア平原から灼熱のシナイ砂漠まで、反ユダヤ主義が広められた(10)。

つまり、陰謀論は長い間、政治に付きまとうものだったのだ。しかし、リベラル・デモクラシーにおいて、その役割は周辺的なものに留まっていた。それはソーシャルメディアの存在の有無にかかっていたのではない。陰謀論は、政府がより透明で多くの市民が政治家を信頼していたからこそ、部分的に抑止されていたのだ(11)。

リベラル・デモクラシーが機能するためには、政治家同士の密謀を防ぐための制度や、実際に何が起きているのか、市民が知ることを後押しする制度が必要だ。公職にある者は、汚職しないだけでなく、汚職が起きないようにすることが求められる[12]。政府のさまざまな部門が、互いに説明責任を果たすように求め、野党政治家は失政を暴くように心がける。その結果、市民は多くの出来事がなぜ起こったのか、知ることができる。陰謀論は、そこに残る死角のようなものだ。無くなることはないが、メディアの注目も浴びず、多くの市民は気にかけなくなる。

北アメリカと西ヨーロッパで、近年政治の表舞台に陰謀論がはびこるのは、これらの国でリベラル・デモクラシーが劣化していることの証左だ。その最大の事例は、アメリカだ。

政界に参入した時、ドナルド・トランプは、オバマ大統領が出生証明書を偽造したのかどうかを「調査する」とぶち上げて、陰謀論の波を引き起こした。大統領候補となった際、彼は次々とヒラリー・クリントンに対する陰謀論をふっかけて、ツイッターやフェイスブック、ラジオのトーク番組で話題になった。そして大統領となったトランプは、一連のあからさまな嘘を意地悪なほどに公言している。根拠のないまま、三〇〇万人もの有権者が違法に投票した、あるいはオバマ政権が彼を盗聴していたといったことを、繰り返し主張した[13]。

トランプがホワイトハウスから根拠のない疑惑を発信する一方、敵対者もまた根拠のない疑惑を主張するようになった。なかでも最も話題になったのは、「#ザ・レジスタンス」（ツイッターのハッシュタグ）による、（自身の主張する）政治的真実のために、事実を歪めるような話題だった。「アディクティング・インフォ」や「オキュパイ・デモクラッツ」、あるいはルイーズ・メンシュといった多数のフォロワーを抱えるイギリスの議員までもが、トランプ大統領のセックス・テープが公開間近であるとか、アメリカ主流派メディアの記者数百人はロシアのエージェントだなどと、虚偽の発信をしたのだ。[14]

こうした粗暴な疑惑は、極めて無責任なものだ。確かに、何らかの憶測は不可避だっただろう。トランプ大統領は自身のビジネスから身を引こうとせず、就任数カ月後からロシアとの関係が明らかになるにつれて、最も慎重な者であっても、実際に何が起きているのか、猜疑心を抑えるのが難しかったことは事実だ。[15]

そうであれば、陰謀論の拡散に対して残る有効な手立ては、良い統治のための伝統的な形態に戻ることだ。トランプ大統領退任後、国民の信頼を取り戻すためには、政治家は選挙キャンペーンにあっては真実に徹し、利益相反の疑念を排除し、そして国内のロビイストと海外の公職者との折衝にあっては透明性を確保しなければならない。アメリカほど、良い統治のための規範が後退していない国の政治家やジャーナリストにあっては、新たな熱意でもって決意を固める必要があるだろう。アメリカが示すように、こうした規範は急激に崩壊することになる。そして、取り返しのつかない結果をもたらすのだ。

トランプが二〇一六年の大統領選で勝利した後、バラクとミシェル・オバマ夫妻は選挙中、「相手が汚い手段を用いても、我々はそれに手を染めない」と語ったことは、一部で非難された。[16]対戦相手が、乱暴者を足として使い、こん棒を手に持っているのにもかかわらず、ルールに則ってプレーしようとするチームを馬鹿にするのは簡単だ。しかしゲームを続けたいと願う者にとって、選択の余地はない。双方が武器を取ってしまえば、ゲームの性質は、大きく変わってしまうからだ。

今のところは想像できないかもしれないが、政府の説明責任の欠如（そしておそらく民主的規範の危機）という現況にあって、考えられる現実的な解決法は、双方が武装解除するという合意を作ることだ。

オバマ夫妻が馬鹿にされたように、これは無謀なまでにナイーヴに聞こえるかもしれない。しかし政治学者が常に指摘してきたように、民主主義が安定するためには、主要な政治家がゲームの基本的ルールを守れるかどうかにかかっているのだ。

つまり、トランプ大統領と、そのチームがもたらした倫理的な劣化を受けて、政治家がこれまでに従ってきたルールに戻ること自体が、大きな改善をもたらす。しかし国民の信頼――北アメリカと西ヨーロッパでは、トランプの大統領就任以前から失われていた――を取り戻すことの方がより重要になっている。

一般の市民は、政治家が決断を下す際、自分たちの意見が聞き入れられていないと長らく感じてきた。そう感じる理由には事欠かない。金持ちと権力者は長いこと、政策に多大な影響を及ぼしてきた。ロビイストは議員となり、選挙キャンペーンでの民間資金、元公職者に支払われる多額の講演代、そして政界と産業界の蜜月は、国民こそ政策の主導者であるとの感覚を奪ってきた(17)。

非民主的なリベラリズムの要素を完全に取り除くことはできない。たとえば、気候変動に取り組むために、国際協力は欠かせない。そして、食品に汚染物質が入っていないかどうかを調べるためには、科学者と官僚に権限を付与する必要がある。独立機関から権限を奪い、国際機関を廃止したからといって、問題が解決するわけではないのだ。

一方では、理由なく民意が無視されている場面もたくさんある。とくに、国民国家は政治システムを改革して、政界で金銭が果たしている役割を減じるべきだろう。

陰謀論を無力にするためには、政治家はワシントン、ブリュッセル、ベルリンやアテネで当たり前となった慣習を諦めるべきだ。私的な資金が政策に影響を及ぼすのを止めて――そして議員が辞職後もコネを利用するのを止めて――、世界の政治システムは、過去数十年間で失った信頼を再構築することに汗をかかなければならない[18]。

ヨーロッパの多くの国では、こうした改革が熱心に支持されている。選挙資金を規制すること、あるいは現役を退いた政治家への手厚い優遇の規制に賛成する有権者は多いに違いない。ＥＵの改革も支持を集めるだろう。多くのヨーロッパ人はＥＵが存続することを望んでいる一方で、より民主的になることを切望している[19]。

しかしシステム全体の立て直しには、ヨーロッパの各国政府は不人気な改革にも着手しなければならない。政治に対する民間の影響力を減じるには、たとえば議会の能力を高めるといった方策も考えられるだろう。自ら調査し、法案を提出するために十分なスタッフ数が与えられれば、情報源をロビイストに頼らなくともよくなる[20]。あるいは政治家の報酬を上げて、外部の力に依存せずに済ませる方策もあり得るだろう[21]。

最近、一連の最高裁判決が選挙資金の厳格な規制は合衆国憲法修正第一条に反するとしたために、アメリカのシステムの改善はより困難になっている。司法は、現在のシステムがアメリカの民主主義の健全な機能を妨げていることを自覚し、大企業の政治的発言力をいかに規制するのかを考えなければならない。他方、こうした問題が解決するまでの間、もっと簡単に解決できる問題もある。それは、ヨーロッパのように議員が能力あるスタッフを雇えるよう、現在ではあまりにも低い議会予算を増やすことだ。そして、ギブ・アンド・テイクからなる汚職行為を訴追できる、贈収賄の厳罰化を実現すべきだろう。あるいは、ゲリマンダリング〔恣意的な選挙区割り〕や、有権者登録の妨害といった露骨な反民主的な実践を止めなければならない。

戦後を通じて、現在のソーシャルメディアで拡散されているような嘘や誹謗は、すでに流通していた。多くの市民は、自分たちの政治家が腐敗しているのではないかと感じていた。ただ、その時代にはファシズムの記憶がまだ新しく、共産主義の脅威も現実的なものだった。公民の養成は、全国の保育園から、トップ大学の教授室に至るまで、教育制度の一環を為していた。結果として、多くの市民はリベラル・デモクラシーの機能のあり方、そしてその原理に深く関与していた。それこそが、嘘や虚偽情報に基づく陰謀論に対する免疫となっていたのだ。

この事実は、さらなる重要な施策が必要であることを示している。もしリベラル・デモクラシーの基本的原理への攻撃をあからさまな検閲によって防ぐことが望ましくないのであれば、嘘や虚偽情報の需要を減らすことが大切になる。共産主義やファシズムの脅威を復活させることはできないのは当然だが、権威主義の誘惑に対する最大の防波堤は市民教育にあることを思い起こすべきだ。つまり、リベラル・デモクラシーを守るものは変わっていない。それは、子どもが市民となることを手助けすることなのだ。

市民を育てる

自己決定という理念について思考を巡らせて、哲学者が最も重視したのは、市民教育だった。プラトンやキケロ、マキャヴェリやルソーもまた、青年期に政治的徳をいかに涵養するかに腐心していた。

だから、地上から自治が消え去ってしまった時、新しい共和政を樹立せんとした少数の愛国者たちが、自分たちの抱いていた価値観を次世代にいかに伝えるべきかを真剣に考えるようになったのも驚くには値しない。ジョージ・ワシントンは八回目となる一般教書演説で、「国の自由を守る将来の守護者たち」に対し、市民の価値を伝える以上に大事なことはない、と訴えた。そのためには「若者に統治の科学を教えること」こそが、アメリカの保育園、学校、大学の「第一の目標」であるべきとの正しい答えを導き出したのだ。(22)

マディソンもその数年後に「自らを統治せんと志すものは知識が与える力をつけなければならない」としている。この大事なことが実現できない時、アメリカで何が起きるのかについての彼の不安は、今日でもそのまま当てはまるように聴こえる。続けて彼は「人民の知育なき、あるいはそれを獲得する術のない人民の政府は、茶番か悲劇か、あるいはその双方の序章となるだろう」と述べているのだから。(23)

共和政が生まれてから最初の数世紀というもの、市民教育こそが国の一大事業だった。両親は明日の市民を育てようと、自分の四歳児たちの誰が最も多くの大統領の名前を憶えているかを競わせた。全国の学校は、学生に「法案がいかに法律になるか」について多くの時間を割いて教えていた。(24)「偉大な古典」と呼ばれた教育プログラムは、アメリカ共和政の知的伝統がどのようなものであるかを、教養科目として教えていた。(25)市民的義務を求める声は、ＹＭＣＡ〔「民主主義は各世代で学ばれるもの」〕(26)やホーレス・マン〔教育者〕によるモデル学校〔「人々の知性なき政府の共和的形式は、言うなれば監督や見守り人のいない小さな精神病院が大きくなったようなものだ」〕(27)など、さまざまな組織で熱心に反映された。最高裁も、市民的徳は憲法原理の一部だとして、フレイザー事件判決〔公立学校における表現の自由を認めた一九

八六年の判決〕で、「公教育とは共和政における市民権のために児童を教えることにある」としたのだ。(28)

こうしたさまざまな公教育のあり方は、アメリカというプロジェクトの核心に位置付けられていた。しかしその後、かつてないほどの平和と豊かな時代を経験して、自治という世代世代で受け継がれた理念は、少しずつ薄れていった。今日では、もはや存在しないに等しい。


政治学の博士課程に進学するため、ハーヴァード大学にやってきた時、この複雑な世界がどのようになっていて、どうあるべきなのかを知るため、私は歴史と理論に没頭すると決めていた。しかし、意に反して、こうした抽象的な問題意識ではなく、大学院ではより公共的かつ実践的な内容が教えられていた。私とクラスメートは、キャンパスに来てから数週間後、アメリカのトップ大学は、有名な学術雑誌に論文を公表できるか否かで、大学院生の能力を図っていることに気付いた。それ以外の能力はまったく埒外に置かれていたのだ。

こうした狭い世界観の中でより広い聴衆に向かって政治について書くことは、よく言って気晴らし程度にしかみなされない。学部生を教えることは誠意を持って当たらなければならない雑事の一つだが、それすらも効率よく行うことが何よりも求められた。自分の評判を気にせずに大学院生が他人と共有できる人生の目標は、唯一、有名な研究大学に学術ポストを得られるかどうか、だけだった。

アメリカの大学研究者の受ける狭小な教育内容や、博士課程に進学してから退職するまで付きまとう倒錯した意識は、学部教育がおざなりにされていることの理由にもなっている。アメリカの有名大学の多くでは、相互不干渉という暗黙の了解が学生と大学とで交わされている。つまり、教員は学生の教育に時間を割かなければ自分の学位取得に専念することができ、学生の側も同じような態度で講なすことを目標にしているのだ。[29]義に臨み、レポートや課題提出は卒業のための条件であるゆえ、それを最も効率よくかつ首尾よくこなすことを目標にしているのだ。[29]

エリート大学における教育の失敗は、やはり青年たちが公立学校で直面する問題の頂点に位置するものであるという事実を除けば、過大視すべきものではないかもしれない。しかし、大学教育が極めて実用的なものとなったために、公教育の視野もまた狭まっている。過去数十年のうちで、高校生のための市民教育の時間は、大幅に減少しているのだ。[30]

その結果生まれているのは、政治の知識を持たない世代だ。アメリカ独立革命が何世紀に起きたのか尋ねる二〇〇九年の調査では、回答者の八九％がその答えを知っていると回答したものの、実際の正答率は一七％にすぎなかった。全国のトップ五五％に入る大学生に基本的な市民的徳についても尋ねても、そのうち上下両院の任期を答えられたのは五〇％のみ、高校時代の公民科目試験での成績が「D」や「F」だった者は八〇％もいた。[31]

かつてアメリカの多くの親たちは、子どもに全五〇州の州都を覚えさせたものだ。「ヴァーモント州の州都は？」と四歳児に尋ねれば、「モントピリア」と、子どもは誇らしげに答えただろう。こうした自己満足がどこまで意味あるものだったのかは、わからない。読み書きができれば、グーグルですぐに調べることができるからだ。来たる経済で、職業的に成功するために必要なのは、機械がまだマスターしていない技能を身に着けることであり、すでに知られている事実を覚えることではない。政治的価値を学ぶのに反復的な学習が向いていないのであれば、麗しい市民的徳に関するトリビアな知識でもって、今日の児童が明日の勇敢な民主主義の担い手へと変身することを期待するのはナイーヴに過ぎる。

そうであってもなお、こうした自己満足的な教育が過去数十年で失われてしまったことは、多くを物語っている。公的な精神を学生に教えることを放棄した学校と同じく、多くの親も自分の子どもたちに市民的義務の感覚を強調することに関心を失っている[32]。

もちろん、アメリカの教育制度が政治的な情熱を失ってしまったとするのは、言い過ぎかもしれない。どの大学にも理念的な使命感は残っている。とくに、人文科学、なかでもイデオロギー的な社会科学の分野では、多くの教員は、学生の態度を変えようと努力している。もっとも、その目的は、私たちの政治システムで最も尊ぶべき価値を守ることではなく、学生たちが不正や偽善を認識することに向けられているのが実情だ。

教員の基本的な態度は、学問分野に応じて、異なる形をとる。文学部の多くでは、啓蒙の価値を脱構築し、良く言ってもこれらが人種差別的、あるいは植民地主義的、そして異性愛規範的であることが強調される。歴史学部の多くでは、政治発展という物語はまやかしであり、リベラル・デモクラシーが常に不公正を生み出してきたことが主張される。社会学部の多くでは、国で見過ごされている貧困や不遇に光を当て、今日のアメリカがいかに差別的であるかを示すことに躍起になっている。

こうした見方のそれぞれに、傾注に値するものがあるのは間違いない。しかし、こうした見方が重なると、逆に知的な洗練は、私たちが受け継いできた政治制度に学生を幻滅させる作用しか持たなくなる。極めて優秀で、好奇心旺盛なある文学部生が私に言ったように、民主主義が啓蒙精神から生まれたものならば、民主主義は啓蒙的価値が受容されない限り機能しない。しかし、啓蒙精神が時として残酷で間違ったものだとすれば、何が正しいのかは、わからなくなってしまう。ならば、この学生は教えられたことに反して啓蒙を評価すべきなのか、それとも自身が育った民主主義への当然の関与を止めてしまうべきなのか。

この学生の抱えた矛盾は現実のものだ。民主主義と啓蒙をともに信じるべきか、あるいは、民主主義も啓蒙も信じないかのいずれかが迫られることになるからだ。私が説くことができたのは、リベラル・デモクラシーの誕生につながる知的伝統がいかに価値あるものなのか、この学生自らが気付くことだ。会話が続くにつれて、私は学生が立場を決めて、啓蒙精神に対する敵意ではなく、民主主義を信じることを決心したかのように思えた。

私の学生がハーヴァード大で抱えざるを得なかったこうした矛盾は、アメリカの教育学大学院によって、教室の外にも普及し、教育に不相応な影響を及ぼすようになっている。教育学専門の大学の教員は、最低でも大学院の学位がなければ職に就けないため、無視できない役割を果たしている。教育学大学院は、年齢を問わないアメリカの学生全員の政治的価値観に大きな影響を与えるようになっている。[33]

結果として、多くの場所で、市民的徳養成の試みは、反市民的徳養成の試みへと反転することになった。現代社会を規定する広範な不正義についての社会学的解釈に親しみ、啓蒙の「問題ある」価値を相対化するよう教えられた教員や校長らが、自分の学生たちが誇りを持ってリベラル・デモクラシーを擁護できる政治的な徳を教えることはできないからだ。[34]

こうした複雑な病理に対する簡単な処方箋が、多くの保守的な思想家から出されるようになった。デーヴィッド・ブルックスは最近のコラムで、西洋文明の歴史は「確信的に、進歩的に」教えられるべきだと書いた。「ソクラテスやエラスムス、モンテスキュー、ルソーといった、人間にとっての理想に国民を近づけようと努力した偉大な人物がいる」、と[35]。

市民教育が大事だとする、このブルックスの意見は正しい。しかし市民的徳の将来が過去の聖域化にかかっているとしている点は間違っている。欠陥があるにせよ、大学の左翼によるリベラル・デモクラシーに対する批判には、幾分かの真実が含まれている。多くの啓蒙思想家は普遍主義を唱えつつ、その道徳的思考から多くの人々を除外していた。多くを達成しつつも、こうした歴史上の「偉大な人」は、許されない過ちも犯したのだ。そして、リベラル・デモクラシーの理想は擁護されるべきものであるにせよ、現在のあり方は、看過できない不正義を許したままだ。

啓蒙の歴史とリベラル・デモクラシーの現実は、ともに複雑なものだ。双方を無批判に捉えることは、啓蒙精神の基本的価値である誠実さにも、民主主義の基本的価値たる政治的平等の志向にも、反することになる。今日の多くのジャーナリストや学者が純粋な心でもって、持続的に批判し続けているのは、こうした事実を認めること――そして、権利が反故にされているのを見て見ぬ振りをすることに対する怒り――を求めているからだ。

しかし、今日行われている不正義のみに焦点を当てるのは、西洋文明の偉大さを無批判に称賛することと同じくらい、知的に不誠実なことでもある。自らの理念に忠実であるためには、市民教育は、現実の不正義とリベラル・デモクラシーの偉大な達成の両方に敏感でなければならない。そして学生が前者を糺し、後者を守れる条件が整えなければならない。

この教育が目指すところは、リベラル・デモクラシーの原理がなぜ特別なものなのかを説明することにある。教員や教授たちは、ファシズムや共産主義、あるいは専制や神権政治といったリベラル・

デモクラシーに代わるイデオロギーが、過去と同様、今日もなぜ訴求力を持っているのかについて、より時間をかけて説明すべきなのだ。そして偽善を無くすためには、不実にも罪を着せられている原理を無視するのではなく、それが長きに亘って続くよう、いっそう努力することが不可欠だと説得すべきなのだ。

過去数十年間に亘って、私たちの意識は、これまで生きてきた幸運な時代を通じて形作られてきた。歴史の進歩は、当然のことと思われてきた。味方は多く、敵は少なく思われた。それゆえ、政治的自由は、各世代の手によって常に守られるべきとする旧世代の信念は、時代遅れのように思われてきた。無益とは感じられなかったものの、指針になるとは思われなかったのだ。

しかし変革の風は急速にやってきた。ドナルド・トランプはホワイトハウスの主となった。西ヨーロッパの各地では、権威主義的なポピュリストが台頭している。ポーランドやハンガリーでの政治的自由の急激な崩壊は、二一世紀になっても民主主義定着のプロセスが一方通行でないことを白日のもとに晒した。歴史の道筋は、民主主義に向かってはいないことが明らかになった。

未来がもし予見できないのであれば、建国の父たちが市民たるもの全員に与えた使命は、かつてないほど重要になっている。私たち皆が民主的制度を維持し、発展させる義務を負っている。この義務を果たすには、まず周りの人たち――そして後に続く者に対しても――同じ行動をとるよう、説得することが最も大切になってくる。

人間は、驚くほどの可能性に満ち満ちている。私たちの祖父母たちは、市民教育がこれほど後退していることを予見しなかったに違いない。反対に、リベラル・デモクラシーの価値を広めようとした、起草者たちの国を建て直さなければならない時代も予期されてなかった。市民的徳はこの教科の中心にあり、教員全員は憲法の深い理解と、その知的源流を生徒に伝える努力を惜しんではならず、そして、もし生き残りたいのであれば、市民たちはあらゆる機会を捉えて、自分たちの政治システムを守るためのイデオロギー闘争にはせ参じるべきなのだ。

唯一確かなのは、私たちの政治システムの道徳的基盤は思う以上に脆く、ソーシャルメディアは、リベラル・デモクラシーに好ましからざる影響を与えていることだ。だから、リベラル・デモクラシーを再び活力あるものにすることに貢献したいと思う者は、より確固としたイデオロギー的な立場を作らなければならないのである。

最終章　信念のために戦うこと

ある政治システムが数十年、あるいは数世紀存続する時、それ以外を知らない者は、それがずっと続くと思うのだろう。歴史はようやく終わったかのように感じられ、安定はかつてないほど、確実なものと思われるのだ。

人類の記録をみれば、驚くほど長きに亘って存続した体制には、共通するものがあることがわかる。それは、そのいずれもが崩壊したということだ。アテネの民主主義は二世紀ほど続いた。ローマ帝国の自治は五〇〇年以上続いた。ヴェネチア共和国は、千年以上も変わらないままだった。こうした政治体制の晩年になって崩壊を予期したものは、馬鹿にされたに違いない。同時代人は彼らに、こう尋ねたことだろう、なぜ数百年もの風雪に耐えたシステムが、これから五〇年のうちに崩壊するというのか、と。しかし、アテネの民主主義が、ローマの自治が、そしてヴェネチア共和国が、歴史の舞台から消え去る時期は確実にやってきたのだ(1)。

歴史の教訓は心に刻まれるべきだ。

第二次世界大戦が終わってからの七〇年間、北アメリカと西ヨーロッパの人々は、前代未聞の平和と安定を享受できていた。多くの先達と異なり、私たちの多くは、戦争や革命を経験せずに済み、飢餓や内戦を免れることができてきた。民主主義が突如として消滅するという考え――新しい時代の予兆は、寛容や豊かさではなく死や飢饉であるということ――は、私たちが日々過ごす時間や日常とは、かけ離れたものだ。

しかし歴史は、その短い生涯の中で平和と安定を経験したことがない人々で満ちている。その歴史は、土着宗教の司祭、フランスの貴族、ロシアの農民、ドイツのユダヤ人たちで占められている。もし私たちが彼らのようになりたくないならば、身構える必要がある。そして、私たちが大事にしている価値のために、戦いを始めるべきなのだ。

世紀の大半において、リベラル・デモクラシーは世界の多くの地域で支配的な政治システムだった。しかし、その時代にも幕が引かれることになるかもしれない。

ここ過去数十年で、北アメリカと西ヨーロッパは、民主的でなくなってきている。私たちの政治システムは、人々による統治を約束してきた。実際には、民意はかなりの頻度で無視され放しだった。多くの政治学者は気付いていないが、デモクラシーなき権利のシステムが優位であり続けたのだ。最近になって、権力を人々に取り戻すことを約束する、政界でのニューカマーが出現し始めた。しかし実際に権力が掌握された国では、結果的にリベラルでない社会が生まれることになった。そして、人々の現実の意識を気にかけなくなっていった。ハンガリーやフィリピン、ポーランドやアメリカでも、個人の権利と法の支配は、ポピュリスト的な強い指導者によって踏みにじられている。デモクラシーなき権利のシステムの最も手強い競争相手は、権利なきデモクラシーへと変貌を遂げてしまった。

現在の危機が非民主的なリベラリズムから非リベラルな民主主義へと移り変わろうとしているとし

て、さらに独裁制へと移行することになるのだろうか。それともリベラル・デモクラシーの守護者たちは、ポピュリストの攻撃をかわし、欠陥を抱えつつも、かつてない平和と豊かさを促進させた政治システムを刷新することができるのか。

ここに至って、世界の各地で権力の座にあるポピュリストが自らの約束を果たせずに、退陣することになると考えたくなるのも、無理はない。

実際、強い指導者が権力を握ったために散々な結果に終わり、追放される例がないわけではない。ポーランドの「法と正義」の最初の政権は、二〇〇七年に連立相手が離脱して議会多数派を失い、次の選挙で敗北した。韓国では、二〇一六年秋に数百万の民衆が、腐敗し、権威的な態度をとった大統領に抗議するため街頭に繰り出し、朴槿恵大統領が弾劾を受け、ソウルの刑務所に収監された[2]。

ポピュリスト的な強い指導者が一度勝利したからといって、リベラル・デモクラシーへの回帰が不可能なわけではない。守護者たちがポピュリストに一致団結して抵抗し、権力に王手をかけることに大々的な抗議が行われ、機会を捉えて職から追い落とすことができれば、システムの存続は可能になる。

しかしポピュリストが退陣するまで、ポピュリストは選挙で二、三回勝利するのが常だ。世界の多くの国で、失政や空転が予想された権威主義的な強い指導者であっても、権力掌握を確実なものとし、自由で公正な選挙を通じて野党が勝利するのを妨げることができている。

トルコやベネズエラでは、ポピュリスト政権が第一期目に経済発展を促し、大勝して二期目に入っていった。しかし、それ以前から、これら政権の短期的視野に基づく政策の負の側面は明らかで、野党に対する抑圧も度を強めていった。支持が低下する頃には、こうしたポピュリストは権力に対する独立した監視機関を実質的に解体してしまっていた。リベラル・デモクラシーの守護者たちの努力があったにもかかわらず、国が独裁制に向かうのを防げなかったのである。(3)

こうした経験は、強い指導者を国のリーダーに選んだばかりの国にとって、憂慮すべき事例だろう。インド、ポーランド、フィリピンなどでは、権威主義的なポピュリストがこれまでに権力を手に入れることに成功している。リベラル・デモクラシーに対する攻撃がどのような結末を迎えるのか、あるいはそれに対する抵抗がいかほどのものかを占うのは、早計に過ぎるかもしれない。確かなのは、これらの国が民主主義国とはみなされない国々と同じ道を歩んでいるということだ。(4)

インドのナレンドラ・モディやポーランドのヤロスワフ・カチンスキがたどっているこうした道の最初の段階は、トルコのレジェップ・エルドアンが最初に歩んだ道と驚くほど似ている。これは、こうした足取りがそのまま続いていくことを意味してはいまいか。

これから数年が経たないと確かなことは言えない。こうした国々が道を引き返す可能性がないわけではない。しかし、最も摩擦の少ない道をたどるのであれば、地獄へと行きつくことになるだろう。

悲観と楽観

インドは、世界で最も人口の多い民主主義国だ。ポーランドは、共産主義体制からの移行に最も成功した国として称えられてきた。もし権威主義的な強い指導者が自分のルールを押し付けることに成功すれば、自由と自治が世界を覆うはずとの希望は潰えることになるだろう。しかし、これらの国々の中の一国が独裁制に移行したとして、それが古くからあるリベラル・デモクラシー国の運命にどのような影響を与えるかは未知の領域に留まる。

ハンガリーやトルコ、ポーランド、インドといった国々よりも、北アメリカと西ヨーロッパの大部分は長い民主主義の歴史を有している。これら地域の政治文化は、より深く根を下ろしている。その制度もより強固にできている。市民は、より豊かで教育レベルも高い。従って、かの地で権威主義的なポピュリストが生まれたからといって、それがこの地に悪い影響を与えるとは言えない。

ただし、この問いに答えられるだけの前例もない。定着した民主主義国の市民が、これほどまでに自分たちの政治システムに批判的だったこともない。そして、権威主義的な代替案に前向きだったこともない。そして、リベラル・デモクラシーの基本的なルールと規範を正面から批判するポピュリスト的な強い指導者にこれほどの支持を与えたこともない。確実なことは言えないにせよ、ここ数カ月の出来事は、予測のための手がかりを与えてくれる。それがドナルド・トランプの当選である。

デマゴーグが大統領になることを恐れた建国の父たちは、間違いを犯す行政府に対して抵抗する術を立法府と司法に与えた。最高裁には、大統領令を違憲とする権能が与えられた。そして、もし大統領が法を破ったり、裁判所を無視したりした場合、議会は大統領を弾劾できるようにした。

しかし、こうした制度は実際のところ、生身の政治家と官僚によって運営されている。もし不和や恐怖心から、建国の父が与えた道具が用いられなければ、憲法の文面は何の効果も発揮しない。では、大統領に議会と司法が歯向かった場合にはどうなるのだろうか。

ドナルド・トランプのような考えと性格を持った人間は、決して大統領に選ばれることはないと政治学者のほとんどが予測していたのは、それほど昔のことではない。彼が選出された後でも、大きな抵抗にあって大統領が無視できない赤色信号が灯るはずだ、と喧伝され続けた。もし大統領がＦＢＩ長官の個人的忠誠を求めたり、彼の側近たちが一致団結して抵抗したり、あるいは白人優位主義者を断罪するのを拒んだり、ライバルを収監すると脅したりすれば、反動は迅速かつ甚大な形となって表れることになるだろう、と。

しかし現実は、より曖昧なものだった。

トランプが就任してから最初の数カ月間、彼はこうした無視してはならない赤信号を次々と破った(5)。しかし、こうしたその行動をバックミラーを使って振り返ってみると、信号は実際にはオレンジや黄色、さらに緑色ですらあったのだ。

この結論を書いている段階で、多くの共和党議員はアメリカの民主主義へのトランプによる攻撃を非難してはいない。彼は、共和党員、さらにそう自任している者を含む、少数の有権者の強い支持を受けている。そして、彼がそのことを自慢にしている限り、その姿勢が変わるとは思えない(6)。

それどころか、物事はさらに悪化する可能性がある。来る数カ月、あるいは数年のうちに、トランプは司法の判断を無視したり、彼の疑惑を追及する者たちをさらに解任したりするかもしれない。新聞の発行を差し止めたり、選挙結果を受け入れなかったりすることすらあり得るだろう。

こうした事態を受けて、議会と裁判所がもし勇気と覚悟を持って臨めば、大統領の権威主義的な志向を食い止めるチャンスが訪れるだろう。しかし憲法は、自分の手で自分を守ることはできない。トランプの味方と共謀者たちが、政党より国を優先しようとし続けるなら、アメリカ共和党の危機は過ぎ去らないだろう。

悲観的なシナリオは以上だ。確かに、学者の予想に反して、ポピュリストにリベラル・デモクラシーが乗っ取られる多くの兆候が出てきている。しかし、トランプが去った後、アメリカは自らの民主主義を刷新する能力をまだ備えていると楽観するだけの理由もたくさんある。

就任式以来、数百万のアメリカ国民が、彼の劣悪な行動と政策に対して、抗議の声をあげている。草の根の抵抗勢力は、大統領が決してアメリカ国民の名において発言しているのではないことを示すのに、大きく役立っている。来る数年間、彼のライバルたちが力を温存できれば、それは権力奪取を防ぐ大いなる抵抗力となるだろう。

数年前に政治学者が予想したほどには、独立機関はトランプに対して大々的かつ強固な反対姿勢を見せてはいない。しかし、こうした機関も、ようやく正しい道を歩み始めたようにみえる。特別検察官にロバート・モラーが任命されたことで、国の法執行機関はその独立を保つことができた。共和党も、大統領と少しずつ距離を取るようになった[7]。

世論も変わり始めている。確かに、ライバルたちがいうほどは、あるいはソーシャルメディアで紹介される都合の良い世論調査の数字よりは、トランプの支持率は酷くない。しかしトランプの人気は最初の九カ月間で現実として下がっており、同じ期間内の前任者たちの支持率よりも低いのは事実だ[8]。

トランプ大統領の残りの任期期間中、何がもたらされるのかは、まったくもって不明だ。しかし現段階で言えるのは、これからの数年、政権は地雷原に突入していくということだ。この文章を読者が目にする頃、支持率はさらに下がっているかもしれない。共和党も、ようやく自らがよって立つ理念に忠実になろうとしているかもしれない。大統領の最側近たちは、訴追されているかもしれないし、大統領が弾劾のための公聴会の対象になっているかもしれない。そうでなければ、すでに辞任しているかもしれない。あるいは、こうしたドラマティックな展開がなくとも、トランプが二期目を賭けた選挙では、勝つよりは負ける可能性の方が高い(9)。

そうであれば、楽観的なシナリオをさらに続けたくなるというものだ。もしトランプへの追い風が止めば、彼の短い任期は非リベラルな民主主義に対する免疫力をアメリカが付ける効果を持つだろう。市民が長きに亘って自分たちの政治システムを信頼してこなかった中で、国が権威主義へと落ちぶれていく経験をしたことで、憲法への愛着心が呼び起こされるようにもなっている。もしトランプが屈辱のうちに大統領職を離れることになれば、新たな団結の精神を呼び覚ますことになるだろう。彼のような凄絶な大統領を再び選ぶまいと、アメリカ人は共通の旗のもとに集い、新しい市民的徳の刷新へと歩を進めるかもしれない。そして、かかっている感染症を治癒して、来る時代のポピュリストという伝染病から守ることのできる抗生物質を発明し、免疫力を高めることになるかもしれない。

悲観的シナリオ、楽観的シナリオのいずれも、同じ程度の確率で進む可能性がある。

トランプが任期最初の数年に引き起こした混乱から足を洗うのは難しいだろう。支持率が低下し続け、議会で法案が通らず、さらに選挙中の出来事についての調査が進み、共和党議員も大統領から距離を置くようになれば、権力を手中に収め続けるのは困難となる。

しかし楽観的シナリオを採る者であっても、トランプが相対的に孤立し、自然に支持率を下げ続けたとしても、アメリカの制度に依然として大きなダメージを与える(あるいは不要な戦争を始めたりする)可能性があることは、頭の片隅に置いておく必要がある。これからの数年のうちのどこかの時点で、憲政上の危機が引き起こされる可能性もある。大統領の権力行使を妨げることができても、アメリカの憲政上の規範に対するダメージは計り知れないものがある。トランプが民主主義的なゲームに突き付けている危険は過ぎ去ってなどいない。

同様に、トランプ大統領の失政は、アメリカ人がリベラル・デモクラシーの刷新された関与を引き出すことになるかもしれない、と想像することもできる。しかし、これは国を蝕む党派的対立をさらに深刻なものにする可能性もある。トランプをヒーローとみなす、アメリカのごくごく少数派は、今度は彼を殉教者と崇め、政治エリートへの怒りをますます募らせるだろう。そして彼に背を向けていたかつての支持者も、状況が悪くなれば、さらにラディカルで非妥協的な人物を選ぶべしとの確信を抱くようになるかもしれない。

世界のポピュリスト蜂起と同じく、トランプは現在の原因である以上に、その症状なのだ。彼がホワイトハウスにたどり着くことができたのは、そもそも多くの市民が民主主義に幻滅していたからだ。そして、多くの市民が民主主義に幻滅したのは、長期に亘る社会的、経済的趨勢のせいなのだ。

トランプがホワイトハウスを去ることになったとして、その後継者は拍子抜けするほど、普通の人間かもしれない。続く一連の選挙でも、政権の手綱はリベラル・デモクラシーの基本的な規範に忠実な政治家が握ることになるかもしれない。しかし、現状に幻滅している市民を生み出している原因を解決するため、党派を問わず政治家たちが取り組まない限り、新たなポピュリスト予備軍が待ち構えることになるだろう。そして一五年後あるいは三〇年後に、権威主義的野心を持った政治家が次にホワイトハウス入りする時、アメリカはその主張を聞き入れることになりはしないかと、私は心配している。現在の民主的規範の劣化が続いていけば、そして党派的対立によって分断が進んでいけば、アメリカの免疫システムはさらに脆弱になっているだろう。そして、権威主義というウィルスは、さほど抵抗に合わないままに、政体を蝕むことになるだろう。

だからトランプ大統領の任期は、救済への出口ではなく、より長い戦いの始まりの合図となる。その闘いは、彼の任期以降も続き、アメリカ一国の範疇も超えるものだ。フランスやスペイン、スウェーデンやアメリカの未来を考える時、私の頭をよぎるのはハンガリーやトルコの事例ではない。そうではなく、共和政ローマなのだ。

紀元前二世紀のこと、社会の大きな変化と経済の混乱によって、多くの怒りと妬みが生まれていた。そこで紀元前一三三年、土地を与えることで貧しいローマ人の苦難を解決すると訴えたティベリウス・グラックスが護民官に選ばれた。元老院の貴族層は恐れをなして、彼の改革を止めようとした。ティベリウスが貴族層の拒否権を押し切ろうとしたため憲政上の危機が続き、対立は内乱にまで発展する。疑心暗鬼が蔓延し、ティベリウスと彼を支持する三〇〇人は殴り殺された。これは共和政ローマで起きた最初の内乱だった。

ティベリウスが暗殺されてから、ローマは相対的に平静な状態に戻った。しかし、その約一〇年後、ティベリウスの弟、ガイウスが護民官に就任して、よりラディカルな改革を推し進めようとしてから、さらに深刻な憲政の危機が生じると、彼もまた暗殺された。今度は三〇〇〇人が殺されるに至った(10)。続く数十年間、同じようなことが繰り返し、繰り返し、生じた。護民官の恣意的な統治は、元老院と激しく対立した。その後にまたしばらく静寂が戻り、感情は押し殺され、平和が続く。しかし共和政の抱える問題は解決されないままで、人々の怒りに火が再び付くのは時間の問題だった。

グラックス兄弟が実現しようとした政治と、それに抵抗する貴族層という構図は、その後も長く続くことになった。ほぼ一〇年ごとに新しい者が権力を握ろうと挑戦し、ローマ共和政の規範と法律は、この挑戦を退けることができなかった。

同時代人たちが、自分たちの政治制度はもはや時代遅れだと意識した明確な時点は存在しなかった。ローマ共和政は、時代を追うにつれて、徐々に朽ちていったのだ。ローマ人が自分たちの手ではもはや統治できないと悟った時、共和国はすでに崩壊の憂き目にあっていた(11)。

アグリッピヌスの忠告

その残忍な統治の頂点にあって、暴君ネロは自分の政敵の抹殺に手を染め、親類をも暗殺した。母親と義理の兄弟を自らの手で殺めた。長老の法務官も処刑した。そしてついに、彼は名門の元老議員に目をつけた。元老のフロルスが、舞踏会で公衆の面前で踊りを披露し恥を晒すよう命じられたのだ。フロルスは狼狽えた。もしネロの命令に従えば、その支配を認め、自分の家族の名誉を傷付けることになる。もし断れば、ネロに殺されるかもしれない。困った彼は、有名なストア派哲学者のアグリッピヌスに相談する。

ストア派は、人々が正しい哲学的訓練を受ければ、問題は必ず解決できると説いていたことで知られていた。他人は自分の思考を支配することはできない。思考の外にあるもの――物質に対する、果ては他者に対する愛着まで――に無関心でいることができれば、自分の人生は自分のものになる。だから、真の哲学者は、拷問台の上でも幸せでいられる、と。

アグリッピヌスに相談したフロルスを待つ回答は決まりきっていたも同然だった。フロルスは、ストア派の哲学者ならば「専制者に立ち向かえ。正しい行いをすることが大事だ」と助言されるものと考えていた。

しかし、アグリッピヌスが口にしたのは意外な言葉だった。彼はどんな選択も関係ないと、「舞踏会に参加すべき」と進言したのだ。

フロルスは困惑した。「ならば貴方が踊って見せてはどうです」

「そのようなことは考えにも及びません」とアグリッピヌス。「そのような考えを持つ人は、すでに自分に負けたも同じです。生きることは死ぬよりも良いことか。もちろんです。喜びは痛みより良いことか。もちろんです。あなたは『私が忌まわしき舞踏会に参加しなければ、彼は私の首を切り落とすでしょう』と私に言いました。ならば是非に赴くべきです。ただし、私がその舞踏会に参加することはありません」(12)

過去数カ月間、私はこのストア派の教えについて、いつも想いを巡らせてきた。彼らの世界観には、あまりにも厳格な何かが潜んでいる。彼らが言うように、自分の運命を手中に収めるためには、自分の周りのものに無関心であるしかないだろう。誰かを愛してしまい、その人にたいへんなことが起きれば、幸せは遠のく。仲間たる市民と親しくなれば、彼らの経済的苦境や差別に心を痛めることになる。そして、自由や平等という価値を大事にすれば、リベラル・デモクラシーの行く末を、気にかけないわけにはいかない。

だから、私はストア派にはなれない。自分の力の及ぶ範囲を超えるものに無関心でいられるばかりか、それこそを大切に思うゆえに、自分の運命が他人のそれと絡み合うこと――それもより密に――

を望んでいる。自分の周りが崩壊しつつあるにもかかわらず、それを眺めているのは、啓蒙された哲学者のものというよりも、卑劣だったり、無関心を決め込んだりする人間の態度ではないか。

ただ、ストア派の教えにも傾聴すべきものがあるのは事実だ。それは彼らが、もし私が自分の行為が成功するかどうかを常に計算して行動するならば、正しい行いはなし得ないとしたことだ。本当の危機に瀕した時は、不動でいるか、だんまりを決め込むのが賢明なのかもしれない。

「何かを言うべきだったかもしれない。でも言ったところで何になったというのか」

「こんなことになっていると知らしておくべきだったかもしれない。でもクビになったら家族を養っていけない」

「政権に反対しておくべきだったかもしれない。でも支持する奴らが私を追放するかもしれない」

アグリッピヌスは、ある大事な一点において正しいことを指摘していた。それは、自分が直面する危険の度合いを図るために、危機が生じるまで待っていては、最も大事な瞬間に自分を見失うことになる、ということだ。私は最も大事な時に、自分を見失おうとしている。勇気が最も問われる時――勇気を発揮するのが難しい時――に正しいことを為すために、彼の忠告を心に留めておこう。それは、危機が現実のものとなる前に、正しい行いをすることを決心するということなのだ。

安定した民主主義に生きることの最大の利点はこうした問題に直面しないで済むことだったはずだ。最近まで、私たちは正常といえる時代を生きていた。政治の抱える問題は変わらなかったが、私たちが大事にしてきたものを守るため、勇気が試されるようなこともまずなかった。正しいことを行うために、多大な犠牲を求められることもなかった。もし戦いに負けても、勝つチャンスが改めてめぐってくるはずだったからだ。

対照的に、今は異常な時代に突入しつつある。政治の抱える問題は実存をめぐるものとなった。私たちが大事にしてきたものを守るため、来る何年間かのうちに、ますます勇気を発揮することが求められるかもしれない。決定的となる瞬間に、正しい行いをしたいのであれば、犠牲が求められるかもしれない。これからもポピュリストとの戦いに負け続ければ、挽回するチャンスはもはや巡ってこないだろう。

ポピュリストの時代がやって来る中、有難いことに、まだリベラル・デモクラシーを守りたいと思っている仲間がいる。ポピュリストに対して街頭に繰り出そう。仲間の市民に、自由と自治の大切さを説こう。皆により良い未来を約束するという、リベラル・デモクラシーの約束を更新するため、政党には野心的な政策の実現を求めよう。そして、これからの戦いに勝利することが意味するのは――それが可能だと私は信じる――、打倒すべき相手を民主主義の枠内に留まらせるという、栄誉と決意に与ることだ。

それでもなお、私たちの政治システムの天運がどう転ぶのか、言い切るのは難しい。もしかしたら、ポピュリズムの台頭はすぐに収束し、数百年後に幾ばくかの困惑と好奇心を持って振り返られるだけになるかもしれない。あるいは、やはり決定的な変化がもたらされ、個人の権利が日常的に侵され、地上から自治が消え去ってしまうような世界秩序に向かうのかもしれない。ハッピーエンドを誰か他人が保証してくれるわけではない。私たちの価値と制度を心の底から大事にしている者であれば、結末など気にすることなく、自分たちの確信のために戦うはずだ。その努力が、どのような実を結ぶのかはわからない。しかしリベラル・デモクラシーを救うために必要なことをすべきまでなのだ。

訳者あとがき

本書は、Yascha Mounk, *The People vs. Democracy: Why Our Freedom Is in Danger and How to Save It*, Harvard University Press, 2018 の全訳である。

著者の名は、共著者であるロベルト・ステファン・フォアとともに、論文「民主主義の脱定着へ向けた危険――民主主義の断絶(The Danger of Deconsolidation: The Democratic Disconnect)」(*Journal of Democracy*, vol. 27, no. 3, July, 2016)で世界的に知られることになった(同論文の邦訳は『世界』二〇一七年二月号所収)。本書の第3章で詳しく触れられているが、この論文で著者らは、世界規模の意識調査である世界価値観調査のデータから、北アメリカや西ヨーロッパなどにおいて、年長世代と比べて若年層ほど民主的な価値を重視していないという事実を発見し、「民主主義の崩壊の可能性を示唆する最も重要な要素は民主主義の定着の度合いによる」(同訳一七頁)ということを示した。

折しも二〇一六年はイギリスのEU離脱国民投票、アメリカのトランプ大統領の誕生、さらに欧州諸国での右派ポピュリスト勢力のさらなる伸張など、先進民主主義国での大きな変調が認められた年でもあった。その前後には、ロシアのプーチン大統領やトルコのエルドアン大統領の強権政治がますます強化されるようになり、本書の「日本語版に寄せて」でも触れられている通り、フィリピンのドウテルテ大統領やブラジルのボウソナロ大統領など、新興民主主義国でも権威主義的な志向を持つリーダーが選出されるようになっている。そうした民主主義変調の時代にあって、その根底にあるメカニズムを説得的に抽出した著者らの論文は注目を集め、なかでも精力的にメディアで発言し続けた少壮の政治学者モンクは、一躍世界で名が知られることになった。

果たして、若年層が民主主義に愛着を持っていないということは何を意味するのか、そもそもそれは民主主義が当たり前となった世代に特徴的な意識ではないのか、そうした意識が簡単に民主政治の変更を促すものなのか、他方で活発化しているかにみえる世界の若年層の政治参加はどのように説明できるのか――モンクとフォアが提起した問題は、各方面で反響を呼び、上記の *Journal of Democracy* 誌上でも活発的な論争が交わされた。日本でも、遠藤晶久＝ウィリー・ジョウによる、若年層の政治的保守と革新についての認識が年長世代と異なっているという一連の調査研究（『イデオロギーと日本政治――世代で異なる「保守」と「革新」』）もあり、その後日本政治学会や日本比較政治学会で、若年層の政治意識についてのパネルが日本のデータを交えて議論されるようになった。

このように民主主義についての「？」を世界が抱く中で、モンクが満を持してこのテーマに挑んで著したのが本書であり、本書は瞬く間に世界一〇カ国で翻訳されるに至った。ポーランド人の両親（母はユダヤ系）を持ち一九八二年にドイツで生まれた著者は、ケンブリッジ大学で修士号を獲得した後、ハーヴァード大学で博士号を獲得、現在はジョンズ・ホプキンス大学准教授の職にある。本書の他、*Stranger in My Own Country: A Jewish Family in Modern Germany*（二〇一四年）、*The Age of Responsibility: Luck, Choice, and the Welfare State*（二〇一七年）の二冊の著書がある。これらを含め、本書第7章や第9章で言及されている自身のマイノリティとしての越境経験も、リベラル・デモクラシーに対する深い理解と愛着を説明するものとなるだろう。

内容を要約するのはあとがきの役割ではないが、「リベラル・デモクラシー」と呼ばれる政体のうち、独立機関や司法制度といった「リベラリズム」の側面と、選挙を中心とする「デモクラシー」の側面が衝突しているという現状認識のもと、これがソーシャルメディア、経済成長の終焉、アイデンティティ政治によって引き起こされており、民主主義の衰退を食い止めるためには、包摂的なナショナリズムの構築、税制を含む経済政策の見直し、そして市民的な徳を強化し、市民はリベラル・デモクラシーの原理を死守するために今一度戦わなければならないとする、包括的な説明と分析がなされているのが本書だ。最先端の学術的知見とデータ、個人的経験を交えながら、「闘う民主主義」へと誘う本書は、「冷静な頭脳に温かい心(cool head, but warm heart)」という経済学者アルフレッド・マーシャルの言葉をそのまま体現しているかのようだ。

翻訳は、モンクの一連の論説をフォローしていた訳者に、岩波書店編集部の清宮美稚子氏が版権獲得についての打診をしてきたところから始まった。訳者はすでに他の翻訳作業を抱えていたことから、訳出を当時引き受けることができなかったものの、すでに各国で出版作業が進んでいたことから日本語版の発刊を心から歓迎したことを、今でも昨日のことのように覚えている。もっとも、その後すでにフランス語や韓国語版の公刊が進んでいるという事情に鑑み、訳者のスケジュールにほんの少し隙間ができることを待っていた同氏からの依頼を受けて翻訳を最終的に引き受けるに至った。

モンクの文章や表現は、英語ネイティブではないということもあって、ニュアンスを許さないシンプルなものだが、訳者には必ずしも馴染みのない英単語が並び、皮肉を利かせて、独特のリズムを持つもので、訳出は思ったほど簡単なものではなかった。なるべく原著の雰囲気を活かして、簡素かつストレートな表現の日本語となるように心掛けたつもりである。それでもなお読み易い文章になっているとすれば、翻訳のきっかけを作っていただいた清宮氏と校正者の竹岡暁子氏による、これ以上望みようがないほどの献身的かつ丁寧な校正と編集があったためである。記して感謝したい。

モンクの分析が日本の現状にどの程度、当てはまるのかは「日本語版に寄せて」で触れられている。しかし、世界の民主主義は同じ岸辺にある。民主主義国である限り、日本だけがその変調に無縁でいられるはずがない。そして、相対的に低調で安定しているかにみえる日本が他のリベラル・デモクラシー国から周回遅れにあるのだとすれば、民主主義の本格的な後退の波に対して、まだ時間がいくばくか残されているということを意味する。リベラル・デモクラシー、言い換えれば、私たちの決定権と自由をどのように守ることができるのか、本書がその手掛かりとなればというのが訳者の願いである。

二〇一九年七月二九日

盛夏の札幌にて　吉田　徹

ポピュリズムとは何か
ヤン＝ヴェルナー・ミュラー
板橋拓己訳
四六判一七六頁
本体一八〇〇円

試される民主主義
20世紀ヨーロッパの政治思想（上・下）
ヤン＝ヴェルナー・ミュラー
板橋拓己
田口晃 監訳
四六判各二九六頁
本体各二六〇〇円

アフター・ヨーロッパ
―ポピュリズムという妖怪にどう向きあうか
イワン・クラステフ
庄司克宏 監訳
四六判一四四頁
本体一九〇〇円

NOでは足りない
―トランプ・ショックに対処する方法
ナオミ・クライン
幾島幸子
荒井雅子 訳
四六判三五二頁
本体二六〇〇円

独裁と民主政治の社会的起源（上・下）
バリントン・ムーア
宮崎隆次
森山茂徳
高橋直樹 訳
岩波文庫
本体 上一一三〇円 下一四四〇円

デモクラシーか 資本主義か
―危機のなかのヨーロッパ
J・ハーバーマス
三島憲一 編訳
岩波現代文庫
本体一二〇〇円

岩波書店刊
定価は表示価格に消費税が加算されます
2019年8月現在

ヤシャ・モンク　Yascha Mounk
1982年生まれ．ポーランド人の両親(母はユダヤ系)を持ちドイツで生まれ育ち，イギリス，フランス，イタリアを経てアメリカに移住．トリニティ・カレッジ，ケンブリッジ大学，ハーヴァード大学などで学ぶ．専攻は政治理論．ハーヴァード大学公共政策学講師を経て，現在ジョンズ・ホプキンス大学国際関係研究所准教授．著書に『Stranger in My Own Country: A Jewish Family in Modern Germany』『The Age of Responsibility: Luck, Choice, and the Welfare State』がある．『ニューヨーカー』『ニューヨーク・タイムズ』『アトランティック』などに定期的に寄稿している．

吉田 徹
1975年生まれ．慶應義塾大学法学部卒，東京大学総合文化研究科博士課程修了(学術博士)．現在，北海道大学法学研究科教授，フランス国立社会科学高等研究院リサーチ・アソシエイト，シノドス国際社会動向研究所理事．専攻はヨーロッパ政治史，比較政治．著書に『二大政党制批判論――もうひとつのデモクラシーへ』『ポピュリズムを考える――民主主義への再入門』『感情の政治学』『「野党」論――何のためにあるのか』など．

民主主義を救え！　ヤシャ・モンク

2019年8月28日　第1刷発行

訳 者　吉《よし》田《だ》 徹《とおる》

発行者　岡本 厚

発行所　株式会社 岩波書店
〒101-8002 東京都千代田区一ツ橋2-5-5
電話案内 03-5210-4000
https://www.iwanami.co.jp/

印刷・法令印刷　カバー・半七印刷　製本・牧製本

ISBN 978-4-00-024889-1　Printed in Japan

人名索引

ア 行

アグリッピヌス　275-277
アダムズ，ジョン　60-61
アラソン，ルパート　82-83
アリストテレス　168
アレッシィ，クリストファー　73
アンダーソン，ベネディクト　217
アントン，マイケル　180
イグナティエフ，マイケル　118
イグレシアス，パブロ　35, 42
イスクセル，トルクレル　182
イングルハート，ロナルド　107, 185, 187
ヴァヴレック，リン　107
ヴィーゼルタイアー，レオン　169
ウィリアムソン，ケビン　39
ウィルダース，ヘルト　54, 119-120, 208
ウィングフィールド，アディア・ハーヴェイ　209, 213
ウェーバー，マックス　67
ウェイ，ルーカン　97
ウォルドロン，ジェレミー　77
エッガーズ，アンドリュー　83
エラスムス　261
エルドアン，アリ　49-51
エルドアン，レジェップ・タイップ　40, 43, 45, 194, 268
オーウェル，ジョージ　155
オールポート，ゴードン　177
オバマ，バラク　28, 42-43, 84, 92, 121-122, 174, 207, 216, 249, 251-253
オバマ，ミシェル　252-253
オランド，フランソワ　105
オルバン，ヴィクトル　vi, 11, 40, 48, 55, 182, 193

カ 行

カーター，ジミー　92
ガーランド，メリック　122
ガイウス・グラックス　274
カイル，ジョーダン　vii
カチンスキ，ヤロスワフ　40-41, 47, 131, 193-194, 196, 268
カラカラ帝　168
キケロ　255
キスリング，ロラン　50
キャメロン，デーヴィッド　66
キューブリック，スタンリー　250
ギレン，マウロ　73-74
ギレンズ，マーティン　81-82
キング，ショーン　214
キング，スティーブ　180
キング，マーティン＝ルーサー　142-143
グーテンベルク　141-142
ギンズブルク，トム　76
クーパー，ロイ　123
クライン，ナオミ　98
クラステフ，イワン　37, 183
クリストフ，ニコラス　146
グリッロ，ベッペ　35, 40, 42, 48, 120
クリントン，ヒラリー　39-43, 86, 90, 125, 127, 149-150, 163, 165, 174, 198-199
クリントン，ビル　28, 90, 227
グロ，ダニエル　73
グロス，ヤン　132
ケイス，アン　161

ケネディ，アンソニー　86, 91
ケルゼン，ハンス　77
ゴードン，ロバート　73
コービン，ジェレミー　127
コール，ヘルムート　94
コルコ，ジェド　164

サ 行

サッチャー，マーガレット　66
ザラツィン，ティロ　181
サリバン，アンドリュー　146
サルヴィーニ，マッテオ　43
サルコジ，ニコラ　105, 120
サンスティーン，キャス　148
サンダース，エイドリアン　83
ジェファーソン，トーマス　215
シャーキー，クレイ　142, 146
ジョンソン，リンドン・B　122
シラク，ジャック　35, 105
ジンガレス，ルイジ　197
スカリア，アントニン　122
スタイン，ジル　98
ステパン，アルフレッド　5
ソクラテス　261

タ 行

ダール，ロバート　28-29
ダイアモンド，ラリー　108, 145-148
ダルトン，ラッセル・J　107
崔順実　190
チェッティ，ラジ　160
チャーチル，ウィンストン　vi
チャベス，ウーゴ　viii, 48, 194
ツィプラス，アレクシス　13-14, 35, 48
ティーチアウト，ゼファー　87-88
ディートン，アンガス　161, 186
ディエゴ＝ローゼル，パブロ　163
ディオゲネス　168
ティベリウス・グラックス　274
テイラー，アストラ　36-37
デブラシオ，ビル　39
デュ＝カン，マクシム　201
デルズマン，ベン　164
ドゥオーキン，ロナルド　77
トゥスク，ドナルド　130
ドゥテルテ，ロドリゴ　v
ドラットマン，リー　88-89
トランプ，ドナルド　v-vi, xi, 2, 6-9, 27, 33, 38, 40-47, 55, 90, 98, 123-128, 148-150, 163-165, 173-174, 176, 179, 181, 194, 196, 198, 206-208. 214, 222, 225, 251-253, 262, 269-274

ナ 行

ニクソン，リチャード　103
ネロ　275
ノディア，ギア　203, 205
ノリス，ピッパ　107

ハ 行

パークス，ローザ　75
ハイダー，イェルク　119-120
ハインミュラー，ジェンス　83
パウエル Jr.，ルイス　88
朴槿恵　190-191, 267
朴正熙　190
バノン，スティーブン　98
バフェット，ウォーレン　231
ハミルトン，アレクサンダー　59
バロー，ロバート　73
ハンフリー卿　65-66
ピエルスカラ，ヤン　152-153
ピケティ，トマ　158
ヒトラー，アドルフ　72, 119
ファインゴールド，ラス　86
ファラージ，ナイジェル　8
フェルステーク，ミラ　76
フェルホフスタット，ヒー　132
フォア，ロベルト・ステファン　109
ブキャナン，パット　173

フクヤマ，フランシス　3-4
プーチン，ウラディーミル　32, 194
ブッシュ，ジョージ・W　28, 227
フッド，ジェームズ　75
ブラゴジェビッチ，ロッド　84
プラトン　255
フランクリン，ベンジャミン　87
フランシスコ教皇　149
フリードマン，トーマス　146
ブルック，ヘザー　142
ブルックス，デーヴィッド　260-261
フレディ，フランク　36-37
フロルス　275-276
ペイジ，ベンジャミン　81-82
ペイリン，サラ　46, 121
ヘス，ルドルフ　54
ベック，グレン　46
ヘッケ，ビョルン　55
ペティグルー，トーマス　177
ペトリ，フラウケ　8, 43, 52-53
ベルルスコーニ，シルヴィオ　viii, 34, 95, 120, 197
ホーファー，ノルベルト　45
ポリッロ，シモーネ　73-74
ポレッタ，フランチェスカ　192
ホレンバック，フロリアン　152-153

マ 行

マキャヴェリ　255
マクロン，エマニュエル　106, 217
マケイン，ジョン　86, 121
マズロー，アブラヒム　185-186
マッコネル，ミッチ　122
マディソン，ジェームズ　59, 256
マリノフスキー，トム　249
マレシャル＝ルペン，マリオン　43
マン，ホーレス　256
マンジョー，ファルハード　150-151
ミュラー，ヤン＝ヴェルナー　45, 55-56, 132
ムッソリーニ　46
ムハンマド　33, 37
メランション，ジャン＝リュック　126
メルケル，アンゲラ　13, 31, 33, 99
メンシュ，ルイーズ　251
モディ，ナレンドラ　40, 43, 194, 268
モラー，ロバート　271
モロゾフ，エフゲニー　148
モンテスキュー　261

ヤ・ラ・ワ 行

ラーレン，トミ　209
ラッセル，バートランド　16, 138
ランシマン，デーヴィッド　103
ランドルフ，フィリップ　214
リプセット，シーモア，マーティン　34
リンス，フアン，J　5
ルイ 16 世　87
ルイス，ジョン　214
ルソー，ジャン＝ジャック　255, 261
ルペン，ジャン＝マリ　35, 54-55
ルペン，マリーヌ　8, 35, 40, 42-43, 45, 55, 127, 172, 176, 208
レーガン，ロナルド　28, 92, 227
レヴィツキー，スティーブン　97
レオン（著者の祖父）　201
レッシグ，ローレンス　91
レッペル，アンジェイ　134
ロスウェル，ジョナサン　163
ロッカン，スタイン　34
ロバーツ，ジョン　209
ロベスピエール　46
ロムニー，ミット　164
ロンドン，アンドレス・ミゲル　196
ワシントン，ジョージ　256

原　注

・ウェブサイトの流動性に鑑み，ネット上で閲覧可能なニュース記事のURLの記載は省いた．同様にネット上で閲覧可能な資料のURLに関しても，一部を除き省略した．

序　章

(1) Margaret Talev and Sahil Kapur, "Trump Vows Election-Day Suspense without Seeking Voters He Needs to Win," *Bloomberg*, 20 October, 2016; Associated Press, "Trump to Clinton: 'You'd Be in Jail'" *New York Times* website, video, October 10, 2016; Yochi Dreazen, "Trump's Love for Brutal Leaders Like the Philippines' Rodrigo Duterte, Explained," *Vox*, May 1, 2017.

(2) Francis Fukuyama, "The End of History?" *National Interest*, no. 16 (Summer 1989): 3-18, 引用は Francis Fukuyama, *The End of History and the Last Man* (New York: Free Press, 1992) p. 4 より［フランシス・フクヤマ『歴史の終わり』上下，渡部昇一訳，三笠書房，1992］．

(3) フクヤマに対する初期の応答は，たとえば以下を参照．Harvey Mansfield, E. O. Wilson, Gertrude Himmelfarb, Robin Fox, Robert J. Samuelson, and Joseph S. Nye, "Responses to Fukuyama," *National Interest*, no. 56 (Summer 1999): 34-44.

(4) Adam Przeworski, Limongi Neto, and Fernando Papaterra, "Modernization: Theories and Facts," *World Politics* 49, no. 2 (1997): 155-183, 165 (同書では1985年の購買力平価は6,055ドルとなっており，平均インフレを2.62%とすると2016年には1万3,503ドルとなる)．

(5) Przeworski, Limongi, and Papaterra, "Modernization," 170-171.

(6) Andreas Schedler, "What Is Democratic Consolidation?" *Journal of Democracy* 9, no. 2 (1998): 91-107; Larry Jay Diamond, "Toward Democratic Consolidation," *Journal of Democracy* 5, no. 3 (1994): 4-17, および Scott Mainwaring, "Transitions to Democracy and Democratic Consolidation: Theoretical and Comparative Issues," Working Paper no. 130, The Helen Kellogg Institute for International Studies, University of Notre Dame, November 1989 を参照．

(7) Juan Linz and Alfred Stepan, "Toward Consolidated Democracies," *Journal of Democracy* 7, no. 2 (1996): 14-33.

(8) Roberto Stefan Foa and Yascha Mounk, "The Danger of Deconsolidation: The Democratic Disconnect," *Journal of Democracy* 27, no. 3 (2016): 5-17［ロベルト・ステファン・フォア，ヤシャ・モンク「民主主義の脱定着へ向けた危険――民主主義の断絶」，浜田江里子訳，『世界』2017年2月号］; Roberto Stefan Foa and

Yascha Mounk, "The Signs of Deconsolidation," *Journal of Democracy* 28, no. 1 (2017): 5-16.

(9) Foa and Mounk, "The Danger of Deconsolidation."

(10) たとえば "Trump Attacks China in Twitter Outburst," BBC News, December 5, 2016; Katie Reilly, "Here Are All the Times Donald Trump Insulted Mexico," *Time*, August 31, 2016; Adam Liptak and Peter Baker, "Trump Promotes Original 'Travel Ban,' Eroding His Legal Case," *New York Times*, June 5, 2017 を参照.

(11) ポーランドについては Joanna Fomina and Jacek Kucharczyk, "The Specter Haunting Europe: Populism and Protest in Poland," *Journal of Democracy* 27, no. 4 (2016): 58-68; Jacques Rupnik, "Surging Illiberalism in the East," *Journal of Democracy* 27, no. 4 (2016): 77-87, また Bojan Bugaric and Tom Ginsburg "The Assault on Postcommunist Courts," *Journal of Democracy* 27, no. 3 (2016): 69-82 を参照. トルコについては Berk Esen and Sebnem Gumuscu, "Turkey: How the Coup Failed," *Journal of Democracy* 28, no. 1 (2017): 59-73; Dexter Filkins, "Erdogan's March to Dictatorship in Turkey," *New Yorker*, March 31, 2016, および Soner Cagaptay, *The New Sultan: Erdogan and the Crisis of Modern Turkey* (London: I. B. Tauris, 2017) を参照.

(12) Andrew Bennett, "Case Study Methods: Design, Use, and Comparative Advantages," in *Models, Numbers, and Cases: Methods for Studying International Relations*, ed. Detlef F. Sprinz and Yael Wolinsky-Nahmias (Ann Arbor: University of Michigan Press, 2004), 29.

(13)「内外の多くの研究者は, 長年ハンガリーが国家社会主義から民主主義へとスムーズに移行した先端事例であり, 中央・東ヨーロッパで民主主義が定着した国と長年見なしてきた」. György Lengyel and Gabriella Ilonszki, "Hungary: Between Consolidated and Simulated Democracy," in *Democratic Elitism: New Theoretical and Comparative Perspectives*, ed. Heinrich Best and John Higley (Leiden: Brill, 2010), 150. また Attila Ágh, "Early Democratic Consolidation in Hungary and the Europeanisation of the Hungarian Polity," in *Prospects for Democratic Consolidation in East-Central Europe*, ed. Geoffrey Pridham and Attila Ágh (Manchester: Manchester University Press, 2001), 167, および Miklós Sükösd, "Democratic Transformation and the Mass Media in Hungary: From Stalinism to Democratic Consolidation," in *Democracy and the Media: A Comparative Perspective*, ed. Richard Gunther and Anthony Mughan (Cambridge: Cambridge University Press, 2000), 122-164 も参照.

(14) Marton Dunai and Krisztina Than, "Hungary's Fidesz Wins Historic Two-Thirds Mandate," Reuters, April 26, 2010. また Attila Ágh, "Early Consolidation and Performance Crisis: The Majoritarian-consensus Democracy Debate in Hungary," *West European Politics* 24, no. 3 (2001): 89-112 も参照.

(15) János Kornai, "Hungary's U-turn: Retreating from Democracy," *Journal of Democracy* 26, no. 3 (2015): 34–48, および Miklós Bánkuti, Gábor Halmai, and Kim Lane Scheppele, "Disabling the Constitution," *Journal of Democracy* 23, no. 3 (2012): 138–146; Jan Puhl, "A Whiff of Corruption in Orbán's Hungary," *Spiegel Online*, January 17, 2017; Keno Verseck, "Amendment Alarms Opposition: Orbán Cements His Power with New Voting Law," *Spiegel Online*, October 30, 2012; Lili Bayer, "Hungarian Law Targets Soros, Foreign-Backed NGOs," *Politico*, March 9, 2017; Andrew MacDowall, "US-Linked Top University Fears New Rules Will Force It Out of Hungary," *Guardian*, March 29, 2017 を参照.

(16) Csaba Tóth, "Full Text of Viktor Orbán's Speech at Băile Tuşnad (Tusnádfürdő) of 26 July 2014," *Budapest Beacon*, July 29, 2014.

(17) "In the Final Hour, a Plea for Economic Sanity and Humanity," Letter to the Editor, signed by Joseph Stiglitz, Thomas Piketty, Massimo D'Alema, et al., *Financial Times*, June 5, 2015; "Europe Will Benefit from Greece Being Given a Fresh Start," Letter to the Editor, signed by Joseph Stiglitz et al., *Financial Times*, January 23, 2015. また J. Gordon et al., "Greece: Ex Post Evaluation of Exceptional Access under the 2010 Stand-By Arrangement," IMF Country Report no. 13/156, International Monetary Fund, Washington, D. C., June 2013, https://www.imf.org/external/pubs/ft/scr/2013/cr13156.pdf も参照.

(18) Lucy Rodgers and Nassos Stylianou, "How Bad Are Things for the People of Greece?" BBC News, July 16, 2015.

(19) Liz Alderman, "Tsipras Declares Creditors' Debt Proposal for Greece 'Absurd,'" *New York Times*, June 5, 2015. また "In the Final Hours" letter from Stiglitz et al., and Gordon, IMF Country Report, "Greece: Ex Post Evaluation." も参照.

(20) Helen Nianias, "Alexis Tsipras of Syriza Is Far from Greek Orthodox: The Communist 'Harry Potter' Who Could Implode the Eurozone," *Independent*, January 21, 2015; C. J. Polychroniou, "Syriza's Lies and Empty Promises," *Al Jazeera*, July 6, 2015; Andreas Rinke, "Tsipras Has Caused a Disaster, Says German Conservative Lawmaker," Reuters, July 5, 2015; "Bumbling toward Disaster: Greece's Leaders Look a Poor Match to the Challenges Facing the Country," *Economist*, March 19, 2015.

(21) Lefteris Papadimas and Renee Maltezou, "Greeks Defy Europe with Overwhelming Referendum 'No,'" Reuters, July 5, 2015.

(22) Peter Spiegel, "A Comparison of Greece's Reform List and Creditors' Proposals," *Financial Times*, July 11, 2015.

(23) Suzanne Daley and Liz Alderman, "Premier of Greece, Alexis Tsipras, Accepts Creditors' Austerity Deal," *New York Times*, July 13, 2015.

(24) もっとも，第2章の最後に記したように，実際はこれよりも少々複雑だった．ヨーロッパの首脳たちがギリシャの債務再編に消極的だったのは，同国に対する寛容な支援パッケージに自国市民が強く反対したことを意識したためだった．つまり，自国の民意に従って，自らの意思をギリシャ国民に押し付けたのである．

(25) 以下を参照．T. C. W. Blanning, "Frederick the Great and Enlightened Absolutism," in *Enlightened Absolutism: Reform and Reformers in Later Eighteenth-Century Europe*, ed. H. M. Scott (London: Macmillan, 1990); Jonathan I. Israel, "Libertas Philosophandi in the Eighteenth Century: Radical Enlightenment versus Moderate Enlightenment (1750–1776)," in Freedom of Speech: The History of an Idea, ed. Elizabeth Powers (Lewisburg, PA: Bucknell University Press, 2011).

(26) 古代の自由に関する古典は依然として，Benjamin Constant, "The Liberty of the Ancients Compared with That of the Moderns," in *Constant: Political Writings*, ed. Biancamaria Fontana (New York: Cambridge University Press, 1988), 309–328 だろう．

(27) Bertrand Russell, *The Problems of Philosophy* (Oxford: Oxford University Press, 1912), 63［バートランド・ラッセル『哲学入門』，高村夏輝訳，ちくま学芸文庫，2005年，他］．

(28) US Department of Labor, Bureau of Labor Statistics, "100 Years of U.S. Consumer Spending: Data for the Nation, New York City, and Boston," Report 991, May 2006, (Washington, DC: BLS, 2006); US Census Bureau, "Income and Poverty in the United States: 2015," Table A-1: Households by Total Money Income, Race, and Hispanic Origin of Householder: 1967 to 2015, https://www.census.gov/data/tables/2016/demo/income-poverty/p60-256.html (2017年7月12日アクセス).

(29) 経済を要因とするポピュリズムの詳しい説明は第5章を参照.

(30) 文化を要因とするポピュリズムの詳しい説明は第6章を参照.

(31) 技術を要因とするポピュリズムの詳しい説明は第4章を参照.

(32) 経済を要因とするポピュリズムの克服についての詳しい説明は第8章を参照.

(33) 包摂的な愛国主義の構築についての詳しい説明は第7章を参照.

(34) ソーシャルメディアの台頭への対応の仕方と市民教育の再生については第9章を参照.

(35) Yascha Mounk, *The Age of Responsibility: Luck, Choice, and the Welfare State* (Cambridge, MA: Harvard University Press, 2017).

第1部

(1) Tony Judt, *The Memory Chalet* (London: Penguin, 2010)［トニー・ジャット

『記憶の山荘　私の戦後史』森夏樹訳，みすず書房，2011年］．

(2) この定義については，以下を参照．Steven Levitsky and Lucan Way, *Competitive Authoritarianism* (New York: Cambridge University Press, 2010), 5-6.

(3) 民衆の統治を可能にする選挙結果ではなく，選挙のメカニズムを強調することからくるこの問題は，よりミニマリスト的な定義も抱えている．たとえばシュムペーターは，「民の投票を求める競争」によって最も強力な公職を得ることの政治システムをデモクラシーと定義している．Joseph Alois Schumpeter, *Capitalism, Socialism, and Democracy* (1942; London: Routledge, 2004), 269［Y. A. シュンペーター『資本主義，社会主義，民主主義』I・II，大野一訳，日経BPクラシックス，2016年，他］．

(4) この（そして有効な）観点からは，デモクラシーは一つの尺度となる．それは実際にどの程度，民意を公共政策へと転換できるかの制度の体系といえる．また，ここで「自由で公正な」選挙が不可欠であると明示していないのは，それがすでに含まれているためだ．一定まで民意を公共政策に有効に転換できるシステムであれば，それは現実には自由で公正な選挙を結果として実施していなければならないからだ．

第1章

(1) Anthony Oberschall, "Opportunities and Framing in the Eastern European Revolts of 1989," in *Comparative Perspectives on Social Movements: Political Opportunities, Mobilizing Structures, and Cultural Framings*, ed. Doug McAdam, John D. McCarthy, and Mayer N. Zald (New York: Cambridge University Press, 1996), 93; Andreas Hadjar, "Non-violent Political Protest in East Germany in the 1980s: Protestant Church, Opposition Groups and the People," *German Politics* 12, no. 3 (2003): 107-128; Andrew Curry, "'We Are the People': A Peaceful Revolution in Leipzig," *Spiegel Online*, October 9, 2009.

(2) H. Vorländer, M. Herold, and S. Schäller, *PEGIDA: Entwicklung, Zusammensetzung und Deutung einer Empörungsbewegung* (Wiesbaden: Springer-Verlag, 2015); J. M. Dostal, "The Pegida Movement and German Political Culture: Is Right-Wing Populism Here to Stay?" *Political Quarterly* 86, no. 4 (2015): 523-531; Naomi Conrad, "Leipzig, a City Divided by Anti-Islamist Group PEGIDA," *Deutsche Welle*, January 11, 2016.

(3) 私信．

(4) 私信．

(5) ドイツの難民危機についての詳細なレポートは Yascha Mounk, "Echt Deutsch: How the Refugee Crisis Is Changing a Nation's Identity," *Harper's*, April 2017 を参照．

(6) ポピュリズムの定義ならびに人々への訴えかけの重要性については Cas Mudde, "The Populist Zeitgeist," *Government and Opposition* 39, no. 4 (2004): 541-563; Cas Mudde, *Populist Radical Right Parties in Europe* (Cambridge: Cam-

bridge University Press, 2007); Jan-Werner Müller, ***What Is Populism?*** (Philadelphia: University of Pennsylvania Press, 2016)[ヤン＝ヴェルナー・ミュラー『ポピュリズムとは何か』, 板橋拓己訳, 岩波書店, 2017 年]; John B. Judis, ***The Populist Explosion: How the Great Recession Transformed American and European Politics*** (New York: Columbia Global Reports, 2016), ならびに Yascha Mounk, "Pitchfork Politics: The Populist Threat to Liberal Democracy," ***Foreign Affairs*** 93, no. 5 (2014): 27–36, および Yascha Mounk, "European Disunion: What the Rise of Populist Movements Means for Democracy," ***New Republic*** 248, no. 8–9 (2017): 58–63 を参照.

(7) Seymour Martin Lipset and Stein Rokkan, "Cleavage Structures, Party Systems, and Voter Alignments: An Introduction," in ***Party Systems and Voter Alignments: Cross-National Perspectives*** (New York: Free Press, 1967), 1–64.

(8) Peter Mair, ***Party System Change: Approaches and Interpretations*** (Oxford: Oxford University Press, 1997).

(9) J. E. Lane and P. Pennings, eds., ***Comparing Party System Change*** (London: Routledge, 2003); R. J. Dalton and M. P. Wattenberg, eds., ***Parties without Partisans: Political Change in Advanced Industrial Democracies*** (Oxford: Oxford University Press, 2002).

(10) シルヴィオ・ベルルスコーニの台頭と統治については, Alexander Stille, ***The Sack of Rome: Media + Money + Celebrity = Power = Silvio Berlusconi*** (New York: Penguin, 2006) を参照. 戦後の政党制の崩壊については L. Morlino, "Crisis of Parties and Change of Party System in Italy," ***Party Politics*** 2, no. 1 (1996): 5–30, および L. Bardi, "Anti-party Sentiment and Party System Change in Italy," ***European Journal of Political Research*** 29, no. 3 (1996): 345–363 を参照.

(11) ツィプラスのシリツァは得票率 26.3% だったが, 極右ポピュリスト党の独立ギリシャ人(ANEL)との連立によって政権を発足させた. Yascha Mounk, "The Trouble with Europe's Grand Coalitions," ***New Yorker***, December 27, 2014. また Yannis Stavrakakis and Giorgos Katsambekis, "Left-wing Populism in the European Periphery: The Case of SYRIZA," ***Journal of Political Ideologies*** 19, no. 2 (2014): 119–142, および Paris Aslanidis and Cristóbal Rovira Kaltwasser, "Dealing with Populists in Government: The SYRIZA-ANEL Coalition in Greece," ***Democratization*** 23, no. 6 (2016): 1077–1091 を参照.

(12) Sam Jones, "Spanish Election: Conservatives Win but Fall Short of Majority—As It Happened," ***Guardian***, December 20, 2015; Giles Tremlett, "The Podemos Revolution: How a Small Group of Radical Academics Changed European Politics," ***Guardian***, March 31, 2015.

(13) Jacopo Barigazzi, "Beppe Grillo's 5 Star Movement Hits Record High: Poll," Politico, March 21, 2017. 最新のイタリアの世論調査結果については, https://

en. wikipedia. org/wiki/Opinion_polling_for_the_next_Italian_general_election を参照(2017年10月1日アクセス). 五つ星運動の性格については Gianluca Passarelli and Dario Tuorto, "The Five Star Movement: Purely a Matter of Protest? The Rise of a New Party between Political Discontent and Reasoned Voting," *Party Politics* (2016) を参照.

(14) Jon Sharman, "Anti-immigrant Party Takes First Place in Sweden, Poll Shows: Its Support Is at Nearly Double the Level during 2014 General Election," *Independent*, March 25, 2017. スウェーデン民主党の性格とその伸張については Jens Rydgren and Sara van der Meiden, "Sweden, Now a Country Like All the Others? The Radical Right and the End of Swedish Exceptionalism," Working Paper 25, Department of Sociology, Stockholm University, June 2016 を参照.

(15) Gregor Aisch, Matthew Bloch, K. K. Rebecca Lai, and Benoît Morenne, "How France Voted," *New York Times*, May 7, 2017. マリーヌ・ルペンが党首になってからの国民戦線の変化については Daniel Stockemer and Mauro Barisione. "The 'New' Discourse of the Front National under Marine Le Pen: A Slight Change with a Big Impact," *European Journal of Communication* 32, no. 2 (2017): 100–115, および Francesca Scrinzi, "A 'New' National Front? Gender, Religion, Secularism and the French Populist Radical Right," in *Gender and Far Right Politics in Europe*, ed. M. Köttig, R. Bitzan, and A. Petö (Cham, Switzerland: Springer International Publishing, 2017), 127–140 を参照.

(16) ここで示している過去50年以上の反エスタブリッシュメント政党への投票のさまざまな指標については Pippa Norris and Ronald Inglehart, "Trump, Brexit, and the Rise of Populism: Economic Have-Nots and Cultural Backlash," HKS Working Paper No. RWP 16-026, Harvard Kennedy School, July 29, 2016, figure 4 を参照.

(17) Astra Taylor, "The Anti-democratic Urge," *New Republic*, August 18, 2016.

(18) Frank Furedi, "Populism: A Defence," Spiked Review, November 29, 2016.

(19) Ivan Krastev, Müller, *What Is Populism?* の裏表紙より.

(20) 経済学者のマックス・ロザーはさまざまな面での世界の生活環境の改善について非常に優れた調査をしている. Max Roser, "The Short History of Global Living Conditions and Why It Matters That We Know It," Our World in Data website. また, Christopher Fariss, "Respect for Human Rights Has Improved over Time: Modeling the Changing Standard of Accountability," *American Political Science Review* 108, no. 2 (2014): 297–318 を参照.

(21) Thomas Piketty and Gabriel Zucman, "Capital Is Back: Wealth-Income Ratios in Rich Countries 1700–2010," *Quarterly Journal of Economics* 129, no. 3 (2014): 1255–1310; Emmanuel Saez and Gabriel Zucman, "Wealth Inequality in

the United States since 1913: Evidence from Capitalized Income Tax Data," *Quarterly Journal of Economics* 131, no. 2 (2016): 519–578; Branko Milanovic, *Global Inequality: A New Approach for the Age of Globalization* (Cambridge, MA: Harvard University Press, 2016), および Lawrence H. Summers, "U.S. Economic Prospects: Secular Stagnation, Hysteresis, and the Zero Lower Bound," *Business Economics* 49, no. 2 (2014): 65–73 を参照.

(22) Eliana Dockterman, "NYC Mayor to Skip Hillary Clinton Launch Event," *Time*, June 10, 2015.

(23) Kevin Williamson, "What Does Hillary Want?" *National Review*, July 21, 2016.

(24) Hillary Clinton, "Hillary's Vision for America," The Office of Hillary Rodham Clinton website を参照.

(25)「トランプ大学」については Steve Eder, "Donald Trump Agrees to Pay $25 Million in Trump University Settlement," *New York Times*, November 18, 2016 を参照. 給与の未払い問題については Harper Neidig, "Report: Trump Has Refused to Pay Hundreds of Workers," *Hill*, June 9, 2016, および Alexandra Berzon, "Donald Trump's Business Plan Left a Trail of Unpaid Bills," *Wall Street Journal*, June 9, 2016 を見よ.

(26) 国境の壁については Robert Warren and Donald Kerwin, "The 2,000 Mile Wall in Search of a Purpose: Since 2007 Visa Overstays Have Outnumbered Undocumented Border Crossers by a Half Million," Center for Migration Studies, 2017 を参照. 雇用の喪失については Federica Cocco, "Most US Manufacturing Jobs Lost to Technology, Not Trade," *Financial Times*, December 2, 2016 を参照.

(27) Mounk, "Pitchfork Politics."

(28) Carlos de la Torre, *Populist Seduction in Latin America*, 2nd ed. (Athens: Ohio University Press, 2010).

(29) Tim Hains, "Trump: Hillary Clinton Can Be Understood with One Simple Phrase—'Follow the Money,'" Real Clear Politics, September 28, 2016.

(30) James Traub, "The Party That Wants to Make Poland Great Again," *New York Times*, November 2, 2016.

(31) "French Far-Right's Marine Le Pen Lauds Greek Vote as Win over 'EU Oligarchy,'" Reuters, July 5, 2015.

(32) Alastair Smart, "Beppe Grillo Interview," *Telegraph*, March 4, 2011.

(33) Luis Giménez San Miguel, "Pablo Iglesias: Mañana Seguirá Gobernando la Casta," *Público*, May 26, 2014. 党の元政治アナリストも「ポデモスを PSOE(社会労働党)や PP(国民党)のようにしたいとは思わない. 私たちの子どもや孫を歴史的政党の創始者の相続人にしたくない」と同様の指摘をしている. James Badcock, "Spain's Anti-Corruption Parties Shake up Old Politics," BBC, March 14,

2015.

(34) Avi Asher-Schapiro, "Donald Trump Said Goldman Sachs Had 'Total Control' over Hillary Clinton—Then Stacked His Team with Goldman Insiders," *International Business Times*, November 16, 2016.

(35) Sam Koppelman, "A Timeline of Donald Trump's Birther Conspiracy Theory about President Obama," Hillaryclinton.com, October 25, 2016.

(36) Nick Corasaniti, "Donald Trump Calls Obama 'Founder of ISIS' and Says It Honors Him," *New York Times*, August 10, 2016; Del Quentin Wilber, "Call to 'Lock Her up' Puts Trump in a Bind over His Threat to Prosecute Hillary Clinton," *Los Angeles Times*, November 11, 2016.

(37) Aditya Chakrabortty, "For Years Britain Shunned Narendra Modi. So Why Roll Out the Red Carpet Now?" *Guardian*, November 10, 2015.

(38) Ercan Gurses and Orhan Coskun, "Erdogan Risks Losing Turkish Swing Voters with Harsh Referendum Rhetoric," *Star*, February 17, 2017; Roy Gutman, "As a Constitutional Referendum Looms, Some in Turkey Say Erdogan Is Steering the Country toward Autocracy," *Los Angeles Times*, February 20, 2017.

(39) 以下を参照. Jared Malsin, "Turkey Rounds up Erdogan's Political Opponents as Crackdown Widens," *Time*, November 4, 2016; Rod Nordland, "Turkey's Free Press Withers as Erdogan Jails 120 Journalists," *New York Times*, November 17, 2016; Jordan Bhatt, "Erdogan Accused of Genocide against Kurds by Swedish MPs," *International Business Times*, July 11, 2017; Alon Ben-Meir, "The Kurds under Erdogan's Tyrannical Governance," *Huffington Post*, July 5, 2017; Aykan Erdemir and Merve Tahiroglu, "Erdogan's Further Consolidation of Power Would Cement Turkey's Demise," *Huffington Post*, January 26, 2017; Kara Fox, with Dilay Yalcin, "'They Turn Their Backs': In Turkey, Violent Homophobia Festers in Erdogan's Shadow," CNN, June 23, 2017.

(40) Mary Riddell, "Exclusive Interview with France's Youngest and Most Controversial MP: Marion Maréchal-Le Pen on Brexit, the Nice Attack, Gay Marriage and Her Aunt Marine," *Telegraph*, July 23, 2016.

(41) David Smith, "Trump's Republican Convention Speech: What He Said and What He Meant," *Guardian*, July 22, 2016.

(42) 同上.

(43) 同上.

(44) ホーファーとエルドアンの引用は Jan-Werner Müller, "Trump, Erdoğan, Farage: The Attractions of Populism for Politicians, the Dangers for Democracy," *Guardian*, September 2, 2016 より. マリーヌ・ルペンについては "Remettre la France en Ordre," Marine Presidente website より.

(45) Jan-Werner Müller, "Capitalism in One Family," *London Review of Books* 38, no. 23 (2016): 10-14.
(46) Lucy Maulsby, *Fascism, Architecture, and the Claiming of Modern Milan, 1922-1943* (Toronto: University of Toronto Press, 2014), 136. ムッソリーニについては Richard Collier, *Duce!: A Biography of Benito Mussolini* (New York: Viking, 1971), ロベスピエールについては Patrice L. R. Higonnet, *Goodness beyond Virtue: Jacobins during the French Revolution* (Cambridge, MA: Harvard University Press, 1998) を参照.
(47) Mark Leibovich, "Palin Visits a 'Pro-America' Kind of Town," *New York Times*, October 17, 2008.
(48) Glenn Beck, *The Real America: Messages from the Heart and Heartland* (New York: Pocket Books, 2003).
(49) Jan-Werner Müller, "Donald Trump's Use of the Term 'the People' Is a Warning Sign," *Guardian*, January 24, 2017.
(50) Robert Reich, "Donald Trump's Plan to Neuter the White House Press Corps Could Neuter Our Democracy," *Salon*, January 16, 2017.
(51) John Cassidy, "Trump's Attack on the Press Shows Why Protests Are Necessary," *New Yorker*, January 22, 2017.
(52) Michael Grynbaum, "Trump Calls the News Media the 'Enemy of the American People,'" *New York Times*, February 17, 2017.
(53) Sonam Sheth, "One of Trump's Most Vocal Supporters Left CNN to Make a Pro-Trump News Video That's Been Compared to State TV," *Business Insider*, August 6, 2017.
(54) Anne Applebaum, "It's Now Clear: The Most Dangerous Threats to the West Are Not External," *Washington Post*, July 16, 2017; "Poland: Draft Law Threatens Supreme Court," Human Rights Watch website, July 20, 2017 を参照.
(55) Niki Kitsantonis, "In Greece, a Fierce Battle over TV Licenses," *New York Times*, August 29, 2016; Kerin Hope, "Minister's Court Win Intensifies Fears for Rule of Law in Greece," *Financial Times*, August 9, 2017. *Athens Review of Books* は，政府の命令で閉鎖されたのではなく，政府の意向を反映した司法による数々の訴追の結果，破産したとしている.
(56) Tom Mueller, "What Beppe Grillo Wants," *New Yorker*, March 6, 2013.
(57) 確かにデモクラシーの文化が根付いていない国では，政党は党員の忠誠心に報いるためにポストを用意したり，国営放送での好意的な報道を実現しようとしたりしている．しかしミュラーは，人々を道徳的に代表するポピュリストのみがこうした植民地化をオープンに進めるとする(Müller, *What Is Populism?*, 45)．言い換えれば，こうした政権こそが野党を黙らせる手段としてこのような行為に出るのである.
(58) Simon Kennedy, "Pro-Brexit Press Rages at 'Enemies of the People' on

Court," *Bloomberg*, November 4, 2016.

(59) Peter Exinger, "Streit ums Minarett," *Blick*, February 11, 2006; Thomi De Rocchi, "Minarette stören den Blick auf die Alpen," *Blick*, July 18, 2008; René Ter Steege, "Zwitsers ruziën over verbod op minaretten," *Het Parool*, November 26, 2009; Janine Gloor, "Turm des Schweigens: 'An den Anblick des Minaretts hat man sich gewöhnt,'" *Solothurner Zeitung*, January 8, 2017; Simone Bretscher, "(K)eins aufs Dach?" Lizentiatsarbeit, Historisches Seminar, Universität Basel, November 5, 2008, 76–91, http://www.bmk-online.ch/files/Eins-aufs-Dach.pdf; Lorenz Langer, "Panacea or Pathetic Fallacy? The Swiss Ban on Minarets," *Vanderbilt Journal of Transnational Law* 43, no. 4 (2010): 865–870; David Miller, "Majorities and Minarets: Religious Freedom and Public Space," Working Paper Series in Politics, Nuffield College, University of Oxford, 8–10; https://www.nuffield.ox.ac.uk/Politics/Papers/2013/WP-2013-03.pdf; Swiss Federal Supreme Court, Ruling 1 P. 26/2007, July 4, 2007.

(60) Exinger, "Streit ums Minarett."

(61) Nick Cumming-Bruce and Steven Erlanger, "Swiss Ban Building of Minarets on Mosques," *New York Times*, November 29, 2009.

(62) "Federal Constitution of the Swiss Confederation," The Portal of the Swiss Government, 2016, Articles 15 and 72, https://www.admin.ch/opc/en/classified-compilation/19995395/201601010000/101.pdf

(63) "The Swiss Ban Minarets, Ctd.," *Atlantic*, November 30, 2009; Ian Traynor, "Swiss Ban on Minarets Draws Widespread Condemnation," *Guardian*, November 30, 2009, および Charlemagne, "The Swiss Minaret Ban," *Economist*, November 30, 2009 を参照.

(64) Benjamin Shingler, "Ban on New Places of Worship Upheld in Montreal's Outremont Borough," CBC News, November 21, 2016 を参照.

(65) "Alternative for Germany Slams Church over Refugees," *The Local*, February 18, 2016.

(66) Charlotte Beale, "German Police Should Shoot Refugees, Says Leader of AfD Party Frauke Petry," *Independent*, January 31, 2016.

(67) ペトリの集会と PEGIDA の行進については Mounk, "Echt Deutsch." 参照.

(68) 著者による見聞.

(69) "Preliminary Election Program PVV 2017–2021," Geert Wilders Weblog, August 26, 2016.

(70) Angelique Chrisafis, "Jean-Marie Le Pen Fined Again for Dismissing Holocaust as 'Detail,'" *Guardian*, April 6, 2016.

(71) "NPD Leader Charged with Inciting Race Hate," *Spiegel*, August 24, 2007.

(72) "French National Front Expels Founder Jean-Marie Le Pen," BBC, August 20, 2015.

(73) Björn Höcke, "Gemütszustand eines total besiegten Volkes," *Der Tagesspiegel*, January 19, 2017; AfD Berlin: "Weil wir für #EUCH sind, sind sie gegen uns," tweet, August 21, 2016; "Bundesvorstand beantragt Parteiausschluss von Höcke," *Zeit Online*, March 31, 2017.
(74) Gergely Szakacs, "U.S. Vote Marks End of 'Liberal Non-democracy': Hungary PM," Reuters, November 10, 2016.
(75) Jan-Werner Müller, "The Problem with 'Illiberal Democracy,'" *Social Europe*, January 27, 2016.

第2章

(1) Christian Graf von Krockow, *Warnung vor Preußen* (Berlin: Severin und Siedler, 1982), 99.
(2) Barrington Moore, *Social Origins of Dictatorship and Democracy: Lord and Peasant in the Making of the Modern World* (Boston: Beacon Press, 1993)［バリントン・ムーア『独裁と民主政治の社会的起源——近代世界形成過程における領主と農民』上・下，宮崎隆次，森山茂徳，高橋直樹訳，岩波文庫，2019年］; Robert Alan Dahl, *Polyarchy: Participation and Opposition* (New Haven: Yale University Press, 1973)［ロバート・A. ダール『ポリアーキー』，高畠通敏，前田脩訳，岩波文庫，2014年］; Charles Tilly, *Popular Contention in Great Britain 1758-1834* (1995; New York: Routledge, 2015); Daniel Ziblatt, *Conservative Parties and the Birth of Democracy* (Cambridge: Cambridge University Press, 2017), 24-171.
(3) James Madison, "The Federalist No. 10," in Alexander Hamilton, James Madison, and John Jay, *The Federalist Papers*, ed. Ian Shapiro (1787; New Haven: Yale University Press, 2009), 51.
(4) 同上.
(5) 同上，322.
(6) Garry Wills, *Lincoln at Gettysburg: The Words that Remade America* (New York: Simon & Schuster, 1992), 145; Abraham Lincoln, *The Gettysburg Address* (London: Penguin, Great Ideas, 2009); George P. Fletcher, *Our Secret Constitution: How Lincoln Redefined American Democracy* (New York: Oxford University Press, 2003), 53.
(7) The Constitution, Amendments 11-27, Archives. gov (2017年4月1日アクセス), Amendment XV; https://www.archives.gov/founding-docs/amendments-11-27#toc-amendment-xv; Michael Perman, *Struggle for Mastery: Disfranchisement in the South, 1888-1908* (Chapel Hill: University of North Carolina Press, 2001); Jerrold M. Packard, *American Nightmare: The History of Jim Crow* (New York: St. Martin's Press, 2002).
(8) The Constitution, Amendment XVII.

(9) The Constitution, Amendment XIX.
(10) Benjamin Constant, "The Liberty of the Ancients Compared with That of the Moderns," in *Political Writings*, ed. Biancamaria Fontana (New York: Cambridge University Press, 1988), 309-328.
(11) John Adams, "A Defence of the Constitution," in *The Political Writings of John Adams*, ed. George Carey (Washington, DC: Regnery Publishing, 2000), 27.
(12) *The Bible: Authorized King James Version*, ed. Robert Carroll and Stephen Prickett (New York: Oxford University Press, 2008); Luke 5: 37.
(13) この会話は以下で観ることができる．*Yes Minister*. A Question of Loyalty. Television. Created by Antony Jay and Jonathan Lynn (1981; BBC); https://www.youtube.com/watch?v=dIto5mwDLxo
(14) "Speech (and sketch) for BBC 1 *Yes, Prime Minister*," Margaret Thatcher Foundation, January 20, 1984.
(15) Shaun Ley, "Yes, Prime Minister: Still True to Life after 30 Years?" BBC, January 9, 2016.
(16) "Max Weber on Bureaucracy," New Learning website, supplement to Mary Kalantzis and Bill Cope, *New Learning*, 2nd ed. (Cambridge: Cambridge University Press, 2012)参照.
(17) Max Weber, *Economy and Society: An Outline of Interpretive Sociology*, trans. E. Fischoff, 3 vols. (New York: Bedminster Press, 1968), 3: 979.
(18) 官僚機構の多面的な機能とその規範的創造についての最も洞察に優れ広範な考察は Bernardo Zacka, *When the State Meets the Street: Public Service and Moral Agency* (Cambridge, MA: Harvard University Press, 2017) を参照.
(19) "Workforce," Institute for Government, London, 2017. 他のヨーロッパの国では労働者に占める公務員の比率はより多い．最も多い順にデンマークでは32%，フランスでは24%，フィンランドでは23%，ポーランドでは22%，オランダでは21%，ギリシャでは21%となっている．Statista, "Anteil der Staatsbediensteten an der Gesamtzahl der Beschäftigten in ausgewählten Ländern weltweit," アメリカは，連邦職員を制約する政治的必要性から，人口に占める公務員の数は減少しているため事情が異なる．もっとも，こうした一般的な数字は，増える一方の州と郡レベルでの公務員の数，また行政を担う非営利組織の人数を含んでいない．John J. DiIulio, *Bring Back the Bureaucrats: Why More Federal Workers Will Lead to Better (and Smaller!) Government* (West Conshohocken, PA: Templeton Press, 2014). 同じ現象はフランスでも見られる．Philippe Bezes and Gilles Jeannot, "The Development and Current Features of the French Civil Service System," in Frits van der Meer, ed., *Civil Service Systems in Western Europe* (Cheltenham: Edward Elgar, 2011), 185-215, 272.
(20) イギリスの場合は，主要な改革は政治家が主導しているとされている．Ed-

ward Page, "The Civil Servant as Legislator: Law Making in British Administration," *Public administration* 81, no. 4 (2003): 651-679. しかし国会の法制は，法案を担う力を持つ官僚によって主導されており，刑法や労働法などについては自らが望む方向に政策を作ることができている．Edward Page, *Policy without Politicians: Bureaucratic Influence in Comparative Perspective* (Oxford: Oxford University Press, 2012). 特に「日常的な政策形成」において多くの市民が考える以上に官僚制の影響力は強い．Edward Page, *Governing by Numbers: Delegated Legislation and Everyday Policy-Making* (Oxford: Hart Publishing, 2001). それ以上に多くのケースで，政治家や市民よりも官僚が新たな法制化を主導している．Page, "The Civil Servant as Legislator."

(21) Cornelius M. Kerwin and Scott R. Furlong, *Rulemaking: How Government Agencies Write Law and Make Policy* (Washington, DC: CQ Press, 1994).

(22) Marshall J. Breger and Gary J. Edles, "Established by Practice: The Theory and Operation of Independent Federal Agencies," *Administrative Law Review* 52, no. 4 (2000): 1111-1294, 1112.

(23) Communications Act of 1934. Pub. L. 73-416. 48 Stat. 1064, June 19, 1934, Government Publishing Office.

(24) Securities Exchange Act of 1934, Pub. L. 73-291. 48 Stat. 881, June 6, 1934, Government Publishing Office.

(25) Reorganization Plans Nos. 3 and 4 of 1970, Message from the President of the United States to the House of Representatives, Environmental Protection Agency, https://archive.epa.gov/ocir/leglibrary/pdf/created.pdf (2017年4月2日アクセス).

(26) Dodd-Frank Wall Street Reform and Consumer Protection Act, Pub. L. 111-203. 124 Stat. 1376, July 21, 2010, Government Publishing Office.

(27) "Obscene, Indecent, and Profane Broadcasts," Federal Communications Commission, 2016.

(28) "Open Internet," Federal Communications Commission, 2016.

(29) "DDT—A Brief History and Status," Environmental Protection Agency; https://www.epa.gov/ingredients-used-pesticide-products/ddt-brief-history-and-status; "EPA History: Clean Water Act," Environmental Protection Agency, https://www.epa.gov/history/epa-history-clean-water-act (両方とも2017年4月2日アクセス).

(30) "Carbon Pollution Standards for New, Modified and Reconstructed Power Plants," Environmental Protection Agency, https://www.epa.gov/cleanpowerplan/carbon-pollution-standards-new-modified-and-reconstructed-power-plants (2017年4月2日アクセス).

(31) Yuka Hayashi and Anna Prior, "U.S. Unveils Retirement-Savings Revamp, but with a Few Concessions to Industry," *Wall Street Journal*, April 6, 2016.

まだ法制化されていないペイデイローンの規制については Yuka Hayashi, Rachel Witkowski, and Gabriel T. Rubin, "Dueling Payday-Lending Campaigns Deluge CFPB with Comments," ***Wall Street Journal***, October 10, 2016 を参照. CFPB の総合的な評価については Ian Salisbury, "The CFPB Turns 5 Today. Here's What It's Done (and What It Hasn't)," ***Money***, July 21, 2016 参照.

(32) Jonathan Turley, "The Rise of the Fourth Branch of Government," ***Washington Post***, May 24, 2013.

(33) 1935 年, 独立機関がまだ完成していない頃, 最高裁はこれらが「人事を除き行政当局から独立しており, 他の政府職員や政府部門の非介入あるいは介入にかかわらずその判断を自由に下すことができる」としている. ***Humphrey's Executor v. United States,*** 295 US 602 (1935). その後, 最高裁は独立機関の権限を強める一方になった. ***Chevron USA v. Natural Resources Defense Council, Inc.*** 467 US 837 (1984) 判決では, これらが法律を解釈する権限を持つとしている. ***Arlington v. FCC*** (2013) 判決は, 独立機関が自ら判断を下すことができるとした. ***City of Arlington, TX v. FCC***, 569 US (2013).

(34) Polly Curtis, "Government Scraps 192 Quangos," ***Guardian***, October 14, 2010.

(35) QUANGOs についてはたとえば, Brian W. Hogwood, "The 'Growth' of Quangos: Evidence and Explanations," ***Parliamentary Affairs*** 48, no. 2 (1995): 207-225 を参照.

(36) Curtis, "Government Scraps 192 Quangos"; "Quango List Shows 192 to Be Axed," BBC News, October 14, 2010.

(37) Kate Dommett, "Finally Recognising the Value of Quangos? The Coalition Government and a Move beyond the 'Bonfire of the Quangos,'" ***Democratic Audit UK***, January 14, 2015.

(38) 欧州員会の役割については Miriam Hartlapp, Julia Metz, and Christian Rauh, ***Which Policy for Europe?: Power and Conflict inside the European Commission*** (Oxford: Oxford University Press, 2014) を参照. EU もまた, イギリスの QUANGOs やアメリカの EPA に似た独立機関のネットワークを発展させてきており, これには欧州環境庁, 欧州労働安全衛生機関, 欧州食料安全庁, 欧州銀行監督局など多様なものがある. Arndt Wonka and Berthold Rittberger, "Credibility, Complexity and Uncertainty: Explaining the Institutional Independence of 29 EU Agencies," ***West European Politics*** 33, no. 4 (2010): 730-752.

(39) See Theo Balderston, ***Economics and Politics in the Weimar Republic*** (Cambridge: Cambridge University Press, 2002) を参照.

(40) "The Road to Central Bank Independence," Deutsche Bundesbank, October 29, 2013.

(41) Christopher Alessi, "Germany's Central Bank and the Eurozone," ***Council on Foreign Relations***, February 6, 2013 からの引用. ハイパーインフレのドイツ

の歴史的記憶については Toni Pierenkemper, "Die Angst der Deutschen vor der Inflation oder: Kann man aus der Geschichte lernen?" *Jahrbuch für Wirtschaftsgeschichte/Economic History Yearbook* 39, no. 1 (1998): 59–84, および Alexander Ebner, "The Intellectual Foundations of the Social Market Economy: Theory, Policy, and Implications for European Integration," *Journal of Economic Studies* 33, no. 3 (2006): 206–223 を参照.

(42) Alessi, "Germany's Central Bank." もっとも, Wade Jacoby はドイツ連邦銀行の一義的な目標が物価安定である一方で, 欧州中央銀行に関する条約は, 「社会平和」を含むさまざまな目標が定められているとしている(私信).

(43) 将来インフレに関する市場の期待値など, これの技術的理由は複雑である. R. J. Barro and D. B. Gordon, "Rules, Discretion and Reputation in a Model of Monetary Policy," *Journal of Monetary Economics* 12, no. 1 (1983): 101–121 を参照.

(44) Simone Polillo and Mauro Guillén, "Globalization Pressures and the State: The Worldwide Spread of Central Bank Independence," *American Journal of Sociology* 110, no. 6 (2005): 1764–1802, 1770.

(45) 同上, 1767.

(46) 2008 年の金融危機後の数年間, 各国中銀はより大きな政治的決定を下すようになった. 1990 年代と 2000 年代にあっては, アメリカ連邦準備銀行, イングランド銀行, 欧州中銀はビジネスサイクルによる低インフレと高成長を見守るだけだった. しかし大規模な規制緩和が金融市場の変調につながると予測できなかったことは, 近代史における最も悲劇的な景気後退を説明する理由のひとつとなる. しかし, 危機後も権力を失うばかりか, 多くの中銀はより強力になり, そして説明責任を果たさなくともよくなった. アメリカ政府が議会の極端な党派化によって身動きがとれず, ヨーロッパ各国が北欧と南欧諸国の異なる国益を媒介するのに苦労する一方で, 各国中銀は 3 兆ドルもの流動性資金を世界に提供し, それまで放任していた金融機関と市場に対する規制を強めていった. その結果, 2008 年以来, 中銀はより能動的になり, 賛否両論ある機能を果たすようになった.

(47) Jack Greenberg, *Crusaders in the Courts: How a Dedicated Band of Lawyers Fought for the Civil Rights Revolution* (New York: Basic Books, 1994); Michael J. Klarman, *From Jim Crow to Civil Rights: The Supreme Court and the Struggle for Racial Equality* (Oxford: Oxford University Press, 2004), および Risa L. Goluboff, "The Thirteenth Amendment and the Lost Origins of Civil Rights," *Duke Law Journal* 50, no. 6 (2001): 1609–1685 を参照.

(48) Thomas M. Keck, *The Most Activist Supreme Court in History: The Road to Modern Judicial Conservatism* (Chicago: University of Chicago Press, 2010); Richard A. Posner, "The Rise and Fall of Judicial Self-restraint," *California Law Review* 100, no. 3 (2012): 519–556; Jack M. Balkin and Sanford Levinson, "Understanding the Constitutional Revolution," *Virginia Law Review* 87, no. 6 (2001): 1045–1109 を参照. この段階でみられた司法積極主義について最も驚くべ

きは，双方の側の著名な研究者が互いに非難合戦を繰り広げたことにある．Cass Sunstein, "Tilting the Scales Rightward," *New York Times*, April 26, 2001 を参照．この司法積極主義についての批判は Kermit Roosevelt III, *The Myth of Judicial Activism: Making Sense of Supreme Court Decisions* (New Haven: Yale University Press, 2006) を見よ．

(49) *Brown v. Board of Education of Topeka*, 349 US 294 (1955).

(50) *Furman v. Georgia*, 408 US 238 (1972) は死刑制度が違憲とされた，もっとも *Gregg v. Georgia*, 428 US 153 (1976) はこの判決を覆した．

(51) *Roe v. Wade*, 410 US 113 (1973).

(52) *FCC v. Pacifica Foundation*, 438 US 726 (1978).

(53) *Lawrence v. Texas*, 539 US 558 (2003) は同性愛を合法化し，*Obergefell v. Hodges*, 576 US (2015) は同性婚を合法化した．

(54) たとえば *Buckley v. Valeo*, 424 US 1 (1976)，および *Citizens United v. FEC*, 558 US (2010) を参照．

(55) *King v. Burwell*, 576 US (2015) 判決で，最高裁は「患者保護並びに医療費負担適正化法(the Affordable Care Act)は支持されるべき」としている．

(56) *United States v. Texas* 579 US (2016) 判決で，最高裁は数百万人の不法移民が強制送還されることを阻止する「米国市民と永住者の親向け強制送還延期(DAPA)プログラム」についての上告には判断を下せなかった．*United State v. Texas*, 507 US 529 (1993).

(57) Jonathan Chait, "Conservative Judicial Activists Run Amok," *New York Magazine*, March 28, 2012; Adam Cohen, "Psst... Justice Scalia, You Know, You're an Activist Judge, Too," *New York Times*, April 19, 2005; Seth Rosenthal, "The Jury Snub," *Slate*, December 18, 2006; William P. Marshall, "Conservatives and the Seven Sins of Judicial Activism," *University of Colorado Law Review* 73 (2002): 1217-1401, および Geoffrey R. Stone, "*Citizens United* and Conservative Judicial Activism," *University of Illinois Law Review* 2012, no. 2 (2012): 485-500 を参照．

(58) これらがアメリカでの司法の役割増大を意味するのかを測るのは難しい．議会の法案や州法，独立機関の決定などを司法が覆した事例を見るだけでは足りない．実際の法制がどの程度重要なものだったのかを見なければならず，どの程度合理的な判断かの検討を要することになる価値判断を伴うものになるだろう．この点については，A. E. Dick Howard, "The Supreme Court Then and Now,"History Now, The Gilder Lehrman Institute of American History, 2017; Larry D. Kramer, "Judicial Supremacy and the End of Judicial Restraint," *California Law Review* 100, no. 3 (2012): 621-634, および Christopher Wolfe, *The Rise of Modern Judicial Review: From Constitutional Interpretation to Judge-Made Law* (Lanham, MD: Rowman & Littlefield, 1994) などを参照．

(59) 2014 年の Polity IV のデータに基づけば，1930 年時点で 22 カ国が DEMOC 指

標を満たす民主主義国に数えられる．すなわち，オーストラリア，オーストリア，ベルギー，カナダ，コスタリカ，デンマーク，フィンランド，フランス，ドイツ，ギリシャ，アイルランド，イタリア，日本，ルクセンブルク，オランダ，ニュージーランド，ノルウェー，スウェーデン，スイス，南アフリカ，イギリス，アメリカである．このうち，オーストリア，デンマーク，ルクセンブルク，ニュージーランド，ノルウェー，スウェーデン，スイスとアメリカのみが当時違憲審査権を備えていた．オランダは入っていないものの，同国は当時からすでにソフトな違憲審査を行っていた．以上については，Daniel Kenny に記して感謝する．

(60) Tom Ginsburg and Mila Versteeg, "Why Do Countries Adopt Constitutional Review?" *Journal of Law, Economics, and Organization* 30, no. 3 (2014): 587-622, 587. ある研究は，世界の 191 カ国のうち 158 カ国の憲法が「一つないしそれ以上の司法部門を明示的に優先させており(略)特に議会に対する憲法規定や原理を守ることになった」としている．Maartje De Visser, *Constitutional Review in Europe: A Comparative Analysis* (Oxford: Hart Publishing, 2014), 53.

(61) 貴族院は特定の事例において，最後の司法として機能することもあり，どのような法が適用されるかを決めることがあったが，しかし議会の可決を違憲とすることはできなかった．イギリスの違憲審査については Jeremy Waldron, "The Core of the Case against Judicial Review," *Yale Law Journal* 115, no. 6 (2006): 1346-1406 を参照．

(62) イギリス加盟時，EU は欧州共同体(EC)と名乗っていた．

(63) Karen J. Alter, *Establishing the Supremacy of European Law: The Making of an International Rule of Law in Europe* (Oxford: Oxford University Press, 2001), および Mark Elliott, *The Constitutional Foundations of Judicial Review* (Oxford: Hart Publishing, 2001) を参照．

(64) イギリス司法は，法律が EU 人権条約と適合的かをチェックする権能を有しており，必要であれば覆すこともできる．A. Kavanagh, *Constitutional Review under the UK Human Rights Act* (Cambridge: Cambridge University Press, 2009); A. Z. Drzemczewski, *European Human Rights Convention in Domestic Law: A Comparative Study* (New York: Oxford University Press, 1985), および B. A. Simmons, *Mobilizing for Human Rights: International Law in Domestic Politics* (Cambridge: Cambridge University Press, 2009); "Human Rights Act 1998," Legislation. gov. uk, http://www.legislation.gov.uk/ukpga/1998/42/crossheading/introduction (2017 年 4 月 2 日アクセス)などを参照．

(65) "Constitutional Reform Act 2005," Legislation. gov. uk, http://www.legislation.gov.uk/ukpga/2005/4/contents (2017 年 4 月 2 日アクセス)．

(66) "Canadian Charter of Rights and Freedoms," Parliament of Canada, http://www.lop.parl.gc.ca/About/Parliament/Education/ourcountryyourparliament/html_booklet/canadian-charter-rights-and-freedoms-e.html (2017 年 4 月 2 日アクセス)．また J. B. Kelly, *Governing with the Charter: Legislative and Judicial*

Activism and Framers' Intent (Vancouver: University of British Columbia Press, 2014); D. R. Songer and S. W. Johnson, "Judicial Decision Making in the Supreme Court of Canada: Updating the Personal Attribute Model," *Canadian Journal of Political Science / Revue canadienne de science politique* 40, no. 4 (2007): 911–934 を参照.

(67) "Judging," Conseil D'Etat, http://english.conseil-etat.fr/Judging (2017 年 4 月 2 日アクセス). また F. Fabbrini, "Kelsen in Paris: France's Constitutional Reform and the Introduction of A Posteriori Constitutional Review of Legislation," *German Law Journal* 9, no. 10 (2008): 1297–1312.

(68) "The Constitution of the Kingdom of the Netherlands," Rechtspraak. nl (2002), https://www.rechtspraak.nl/SiteCollectionDocuments/Constitution-NL.pdf; M. Adams and G. van der Schyff, "Constitutional Review by the Judiciary in the Netherlands," *Zeitschrift für ausländisches öffentliches Recht und Völkerrecht 66* (2006): 399–413 を参照.

(69) Waldron, "Core of the Case." また J. Waldron, "Judicial Review and the Conditions of Democracy," *Journal of Political Philosophy* 6, no. 4 (1998): 335–355 を参照.

(70) Waldron, "Judicial Review," 339.

(71) 以下を参照. Hans Kelsen, "La garantie juridictionnelle de la constitution (La justice constitutionnelle)," *Revue du Droit Public et de la Science Politique en France et à L'Étranger* 45 (1928): 197–257; Hans Kelsen, *General Theory of Law and State*, trans. Anders Wedberg (Cambridge, MA: Harvard University Press, 1945) [ハンス・ケルゼン『法と国家の一般理論』, 尾吹善人訳, 木鐸社, 1991 年]; Ronald Dworkin, *Law's Empire* (Cambridge, MA: Harvard University Press, 1988) [ロナルド・ドウォーキン『法の帝国』, 小林公訳, 未來社, 1995 年]; Ronald Dworkin, *Taking Rights Seriously* (Cambridge, MA: Harvard University Press, 1977) [同『権利論』1・2, 木下毅・小林公・野坂泰司訳, 木鐸社, 1986 年–2001 年／増補版, 2003 年]. また R. Daniel Kelemen, "Judicialisation, Democracy and European Integration," *Representation* 49, no. 3 (2013): 295–308, および Aharon Barak, *The Judge in a Democracy* (Princeton: Princeton University Press, 2006) を参照.

(72) もちろん, 違法審査が政治的異議申し立てから隔絶されて行われるからといって, 裁判官が政治的配慮と無縁であるということにはならない. 反対に, 特にアメリカにおける違法審査の非常に政治的な性格は, こうした見方を補強するものだろう. 以下を参照.「政党から吟味される最高裁の裁判官は, 政党のために働くことも多く, 自らのキャリアを手助けする政党人に忠誠心があり, 彼らと親交を深めるためにワシントンに入り浸っている. 言い換えれば, 彼らは多くのアメリカ人よりも多かれ少なかれ政治的なのである」. Ezra Klein, "Of Course the Supreme Court Is Political," *Washington Post*, June 21, 2012. この点についての研究は

Jeffrey A. Segal and Albert D. Cover, "Ideological Values and the Votes of U.S. Supreme Court Justices," *American Political Science Review* 83, no. 2 (1989): 557-565, および William Mishler and Reginald S. Sheehan, "The Supreme Court as a Countermajoritarian Institution? The Impact of Public Opinion on Supreme Court Decisions," *American Political Science Review* 87, no. 1 (1993): 87-101 を参照.

(73) 国家間貿易と対外直接投資についての数字は Shujiro Urata, "Globalization and the Growth in Free Trade Agreements," *Asia-Pacific Review* 9, no. 1 (2002): 20-32 からのもの.

(74) アメリカの鉄鋼については Douglas Irwin, "Historical Aspects of U.S. Trade Policy," NBER Reporter: Research Summary, National Bureau of Economic Research, Summer 2006 を見よ. 自動車とエレクトロニクスについては Robert Feenstra, "How Costly Is Protectionism?" *Journal of Economic Perspectives* 6, no. 3 (1992): 159-178; および Ashoka Mody, "Institutions and Dynamic Comparative Advantage: The Electronics Industry in South Korea and Taiwan," *Cambridge Journal of Economics* 14, no. 3 (1990): 291-314, 296 を見よ.

(75) こうした緊張関係については Dani Rodrik, "Can Integration into the World Economy Substitute for a Development Strategy?" in *World Bank ABCDE-Europe Conference Proceedings*, 2000; Kenneth C. Shadlen, "Exchanging Development for Market Access? Deep Integration and Industrial Policy under Multilateral and Regional-Bilateral Trade Agreements," *Review of International Political Economy* 12, no. 5 (2005): 750-775, および Bijit Bora, Peter J. Lloyd, and Mari Pangestu, "Industrial Policy and the WTO," *World Economy* 23, no. 4 (2000): 543-559 を参照.

(76) North American Free Trade Agreement, NAFTA, 2014.

(77) David Singh Grewal and Cory Adkins, "Democracy and Legitimacy in Investor-State Arbitration," *Yale Law Journal Forum* (2016): 65, ならびに James Surowiecki, "Trade-Agreement Troubles," *New Yorker*, June 22, 2015 を参照.

(78) Kenneth A. Armstrong and Simon Bulmer, *The Governance of the Single European Market* (Manchester: Manchester University Press, 1998); Gerda Falkner, *Complying with Europe: EU Harmonisation and Soft Law in the Member States* (Cambridge: Cambridge University Press, 2005), および Frans Vanistendael, "The ECJ at the Crossroads: Balancing Tax Sovereignty against the Imperatives of the Single Market," *European Taxation* 46, no. 9 (2006): 413-420 を参照.

(79) Dermot Cahill, Vincent Power, and Niamh Connery, *European Law* (New York: Oxford University Press, 2011), 65-66.

(80) Burkard Eberlein and Edgar Grande, "Beyond Delegation: Transnational Regulatory Regimes and the EU Regulatory State," *Journal of European Public*

Policy 12, no. 1 (2005): 89–112, および Olivier Borraz, "Governing Standards: The Rise of Standardization Processes in France and in the EU," *Governance* 20, no. 1 (2007): 57–84 を参照.

(81) こうした特徴は何もEUだけに限らない．自由貿易協定に含まれる政府調達や投資，サービスについての規定は，アメリカの州政府を含む地方政府の主権を制約するものになっている．多くの場合，地方政府は，オフショアへの雇用移転禁止や「バイ・ローカル」，リサイクルや再生エネルギーといった環境に関する地域開発の規定の修正を余儀なくされる．

(82) 国際条約と国際組織の台頭は国民国家の権力を奪ったのみならず，国家内でも議会から，より民主的なアカウンタビリティの少ない司法や官僚制に権力が移る作用を持った．この変化は貿易交渉や国際協定を担う主体から生じる．こうした協定の複雑さが増し，協定国が増えるにつれて，議会が実質的に関与するのは困難となる．その結果，交渉の主体は立法府から行政府へと徐々に移り，議員の役割はすでに合意されてしまった内容を嫌々ながら追認するだけになった．多くの国でこうした変化は気づかれないままに進んでいる．アメリカでは法律にもなっている．すなわち合衆国憲法は，国際条約は大統領によって交渉され，その後上院の3分の2の同意があれば発効すると定めているが，これは多くの大統領による試みの障害となるものだった(たとえば第1次世界大戦直後にウィルソン大統領は自らが設立を主導した国際連盟への加盟を果たせなかった)．そして自由貿易に関する協定締結を簡単にするために，1974年の通商法は「ファスト・トラック(貿易促進)権限」と呼ばれる，大統領が交渉した協定を上下両院の過半数で可決できる仕組みを導入した．

こうした取り決めは民主的に選出された大統領や首相の権限を拡大させる一方で，協定の交渉に当たる官僚機構の権力を増やすものとなる．これはアメリカの特定の目標を充てがわれた機関に当てはまる．アメリカの通商代表部は，自由貿易協定の交渉を目的としたものであり，それゆえ協定を増やそうとするのは驚くべきことではない．ファスト・トラック権限については Trade Act of 1974, Pub. L. 93-618. 88 Stat. 1978-2. January 3, 1975; Government Publishing Office Communications Act of 1934, Pub. L. 73-416. 48 Stat. 1064, June 19, 1934; Government Publishing Office を参照．またファスト・トラックは議会による修正や議事妨害を不可能にした．ファスト・トラック権限は，1975年から1994年まで有効となり，その後2002年から2007年，さらに2015年に再度認められている．Carolyn Smith, "Fast-Track Negotiating Authority for Trade Agreements and Trade Promotion Authority: Chronology of Major Votes," Congressional Research Service Reports, December 18, 2001, https://digital.library.unt.edu/ark:/67531/metacrs2031/m1/1/high_res_d/RS21004_2001Dec18.pdf; "'Fast Track' Trade Legislation," *Wall Street Journal*, April 28, 2015; Paul Lewis, "Barack Obama Given 'Fast-Track' Authority over Trade Deal Negotiations," *Guardian*, June 24, 2015 を参照．国際連盟については Stephen Wertheim, "The League That

Wasn't: American Designs for a Legalist-Sanctionist League of Nations and the Intellectual Origins of International Organization, 1914-1920," *Journal of the Society for Historians of American Foreign Relations: Diplomatic History* 35, no. 5 (2011): 797-836, 802, 832; Martyn Housden, *The League of Nations and the Organization of Peace* (New York: Routledge, 2014), xvii を参照.

(83) Treaties in Force, US Department of State, https://www.state.gov/documents/organization/267489.pdf (2017年4月2日アクセス).

(84) Martin Gilens and Benjamin Page, "Testing Theories of American Politics: Elites, Interest Groups, and Average Citizens," *Perspectives on Politics* 12, no. 3 (2014): 564-581.

(85) 同上, 575. 同じ結論を導いた研究として Frank R. Baumgartner, Jeffrey M. Berry, Marie Hojnacki, David C. Kimball, and Beth L. Leech, *Lobbying and Policy Change: Who Wins, Who Loses, and Why* (Chicago: University of Chicago Press, 2009) を参照.

(86) Gilens and Page, "Testing Theories," 576. 付記すれば, 見かけと違って, 民主主義で少数のエリートが重要な決定を下しているのではないかとの指摘は以前からあった. たとえば C. Wright Mills, *The Power Elite* (New York: Oxford University Press, 1956) [C. W. ミルズ『パワー・エリート』上・下, 鵜飼信成・綿貫譲治訳, UP選書, 2000年].

(87) Kevin Dixon, "Torquay's Past MPs: Rupert Allason—Always Tip the Waiter!" *We Are South Devon*, May 6, 2015. こうした逸話では避けられないことだが, ウェイトレスが実際に同僚にどれだけ影響を与えたのか, こうした票が選挙結果に実際につながったとする証拠を見つけることはできない.

(88) Andrew Eggers and Jens Hainmueller, "MPs for Sale? Returns to Office in Postwar British Politics," *American Political Science Review* 103, no. 4 (2009): 513-533.

(89) 同上, 514. 両者は選挙の勝敗を分ける経済的影響のみを精査しただけではないことを付け加えておくべきかもしれない. それゆえ, 議員の落選は任期中の兼職禁止規定に引っかからなかったために政治的なコネを拡充したと言うこともできるかもしれない.

(90) 同上, 514. 企業取締役になった元議員については同, 528参照.

(91) Suzanne Goldenberg, "Want to Be Senator? Governor Tried to Auction Obama's Old Seat, Says FBI," *Guardian*, December 10, 2008.

(92) Peter Leeson and Russell Sobel, "Weathering Corruption," *Journal of Law and Economics* 51, no. 4 (2008): 667-681.

(93) アメリカについては Daniel Tokaji and Renata Strause, *The New Soft Money* (Columbus: Ohio State University Michael E. Moritz College of Law, 2014), 32 を参照. ブルンジについては "The World Bank in Burundi," The World Bank, http://www.worldbank.org/en/country/burundi (2016年アクセス) を参照.

(94) Bipartisan Campaign Reform Act, Pub. L. 107-155. 116 Stat. 81 *thru* Stat. 116, Nov. 6 2002, Government Publishing Office. もっともマケイン＝ファインゴールド法は大きな影響を持たなかっただろうとする指摘もある．なぜなら献金者は異なる政治団体に資金を提供すれば事足りるからだ．

(95) ***Citizens United v. FEC***, 558 US 310 (2010). 実際には，この判決は非営利団体に関するものだったが，すぐに営利企業にも適用されることになり，また続く ***Speechnow.org v. FEC***, 599 F.3d 686 (D. C. Cir. 2010) 判決では労働組合も含まれることになった．Lyle Denniston, "Widening Impact of Citizens United," Scotusblog, March 26, 2010 を参照．

(96) アメリカの選挙戦への資金提供が汚職につながると指摘するものとして，Heather K. Gerken, "The Real Problem with Citizens United: Campaign Finance, Dark Money, and Shadow Parties," ***Marquette Law Review*** 97, no. 4 (2014): 903-923; および Jane Mayer, ***Dark Money: The Hidden History of the Billionaires behind the Rise of the Radical Right*** (New York: Doubleday, 2016) を参照．さらに言えば，アメリカ政治で拒否点が増えれば増えるほど，ロビイストの影響力が増えると懸念するだけの十分な理由がある．この点は Ian Shapiro, ***Politics against Domination*** (Cambridge, MA: Harvard University Press, 2016) を見よ．

(97) Zephyr Teachout, ***Corruption in America: From Benjamin Franklin's Snuff Box to Citizens United*** (Cambridge, MA: Harvard University Press, 2014). 引用は同，1 より．

(98) Zephyr Teachout, "The Forgotten Law of Lobbying," ***Election Law Journal*** 13, no. 1 (2014): 4-26, 22. もっとも，19 世紀にロビイングが批判的に見られており，汚職が改革を導いた主要因だとする見解への批判もある．以下の論争を参照．Lee Drutman and Zephyr Teachout at Lee Drutman, "Bring Back Corruption!" review of Teachout, Corruption in America, ***Democracy***, no. 35, 2015, および Zephyr Teachout, "Quid Pro Con," response to Drutman, ***Democracy***, no. 36, 2015.

(99) William Luneburg and Thomas Susman, ***The Lobbying Manual: A Complete Guide to Federal Law Governing Lawyers and Lobbyists*** (Chicago: ABA Section of Administrative Law and Regulatory Practice, 2005).

(100) "Lobbying as a Felony," ***Sacramento Daily Union***, November 6, 1879.

(101) Lee Drutman, ***Business of America Is Lobbying: How Corporations Became Politicized and Politics Became More Corporate*** (New York: Oxford University Press, 2015), 57. また以下の同書での鋭い洞察をみよ．49-56, 71, 79, および 218.

(102) Lee Drutman, "How Corporate Lobbyists Conquered American Democracy," ***Atlantic***, April 20, 2015.

(103) 同上．

（104）Lobbying Database, Center for Responsive Politics, https://www.opensecrets.org/lobby/（2017年3月31日アクセス）.
（105）Drutman, "How Corporate Lobbyists Conquered American Democracy." 以下もビジネス団体がロビイング資金増大の主たる原因になっているという．ここでは連邦レベルの84%，州レベルの86%のロビイング資金はこれによるとされている．J. M. de Figueiredo, "The Timing, Intensity, and Composition of Interest Group Lobbying: An Analysis of Structural Policy Windows in the States," NBER Working Paper No. 10588, National Bureau of Economic Research, June 2004.
（106）Ian Traynor, "30,000 Lobbyists and Counting: Is Brussels under Corporate Sway?" *Guardian*, May 8, 2014.
（107）Jesse Byrnes, "Hillary 'Thought It'd Be Fun' to Attend Trump's Wedding," *Hill*, August 10, 2015.
（108）Michael Kruse, "Hillary and Donald's Wild Palm Beach Weekend," *Politico*, July 28, 2015.
（109）*Citizens United v. FEC*, 558 US 310（2010）.
（110）Lawrence Lessig, *Republic, Lost*（New York: Hachette Book Group, 2011）, 107–124.
（111）レッシグによる指摘のこの的確な要約はYasmin Dawood, "Campaign Finance and American Democracy," *Annual Review of Political Science* 18（2015）: 329–348, 336による．
（112）個人の行動に対するピア集団の大きな影響力は，医学，心理学，そして政治学でも多く調査されてきた．たとえばSolomon E. Asch, "Opinions and Social Pressure," *Scientific American* 193, no. 5（1955）: 31; Solomon E. Asch, "Effects of Group Pressure upon the Modification and Distortion of Judgments," in *Groups, Leadership and Men: Research in Human Relations*, ed. H. Guetzkow, 177–190（Pittsburgh: Carnegie Press, 1951）; Susan T. Ennett and Karl E. Bauman, "The Contribution of Influence and Selection to Adolescent Peer Group Homogeneity: The Case of Adolescent Cigarette Smoking," *Journal of Personality and Social Psychology* 67, no. 4（1994）: 653–663, およびCass R. Sunstein, David Schkade, Lisa M. Ellman, and Andres Sawicki, *Are Judges Political?: An Empirical Analysis of the Federal Judiciary*（Washington, DC: Brookings Institution Press, 2006）; Herbert Hyman, *Political Socialization*（New York: Free Press, 1959）などを参照.
（113）Ezra Klein, "The Most Depressing Graphic for Members of Congress," *Washington Post*, January 14, 2013, およびTim Roemer, "Why Do Congressmen Spend Only Half Their Time Serving Us?" *Newsweek*, July 29, 2015.
（114）Brendan Doherty, *The Rise of the President's Permanent Campaign*（Lawrence: University Press of Kansas, 2012）, 16–17.

(115) Credit Suisse, "Global Wealth Databook" (2013), 101.

(116) Russ Choma, "Millionaires' Club: For First Time, Most Lawmakers Are Worth $1 Million-Plus," Opensecrets. org, January 9, 2014.

(117) 学歴をみるだけでも驚異的である．111期下院議員のうち少なくとも36議員はスタンフォード，ハーヴァード，イェール大学出身となっている(これ以上の議員がこれらの大学いずれかの大学院で学位を持っている)．Michael Morella, "The Top 10 Colleges for Members of Congress," ***US News and World Report***, August 16, 2010を見よ．同じように，114期上院議員の5分の1がハーヴァード，イェール，スタンフォード，ダートマス大学のいずれかの出身である．Aaron Blake, "Where the Senate Went to College—in One Map," ***Washington Post***, January 30, 2015を見よ．現職と元職議員の経歴は以下で確認できる．http://bioguide. congress. gov/biosearch/biosearch. asp この点についての研究は多いとは言えないが，初期のものとしてはN. Polsby, "The Social Composition of Congress," in ***The US Congress and the German Bundestag: Comparisons of Democratic Processes***, ed. Uwe Thayson, Roger H. Davidson, and Robert Gerald Livingston (Boulder, CO: Westview Press, 1990)がある．

(118) Arthur B. Gunlicks, ed., ***Campaign and Party Finance in North America and Western Europe*** (Boulder, CO: Westview Press, 1993)．カナダとの比較については Daniel P. Tokaji, "The Obliteration of Equality in American Campaign Finance Law: A Trans-Border Comparison," Ohio State Public Law Working Paper no. 140を参照.

(119) Nick Thompson, "International Campaign Finance: How Do Countries Compare?" CNN, March 5, 2012.

(120) Clay Clemens, "A Legacy Reassessed: Helmut Kohl and the German Party Finance Affair," ***German Politics*** 9, no. 2 (2000): 25-50; Erwin K. Scheuch and Ute Scheuch, ***Die Spendenkrise: Parteien außer Kontrolle*** (Rowohlt Verlag GmbH, 2017).

(121) John R. Heilbrunn, "Oil and Water? Elite Politicians and Corruption in France," ***Comparative Politics*** 37, no. 3 (2005): 277-296; Jocelyn A. J. Evans, "Political Corruption in France," in ***Corruption in Contemporary Politics***, ed. Martin J. Bull and James L. Newell, 79-92 (Basingstoke, UK: Palgrave Macmillan, 2003)．また Aurelien Breeden, "François Fillon, French Presidential Candidate, Is Charged with Embezzlement," ***New York Times***, March 14, 2017; Rory Mulholland, "Nicolas Sarkozy Charged with Corruption," ***Daily Telegraph***, July 2, 2014; Jennifer Thompson, "Chirac Found Guilty of Corruption," ***Financial Times***, December 15, 2011, および Ullrich Fichtner: "A Crisis of Democracy Rocks the Fifth Republic," ***Spiegel Online***, April 8, 2013を参照.

(122) 『サン』紙が落選候補を支持表明したのは1974年2月，14議席という僅差でハロルド・ウィルソンがエドワード・ヒースを負かした時である．James

Thomas, *Popular Newspapers, the Labour Party and British Politics* (London: Routledge, 2005), 73. 2017年に同紙に支持されたテリーザ・メイは議会過半数を維持できなかったが，民主統一党との連立によって続投することができた．

(123) これは，社民党が多数派を占めるために依存してきた，工場労働者と教員，炭鉱労働者とアーティストなどの異質な連合がなぜかくも長く続いたのかということについての，有力だがしばしば無視されてきた論拠ともなるだろう．

(124) W. B. Gallie, "Essentially Contested Concepts," *Proceedings of the Aristotelian Society* 56 (1955-56): 167-198.

(125) Steven Levitsky and Lucan Way, *Competitive Authoritarianism: Hybrid Regimes after the Cold War* (New York: Cambridge University Press, 2010), 12.

(126) ここで非民主的なリベラリズムと呼ぶものの実証的かつ規範的な説明は以下でよく説明されている．Colin Crouch, *Post-democracy* (Cambridge: Polity, 2004)［コリン・クラウチ『ポスト・デモクラシー――格差拡大の政策を生む政治構造』，山口二郎監修，近藤隆文訳，青灯社，2007年］，および Colin Crouch, *Coping with Post-democracy*, Fabian Pamphlets (London: Fabian Society, 2000); Christopher Bickerton and Carlo Invernizzi Accetti, "Populism and Technocracy: Opposites or Complements?" *Critical Review of International Social and Political Philosophy* 20, no. 2 (2017): 186-206; Christopher Bickerton, "Europe's Neo-Madisonians: Rethinking the Legitimacy of Limited Power in a Multilevel Polity," *Political Studies* 59, no. 3 (2011): 659-673.

(127) Daniel W. Drezner, *The Ideas Industry: How Pessimists, Partisans, and Plutocrats Are Transforming the Marketplace of Ideas* (New York: Oxford University Press, 2017) を参照．

(128) "Mehrheit der Deutschen gegen neue Griechen-Milliarden," *Spiegel Online*, February 26, 2012 を参照．

(129) Fareed Zakaria, *The Future of Freedom* (New York: W. W. Norton, 2007)［ファリード・ザカリア『民主主義の未来――リベラリズムか独裁か拝金主義か』，中谷和男訳，阪急コミュニケーションズ，2004年］，および Parag Khanna, *Technocracy in America* (Parag Khanna, self-published, 2017) を参照．

(130) Richard Tuck, "The Left Case for Brexit," *Dissent*, June 6, 2016, および Tuck, "Brexit: A Prize in Reach for the Left," *Policy Exchange*, July 17, 2017 を参照．

第3章

(1) David Runciman, *The Confidence Trap: A History of Democracy in Crisis from World War I to the Present* (Princeton: Princeton University Press, 2015), 210.

(2) Jeffrey M. Jones, "American's Trust in Political Leaders, Public at New

Lows," Gallup, September 21, 2016.
(3) 同上.
(4) "Confidence in Institutions," Gallup poll, 2017, http://www.gallup.com/poll/1597/confidence-institutions.aspx 2017年には12%と数字は若干増えている．しかしこれは新規就任によるもので，数年のうちに下落する可能性もある．
(5) Roberto Foa and Yascha Mounk, "Are Americans Losing Faith in Democracy?" *Vox*, December 18, 2015を参照.
(6) たとえば，1972年時点でより多くのドイツ人が政治家は自身よりも国民の利益を促進していると考えていた．しかし2014年になると，政治家の善意を疑う国民が増えている．またドイツ人は政治家を信用しなくなっただけではなく，その能力も疑うようになった．1972年に西ドイツ人の約3分の2が議員になるのに才能が必要だとし，そうでないとする者は4分の1に過ぎなかった．2014年にこの見方は逆転し，半数は政治家になるのに特別な才能は必要ないとし，4分の1以下だけが特別な才能を要するとしている．Thomas Petersen, "Anfang vom Ende der Politikverdrossenheit?" ***Frankfurter Allgemeinen Zeitung*** 66, no. 19 (March 2014) を見よ．
(7) 西ヨーロッパの古い民主主義国では，過去数十年で得票率は大幅に減少し，党員数はさらに大きく減っている．たとえばフランスでは1978年時点で170万人の党員がいたが，2009年には100万人以下となった．Ingrid Van Biezen, Peter Mair, and Thomas Poguntke, "Going, Going, ... Gone? The Decline of Party Membership in Contemporary Europe," ***European Journal of Political Research*** 51, no. 1 (2012): 24–56, 44.
(8) Roberto Stefan Foa and Yascha Mounk, "The Danger of Deconsolidation: The Democratic Disconnect," ***Journal of Democracy*** 27, no. 3 (2016): 5–17.
(9) Jon Henley, "Chirac's Popularity Hits record Low as Public Loses Faith in Politicians," ***Guardian***, June 8, 2005.
(10) "Support for Sarkozy Hits Record Low," ***France 24***, April 19, 2011.
(11) "Into the Abyss," ***Economist***, November 5, 2016.
(12) Jeremy Berke, "Emmanuel Macron's Approval Rating Is Taking a Massive Nosedive," ***Business Insider***, August 22, 2017.
(13) 私信.
(14) Lynn Vavreck, "The Long Decline of Trust in Government, and Why That Can Be Patriotic," ***New York Times***, July 3, 2015.
(15) David Easton, "A Re-assessment of the Concept of Political Support," ***British Journal of Political Science*** 5, no. 4 (1975): 435–457.
(16) Larry Diamond, "Facing Up to the Democratic Recession," ***Journal of Democracy*** 26, no. 1 (2015): 141–155. またFreedom House, ***Freedom in the World 2016: The Annual Survey of Political Rights and Civil Liberties*** (Rowman & Littlefield, 2016); and Freedom House, ***Freedom in the World 2017: Populists***

and Autocrats: The Dual Threat to Global Democracy (Rowman & Littlefield, 2017) を参照.

(17) デマゴーグにとっては，市民にとって大事とされること——外部の敵に対する象徴的な勝利，あるいは単により大きな負担を負わせること——を成し遂げるということで，デモクラシーの重要な要素を捨て去ることができる.

(18) このことはミレニアルの多くがデモクラシーに積極的に反対しているということを意味しない．平均値は大きく変わってはいないとの指摘もある．Erik Voeten, "That Viral Graph about Millennials' Declining Support for Democracy? It's Very Misleading," *Washington Post*, December 5, 2016. 少数派だが無視できない割合がまだ民主主義国に生きることが大事だとしている．そして，多くはデモクラシーはそれほど重要でなくても望ましいものと考えている．しかし依然としてなお，年長世代との差は驚異的である．標本のうち，民主主義国に生きることは多少なりとも大事だとする者(8-10 スケール)を含めると，アメリカの若年層 10 人に 6 人に対して，年長世代の 10 人に 9 人はそれが大事だとしているからだ．民主主義に対して中立的な立場(4-7 スケール)では，若年層 10 人に 4 人に対して年長者は 10 人に 1 人でしかない．Yascha Mounk and Roberto Foa: "Yes, People Really Are Turning Away from Democracy,"*Washington Post*, December 8, 2016 を見よ.

(19) 好例はナイジェリアで，ここではミレニアルの 22% が民主主義が大事(10 スケール)とし，65 歳以上は 15% に過ぎなかった．ミレニアル世代と 65 歳以上では同じ割合が低いスケール(1-5)に留まった.

(20) Amanda Taub, "How Stable Are Democracies? 'Warning Signs Are Flashing Red,'" *New York Times*, November 29, 2016.

(21) こうした事実は，あまりにも気が重くなるものであるから，それを信じたくないという態度も出てくるだろう．年長者よりも若者の方が政治システムに批判的ではないのか？　しかし実際にはそうではなく，親や祖父母が同年代だった頃よりも彼らが民主主義国に生きることをさほど大事にしていないと実証する通時的なデータはないものの，民主主義について消極的な印象を持っているとのデータは存在する．これが示しているものは明瞭だ．ヨーロッパとアメリカの 16-24 歳は 20 年前の若者よりも民主主義に対して批判的だ．若年層は統治のための良いシステムと考えているのではないか，というのはどうだろうか．そうではない．確かに，アメリカのミレニアル世代の 23% のみが，統治システムとしての民主主義が悪い，もしくはとても悪いとしている．しかし国際的水準からはこれは多い数字だ．国でみると，これよりも悪い数字を記録している国はロシアで，ここでは 26% が同じように，民主主義についての暗い意見を持っている．反対に世界で同じような見方をしているのは 10 人に 1 人でしかない．その中には安定した独裁政権や過去に何度も軍事クーデタを経験している国も多く含まれている.

(22) Michael Ignatieff, "Enemies vs. Adversaries," *New York Times*, October 16, 2013. 著者による政治的失敗についての華麗で洞察力溢れた以下の著作も参照.

Michael Ignatieff, *Fire and Ashes* (Cambridge, MA: Harvard University Press, 2013)[マイケル・イグナティエフ『火と灰――アマチュア政治家の成功と失敗』添谷育志・金田耕一訳, 風行社, 2015年].

(23) Ignatieff, "Enemies vs. Adversaries."

(24) "Jörg Haider: Key Quotes," BBC News, February 2, 2000.

(25) "Wilders Warns Australia of 'Dangerous' Islam," *Al Jazeera*, February 21, 2013.

(26) Gavin Jones, "Insight: Beppe Grillo—Italian Clown or Political Mastermind?" Reuters, March 7, 2013.

(27) 五つ星運動は, ロシアの虚偽情報伝播に触発されたフェイクニュースサイトからの資金に依存している. それゆえ, 運動が操るニュースソースが, ロシアがイスラム国と戦うのをトルコとアメリカが阻止しようとしているとするビデオを流したのも驚くに値しない. Alberto Nardelli and Craig Silverman, "Italy's Most Popular Political Party Is Leading Europe in Fake News and Kremlin Propaganda," Buzzfeed, November 30, 2016を参照. 運動は左派のルーツからも距離を置き始めており, 主要な政治家はここ最近反移民の言説を吐くようになった. Stefano Pitrelli and Michael Birnbaum, "Anti-immigrant, Anti-Euro Populists Gain Ground in Italy as Prime Minister Resigns," *Washington Post*, December 5, 2016を参照.

(28) Hortense Goulard, "Nicolas Sarkozy Says Climate Change Not Caused by Man," *Politico*, September 14, 2016.

(29) David Lublin, *The Paradox of Representation: Racial Gerrymandering and Minority Interests in Congress* (Princeton: Princeton University Press, 1999)を参照. オバマがイリノイ州の自身の下院選挙区のゲリマンダリングを試みたことを指摘した以下も参照. Ryan Lizza, "The Obama Memos," *New Yorker*, January 30, 2012.

(30) Richard Moberly, "Whistleblowers and the Obama Presidency: The National Security Dilemma," *Employee Rights and Employment Policy Journal* 16, no. 1 (2012): 51-141; Binyamin Appelbaum and Michael D. Shear, "Once Skeptical of Executive Power, Obama Has Come to Embrace It," *New York Times*, August 13, 2016.

(31) Thomas E. Mann and Norman J. Ornstein, *It's Even Worse than It Looks: How the American Constitutional System Collided with the New Politics of Extremism* (New York: Basic Books, 2016).

(32) Associated Press, "McCain Counters Obama 'Arab' Question," YouTube, October 11, 2008.

(33) Carl Hulse, "In Lawmaker's Outburst, a Rare Breach of Protocol," *New York Times*, September 9, 2009.

(34) サラ・ペイリン, ニュート・ギングリッチ, デーヴィッド・ヴィッター, マイ

ク・ハッカビーは，明示的，示唆的とを問わず，出生地疑惑を広めた「バーサー運動」政治家である．Glenn Kessler, "More 'Birther' Nonsense from Donald Trump and Sarah Palin," ***Washington Post***, April 12, 2011; Brian Montopoli, "Newt Gingrich Pandering to Birthers, White House Suggests," CBS News website, September 13, 2010; Nia-Malika Henderson, "Gingrich Says Birther Claims Not Racist, Are Caused by Obama's 'Radical' Views," ***Washington Post***, May 29, 2012; Andy Barr, "Vitter Backs Birther Suits," ***Politico***, July 13, 2010; Michael D. Shear, "Huckabee Questions Obama Birth Certificate," ***New York Times*** website, March 1, 2011 を参照．自らの党が疑惑を広めることについての確固とした批判は Jeff Flake, ***Conscience of a Conservative: A Rejection of Destructive Politics and a Return to Principle*** (New York: Random House, 2017), 31–33 を見よ．

(35)「フィリバスター(議事妨害)」の定義は難しいが，ここでは議会会期中の討論終結の動議を数えている．リンドン・ジョンソン大統領のもとでの上院 88–90 会期では，閉会を求める動議が 16 提出され，オバマ大統領のもとの 111–114 会期では 506 提出された．Molly Reynolds, Curtlyn Kramer, Nick Zeppos, Emma Tatem, Tanner Lockhead, Michael Malbin, Brendan Glavin, Thomas E. Mann, Norman J. Ornstein, Raffaela Wakeman, Andrew Rugg, and the Campaign Finance Institute, "Vital Statistics on Congress," Report, Brookings Institution, September 7, 2017 を参照．

(36) ガーランドは，共和党が多数を占めた上院によって，76 対 23 票でコロンビア特別区の判事に任命されていた．アメリカ弁護士協会は彼を「一致して適役とする」と評していた．Melanie Garunay, "The American Bar Association Gives Its Highest Rating to Chief Judge Garland," The White House, June 21, 2016 を見よ．

(37) Patrick Caldwell, "Senate Republicans Are Breaking Records for Judicial Obstruction," ***Mother Jones***, May 6, 2016.

(38) Richard L. Hasen, "Race or Party?: How Courts Should Think about Republican Efforts to Make It Harder to Vote in North Carolina and Elsewhere," ***Harvard Law Review Forum*** 127 (2014); Anthony J. McGann, Charles Anthony Smith, Michael Latner, and Alex Keena, ***Gerrymandering in America: The House of Representatives, the Supreme Court, and the Future of Popular Sovereignty*** (New York: Cambridge University Press, 2016); Tim Dickinson, "How Republicans Rig the Game," ***Rolling Stone***, November 11, 2013. 民主党も長年同じことをしているものの，州議会では弱く，同じような過ちをする機会に恵まれなかった点では，より罪悪が少ないとすべきだろう．

(39) William Wan, "How Republicans in North Carolina Created a 'Monster' Voter ID Law," ***Chicago Tribune***, September 2, 2016.

(40) Alison Thoet, "What North Carolina's Power-Stripping Laws Mean for New

Gov. Roy Cooper," PBS Newshour, January 3, 2017. それ以来，この動きについては複雑な法的なやりとりが進んでいる．Mitch Smith, "North Carolina Judges Suspend Limit on Governor's Powers," *New York Times*, February 8, 2017; Jason Zengerle, "Is North Carolina the Future of American Politics?" *New York Times*, June 20, 2017; Mark Joseph Stern, "North Carolina Republicans Are Trying to Strip the Governor of His Power to Challenge Laws," Slate, June 21, 2017; Colin Campbell, "Cooper Vetoes Budget—And Hints at Another Lawsuit, as Senate Overrides," *News & Observer*, June 27, 2017 などを参照.

(41) Dan Roberts, Ben Jacobs, and Sabrina Siddiqui, "Donald Trump Threatens to Jail Hillary Clinton in Second Presidential Debate," *Guardian*, October 10, 2016; Demetri Sevastopulo and Barney Jopson, "Trump Refuses to Say If He Will Accept Election Result in Final Debate," *Financial Times*, October 20, 2016; Sydney Ember, "Can Libel Laws Be Changed Under Trump?" *New York Times*, November 13, 2016, および Madeline Conway, "In Twitter Attack on New York Times, Trump Floats Changing Libel Laws," *Politico*, March 30, 2017; Simon Saradzhyan, Natasha Yefimova-Trilling, and Ted Siefer, "How Trump Invited Putin to Hack the Election. Every Last Utterance," *Newsweek*, July 16, 2017; Anthony D. Romero, "Donald Trump: A One-Man Constitutional Crisis," Medium, July 13, 2016 を参照.

(42) Justin Levitt, "A Comprehensive Investigation of Voter Impersonation Finds 31 Credible Incidents Out of One Billion Ballots Cast," *Washington Post* Wonkblog, August 6, 2014, および Maggie Koerth-Baker, "The Tangled Story behind Trump's False Claims of Voter Fraud," FiveThirtyEight website, May 11, 2017; Fred Barbash, "Appeals Court Judges Rebuke Trump for 'Personal Attacks' on Judiciary, 'Intimidation,'" *Washington Post*, March 16, 2017; Michael C. Bender, "After Setback on Sanctuary Cities Order, Trump Attacks 'Messy' Federal Courts System," *Wall Street Journal*, April 26, 2017; Louis Nelson, "Trump Likens Intel Community to Russia in Renewed Barrage Against Agencies," *Politico*, February 15, 2017; Peter Schroeder, "Report: Trump Pressed Argentina's President about Stalled Building Project," *Hill*, November 21, 2016; Susanne Craig and Eric Lipton, "Trust Records Show Trump Is Still Closely Tied to His Empire," *New York Times*, February 3, 2017; および Jeremy Venook, "Trump's Interests vs. America's, Dubai Edition," Atlantic, August 9, 2017; Domenico Montanaro, "6 Strongmen Trump Has Praised—and the Conflicts It Presents," NPR website, May 2, 2017 を参照.

(43) "Trump Wiretapping Claim: Did Obama Bug His Successor?" BBC News website, March 20, 2017; Amy B. Wang, "Trump Lashes Out at 'So-Called Judge' Who Temporarily Blocked Travel Ban," *Washington Post*, February 4, 2017; CNN Staff, "Timeline of Donald Trump Jr.'s Meeting Revelations," CNN

website, August 4 2017; Donald J. Trump, Twitter post, February 17, 2017, 5: 48 PM, ; Donald J. Trump, Twitter post, June 28, 2017, 9:06 AM; Matthew Rosenberg, Maggie Haberman, and Adam Goldman, "2 White House Officials Helped Give Nunes Intelligence Reports," ***New York Times***, March 30, 2017; Michael D. Shear and Matt Apuzzo, "FBI Director James Comey Is Fired by Trump," ***New York Times***, May 9, 2017; Donald J. Trump, Twitter post, May 12, 2017, 8: 26 AM.

(44) Alec Tyson and Shiva Maniam, "Behind Trump's Victory: Divisions by Race, Gender, Education," Pew Research Center, November 9, 2016; "EU Referendum: The Result in Maps and Charts," BBC News, June 24, 2016.

(45) "M5S secondo partito nei sondaggi: ma tra i giovani è la prima scelta," ***L'Espresso***, February 3, 2016. また Tristan Quinault-Maupoil, "Les jeunes plébiscitent Le Pen et Mélenchon, les cadres votent Macron," ***Le Figaro***, April 24, 2017; Víctor Ruiz De Almirón López, "Podemos se impone entre los jóvenes y ya muestra más fidelidad que el PSOE," ABC España, May 6, 2016, および Emilia Landaluce, "¿A quién votan los jóvenes?" ***El Mundo***, April 25, 2016 を参照.

(46) Benjamin Kentish, "Nearly Half of Young French Voters Backed Marine Le Pen, Projections Suggest," ***Independent***, May 7, 2017; Emily Schultheis, "Marine Le Pen's Real Victory," ***Atlantic***, May 7, 2017, および Anne Muxel, "Les jeunes qui votent pour la première fois préfèrent Marine Le Pen," ***Slate***. fr, March 24, 2017. これより前の地方選でのルペンに対する強い支持については, 以下を参照. Claire Sergent and Katy Lee, "Marine Le Pen's Youth Brigade," ***Foreign Policy***, October 7, 2016; Joseph Bamat, "Mélenchon and Le Pen Win Over Youth in French Vote," ***France 24***, April 24, 2017, および Schultheis, "Marine Le Pen's Real Victory." これとは対照的な見方は Jonathan Bouchet-Petersen and Laurent Troude, "Qui sont les 21.4% d'électeurs de Marine Le Pen," ***Libération***, April 24, 2017 を見よ.

(47) Carla Bleiker, "Young People Vote Far-Right in Europe," ***Deutsche Welle***, December 14, 2015; Benjamin Reuter, "'Right-Wing Hipsters' Increasingly Powerful in Austria," WorldPost, May 20, 2016; "Populism in Europe: Sweden," ***Demos***, February 23, 2012; Alexandros Sakellariou, "Golden Dawn and Its Appeal to Greek Youth," Friedrich Ebert Stiftung, July 2015, http://library.fes.de/pdf-files/bueros/athen/11501.pdf; Veronika Czina, "The Rise of Extremism among the Youth of Europe: The Case of Hungary's Jobbik Party," Project for Democratic Union, November 29, 2013, および Hillary Pilkington, "Are Young People Receptive to Populist and Radical Right Political Agendas?" MYPLACE Policy Forum, November 20, 2014, http://www.fp7-myplace.eu/documents/policy-forum/Policy%20Forum,%20Session%202%20presentation%20

v. 8. pdf を参照.

(48) Matthew Smith, "Theresa May Is Britain's Most Popular Politician," YouGov, August 15, 2016（もっとも 2017 年の選出選挙での若年層の投票率の高さは，出口調査で大きく見積もられすぎたことがわかっている）.

(49) Emma Fidel, "White People Voted to Elect Donald Trump," Vice News, November 9, 2016. もっとも，クリントン候補は黒人とヒスパニック系の若年層での得票は多かったものの，その割合は 2012 年のオバマの勝利の時よりも低いものであったことは強調されるべきだろう．Emily Richmond, Mikhail Zinshteyn, and Natalie Gross, "Dissecting the Youth Vote," *Atlantic*, November 11, 2016 を見よ．

(50) ポーランドの選挙については Frances Millard, *Democratic Elections in Poland, 1991-2007* (London: Routledge, 2010), GDP については "Poland GDP," *Trading Economics*, 2017；市民社会については Grzegorz Ekiert and Jan Kubik, "Civil Society in Poland," paper presented at the international conference The Logic of Civil Society in New Democracies: East Asia and East Europe, Taipei, Taiwan, June 5-7, 2009; Grzegorz Ekiert and Roberto Foa, "Civil Society Weakness in Post-Communist Europe: A Preliminary Assessment," *Carlo Alberto Notebooks* 198 (2011)；および Grzegorz Ekiert and Jan Kubik, *Rebellious Civil Society: Popular Protest and Democratic Consolidation in Poland, 1989-1993* (Ann Arbor: University of Michigan Press, 2001) を参照．ポーランドの報道機関と高等教育については Frances Millard, "Democratization and the Media in Poland 1989-97," *Democratization* 5, no. 2 (1998): 85-105; J. Reichel and A. Rudnicka, "Collaboration of NGOs and Business in Poland," *Social Enterprise Journal* 5, no. 2 (2009): 126-140, および Marek Kwiek, "From System Expansion to System Contraction: Access to Higher Education in Poland," *Comparative Education Review* 57, no. 3 (2013): 553-576 を参照.

(51) "Briefing No 20: Democracy and Respect for Human Rights in the Enlargement Process of the European Union," *European Parliament*, April 1, 1998.

(52) この分野における著名な研究者は，ポーランドを 2014 年夏に「民主主義の定着国」と認めている．Daniel Treisman, "Lessons from 25 Years of Post-Communism: The Importance of Reform, Democracy, and Geography," *Washington Post* Monkey Cage, June 10, 2014. また Radosław Markowski, "Party System Institutionalization in New Democracies: Poland—A Trend-Setter with No Followers," in *Party Development and Democratic Change in Post-communist Europe*, ed. Paul G. Lewis, 55-77 (Portland, OR: Frank Cass, 2001) も参照.

(53) Rick Lyman, "Secret Tapes of Politicians Cause a Stir in Poland," *New York Times*, June 16, 2014.

(54) "Polish PM Sacks Coalition Partners Ahead of Early Elections," *Deutsche Welle*, August 13, 2007; "Program Prawa i Sprawidliwości 2014," また David

Ost, "Regime Change in Poland, Carried Out from Within," *Nation*, January 8, 2016; Gerhard Gnauck, "The Most Powerful Man in Poland," *Deutsche Welle*, October 25, 2016 を参照.

(55) Guy Verhofstadt, "Is Poland a Failing Democracy?" *Politico*, January 13, 2016; Neal Ascherson, "The Assault on Democracy in Poland Is Dangerous for the Poles and All Europe," *Guardian*, January 17, 2016, および The Editorial Board, "Poland's Constitutional Crisis," *New York Times*, March 18, 2016 を参照.

(56) Annabelle Chapman, "Pluralism Under Attack: The Assault on Press Freedom in Poland," Freedom House Report, June 2017, https://freedomhouse.org/sites/default/files/FH_Poland_Report_Final_2017.pdf また Alison Smale and Joanna Berendt, "Poland's Conservative Government Puts Curbs on State TV News," *New York Times*, July 3, 2016 を参照.

(57) Henry Foy and Zosia Wasik, "Poland: An Inconvenient Truth," *Financial Times*, May 2, 2016. また Chapman, "Pluralism Under Attack." も参照.

(58) ヤン・グロスについては, Alex Duval Smith, "Polish Move to Strip Holocaust Expert of Award Sparks Protests," *Guardian*, February 13, 2016 を参照. 言語統制については "Poland Approves Bill Outlawing Phrase 'Polish Death Camps,'" *Guardian*, August 16, 2016 を参照.

(59) ヘルシンキ人権財団は「法案が可決されれば, 反対デモや行進をすることが著しく困難になる」としている. Marcin Goettig, "Polish Ombudsman, Rights Activists Rap Freedom of Assembly Bill," Reuters, December 1, 2016. 国際社会からのこうした指摘もあって, 大統領は同法案を採決しない方針を決めた. Chapman, "Pluralism Under Attack." を参照.

(60) European Commission for Democracy through Law (Venice Commission), "Draft Opinion on Amendments to the Act of 25 June 2015 on the Constitutional Tribunal of Poland," February 26, 2016, http://static.presspublica.pl/red/rp/pdf/kraj/komisjawenecka.pdf また Jan Cienski and Maia De La Baume, "Poland's 'Rule of Law in Danger,'" Politico, March 1, 2016 も参照.

(61) Verhofstadt, "Is Poland a Failing Democracy?"

(62) Jan-Werner Müller, "The Problem with Poland," *New York Review of Books*, February 11, 2016.

(63) 細かくみれば, アメリカのミレニアル世代の民主主義支持の 23.7% という数字は, ポーランド全体の数字を若干上回るだけである. これらの数字は, 世界価値観調査に基づく.

(64) アンジェイ・レッペルについては Natalja Reiter, "Ich, Der Diktator," *Zeit*, June 17, 2004; Vanessa Gera, "Andrzej Lepper, at 57; Populist Polish Politician," *Boston Globe*, August 6, 2011; Clare McManus-Czubińska, William L. Miller, Radosław Markowski, and Jacek Wasilewski, "The New Polish 'Right'?"

Journal of Communist Studies and Transition Politics 19, no. 2 (2003): 1-23. ポーランド家族同盟については "Poland's Right-wingers: On the Rise," *Economist*, December 12, 2002 などを参照.

第2部

(1) 異なる標高での沸騰点を調べるには http://www.csgnetwork.com/h2oboilcalc.html が役立つ.

(2) Bertrand Russell, *The Problems of Philosophy* (Oxford: Oxford University Press, 1912), 63. 序章も参照のこと.

(3)「状況範囲の同定」については Jeffrey W. Lucas, "Theory-Testing, Generalization, and the Problem of External Validity," Sociological Theory 21, no. 3 (2003): 236-253, および Martha Foschi, "On Scope Conditions," Small Group Research 28, no. 4 (1997): 535-555 を参照.

第4章

(1) 印字メディアとその影響についての包括的な説明は Elizabeth L. Eisenstein, *The Printing Press as an Agent of Change* (Cambridge: Cambridge University Press, 1980) が決定版だろう.「一人から多数へのコミュニケーション」については Lucien Febvre and Henri-Jean Martin, *The Coming of the Book: The Impact of Printing 1450-1800* (New York: Verso, 1976) および Clay Shirky, *Here Comes Everybody: The Power of Organizing without Organizations* (New York: Penguin, 2008)〔クレイ・シャーキー『みんな集まれ！　ネットワークが世界を動かす』, 岩下慶一訳, 筑摩書房, 2010年〕を参照.

(2) 上記に加えて Jeremiah E. Dittmar, "Information Technology and Economic Change: The Impact of the Printing Press," *Quarterly Journal of Economics* 126, no. 3 (2011): 1133-1172 を参照.

(3) Andrew Keen, "Can the Internet Save the Book?" *Salon*, July 9, 2010.

(4) Helen Walters, "Entering the Second Age of Enlightenment: Heather Brooke at TEDGlobal 2012," TEDBlog, June 28, 2012.

(5) Jib Fowles, "On Chronocentrism," *Futures* 6, no. 1 (1974): 65-68 を参照.

(6) Shirky, *Here Comes Everybody*, 87.「多数から多数へのコミュニケーション」の詳細は Chandler Harrison Stevens, "Many-to-Many Communication," Sloan Working Paper no. 1225-81, Center for Information Systems Research, Sloan School of Management, M.I.T., 1981, https://dspace.mit.edu/bitstream/handle/1721.1/48404/manytomanycommun00stev.pdf を参照.

(7) Bruce A. Williams and Michael X. Delli Carpini, "Unchained Reaction: The Collapse of Media Gatekeeping and the Clinton-Lewinsky Scandal," *Journalism*

1, no. 1 (2000): 61–85; Philip Seib and Dana M. Janbek, *Global Terrorism and New Media: The Post-Al Qaeda Generation* (New York: Routledge, 2011); Manuela Caiani and Linda Parenti, *European and American Extreme Right Groups and the Internet* (Surrey, UK: Ashgate, 2013; Routledge, 2016) を参照.

(8) Larry Diamond, "Liberation Technology," *Journal of Democracy* 21, no. 3 (2010), reprinted in Larry Diamond and Marc F. Plattner, ed., *Liberation Technology: Social Media and the Struggle for Democracy* (Baltimore: Johns Hopkins University Press, 2012), 70.

(9) 同上, 74.

(10) Evgeny Morozov, *Net Delusion* (New York: PublicAffairs, 2011), 1 からの引用. サリバンの描写は失敗に終わったイランの緑の革命についてのものだった. Andrew Sullivan, "The Revolution Will Be Twittered," *Atlantic*, June 13, 2009.

(11) Morozov, *Net Delusion*, 2. からの引用.

(12) Shirky, *Here Comes Everybody*.

(13) ティーパーティについては Vanessa Williamson, Theda Skocpol, and John Coggin, "The Tea Party and the Remaking of Republican Conservatism," *Perspectives on Politics* 9, no. 1 (2011): 25–43, 28 を参照. オキュパイ・ウォールストリートとブラック・ライヴズ・マターについては Monica Anderson and Paul Hitlin, "Social Media Conversations about Race," Pew Research Center, August 15, 2016, http://assets. pewresearch. org/wp-content/uploads/sites/14/2016/08/PI_2016. 08. 15_Race-and-Social-Media_FINAL. pdf; Bijan Stephen, "Social Media Helps Black Lives Matter Fight the Power," Wired, November 2015; Michael D. Conover, Emilio Ferrara, Filippo Menczer, and Alessandro Flammini, "The Digital Evolution of Occupy Wall Street," *PLOS ONE* 8, no. 5 (2013), および MunmunDe Choudhury, Shagun Jhaver, Benjamin Sugar, and Ingmar Weber, "Social Media Participation in an Activist Movement for Racial Equality," paper presented at the Tenth International AAAI Conference on Web and Social Media, Cologne, May, 2016 を参照.

(14) Thomas L. Friedman, "The Square People, Part 1," *New York Times*, May 13, 2014.

(15) Diamond, "Liberation Technology," 71.

(16) たとえば Morozov, *Net Delusion*, および Evgeny Morozov, "Whither Internet Control?" in *Liberation Technology*, ed. Diamond and Plattner を見よ.

(17) Cass R. Sunstein, *Republic.com 2.0.* (Princeton: Princeton University Press, 2009); Elanor Colleoni, Alessandro Rozza, and Adam Arvidsson, "Echo Chamber or Public Sphere? Predicting Political Orientation and Measuring Political Homophily in Twitter Using Big Data," *Journal of Communication* 64, no. 2 (2014): 317–332, および Walter Quattrociocchi, Antonio Scala, and Cass R. Sun-

stein, "Echo Chambers on Facebook," SSRN, June 13, 2016 を参照.

(18) Hunt Allcott and Matthew Gentzkow, "Social Media and Fake News in the 2016 Election," *Journal of Economic Perspectives* 31, no. 2 (2017): 211–236. これと次を比較せよ. Jonathan Mahler, "CNN Had a Problem. Donald Trump Solved It," *New York Times*, April 4, 2017.

(19) Wil S. Hylton, "Down the Breitbart Hole," *New York Times*, August 16, 2017; Michael M. Grynbaum and John Herrman, "Breitbart Rises from Outlier to Potent Voice in Campaign," *New York Times*, August 26, 2016; David van Drehle, "Is Steve Bannon the Second Most Powerful Man in the World?" *Time*, February 2, 2017 を参照.

(20) "Pope Francis Shocks World, Endorses Donald Trump for President, Releases Statement," Newsbreakshere, September 27, 2016.

(21) "Bombshell: Hillary Clinton's Satanic Network Exposed," InfoWars, November 4, 2016.

(22) James Barrett, "Poll: Who's More 'Evil,' Hillary or Trump?" Daily Wire, August 29, 2016.

(23) Rafi Schwartz, "41% of Trump Supporters in North Carolina Think That Hillary Clinton Is Literally the Devil," Splinter, August 9, 2016.

(24) Farhad Manjoo, "Social Media's Globe-Shaking Power," *New York Times*, November 16, 2016.

(25) Jan H. Pierskalla and Florian M. Hollenbach, "Technology and Collective Action: The Effect of Cell Phone Coverage on Political Violence in Africa," *American Political Science Review* 107, no. 2 (2013): 207–224. 経済学者からの期待については Jenny C. Aker and Isaac M. Mbiti, "Mobile Phones and Economic Development in Africa," *Journal of Economic Perspectives* 24, no. 3 (2010): 207–232; Jenny C. Aker, "Information from Markets Near and Far: Mobile Phones and Agricultural Markets in Niger," *American Economic Journal: Applied Economics* 2, no. 3 (2010): 46–59; Jenny C. Aker, Christopher Ksoll, and Travis J. Lybbert, "Can Mobile Phones Improve Learning? Evidence from a Field Experiment in Niger," *American Economic Journal: Applied Economics* 4, no. 4 (2012): 94–120; Reuben Abraham, "Mobile Phones and Economic Development: Evidence from the Fishing Industry in India," *Information Technologies and International Development* 4, no. 1 (2007): 5–17 を参照.

(26) Pierskalla and Hollenbach, "Technology and Collective Action," 220–221. 以下も参照のこと. Jacob N. Shapiro and Nils B. Weidmann, "Is the Phone Mightier than the Sword? Cellphones and Insurgent Violence in Iraq," *International Organization* 69, no. 2 (2015): 247–274.

(27) 初期の印字メディア伝播の遅さについては Dittmar, "Information Technology and Economic Change." を参照.

(28) Josh Constine, "Facebook Now Has 2 Billion Monthly Users ... and Responsibility," TechCrunch, June 27, 2017.
(29) George Orwell, "Second Thoughts on James Burnham," *Polemic 3* (May 1946).

第 5 章

(1) Thomas Piketty, *Capital in the Twenty-First Century* (Cambridge, MA: Belknap Press of Harvard University Press, 2014)［トマ・ピケティ『21 世紀の資本』，山形浩生・守岡桜・森本正史訳，みすず書房，2014 年］，72-112 を参照．
(2) S. N. Broadberry and Bas van Leeuwen, "British Economic Growth and the Business Cycle, 1700-1870: Annual Estimates," Working Paper, Department of Economics, University of Warwick, Coventry, UK, February 2011, CAGE Online Working Paper Series, vol. 2010 (20).
(3) 1827 年から 1851 年までの間で，男性労働者のジニ係数は .293 から .358 となったのに対し，今日のアイスランドのそれは .280，インドでは .352 となっている．Jeffrey G. Williamson, "Earnings Inequality in Nineteenth-Century Britain," *Journal of Economic History* 40, no. 3 (1980): 457-475, 467；また The World Factbook, 2017: Distribution of Family Income—Gini Index, Central Intelligence Agency を参照．
(4) Facundo Alvaredo, Anthony B. Atkinson, Thomas Piketty, and Emmanuel Saez, "The Top 1 Percent in International and Historical Perspective," *Journal of Economic Perspectives* 27, no. 3 (2013): 3-20, https://eml.berkeley.edu/~saez/alvaredo-atkinson-piketty-saezJEP13top1percent.pdf
(5) Kimberly Amadeo, "U.S. GDP by Year Compared to Recessions and Events," The Balance, April 4, 2017. また Juan Antolin-Diaz, Thomas Drechsel, and Ivan Petrella, "Tracking the Slowdown in Long-run GDP Growth," *Review of Economics and Statistics* 99, no. 2 (2017): 343-356, および Robert J. Gordon, *The Demise of U.S. Economic Growth: Restatement, Rebuttal, and Reflections*, NBER Working Paper No. 19895, National Bureau of Economic Research, February 2014 も参照．
(6) フランスについては Pierre Sicsic and Charles Wyplosz, "France: 1945-92," in *Economic Growth in Europe since 1945*, ed. Nicholas Crafts and Gianni Toniolo, 210-239 (Cambridge: Cambridge University Press, 1996)；および "France GDP Growth Rate by Year," Multpl, http://www.multpl.com/france-gdp-growth-rate/table/by-year (2017 年 4 月 5 日アクセス) を参照．ドイツについては Jürgen Weber, *Germany, 1945-1990: A Parallel History* (Budapest: Central European University Press, 2004), 37-60；および "Germany GDP Growth Rate by Year," Multpl, http://www.multpl.com/germany-gdp-growth-rate/table/by-year (2017 年 4 月 5 日アクセス)．イタリアについては Vera Zamagni, *The*

Economic History of Italy 1860–1990 (Oxford: Oxford University Press, 1993); および "Italy GDP Growth Rate by Year," Multpl, http://www.multpl.com/italy-gdp-growth-rate/table/by-year (2017年4月5日アクセス) を参照.

(7) 実際に不平等がどの程度だったのかについては，指標によって異なる様相をみせる．ここでは所得におけるジニ係数をとっている．以下を参照．Anthony B. Atkinson, J. Hasell, Salvatore Morelli, and M. Roser, Chartbook of Economic Inequality, 2017. もっとも，同じ傾向は異なる方法による収入の格差や富の格差の推定でも確認できる．Piketty, *Capital* を参照.

(8) 本書序章の注(28)を参照.

(9) Raj Chetty, David Grusky, Maximilian Hell, Nathaniel Hendren, Robert Manduca, and Jimmy Narang, "The Fading American Dream: Trends in Absolute Income Mobility since 1940," *Science* 356, no. 6336 (2017): 398–406. また John H. Goldthorpe, *Social Mobility and Class Structure in Modern Britain* (Oxford: Clarendon Press, 1987) 参照．同様に，より質的な研究として Arlie Hochschild, *Strangers in Their Own Land: Anger and Mourning on the American Right* (New York: New Press, 2016) [A. R. ホックシールド『壁の向こうの住人たち――アメリカの右派を覆う怒りと嘆き』，布施由紀子訳，岩波書店，2018年].

(10) David Leonhardt, "The American Dream, Quantified at Last," *New York Times*, December 8, 2016. 政治で持つ経済的な期待の重要性については，Justin Gest, *The New Minority: White Working Class Politics in an Age of Immigration and Inequality* (Oxford: Oxford University Press, 2016) [ジャスティン・ゲスト『新たなマイノリティーの誕生――声を奪われた白人労働者たち』，吉田徹ほか訳，弘文堂，2019年].

(11) 記事は「戦争と災害時を除いて，工業時代において他の層と比べて若年層の収入がかくも大きく減少したのは初めてのことだった」としている．Caelainn Barr and Shiv Malik, "Revealed: The 30-Year Economic Betrayal Dragging Down Generation Y's Income," *Guardian*, March 7, 2016. 経済学者の中には，現実は数字ほどではないとする者もいる．収入についての集計データは技術的変化を捉えていないためだ．たとえば，前世代の音楽愛好家や映画マニアは，愛蔵できるLPの枚数には限りがあったし，映画を再び見るにはテレビ放映を待たなければならなかったが，今ではコンピュータとスマートフォンのおかげで，ほぼ全ての世界中の音楽が聴け，ボタンひとつで世界の映画のストリーミング放送を見ることができる．過去数年の技術的進歩を測ることができなければ，消費の質の差も測れないだろう，というわけだ．そうかもしれないが，スポティファイやネットフリックスがいかに素晴らしいものだとしても，それが食糧や住宅の問題へと転じる経済停滞を代替できるほどのものではないだろう．そして(下記のように)生活期待や寿命，幸福度，あるいはその他の非経済的指標をみても，状況が改善しているとはいえない．Chad Syverson, *Challenges to Mismeasurement Explanations for the U.S. Pro-*

ductivity Slowdown, NBER Working Paper No. 21974, National Bureau of Economic Research, February 2016, および David M. Byrne, John G. Fernald, and Marshall B. Reinsdorf, "Does the United States Have a Productivity Slowdown or a Measurement Problem?" *Brookings Papers on Economic Activity* 2016, 47, no. 1 (2016): 109–182 などを参照.

(12) Anne Case and Angus Deaton, "Rising Morbidity and Mortality in Midlife among White Non-Hispanic Americans in the 21st Century," *Proceedings of the National Academy of Sciences of the United States of America* 112, no. 49 (2015): 15078–15083. 平均寿命については Elizabeth Arias, "United States Life Tables, 2003," *National Vital Statistics Reports* 54, no. 14 (2006): 1–40, https://www.cdc.gov/nchs/data/nvsr/nvsr54/nvsr54_14.pdf を参照.

(13) Jonathan T. Rothwell and Pablo Diego-Rosell, "Explaining Nationalist Political Views: The Case of Donald Trump," draft working paper, 2016. 一般的には，北アメリカと西ヨーロッパでの階級に沿った投票は低下し続けている．こうした変化もあって，経済的争点の重要性も大きく減少した．ヨーロッパの主要政党は経済に重点を置くのが慣例だったが，今では非経済的争点を多く含むようになっている．ポピュリストは経済的不満から生まれているとされるが，しかし経済政策よりも，文化的争点によってその支持が伸びていることをみれば説明がつく．イギリスの場合は，EU 離脱の支持要因は，所得や階級よりも死刑支持――これは国民投票で問われたことではない――と関連しているとされている．Eric Kaufmann, "It's NOT the Economy, Stupid: Brexit as a Story of Personal Values," London School of Economics, British Politics and Policy blog, July 7, 2016 を参照．さらに，労働者層よりも裕福な小ブルジョワが強く抱いている社会的剥奪感そのものは，ポピュリスト政党支持にはつながらないともされている．そうではなく「反移民，世界・国家統治への不信，権威主義的価値観の支持，左右イデオロギーでの位置づけ」といった態度こそが支持につながるとされている．Ronald Inglehart and Pippa Norris, "Trump, Brexit, and the Rise of Populism: Economic Have-Nots and Cultural Backlash," HKS Working Paper no. RWP 16-026, Harvard Kennedy School, July 29, 2016, p. 4 を参照.

(14) Bryce Covert, "No, 'Economic Anxiety' Doesn't Explain Donald Trump," *New Republic*, November 18, 2016.

(15) Steve Benen, "'Economic Anxieties' Don't Explain Donald Trump's Victory," MSNBC, December 28, 2016.

(16) Matthew Yglesias, "Why I Don't Think It Makes Sense to Attribute Trump's Support to Economic Anxiety," *Vox*, August 15, 2016.

(17) Rothwell and Diego-Rosell, "Explaining Nationalist Political Views," 11.

(18) 同上, 1.

(19) Max Ehrenfreund and Jeff Guo, "A Massive New Study Debunks a Widespread Theory for Donald Trump's Success," *Washington Post*, August 12,

2016.

(20) ルーティン化された仕事の少ない州で，クリントンは反対に30％以上もの大差をつけた．反対にこうした仕事の多い州では，トランプは同じ差で得票率で先んじた．Jed Kolko, "Trump Was Stronger Where the Economy Is Weaker," FiveThirtyEight, November 10, 2016.

(21) 同上.

(22) Ben Delsman, "Automation and Populist Vote Share," 近刊．ポピュリズムの経済的原因については以下も参照．Martin Eiermann, "The Geography of German Populism: Reflections on the 2017 Bundestag Election," September 28, 2017; Dani Rodrik, "Populism and the Economics of Globalization," NBER Working Paper No. 23559, National Bureau of Economic Research, June 2017; Noam Gidron and Peter A. Hall, "Populism as a Problem of Social Integration," draft working paper, および Chase Foster and Jeffry Frieden, "Crisis of Trust: Socio-Economic Determinants of Europeans' Confidence in Government," ***European Union Politics*** (2017).

(23) 当然ながら，これらには多くの先例がある．戦間期には，小ブルジョワはしばしば民主主義に批判的となり，ファシズム台頭の一因ともなった．これについては，たとえば Richard F. Hamilton, *Who Voted for Hitler?* (Princeton: Princeton University Press, 2014), 9-36 を参照．また同書37-63も参照.

第6章

(1) 皮肉なことに，ペリクレスは自分の改革を後悔することになった．ミレトスのアスパシアと結婚した後，自分の息子がアテネ市民となるよう，新しい法を通そうとしたのだ．アリストテレスとディオゲネスの地位については Ben Akrigg, "Metics in Athens," in ***Communities and Networks in the Ancient Greek World***, ed. Claire Taylor and Kostas Vlassopoulos (Oxford: Oxford University Press: 2015), 155-157; 混血については David Whitehead, ***The Ideology of the Athenian Metic*** (Cambridge: Cambridge Philological Society, 1977) を参照．アテネの市民権については Philip Brook Manville, ***The Origins of Citizenship in Ancient Athens*** (Princeton: Princeton University Press, 2014).

(2) ローマ法と市民権の運用については，依然として Adrian Nicholas Sherwin-White, ***The Roman Citizenship*** (New York: Oxford University Press, 1980) が参考になる.

(3) Peter Garnsey, "Roman Citizenship and Roman Law in the Late Empire," in ***Approaching Late Antiquity: The Transformation from Early to Late Empire***, ed. Simon Swain and Mark J. Edwards (New York: Oxford University Press, 2004).

(4) オスマン帝国については Halil Inalcik, ***The Ottoman Empire: The Classical Age, 1300-1600***, translated by Norman Itzkowitz and Colin Imber (New York:

Praeger, 1973); Stanford J. Shaw, *The Jews of the Ottoman Empire and the Turkish Republic* (Basingstoke: Macmillan, 1991), および Will Kymlicka, "Two Models of Pluralism and Tolerance," *Analyse & Kritik* 14, no. 1 (1992): 33-56. ハプスブルク帝国については Carlile Aylmer Macartney, *The Habsburg Empire: 1790-1918* (London: Weidenfeld and Nicolson, 1968), ならびに古典となる Robert A. Kann, *The Multinational Empire: Nationalism and National Reform in the Habsburg Monarchy, 1848-1918*, vol. 1: *Empire and Nationalities* (New York: Columbia University Press, 1950)などを参照.

(5) John W. Mason, *The Dissolution of the Austro-Hungarian Empire, 1867-1918*, 2nd ed. (New York: Longman, 1997), および Iván Tibor Berend, *History Derailed: Central and Eastern Europe in the Long Nineteenth Century* (Berkeley: University of California Press, 2003) を参照.

(6) 私信.

(7) Roger D. Petersen, *Understanding Ethnic Violence: Fear, Hatred, and Resentment in Twentieth-Century Eastern Europe* (Cambridge: Cambridge University Press, 2002); Eagle Glassheim, *Noble Nationalists: The Transformation of the Bohemian Aristocracy* (Cambridge, MA: Harvard University Press, 2005); T. Mills Kelly, *Without Remorse: Czech National Socialism in Late-Habsburg Austria* (Boulder, CO: East European Monographs, 2006), また Pieter M. Judson and Marsha L. Rozenblit, eds., *Constructing Nationalities in East Central Europe* (New York: Berghahn Books, 2004) の中のさまざまなエセーなどを参照.

(8) 自己決定を求める運動の排外的な性格については Amitai Etzioni, "The Evils of Self-Determination," *Foreign Policy* 89 (1992-1993): 21-35 を参照. 国家形成におけるマイノリティの優遇と差別についてのよりバランスのとれた見方については Michael Walzer, "States and Minorities," in *Minorities: Community and Identity*, ed. C. Fried, 219-227 (Berlin: Springer, 1983) を参照.

(9) 文化闘争については Michael B. Gross, "Kulturkampf and Unification: German Liberalism and the War against the Jesuits," *Central European History* 30, no. 4 (1997): 545-566; および Ronald J. Ross, "Enforcing the Kulturkampf in the Bismarckian State and the Limits of Coercion in Imperial Germany," *Journal of Modern History* 56, no. 3 (1984): 456-482 を見よ. イタリアについては Suzanne Stewart-Steinberg, *The Pinocchio Effect: On Making Italians, 1860-1920* (Chicago: University of Chicago Press, 2007)を見よ. この分野のフランスについての古典的業績は Eugen Weber, *Peasants into Frenchmen: The Modernization of Rural France, 1870-1914* (Stanford: Stanford University Press, 1976) を参照.

(10) Francis Ludwig Carsten, *The Rise of Fascism* (Berkeley: University of California Press, 1982); Sheri Berman, "Civil Society and the Collapse of the Weimar Republic," *World Politics* 49, no. 3 (1997): 401-429 を参照. これについ

ての古典的解釈は William L. Shirer, *The Rise and Fall of the Third Reich: A History of Nazi Germany* (New York: Simon & Schuster, 1960)[ウィリアム・L. シャイラー『第三帝国の興亡』1-3, 松浦伶訳, 東京創元社, 2008 年]を参照.

(11) Ronald M. Smelser, *The Sudeten Problem, 1933-1938: Volkstumspolitik and the Formulation of Nazi Foreign Policy* (Middletown, CT: Wesleyan University Press, 1975) を参照. 戦後の民族統一運動についての近年の重要な業績として David S. Siroky and Christopher W. Hale, "Inside Irredentism: A Global Empirical Analysis," *American Journal of Political Science* 61, no. 1 (2017): 117-128.

(12) Anthony Browne, "The Last Days of a White World," *Guardian*, September 3, 2000.

(13) "Ethnicity and Religion Statistics," Institute of Race Relations, 2017.

(14) Wolfgang Seifert, "Geschichte der Zuwanderung nach Deutschland nach 1950," Bundeszentrale für politische Bildung, May 31, 2012.

(15) "Area and Population—Foreign Population," Federal Statistical Office and the Statistical Offices of the Länder, August 26, 2016,; "Germany," Focus Migration; "Die soziale Situation in Deutschland," Bundeszentrale für politische Bildung, January 11, 2016.

(16) "Reconstruction of the Resident Population by Age, Sex and Citizenship in Common," National Institute of Statistics, 2011.

(17) "Standard Eurobarometer 85: Public Opinion in the European Union," European Commission, Directorate-General for Communication, 2016, 6.

(18) "Top Voting Issues in 2016 Election," Pew Research Center, July 7, 2016,.

(19) "'Wien darf nicht Istanbul werden', schimpft Wiener FPÖ-Chef," *Der Standard*, March 4, 2005.

(20) Alexandra Sims, "Alternative for Germany: The Anti-immigration Party Even Scarier than Donald Trump," *Independent*, March 14, 2016.

(21) Michael Strange, "Why the Danish People's Party Will Do Better Sitting on the Sidelines," *Guardian*, June 19, 2015.

(22) 政治学者はオーストリア, ドイツ, デンマーク, スウェーデンの特定地域への移民の新たな流入が同地域でのポピュリスト支持につながったとしている. Boris Podobnik, Marko Jusup, Dejan Kovac, and H. E. Stanley, "Predicting the Rise of EU Right-Wing Populism in Response to Unbalanced Immigration," *Complexity* (2017), 2; Christopher J. Anderson, "Economics, Politics, and Foreigners: Populist Party Support in Denmark and Norway," *Electoral Studies* 15, no. 4 (1996): 497-511; Matt Golder, "Explaining Variation in the Success of Extreme Right Parties in Western Europe," *Comparative Political Studies* 36, no. 4 (2003): 432-466; Daniel Oesch, "Explaining Workers' Support for Right-wing Populist Parties in Western Europe: Evidence from Austria, Belgium, France, Norway, and Switzerland," *International Political Science Review* 29, no. 3

(2008): 349–373; K. Arzheimer and E. Carter, "Political Opportunity Structures and Right-wing Extremist Party Success," *European Journal of Political Research* 45, no. 3 (2006): 419–443.

(23) Brian F. Schaffner, Matthew MacWilliams, and Tatishe Nteta, "Explaining White Polarization in the 2016 Vote for President: The Sobering Role of Racism and Sexism," Working Paper, 2016; Daniel Cox, Rachel Lienesch, and Robert P. Jones, "Beyond Economics: Fears of Cultural Displacement Pushed the White Working Class to Trump," PRRI, Washington, DC, September 5, 2017; Ronald Inglehart and Pippa Norris, "Trump, Brexit, and the Rise of Populism: Economic Have-nots and Cultural Backlash," HKS Working Paper no. RWP 16-026, Harvard Kennedy School, July 29, 2016; Eric Kaufmann, "It's NOT the Economy, Stupid: Brexit as a Story of Personal Values," London School of Economics, British Politics and Policy blog, July 7, 2016.

(24) Lynn Vavreck, "The Great Political Divide over American Identity," *New York Times*, August 2, 2017.

(25) アメリカ人の移民に対する比較的肯定的な評価については Eduardo Porter, "For Immigrants, America Is Still More Welcoming than Europe," *New York Times*, December 8, 2015 を参照.

(26) Mae M. Ngai, "The Architecture of Race in American Immigration Law: A Reexamination of the Immigration Act of 1924," *Journal of American History* 86, no. 1 (1999): 67–92, および Edward Prince Hutchinson, *Legislative History of American Immigration Policy 1798–1965* (Philadelphia: University of Pennsylvania Press, 1981) を参照.

(27) Renee Stepler and Anna Brown, "Statistical Portrait of Hispanics in the United States," Pew Research Center, April 19, 2016.

(28) "A Demographic Portrait of Muslim Americans," Pew Research Center, August 30, 2011; Besheer Mohamed, "A New Estimate of the U.S. Muslim Population," Pew Research Center, January 6, 2016.

(29) Philip A. Klinkner and Rogers M. Smith, *The Unsteady March: The Rise and Decline of Racial Equality in America* (Chicago: University of Chicago Press, 1999), 339 を参照.

(30) Michelle Ye Hee Lee, "Donald Trump's False Comments Connecting Mexican Immigrants and Crime," *Washington Post*, July 8, 2015.

(31) こうした見方の優れた包括的な解説として Zack Beauchamp, "White Riot: How Racism and Immigration Gave Us Trump, Brexit, and a Whole New Kind of Politics," *Vox*, January 20, 2017 を参照.

(32) Jon Huang, Samuel Jacoby, Michael Strickland, and K. K. Rebecca Lai, "Election 2016: Exit Polls," *New York Times*, November 8, 2016.

(33) Catherine Rampell, "Americans—Especially But Not Exclusively Trump Vot-

ers—Believe Crazy, Wrong Things," *Washington Post*, December 28, 2016.

(34) 外国出身者の割合は，2009-2013年のアメリカコミュニティ調査の5年予測による．http://www.indexmundi.com/facts/united-states/quick-facts/illinois/foreign-born-population-percent#chart

(35) "Area and Population—Foreign Population," Federal Statistical Office and Statistical Offices of the Länder, August 26, 2016; Frankfurter Rundschau, "AfD ist in Sachsen stärkste Kraft," September 25, 2017. AfDは，地方選ではザクセン=アンハルト州で最高得票を記録しているが，同州の外国人出身者も4%以下に過ぎない．Ben Knight, "Euroskeptic AfD Cements Place in German Politics, for Now," *Deutsche Welle*, September 15, 2014参照．またEmily Hruban, "A Temporary Alternative for Germany? A Look at AfD's Rise," Bertelsmann Foundation, March 17, 2016, および"German State Elections: Success for Right-Wing AfD, Losses for Merkel's CDU," *Deutsche Welle*, March 13, 2016も参照．

(36) Ingrid Melander and Michel Rose, "French Far-Right Fails to Win Any Regions in Upset for Le Pen," Reuters, December 13, 2015.

(37) より明瞭な点として，移民の割合が高い地域は，当然ながら彼らをスケープゴートに仕立てるポピュリスト候補には投票したがらないマイノリティ有権者も多いということになる．

(38) Ryan D. Enos, "Causal Effect of Intergroup Contact on Exclusionary Attitudes," *Proceedings of the National Academy of Sciences of the United States of America* 111, no. 10 (2014): 3699-3704. 接触理論についての秀逸な説明はThomas F. Pettigrew, "Intergroup Contact Theory," *Annual Review of Psychology* 49, no. 1 (1998): 65-85を参照．ゴードン・オルポートについてはThomas F. Pettigrew and Linda R. Tropp, "Allport's Intergroup Contact Hypothesis: Its History and Influence," in *On the Nature of Prejudice: Fifty Years after Allport*, ed. John F. Dovidio, Peter Glick, and Laurie A. Rudman, 262-277 (Malden, MA: Blackwell, 2005) を参照．

(39) Robert D. Putnam, "E Pluribus Unum: Diversity and Community in the Twenty-First Century: The 2006 Johan Skytte Prize Lecture," *Scandinavian Political Studies* 30, no. 2 (2007): 137-174を参照．

(40) Barrett A. Lee, John Iceland, and Gregory Sharp, "Racial and Ethnic Diversity Goes Local: Charting Change in American Communities over Three Decades," Working Paper, Project 2010, Russell Sage Foundation Report, September 2012, 11.

(41) Janet Adamy and Paul Overberg, "Places Most Unsettled by Rapid Demographic Change Are Drawn to Trump," *Wall Street Journal*, November 1, 2016.

(42) Nate Cohn, "Why Trump Won: Working-Class Whites," *New York Times*, November 9, 2016.

(43) Adamy and Overberg, "Places Most Unsettled."

(44) 世論調査で示される有権者が抱くこの種の意見に加え，人口動態上の変化についての恐怖は，実験調査でも示されている．たとえば，将来白人がマイノリティとなると示された人種的なアイデンティティを持つアメリカ有権者はトランプに投票するということは Brenda Major, Alison Blodorn, and Gregory Major Blascovich, "The Threat of Increasing Diversity: Why Many White Americans Support Trump in the 2016 Presidential Election," *Group Processes and Intergroup Relations* (October 2016)で示されている．

(45) スティーブ・キングのツイッター(@SteveKingIA)より．「ウィルダースは文化と人口こそが我々の運命だということを理解している．私たちの文明を他人の赤ん坊とともに作ることはできない」(March 12, 2017, 2:40 pm)．

(46) スティーヴ・キングは，アイオワ州北西部の 39 の郡をまとめる下院選挙区を地盤にしている議員だ．2009 年のアメリカ国勢調査に基づいたアメリカコミュニティ調査によれば，これらの郡の住民の 4.1% が外国出身者で，2015 年には 5.1% にまで増えた．ここでいう外国出身者のアメリカ市民とは，プエルトリコやその他のアメリカの自治区出身者や，アメリカ人を親に持つ外国生まれのアメリカ市民，アメリカ市民ではない者(アメリカ以外で生まれた者)を含んでいる．

(47) Publius Decius Mus, "The Flight 93 Election," Claremont Review of Books digital, Claremont Institute, September 5, 2016,. また Rosie Gray, "The Populist Nationalist on Trump's National Security Council," *Atlantic*, March 24, 2017 を参照．

(48) Bradley Jones and Jocelyn Kiley, "More 'Warmth' for Trump among GOP Voters Concerned by Immigrants, Diversity," Pew Research Center, June 2, 2016.

(49) Thilo Sarrazin, *Deutschland schafft sich ab: Wie wir unser Land aufs Spiel setzen* (Munich: Deutsche Verlags-Anstalt, 2010). また Kim Bode et al., "Why Sarrazin's Integration Demagoguery Has Many Followers,"Part 4: "The Genetic Argument," *Spiegel*, September 6, 2010 を参照．

(50) Zosia Wasik and Henry Foy, "Immigrants Pay for Poland's Fiery Rhetoric: Politicians Accused as Islamophobia Sparks Rise in Hate Crimes,"*Financial Times*, September 15, 2016.

(51) 同上．

(52) Yigal Schliefer, "Hungary at the Turning Point," *Slate*, October 3, 2014.

(53) Turkuler Isiksel, "Square Peg, Round Hole: Why the EU Can't Fix Identity Politics," SSRN, January 24, 2018.

(54) "Perils of Perception: A 40-Country Study," Ipsos, 2016; https://www.ipsos.com/sites/default/files/2016-12/Perils-of-perception-2016.pdf

(55) Ivan Krastev, "The End of the German Moment?" The German Marshall Fund of the United States, September 21, 2016.

(56) Podobnik et al., "Predicting the Rise."

(57) "Decennial Census and the American Community Survey," US Census Bureau. "Immigrants in California," Public Policy Institute of California, https://www.ppic.org/publication/immigrants-in-california/ (2017年4月1日アクセス)からの引用. Emily Cadei, "The California Roots of Trumpism," *Newsweek*, July 5, 2016; "Proposition 187: Text of Proposed Law," KPBS; "Proposition 209: Text of the Proposed Law," Voter Information Guides; "Proposition 227-Full Text of the Proposed Law," Voter Information Guides. 関連して，犯罪移民に対する恐れからカリフォルニア州民は，軽犯罪であっても重罪とみなす「スリーストライク法」を施行した. "California's Three Strikes Sentencing Law," California Courts: The Judicial Branch of California; "A Primer: Three Strikes-the Impact after More Than a Decade," Legislative Analyst's Office, October 2005.

(58) こうした措置には，移民の居住条件についての情報を法執行機関が収集するのを規制したり，強制送還に際しての法的支援を行うことなども含まれる. Katy Murphy, "Defiant California Legislature Fast-Tracks 'Sanctuary State' Bills," ***Mercury News***, January 30, 2017. 当初の法制の逆転については Patrick McGreevy, "Gov. Brown Signs Bill Repealing Unenforceable Parts of Prop. 187," ***Los Angeles Times***, September 15, 2014, および Jazmine Ulloa, "California Will Bring Back Bilingual Education as Proposition 58 Cruises to Victory," ***Los Angeles Times***, November 9, 2016 を参照.

(59) Abraham H. Maslow, "A Theory of Human Motivation," ***Psychological Review*** 50, no. 4 (1943): 370–396, および Abraham H. Maslow, ***The Farther Reaches of Human Nature*** (New York: Viking, 1971) を参照.

(60) Ronald Inglehart, ***Culture Shift in Advanced Industrial Society*** (Princeton: Princeton University Press, 1990); Paul R. Abramson and Ronald Inglehart, "Generational Replacement and the Future of Post-materialist Values," ***Journal of Politics*** 49, no. 1 (1987): 231–241; および Ronald Inglehart, "Public Support for Environmental Protection: Objective Problems and Subjective Values in 43 Societies," ***PS: Political Science and Politics*** 28, no. 1 (1995): 57–72 などを参照.

(61) Annie Lowrey, "Is It Better to Be Poor in Bangladesh or the Mississippi Delta?" ***Atlantic***, March 8, 2017 による引用.

(62) ここで「ポスト脱物質主義」と呼ぶ所のものは，以下の興味深いやりとりを参照のこと. Robert Brym, "After Postmaterialism: An Essay on China, Russia and the United States," ***Canadian Journal of Sociology*** 41, no. 2 (2016): 195–212, および Ronald Inglehart, "After Postmaterialism: An Essay on China, Russia and the United States: A Comment," ***Canadian Journal of Sociology*** 41, no. 2 (2016): 213–222.

第3部

(1) 朴槿恵大統領やその権威主義的傾向，そして大規模な異議申し立てにつながった崔順実と関係する汚職スキャンダルについては Dave Hazzan, "Is South Korea Regressing into a Dictatorship?" *Foreign Policy* website, July 14, 2016, http://foreignpolicy.com/2016/07/14/is-south-korea-regressing-into-a-dictatorship-park-geun-hye/; Ock Hyun-Ju, Freedom of Assembly on Trial in South Korea," *Korean Herald*, July 1, 2016; Jennifer Williams, "The Bizarre Political Scandal That Just Led to the Impeachment of South Korea's President," *Vox*, March 9, 2017; Justin McCurry, "Former South Korean President Park Geun-hye on Trial for Corruption," *Guardian*, May 23, 2017を参照．権威主義を受け継ぐ政党のより広範な分析としては，James Loxton, "Authoritarian Successor Parties," *Journal of Democracy* 26, no. 3 (2015): 157-170を参照．
(2) トルコについてはSoner Cagaptay and Oya Rose Aktas, "How Erdoganism Is Killing Turkish Democracy," *Foreign Affairs*, July 7, 2017, およびYusuf Sarfati, "How Turkey's Slide to Authoritarianism Defies Modernization Theory," *Turkish Studies* 18, no. 3 (2017): 395-415を参照．ポーランドについてはR. Daniel Kelemen, "Europe's Other Democratic Deficit: National Authoritarianism in Europe's Democratic Union," *Government and Opposition* 52, no. 2 (2017): 211-238, およびR. Daniel Kelemen, "The Assault on Poland's Judiciary," *Foreign Affairs*, July 26, 2017を参照．アメリカについてはBrian Klaas, "The Five Ways President Trump Has Already Damaged Democracy at Home and Abroad," *Washington Post*, April 28, 2017, およびYascha Mounk, "The Past Week Proves That Trump Is Destroying Our Democracy," *New York Times*, August 1, 2017を参照．
(3) Francesca Polletta, *Freedom Is an Endless Meeting: Democracy in American Social Movements* (Chicago: University of Chicago Press, 2002). また左派政治が目指す解放がいかに政治的な関与と衝突し得るかという点については，以下の古典的なエセーを参照．Michael Walzer, "A Day in the Life of a Socialist Citizen," *Dissent* 15, no. 3 (1968): 243-247.
(4) ポピュリスト政府に対して，どのような抗議が有効かという特定の問いに答えうるだけの調査はまだない．より一般的な抗議の有効性については，たとえば以下を参照．Emma F. Thomas and Winnifred R. Louis, "When Will Collective Action Be Effective? Violent and Non-violent Protests Differentially Influence Perceptions of Legitimacy and Efficacy among Sympathizers," *Personality and Social Psychology Bulletin* 40, no. 2 (2014): 263-276; Andreas Madestam, Daniel Shoag, Stan Veuger, and David Yanagizawa-Drott, "Do Political Protests Mat-

ter? Evidence from the Tea Party Movement," *Quarterly Journal of Economics* 128, no. 4 (2013): 1633-1685; Grzegorz Ekiert and Jan Kubik, *Rebellious Civil Society: Popular Protest and Democratic Consolidation in Poland, 1989-1993* (Ann Arbor: University of Michigan Press, 1999); Taras Kuzio, "Civil Society, Youth and Societal Mobilization in Democratic Revolutions," *Communist and Post-Communist Studies* 39 (2006): 365-386. 異なる見方としては, Peter L. Lorentzen, "Regularizing Rioting: Permitting Public Protest in an Authoritarian Regime," *Quarterly Journal of Political Science* 8, no. 2 (2013): 127-158を参照.

(5) Anne Applebaum, "Poles Fought the Nationalist Government with Mass Protests—and Won," *Washington Post*, July 24, 2017を参照.

(6) Nick Thorpe, "Hungary CEU: Protesters Rally to Save University," BBC News, April 3, 2017, および"CEU to Remain in Budapest for 2017-2018 Academic Year, Hopes for Long-Term Solution," Central European University, May 30, 2017を参照.

(7) トランプに対する公的な抵抗がどの程度まで独立機関の機能維持に役立ったのかは, これからを見ないとならないだろう. しかし, 十分な効果を持ったと信じるに足る理論的かつ実践的な理由がある. 政治学者は最高裁もまた世論に深く影響されるとしてきたからだ. たとえばWilliam Mishler and Reginald S. Sheehan, "The Supreme Court as a Countermajoritarian Institution? The Impact of Public Opinion on Supreme Court Decisions," *American Political Science Review* 87, no. 1 (1993): 87-101参照. 他方で, ローゼンスタイン司法副長官がコミーFBI長官更迭を支持したことに対する同僚からの批判に耐えられなかったとみることもできるだろう. この点についてはBenjamin Wittes, "Et Tu Rod? Why the Deputy Attorney General Must Resign," *Lawfare*, May 12, 2017を参照.

(8) ロシアのデモクラシーが完璧から程遠いものであったにせよ, プーチン大統領が再選された2004年にフリーダム・ハウスは同国を「部分的に自由」だとしていた (Freedom House, "Russia," in *Freedom in the World 2004*, https://freedomhouse.org/report/freedom-world/2004/russia). 対照的に, 以前よりも公正でない選挙が行われた2008年には同国は「自由でない」とされた. (Freedom House, "Russia," in *Freedom in the World 2008*). 同じようなトルコに対する判定については Steven A. Cook, "How Erdogan Made Turkey Authoritarian Again," *Atlantic*, July 21, 2016を, ベネズエラについてはFreedom House, "Venezuela," in *Freedom in the World 2003* と Freedom House, "Venezuela," in *Freedom in the World 2017* を比較参照のこと.

(9) "Election Resources on the Internet: Elections to the Polish Sejm-Results Lookup," http://electionresources.org/pl/sejm.php?election=2015 および "2015 Polish Parliamentary Election" Wikipedia.

(10) インドについてはMilan Vaishnav, "Modi's Victory and the BJP's Future," *Foreign Affairs*, March 15, 2017; Anita Katyal, "The Opposition Is Divided on

How It Should Unite Against the BJP Ahead of the 2019 General Elections," Scroll. in 参照．トルコについては“2007 Turkish General Election” Wikipedia 参照．アメリカについては Christopher J. Devine and Kyle C. Kopko, “5 Things You Need to Know about How Third-Party Candidates Did in 2016," *Washington Post*, November 15, 2016 参照．

(11) 私信．

(12) Andrés Miguel Rondón, “In Venezuela, We Couldn't Stop Chávez. Don't Make the Same Mistakes We Did," *Washington Post*, January 27, 2017.

(13) 同上．

(14) Luigi Zingales, “The Right Way to Resist Trump," *New York Times*, November 18, 2016.

(15) Aaron Blake, “Trump's Full Inauguration Speech Transcript, Annotated," *Washington Post*, January 20, 2017.

(16) Jenna Johnson, “Donald Trump to African American and Hispanic Voters: ‘What Do You Have to Lose?’" *Washington Post*, August 22, 2016.

(17) Hillary Clinton and Tim Kaine, *Stronger Together: A Blueprint for America's Future* (New York: Simon & Schuster, 2016).

(18) ヒラリー・クリントンのツイッター（@HillaryClinton）より．「アメリカはすでに偉大だ．アメリカはすでに強く＆私は強さ，偉大さはトランプによらないと約束する」(2016 年 7 月 27 日午後 8 時 18 分)．

(19) Monica Hersher and Yascha Mounk, “The Centre in the United Kingdom, France and Germany," Tony Blair Institute for Global Change, June 2017, http://institute.global/sites/default/files/field_article_attached_file/IGC_Centre%20Polling_14.07.17.pdf

(20) 最も顕著なのは 2017 年のフランス大統領選でエマニュエル・マクロンがルペンに勝利したことである．Tracy McNicoll,“Macron Beats Le Pen to Win French Presidency, Toughest Tasks to Come," *France 24*, May 8, 2017, および Yascha Mounk, “It's Far Too Early to Declare Victory over Populism," *Slate*, May 8, 2017 を参照．

(21) 政治と政策に関する優れた研究であっても同じ欠陥を抱えている．それが目的にしているのは，懸念すべき傾向についての本質的で実質的な分析を提示することだ．対して，何をどうすべきかについては，耳障りのよい，即効的なものであることが多い．それも当然のことで，問題の診断の方が，その解決よりも簡単だからだ．問題を真に理解しても，有効な解決策が見つかるとは限らない．そして解決策が有効に見えても，それが採用されるとも限らない．こうしたことは，この本やその他の著作にも当てはまるだろう．そこで私はデモクラシーの回復のための処方箋を提示する前に，読者の了解を得ておきたいと思う．この本で解説した問題を解決することは非常に難しいが，それでも問題を理解しようと努め，問題解決の道筋を示していると思っている．だから，問題を記した通りに認識し，そして記した具体的な

方策でもって解決に臨めば，デモクラシーの再興とポピュリストを遠ざけておくことに役立つと思っており，そうなることを切に願っている．しかしそれはすべてを解決する魔法の杖でもなければ，それがリベラル・デモクラシー救済のために事足りるとも限らない．しかし十分ではないにせよ，本気でリベラル・デモクラシーを救いたいと思うのであれば，ベストな方法なのである．

第 7 章

(1) Yascha Mounk, "*The Pursuit of Italy by David Gilmour,*" book review, Bookforum, October 7, 2011, および David Gilmour, *The Pursuit of Italy: A History of a Land, Its Regions, and Their Peoples* (New York: Farrar, Straus and Giroux, 2011) を参照.

(2) Yascha Mounk, *Stranger in My Own Country: A Jewish Family in Modern Germany* (New York: Farrar, Straus and Giroux, 2014).

(3) グローバルな課題解決に際して主権を再考する「グローバリゼーション・パラドクス」の議論については Anne-Marie Slaughter, *A New World Order* (Princeton: Princeton University Press, 2004) を参照. ほかにも Kanishka Jayasuriya, "Globalization, Law, and the Transformation of Sovereignty: The Emergence of Global Regulatory Governance," *Indiana Journal of Global Legal Studies* 6, no. 2 (1999): 425-455; 国家主権を擁護する議論としては Jean L. Cohen, *Globalization and Sovereignty: Rethinking Legality, Legitimacy, and Constitutionalism* (Cambridge: Cambridge University Press, 2012) を見よ. ヨーロッパの公共空間創設を通じた政体の形成については Jürgen Habermas, *Zur Verfassung Europas: Ein Essay* (Frankfurt: Suhrkamp Verlag, 2011), あるいは Jürgen Habermas, "Why Europe Needs a Constitution," in *Developing a Constitution for Europe*, ed. Erik Oddvar Eriksen, John Erik Fossum, and Agustín José Menéndez, 17-33 (New York: Routledge, 2004).

(4) Fraser Cameron, "The European Union as a Model for Regional Integration," Council on Foreign Relations, September 24, 2010 を参照.

(5) Mark Leonard, *Why Europe Will Run the 21st Century* (New York: PublicAffairs, 2005) をみよ. また以下と比較せよ. Andrew Moravcsik, *The Choice for Europe: Social Purpose and State Power from Messina to Maastricht* (Ithaca, NY: Cornell University Press, 1998); および Robert O. Keohane, "Ironies of Sovereignty: The European Union and the United States," Journal of Common Market Studies 40, no. 4 (2002): 743-765 を参照.

(6) Ghia Nodia, "The End of the Postnational Illusion," *Journal of Democracy* 28, no. 2 (2017): 5-19, 9.

(7) 同上.

(8) "Referendums Related to the European Union," Wikipedia (2017 年 9 月 9 日アクセス).

(9) 2005年にフランスとオランダの有権者は欧州憲法条約案を否決したため，EU首脳たちはその文言を踏襲しつつリスボン条約として締結した．フランスとオランダの市民は再度意見を表明する機会を与えられず，アイルランド市民は同条約を国民投票で否決した．政府が再度の国民投票を促し，市民が納得して条約は発効することになった(同上)．

(10) "Spain's Reforms Point the Way for Southern Europe," *Economist*, June 15, 2017の最初のグラフを参照．失業率については"Unemploymentby Sex and Age – Annual Average," Eurostat, http://appsso.eurostat.ec.europa.eu/nui/show.do?dataset=une_rt_a&lang=en (2017年9月9日アクセス) を参照．

(11) Markus K. Brunnermeier, Harold James, and Jean-Pierre Landau, *The Euro and the Battle of Ideas* (Princeton: Princeton University Press, 2016), および Joseph E. Stiglitz, *The Euro: How a Common Currency Threatens the Future of Europe* (New York: W. W. Norton, 2016) を参照．また Thomas Meaney and Yascha Mounk, "What Was Democracy?" *Nation*, May 13, 2014.

(12) Basharat Peer, *A Question of Order: India, Turkey, and the Return of the Strongmen* (New York: Columbia Global Reports, 2017)参照．中国については Alastair Iain Johnston, "Is Chinese Nationalism Rising? Evidence from Beijing," *International Security* 41, no. 3 (2016/17): 7–43 におけるニュアンスに富んだ議論を参照．

(13) Nodia, "The End of the Postnational Illusion."

(14) Michael Lind, "In Defense of Liberal Nationalism," *Foreign Affairs*, May–June, 1994, 87.

(15) アメリカ合衆国憲法前文から．https://www.law.cornell.edu/constitution/preamble

(16) Jan-Werner Müller, "Capitalism in One Family," *London Review of Books* 38, no. 23 (2016): 10–14.

(17) Krishnadev Calamur, "A Short History of 'America First,'" *Atlantic*, January 21, 2017; および Jonah Goldberg, "What Trump Means When He Says, 'America First,'" *National Review*, January 25, 2017 参照．

(18) 民族と宗教に基づくナショナリズムのもとでポピュリスト指導者がこれに反対する者すべてを非愛国者とする場合，国際的な緊張が生まれる可能性が高い．ここで問題となるのはトランプのような人物が国益を追求することではなく(そもそも民主的に選ばれた指導者であれば国民の利益を実現したいと思うだろう)，自国勝利のためには他国を打ち負かさなければならないとすることだろう．これは，自らが「ディール」に長けていることがアメリカの国益増大につながるとするトランプの主張にも表れており，パリの利益〔パリ協定〕よりもピッツバーグ〔製造業〕の利益を優先させることの意味でもある．そして，貿易協定が「アメリカ産業を犠牲にして他国の産業を儲けさせている」という信念に根底するものでもある．Alan Murray, "Trump's Zero-Sum Economic Vision," *Forbes*, January 23, 2017 を参照．

(19) アフリカ系アメリカ人に対する雇用差別についての有力な研究としては Marianne Bertrand and Sendhil Mullainathan, "Are Emily and Greg More Employable than Lakisha and Jamal? A Field Experiment on Labor Market Discrimination," *American Economic Review* 94 (2004): 991–1013 参照. 司法制度におけるバイアスについては Alberto Alesina and Eliana La Ferrara, "A Test of Racial Bias in Capital Sentencing," *American Economic Review* 104 (2014): 3397–3433, ならびに Lawrence D. Bobo and Victor Thompson, "Unfair by Design: The War on Drugs, Race, and the Legitimacy of the Criminal Justice System," *Social Research* 73, no. 2 (2006): 445–472 参照. 法執行機関による射殺のリスクについては Alison V. Hall, Erika V. Hall, and Jamie L. Perry, "Black and Blue: Exploring Racial Bias and Law Enforcement in the Killings of Unarmed Black Male Civilians," *American Psychologist* 71, no. 3 (2016): 175–186 参照.

(20) *Parents Involved in Community Schools v. Seattle School Dist. No.1* (*Nos. 05–908 and 05–915*) 2007.

(21)「世界の多くでそうであるように, 公的な差異として人種が消え去れば, 実際に集団が残りつつもそれが公的に承認されていないような多元的な人種的秩序が生まれ, 人種的な分断を強調する者は国民を人種化しようとしていると非難されるだろう」という論争的な指摘は Eduardo Bonilla-Silva, *Racism without Racists: Color-Blind Racism and the Persistence of Racial Inequality in America,* 5th ed. (2003; Lanham, MD: Rowman & Littlefield, 2018), 189 による.

(22) Adia Harvey Wingfield, "Color-Blindness Is Counterproductive," *Atlantic*, September 13, 2015.

(23) 文化的簒奪の弊害を声高に指摘するものとして Maisha Z. Johnson, "What's Wrong with Cultural Appropriation? These 9 Answers Reveal Its Harm," Everyday Feminism, June 14, 2015. 無意識的な差別(Microaggressions)については Miguel Ceja and Tara Yosso, "Critical Race Theory, Racial Microaggressions, and Campus Racial Climate: The Experiences of African American College Students," *Journal of Negro Education* 69, no. 1/2 (2000): 60–73 参照. Daniel Solórzano, "Critical Race Theory, Race and Gender Microaggressions, and the Experience of Chicana and Chicano Scholars," *International Journal of Qualitative Studies in Education* 11 (1998): 121–136, および Kevin L. Nadal, *That's So Gay! Microaggressions and the Lesbian, Gay, Bisexual, and Transgender Community* (Washington, DC: American Psychological Association, 2013) を参照. 言論の自由については Ulrich Baer, "What 'Snowflakes' Get Right about Free Speech," *New York Times*, April 24, 2017 を参照.

(24) Emanuella Grinberg, "Dear White People with Dreadlocks: Some Things to Consider," CNN, April 1, 2016; Clover Linh Tran, "CDS Appropriates Asian Dishes, Students Say," *Oberlin Review*, November 6, 2015.

(25) Princess Gabbara, "The History of Dreadlocks," *EBONY*, October 18, 2016.

(26) バグダッドについては Jim Al-Khalili, "When Baghdad Was Centre of the Scientific World," *Guardian*, September 25, 2010 を参照．ウィーンについては Carl E. Schorske, *Fin-de-Siècle Vienna: Politics and Culture* (New York: Knopf, 1980), またニューヨークについては E. B. White, *Here Is New York* (New York: Harper & Brothers, 1949) を参照.

(27) たとえば第1次世界大戦の最中，オーストリアの批評家・劇作家カール・クラウスはウィーンでフランス語，英語，イタリア語の使用を禁止しようとした「ボランティア委員会」を描写している．Karl Kraus, *The Last Days of Mankind: A Tragedy in Five Acts*, trans. Patrick Healy (1918; Netherlands: November Editions, 2016), act 3, scene 8.

(28) 哲学的定義からいえば，ヘイトスピーチの類であっても，それは言語的な頓珍漢ではない「真理値」であることは事実かもしれない．しかしそれは，他者が耳にすることによって異なる視点を示すことのできる価値があるということを意味しない(想定される世界についての洞察という意味においても).

(29) ここで重要なのは「誰が取り締まるのか．どんな社会にも制度や特定集団の優位性を守ったり，変化を求める姿勢を抑えるゲートキーパーは存在しており，これらは周辺化された者たちではなく中心にいる者を守ることになる」という指摘だろう．Kenan Malik, "Cultural Appropriation and Secular Blasphemy," Pandaemonium, July 9, 2017.

(30) こうした点についての詳細は Thomas Scanlon, "A Theory of Freedom of Expression," *Philosophy and Public Affairs* 1, no. 2 (1972): 204-226 を見よ.

(31) Wingfield, "Color-Blindness Is Counterproductive."

(32) Alex Rosenberg, "The Making of a Non-patriot," *New York Times*, July 3, 2017. この論説は独立記念日の前日にオンラインで公開されたものだが，タイミングを狙ったものであることは明らかだ.

(33) DisastaCaPiTaLisM, "Antifa Chanting 'No Trump, No Wall, No USA at All,'" Youtube, September 5, 2017.

(34) Shaun King, "KING: Thomas Jefferson Was a Horrible Man Who Owned 600 Human Beings, Raped Them, and Literally Worked Them to Death," *New York Daily News*, July 7, 2017.

(35) Hans Kundnani, *Utopia or Auschwitz: Germany's 1968 Generation and the Holocaust* (Oxford: Oxford University Press, 2009), および Simon Erlanger, "'The Anti-Germans' — The Pro-Israel German Left," *Jewish Political Studies Review* 21 (2009): 95-106 を参照.

(36) Maya Rhodan, "Transcript: Read Full Text of President Barack Obama's Speech in Selma," *Time*, March 7, 2015 を参照.

(37) 同上.

(38) Alastair Jamieson and Chloe Hubbard, "Far-Right Marine Le Pen Leads French Polls but Still Seen Losing Runoff," NBC News, February 24, 2017.

(39) Emmanuel Macron, "Quand je regarde Marseille... je vois les Algériens, les Marocains, les Tunisiens... E. Macron," speech posted on YouTube, April 3, 2017, https://www.youtube.com/watch?v=Yxmbctib964

(40) Benedict Anderson, *Imagined Communities* (London: Verso, 1983).

(41) ヨーロッパの移民についての懐疑的な見方を手際よく要約したものとして Christopher Caldwell, *Reflections on the Revolution in Europe: Immigration, Islam, and the West* (New York: Anchor, 2009).

(42) 構造的な不正義については Iris Marion Young, "Structural Injustice and the Politics of Difference," in *Intersectionality and Beyond: Law, Power and the Politics of Location*, ed. Emily Grabham et al. (2008), 273 を見よ.

(43) 研究によれば，このシステムはマイノリティの学生を明らかに不利な立場に置くことになる．まず，良い成績を収めていても，教師は学生により良い教育機関を薦めることがなくなり，次に，恵まれない環境にあった才能ある学生は，恵まれた家庭の子女と同じ学業レベルに到達するのに平均して 4 年ほど余計に学修期間が必要になるからだ．概論として Heike Solga and Rosine Dombrowski, "Soziale Ungleichheiten in schulischer und außerschulischer Bildung: Stand der Forschung und Forschungsbedarf," Working Paper, Bildung und Qualifizierung, no. 171, 2009 を参照．より懐疑的な見方としては Cornelia Kristen, "Ethnische Diskriminierung im deutschen Schulsystem? Theoretische Überlegungen und empirische Ergebnisse," WZB Discussion Paper, no. SP IV 2006-601 を参照.

(44) Marie Duru-Bellat, "Social Inequality in French Education: Extent and Complexity of the Issues," *International Studies in Educational Inequality, Theory and Policy* (2007): 337-356l, ならびに Michel Euriat and Claude Thélot, "Le recrutement social de l'élite scolaire en France. Évolution des inégalités de 1950 à 1990," *Revue française de sociologie* (1995): 403-438, および Christian Baudelot and Roger Establet, *L'élitisme républicain: l'école française à l'épreuve des comparaisons internationales* (Paris: Seuil, 2009) を参照.

(45) "K-12 Education: Better Use of Information Could Help Agencies Identify Disparities and Address Racial Discrimination," US Government Accountability Office, April 2016, https://www.gao.gov/assets/680/676745.pdf この指摘は「1988 年以降，マイノリティが学生の 9 割以上を占める超隔離的な学校は 5.7% から 18.4% へと増加した」という UCLA の市民権プロジェクトによっても確認されている．Gary Orfield, Jongyeon Ee, Erica Frankenberg and Genevieve Siegel-Hawley, "*Brown* at 62: School Segregation by Race, Poverty and State," The Civil Rights Project, UCLA, May 16, 2016. また Greg Toppo, "GAO Study: Segregation Worsening in U.S. Schools," *USA Today*, May 17, 2016 も参照.

(46) Qanta Ahmed, "And Now, Female Genital Mutilation Comes to America," *Daily Beast*, April 18, 2017; "Female Genital Mutilation Exposed in Swedish Class," The Local, June 20, 2014, および Richard Orange and Alexandra Top-

ping, "FGM Specialist Calls for Gynaecological Checks for All Girls in Sweden," *Guardian*, June 27, 2014 を参照.

(47) Helen Pidd, "West Yorkshire Police and Agencies 'Failed to Protect' Groomed Girl," *Guardian*, December 6, 2016; "Oxford Grooming: 'No Hiding' from Authorities' Failures," BBC News, March 2, 2015, および David A. Graham, "How Belgium Tried and Failed to Stop Jihadist Attacks," *Atlantic*, March 22, 2016 を参照.

(48) "Gewalt-Rechtfertigung mit Koran-Richterin abgezogen," *Spiegel Online*, March 21, 2007.

(49) Will Kymlicka, ***Multicultural Citizenship: A Liberal Theory of Minority Rights*** (Oxford: Clarendon Press, 1995), ch. 3. 比較として Mounk, ***Stranger in My Own Country***, ch. 10 を参照.

(50) この点については Michael Walzer, ***Spheres of Justice: A Defense of Pluralism and Equality*** (New York: Basic Books, 1983)［マイケル・ウォルツァー『正義の領分――多元性と平等の擁護』, 山口晃訳, 而立書房, 1999 年］, ch. 1, および David Miller, "The Ethical Significance of Nationality," *Ethics* 98 (1988): 647-662 を参照.

(51) Jeffrey G. Reitz, "The Distinctiveness of Canadian Immigration Experience," *Patterns of Prejudice* 46, no. 5 (2012): 518-538, および Garnett Picot and Arthur Sweetman, "Making It in Canada: Immigration Outcomes and Policies," *IRPP Study* 29 (2012): 1-5 を参照.

第8章

(1) Karen Tumulty, "How Donald Trump Came Up with 'Make America Great Again,'" *Washington Post*, January 18, 2017.

(2)「再び決定する力を取り戻す」というスローガンは, 実際には多くの政治家の口ではより直截的な表現へと変えられた. "Boris Johnson: UK 'Should Take Back Control,'" BBC News, March 6, 2016, および Joseph Todd, "Why Take Back Control Is the Perfect Left-Wing Slogan," *New Statesman*, March 13, 2017 を参照.

(3) それゆえ, マイノリティは多くの国で極右, 極左問わずポピュリストから支持を求められない. また経済的にいまだ貧しいとはいえ, 過去数十年で状況は大きく改善し, さらにそうなることが期待されている. Mark Hugo Lopez, Rich Morin, and Jens Manuel Krogstad, "Latinos Increasingly Confident in Personal Finances, See Better Economic Times Ahead," Pew Research Center, June 8, 2016, http://www.pewhispanic.org/2016/06/08/latinos-increasingly-confident-in-personal-finances-see-better-economic-times-ahead/, および Jamelle Bouie, "Who Is Most Excited about America's Future? Minorities," *Daily Beast*, February 3. 2014 を参照.

(4) 1人当たりGDPの数字はUS Bureau of Economic Analysis, "Real Gross Domestic Product per Capita (A939RX0Q048SBEA)," retrieved from FRED, Federal Reserve Bank of St. Louisによる．収入についてはBoard of Governors of the Federal Reserve System (US), "Households and Nonprofit Organizations; Net Worth, Level (TNWBSHNO)," retrieved from FRED, Federal Reserve Bank of St. Louis, adjusted for inflationによる．また企業収益についてはUS Bureau of Economic Analysis, Corporate Profits After Tax (without IVA and CCAdj) [CP], retrieved from FRED, Federal Reserve Bank of St. Louis, adjusted for inflationによる．

(5) Online Appendix (Table B3) in Emmanuel Saez and Gabriel Zucman, "Wealth Inequality in the United States since 1913: Evidence from Capitalized Income Tax Data," *Quarterly Journal of Economics* 131, no. 2 (2016): 519-578を参照．その結果，下位90%の富については収入の36%から23%への減少を経験している．多くはその分は上位5%や1%に配分されているとしているが，それは正しくない．下位90%の減少分13%が上位0.1%の富の上昇分となっているのだ．Online Appendix (Table B1) in Saez and Zucman, "Wealth Inequality in the United States."を見よ．

(6) "Tax Rate Schedules," Instructions for 1987 Form 1040, Internal Revenue Service, US Department of the Treasury, p. 47, および"Federal Capital Gains Tax Rates, 1988-2011," Tax Foundation, https://files.taxfoundation.org/legacy/docs/fed_capgains_taxrates-20100830.pdfを参照．

(7) レーガンについてはPeter Dreier, "Reagan's Real Legacy," *Nation*, February 4, 2011参照．個人責任就労機会調停法(Personal Responsibility and Work Opportunity Reconciliation Act)についてはYascha Mounk, *The Age of Responsibility: Luck, Choice, and the Welfare State* (Cambridge, MA: Harvard University Press, 2017), ch. 2およびCarly Renee Knight, "A Voice without a Vote: The Case of Surrogate Representation and Social Welfare for Legal Non citizens since 1996," 近刊を参照．

(8) Eduardo Porter, "The Republican Party's Strategy to Ignore Poverty," *New York Times*, October 27, 2015. こうした改悪の中でも，唯一の希望は，オバマによる保険改革だった．歴史で初めて，アメリカは豊かな社会における道徳的責務を果たすことになったからだ．それは(ほとんどの)市民への医療保険を提供することだ．しかしそれが実際どのような姿をまとうのかはまだ明らかになっていないばかりか，核心部分は骨抜きにされてしまった．議会が現在の大統領の方針を認めれば，来る数年もの間，数百万人のアメリカ人が無保険となるのだ．

(9) Marina Karanikolos et al., "Financial Crisis, Austerity, and Health in Europe," *Lancet* 381, no. 9874 (2013): 1323-1331; Emmanuele Pavolini, Margarita León, Ana M. Guillén, and Ugo Ascoli, "From Austerity to Permanent Strain? The EU and Welfare State Reform in Italy and Spain," *Comparative European*

Politics 13 (2015): 56-76; Mark Blyth, ***Austerity: The History of a Dangerous Idea*** (Oxford: Oxford University Press, 2013), 特に ch. 3 参照. また Matt Pickles, "Greek Tragedy for Education Opportunities," BBC News, September 30, 2015 を参照.

(10) Horst Feldmann, "Technological Unemployment in Industrial Countries," ***Journal of Evolutionary Economics*** 23 (2013): 1099-1126 を参照. より懐疑的な見方として James E. Bessen, "How Computer Automation Affects Occupations: Technology, Jobs, and Skills," Law and Economics Working Paper no. 15-49, Boston University School of Law, October 3, 2016. こうした状況に対する総合的な対策としては Yvonne A. Stevens and Gary E. Marchant, "Policy Solutions to Technological Unemployment," in ***Surviving the Machine Age***, ed. Kevin LaGrandeur and James J. Hughes (Cham, Switzerland: Palgrave Macmillan, 2017) を参照.

(11) Justin R. Pierce and Peter K. Schott, "The Surprisingly Swift Decline of US Manufacturing Employment," ***American Economic Review*** 106, no. 7 (2016): 1632-1662; Thomas Kemeny, David Rigby, and Abigail Cooke, "Cheap Imports and the Loss of US Manufacturing Jobs," ***World Economy*** 38, no. 10 (2015): 1555-1573, および William J. Carrington and Bruce Fallick, "Why Do Earnings Fall with Job Displacement?" Federal Reserve Bank of Cleveland Working Paper no. 14-05, June 19, 2014 を参照.

(12) Lawrence H. Summers, "U.S. Economic Prospects: Secular Stagnation, Hysteresis, and the Zero Lower Bound," ***Business Economics*** 49 (2014): 65-73, および Tyler Cowen, ***The Great Stagnation: How America Ate All the Low-Hanging Fruit of Modern History, Got Sick, and Will (Eventually) Feel Better*** (New York: Dutton, 2011) を参照. 他方で, 中国と北アメリカ, 西ヨーロッパの収斂可能性については Dani Rodrik, "The Future of Economic Convergence," Jackson Hole Symposium of the Federal Reserve Bank of Kansas City, 2011 を参照.

(13) 機械が人間にそれまで求められていた労働を代替し, 人間がより自由で高貴な仕事に就くだろうとする考えはもちろんのこと, 古くからある. Karl Marx, "German Ideology," in Karl Marx, ***Early Political Writings***, ed. Joseph J. O'Malley (Cambridge: Cambridge University Press, 1994), 132, および Herbert Marcuse, ***An Essay on Liberation*** (Boston: Beacon Press, 1969), 特に p. 6. 近年における類似の議論は Rutger Bregman, ***Utopia for Realists: The Case for a Universal Basic Income, Open Borders, and a 15-hour Workweek*** (New York: Little, Brown and Company, 2017) を参照.

(14) 2018 年の報告書によれば, 各国市民が成長と地域経済からの配分をどのように受け取ったのかについては, さまざまなバリエーションがあることがわかる. これは豊かさや不平等が「制度的, 政策的枠組み」によって大きく左右されることを意味していると著者は指摘する. Facundo Alvaredo, Lucas Chancel, Thomas

Piketty, Emmanuel Saez, and Gabriel Zucman, eds., *The World Inequality Report* (Cambridge, MA: Belknap Press of Harvard University Press, 2018).

(15) 高課税による経済的利益についてはPeter Diamond and Emmanuel Saez, "The Case for a Progressive Tax: From Basic Research to Policy Recommendation," *Journal of Economic Perspectives* 25, no. 4 (2011): 165–190参照．こうした政策は人気がないという議論に対してはVanessa S. Williamson, *Read My Lips: Why Americans Are Proud to Pay Taxes* (Princeton: Princeton University Press, 2017) を参照．

(16) Alberto Alesina and Dani Rodrik, "Distributive Politics and Economic Growth," *Quarterly Journal of Economics* 109, no. 2 (1994): 465–490; Mounk, *Age of Responsibility*; Blyth, *Austerity*, 特にchs. 6と7参照．興味深いことに，リバタリアニズムのさまざまな潮流からも福祉国家は支持されている．Matt Zwolinski, "Libertarianism and the Welfare State," in *The Routledge Handbook of Libertarianism*, ed. Jason Brennan, Bas van der Vossen, and David Schmidtz (New York: Routledge, 2017), およびMatt Zwolinski, "Libertarianism and the Welfare State," Bleeding Heart Libertarians, March 7, 2016を参照．

(17) Alicia H. Munnell, "Policy Watch: Infrastructure Investment and Economic Growth," *Journal of Economic Perspectives* 6, no. 4 (1992): 189–198; Gilles St. Paul and Thierry Verdier, "Education, Democracy, and Growth," *Journal of Development Economics* 42 (1993): 399–407, およびP. Aghion, L. Boustan, C. Hoxby, and J. Vandenbussche, "The Causal Impact of Education on Economic Growth: Evidence from U.S.," (未公刊), March 2009, https://scholar.harvard.edu/files/aghion/files/causal_impact_of_education.pdfを参照．

(18) 普遍主義的な健康保険を提供しないことの経済的損失についてはDavid Sterret, Ashley Bender, and David Palmer, "A Business Case for Universal Healthcare: Improving Economic Growth and Reducing Unemployment by Providing Access for All," *Health Law and Policy Brief* 8, no. 2 (2014): 41–55を参照．

(19) Damian Paletta, "With Tax Break, Corporate Rate Is Lowest in Decades," *Wall Street Journal*, February 3, 2012.

(20) Tim Fernholz, "Why Buying a Corporate Jet Pays for Itself," Quartz, April 8, 2014.

(21) "Broken at the Top: How America's Dysfunctional Tax System Costs Billions in Corporate Tax Dodging," Oxfam America, April 14, 2016. またGabriel Zucman, *The Hidden Wealth of Nations: The Scourge of Tax Havens* (Chicago: University of Chicago Press, 2015), およびScott D. Dyreng and Bradley P. Lindsey, "Using Financial Accounting Data to Examine the Effect of Foreign Operations Located in Tax Havens and Other Countries on U.S. Multinational Firms' Tax Rates," *Journal of Accounting Research* 47, no. 5 (2009): 1283–1316.

(22) Michael S. Knoll, "The Taxation of Private Equity Carried Interests: Esti-

mating the Revenue Effects of Taxing Profit Interests as Ordinary Income," *William & Mary Law Review* 50, no. 1 (2008): 115-161.「バフェット・ルール」については Warren E. Buffett, "Stop Coddling the Super-Rich," *New York Times*, August 14, 2011, および Chris Isidore, "Buffett Says He's Still Paying Lower Tax Rate than His Secretary," CNN Money, March 4, 2013 を参照.

(23) タックス・ヘイヴンについての情報は Luke Harding, "What Are the Panama Papers? A Guide to History's Biggest Data Leak," *Guardian*, April 5, 2016, および Jane G. Gravelle, "Tax Havens: International Tax Avoidance and Evasion," *National Tax Journal* 62, no. 4 (2009): 727-753 を見よ. ますます増える税逃れの問題については, Chuck Marr and Cecily Murray, "IRS Funding Cuts Compromise Taxpayer Service and Weaken Enforcement," Center on Budget and Policy Priorities, April 4, 2016, および Emily Horton, "'Egregious' Employment Tax Evasion Grows as IRS Enforcement Funding Shrinks," Center on Budget and Policy Priorities, April 27, 2017 を参照. また Nikolaos Artavanis, Adair Morse, and Margarita Tsoutsoura, "Measuring Income Tax Evasion Using Bank Credit: Evidence from Greece," *The Quarterly Journal of Economics* 131, no. 2 (2016): 739-798 も参照.

(24) James A. Caporaso, "Changes in the Westphalian Order: Territory, Public Authority, and Sovereignty," *International Studies Review* 2 (2000): 1-28, および Stuart Elden, "Contingent Sovereignty, Territorial Integrity and the Sanctity of Borders," *SAIS Review of International Affairs* 26 (2006): 11-24. また Richard Tuck, *The Rights of War and Peace: Political Thought and the International Order from Grotius to Kant* (Oxford: Oxford University Press, 1999) も参照.

(25) 1990年代半ばに, グローバル化が国家の伝統的パワーを弱めるとともに, 新たな介入の余地を得ることについてあるイギリスの政治家が興味深く, 依然として有意義な議論をしている. Vincent Cable, "The Diminished Nation-State: A Study in the Loss of Economic Power," *Daedalus* 124, no. 2 (1995): 23-53.

(26) Merriam Webster, "Words Unfit for the Office," https://www.merriam-webster.com/words-at-play/us-presidents-say-the-darndest-things/misunderestimate (2017年9月14日アクセス) を参照.

(27) Internal Revenue Service, "U.S. Citizens and Resident Aliens Abroad," https://www.irs.gov/individuals/international-taxpayers/us-citizens-and-resident-aliens-abroad (2017年9月14日アクセス), および John D. McKinnon, "Tax History: Why U.S. Pursues Citizens Overseas," *Wall Street Journal*, May 18, 2012 参照.

(28) Yascha Mounk, "Steuerpflicht für alle!" *Die Zeit*, July 25, 2012 も参照. 二重課税についても国家は実質的なルールを採用ないし維持しなければならない. 多くの場合, 個人が市民権を持つ国よりも居住地で税を支払うことの方が意味をなす.

そのため，アメリカは人々が同国に住んでいたら支払ったであろう税を控除することを認めているのである．言い換えれば，アメリカ市民がどこに居住していようとも，金庫を紙幣で満たすのではなく，いずれかの国で納税者としても義務を果たすことが求められているのだ．

(29) こうした提案は，トロントやバンクーバーといった外資による不動産ブームが起きている場所で真剣に検討されている．Josh Gordon, "The Ethical Case for Taxing Foreign Home Buyers," *Globe and Mail*, April 12, 2017 参照．

(30) "Swiss Finished?" *Economist*, September 7, 2013; Ryan J. Reilly, "Swiss Banks Deal Near in Tax Haven Crackdown, Justice Department Says," *Huffington Post*, August 29, 2013, および Polly Curtis, "Treasury Strikes Tax Evasion Deal with Switzerland to Recoup Unpaid Cash," *Guardian*, August 24, 2011 を見よ．

(31) たとえば，以下を参照．Michael J. Graetz, Jennifer F. Reinganum, and Louis L. Wilde, "The Tax Compliance Game: Toward an Interactive Theory of Law Enforcement," *Journal of Law, Economics, & Organization* 2, no. 1 (1986): 1–32.

(32) Eoin Burke-Kennedy, "Ireland Branded One of World's Worst Tax Havens," *Irish Times*, December 12, 2016, および Leslie Wayne, "How Delaware Thrives as a Corporate Tax Haven," *New York Times*, June 30, 2012 を参照．

(33) これが機能するための条件としては Zucman, *The Missing Wealth of Nations* を参照．同じ問題に対する異なる方策については Reuven Avi-Yonah, "The Shame of Tax Havens," *American Prospect*, December 1, 2015 を参照．

(34) Francois de Beaupuy, Caroline Connan, and Geraldine Amiel, "France and Germany Plan Tax Crackdown on U.S. Tech Giants," *Bloomberg*, August 7, 2017. Jim Brunsden and Mehreen Khan, "France Drives EU Tax Blitz on Revenues of US Tech Giants," *Financial Times*, September 9, 2017 も参照．これらの提案が優れているのは，いずれも実行に大規模な国際協力が必要ないことだ．その他のものは，ピケティなどが提案するような金融取引税は，複数の国が同時に履行して初めて実行可能になるものだが，具体化する見込みは当分ないため，これだけに傾注するのであれば，それは何も実現できないということになりかねない．

(35) 現在のドル価格でみると，ニューヨークの平均家賃は1960年代半ばと比べて約2倍の3000ドルとなり，不動産1平方フィートの価格は200ドルから1000ドル以上と5倍以上に高騰したことになる．Jonathan Miller, "Tracking New York Rents and Asking Prices over a Century," Curbed, June 2, 2015; "The Rise and Rise of London House Prices," ITV, July 15, 2014 参照．

(36) "English Housing Survey: Headline Report 2013–14," UK Department for Communities and Local Government.

(37) 現実には，住みやすかった地方都市の住民までもがコミュニティから追いやられているということになる．Olivia Rudgard, "One in Ten British Adults Now a

Second-Home Owner," *Telegraph*, August 19, 2017 参照.
(38) David Adler, "Why Housing Matters,"(未公刊).
(39) 住宅危機がとりわけ深刻なイギリスでは建設計画が急ピッチで進められている. "Fast Track Applications to Speed Up Planning Process and Boost Housebuilding," Gov. uk, February 18, 2016, および Patrick Wintour and Rowena Mason, "Osborne's Proposals to Relax Planning System a 'Retreat from Localism,'" *Guardian*, July 10, 2015 参照.
(40) "Whitehall to Overrule Councils That Fail to Deliver Housebuilding Plans," Public Sector Executive, October 12, 2015 参照.
(41) Nicola Harley, "Theresa May Unveils Plan to Build New Council Houses," *Telegraph*, May 14, 2017, また"Forward, Together: Our Plan for a Stronger Britain and a Prosperous Future: The Conservative and Unionist Party, Manifesto 2017," Conservatives.com, 2017, 70-72 を参照.
(42) 地価税についての平易な解説は "Why Land Value Taxes Are So Popular, Yet So Rare," *Economist*, November 10, 2014 を参照. 興味深いことに, この税は左派, 保守ともに支持している. Andy Hull, "In Land Revenue: The Case for a Land Value Tax in the UK," Labour List, May 8, 2013, および Daran Sarma, "It's time for a Land Value Tax," Institute of Economic Affairs, February 15, 2016 を参照.
(43) パリやニューヨーク, イタリアなど, 少なくない都市や地域で別荘により高い税がかけられるようになっている. Megan McArdle, "Own a Second Home in New York? Prepare for a Higher Tax Bill," *Atlantic*, February 11, 2011; Feargus O'Sullivan, "Paris Sets Its Sights on Owners of Second Homes," CityLab, June 15, 2016; Gisella Ruccia, "Imu, Renzi: 'Via tassa su prima casa anche per i ricchi perché impossibile riforma del Catasto,'" Il Fatto Quotidiano, September 15, 2015 参照. 空き家に対するペナルティの事例は "Council Tax: Changes Affecting Second Homes and Empty Properties," Gov. uk: Borough of Poole, http://www. poole. gov. uk/benefits-and-council-tax/council-tax/council-tax-changes-affecting-second-homes-and-empty-properties/(2017 年 9 月 14 日アクセス)参照.
(44) 住宅ローン控除――現制度は 1986 年に導入された――による利益は, 収入が年 4 万～7 万 5000 ドルの家計にとって 10 倍ほどになる. James Poterba and Todd Sinai, "Tax Expenditures for Owner-Occupied Housing: Deductions for Property Taxes and Mortgage Interest and the Exclusion of Imputed Rental Income," paper given at the American Economic Association Annual Meeting, New Orleans, LA, January 5, 2008, http://real. wharton. upenn. edu/~sinai/papers/Poterba-Sinai-2008-ASSA-final. pdf (2017 年 9 月 14 日アクセス)参照.
(45) これはイギリスとアメリカでとりわけ見られる. Karen Rowlingson, "Wealth Inequality: Key Facts," University of Birmingham Policy Commission on the

Distribution of Wealth, December 2012, 14, http://www. birmingham. ac. uk/Documents/research/SocialSciences/Key-Facts-Background-Paper-BPCIV. pdf および Michael Neal, "Homeownership Remains a Key Component of Household Wealth," National Association of Home Builders, September 3, 2013 参照.

(46) 住宅バブルによる大恐慌についての記述は Michael Lewis, ***The Big Short: Inside the Doomsday Machine*** (New York: W. W. Norton, 2010)に詳しい. また Atif Mian and Amir Sufi, ***House of Debt: How They (and You) Caused the Great Recession, and How We Can Prevent It from Happening Again*** (Chicago: University of Chicago Press, 2014)も参照.

(47) この提案は, 炭素税に着想を得たものである. たとえば以下を参照. Robert O. Keohane, "The Global Politics of Climate Change: Challenge for Political Science," ***PS: Political Science & Politics*** 48, no. 1 (2015): 19-26.

(48) こうした議論が生まれた背景には大恐慌やオキュパイ・ウォールストリートなど多様なものがあるが, それを決定的なものとしたのは間違いなく, 次の本である. Thomas Piketty, ***Capital in the Twenty-First Century*** (Cambridge, MA: Belknap Press of Harvard University Press, 2014).

(49) 政治ロビイングが果たす機能については Jane Mayer, Dark Money: ***The Hidden History of the Billionaires behind the Rise of the Radical Right*** (New York: Doubleday, 2016), および Lee Drutman, ***The Business of America Is Lobbying: How Corporations Became Politicized and Politics Became More Corporate*** (New York: Oxford University Press, 2015)参照. 上位1%を超えて上流中産階級もが社会の絆を弱めているという近年の議論は Richard V. Reeves, ***Dream Hoarders: How the American Upper Middle Class Is Leaving Everyone Else in the Dust, Why That Is a Problem, and What to Do about It*** (Washington, DC: Brookings Institution Press, 2017)参照. 弱体化する社会的絆については Robert D. Putnam, ***Bowling Alone: The Collapse and Revival of American Community*** (New York: Touchstone, 2001)参照.

(50) The White House, ***Economic Report of the President***, February 2015, 33, https://obamawhitehouse. archives. gov/sites/default/files/docs/cea_2015_erp. pdf

(51) University World News, "Cuts in Spending for Research Worldwide May Threaten Innovation," ***Chronicle of Higher Education***, December 14, 2016, および "Universities Report Four Years of Declining Federal Funding," National Science Foundation, November 17, 2016 参照. カリフォルニア州については "State Spending on Corrections and Education," University of California, https://www. universityofcalifornia. edu/infocenter/california-expenditures-corrections-and-public-education (2017年9月14日アクセス)参照. カリフォルニア州だけが例外的なのではなく, アメリカの他の10の州が教育よりも監獄に予算を割いている. Katie Lobosco, "11 States Spend More on Prisons than on Higher Education," CNN Money, October 1, 2015 を見よ.

(52) Yascha Mounk, "Hallo, hörst du mich?" *Die Zeit*, October 20, 2016.
(53) デジタル技術は人間の教員を役立たずにしてしまうわけではない．来る将来では，高度な能力を持った教師は過去以上に重要な存在となるだろう．しかし，新たな技能を獲得するのではなく，デジタルツールよりも人間が優位性を持つ領域で求められることになるだろう．Ashish Arora, Sharon Belenzon, and Andrea Patacconi, "Killing the Golden Goose? The Decline of Science in Corporate R & D," NBER Working Paper No. 20902, National Bureau of Economic Research, January 2015 参照.
(54) Mary Webb and Margaret Cox, "A Review of Pedagogy Related to Information and Communications Technology," ***Technology, Pedagogy, and Education*** 13 (2004): 235-286. 技術のキャパシティと教師の教授法の複雑な関係については Peggy A. Ertmer, "Teacher Pedagogical Beliefs: The Final Frontier in Our Quest for Technology Integration?" ***Educational Technology Research and Development*** 53 (2005): 25-39, および Peggy A. Ertmer and Anne T. Ottenbreit-Leftwich, "Teacher Technology Change," ***Journal of Research on Technology in Education*** 42 (2010): 255-284 参照.
(55) 考える方法としては，社会人であっても必要な期間学生ローンを借り入れ，学業を修めた後にその時の所得に応じてローンを返済することだろう．『エコノミスト』誌の以下の特集を参照．Andrew Palmer, "Lifelong Learning Is Becoming an Economic Imperative," ***Economist***, January 12, 2017. 生涯学習のための奨学金制度については多くの調査があるとは言えず，やや古びたものとしては Gerald Burke, "Financing Lifelong Learning for All: An International Perspective," Working Paper no. 46, Acer Centre for the Economics of Education and Training, Monash University, November 2002 がある．
(56) この点についての代表的な考えは「脱商品化」に見られる．Gøsta Esping-Andersen, ***The Three Worlds of Welfare Capitalism*** (Princeton: Princeton University Press, 1990) 参照.
(57) 組織率の低下の問題は，もちろん労働組合の交渉力の低下を招くことにある．この問題の優れた研究として Anthony B. Atkinson, ***Inequality: What Can Be Done?*** (Cambridge, MA: Harvard University Press, 2015), 128-132.
(58) この「デュアリズム化」についての優れた一連の研究は Patrick Emmenegger, ed., ***The Age of Dualization: The Changing Face of Inequality in Deindustrializing Societies*** (Oxford: Oxford University Press, 2012), ならびに Gøsta Esping-Andersen, "Welfare States without Work: The Impasse of Labour Shedding and Familialism in Continental European Social Policy," in ***Welfare States in Transition: National Adaptations in Global Economies***, ed. Gøsta Esping-Andersen, 66-87 (London: Sage, 1996) 参照.
(59) 被雇用者のインセンティブ阻害については Karsten Grabow, "Lohn- und Lohnnebenkosten," in Grabow, ***Die westeuropäische Sozialdemokratie in der Re-***

gierung, 123-141 (Wiesbaden: Deutscher Universitäts-Verlag, 2005)参照. 労働市場のインサイダーについてはAssar Lindbeck and Dennis J. Snower, "Insiders versus Outsiders," *Journal of Economic Perspectives* 15, no. 1 (2001): 165-188; Samuel Bentolila, Juan J. Dolado, and Juan F. Jimeno, "Reforming an Insider-Outsider Labor Market: The Spanish Experience," *IZA Journal of European Labor Studies* 1, no. 1 (2012): 1-19, 4, ならびにSilja Häusermann and Hanna Schwander, "Varieties of Dualization? Labor Market Segmentation and Insider-Outsider Divides across Regimes," in *The Age of Dualization: The Changing Face of Inequality in Deindustrializing Societies*, ed. Patrick Emmenegger et al., 27-51 (New York: Oxford University Press, 2012)を参照.

(60) アメリカについてはJacob S. Hacker, "Privatizing Risk without Privatizing the Welfare State: The Hidden Politics of Social Policy Retrenchment in the United States," *American Political Science Review* 98 (2004): 243-260参照. ヨーロッパについてはMounk, *Age of Responsibility*, ch. 2参照.

(61) 1人当たりでみると，スウェーデンはアメリカよりも4倍のスタートアップ企業を生んでいる. Flavio Calvino, Chiara Criscuolo, and Carlo Menon, "Cross-country Evidence on Start-Up Dynamics," OECD Science, Technology and Industry Working Papers, 2015/06 (Paris: OECD Publishing, 2015)参照. スウェーデンの成功についての優れたレポートとしてAlana Semuels, "Why Does Sweden Have So Many Start-Ups?" *Atlantic*, September 28, 2017参照. 大きな福祉国家でスタートアップ企業数が一般的に減る傾向にあると指摘するものとしてRuta Aidis, Saul Estrin, and Tomasz Marek Mickiewicz, "Size Matters: Entrepreneurial Entry and Government," *Small Business Economics* 39, no. 1 (2012): 119-139参照.

(62) 私信.

(63) マイノリティ人口の増加とそれが社会的ステイタスに与える複雑な関係性についてはMaureen A. Craig and Jennifer A. Richeson, "More Diverse Yet Less Tolerant? How the Increasingly Diverse Racial Landscape Affects White Americans' Racial Attitudes," *Personality and Social Psychology Bulletin* 40, no. 6 (2014): 750-761参照. またBinyamin Appelbaum, "The Vanishing Male Worker: How America Fell Behind," *New York Times*, December 11, 2014参照.

(64) あまり注目されなかったが，オバマは2008年大統領選中に「自分たちと違う人間に批判的になったり，銃口を向けたり，宗教に走ったり，反感を抱いたり，自分たちのフラストレーションを表明するための反移民や反自由貿易の感情を抱くことは理解できる」と述べている. Mayhill Fowler, "Obama: No Surprise That Hard-Pressed Pennsylvanians Turn Bitter," *Huffington Post*, November 17, 2008からの引用.

(65) 優れたレポートとしてValerio De Stefano, "The Rise of the 'Just-in-Time Workforce': On-Demand Work, Crowdwork, and Labor Protection in the 'Gig-

Economy,'" *Comparative Labor Law and Policy Journal* 37, no. 3 (2016): 471-503 参照．ウーバーやリフトに敵対的なウォーレン上院議員の最近の演説のように，ギグ経済の企業に敵対するというよりはそれを規制する方向にある．Elizabeth Warren, "Strengthening the Basic Bargain for Workers in the Modern Economy," Remarks, New American Annual Conference, May 19, 2016, https://www.warren.senate.gov/files/documents/2016-5-19_Warren_New_America_Remarks.pdf

第9章

(1) ドイツについては Heidi Tworek, "How Germany Is Tackling Hate Speech," ***Foreign Affairs***, May 16, 2017, および Bundesrat, "Entwurf eines Gesetzes zur Verbesserung der Rechtsdurchsetzung in sozialen Netzwerken (Netzwerkdurchsetzungsgesetz-NetzDG)" (Köln: Bundesanzeiger Verlag, 2017)参照．アメリカについては Zeynep Tufekci, "Zuckerberg's Preposterous Defense of Facebook," ***New York Times***, September 29, 2017; Zeynep Tufekci, "Facebook's Ad Scandal Isn't a 'Fail,' It's a Feature," ***New York Times***, September 23, 2017 および Zeynep Tufekci, "Mark Zuckerberg Is in Denial," ***New York Times***, November 15, 2016 を参照．

(2) Jefferson Chase, "Facebook Slams Proposed German 'Anti-hate Speech' Social Media Law," ***Deutsche Welle***, May 29, 2017.

(3) American Civil Liberties Union, "Internet Speech," https://www.aclu.org/issues/free-speech/internet-speech (2017年9月14日アクセス); Mike Butcher, "Unless Online Giants Stop the Abuse of Free Speech, Democracy and Innovation Is Threatened," TechCrunch, March 20, 2017; "Declaration on Freedom of Expression," http://deklaration-fuer-meinungsfreiheit.de/en/ (2017年9月14日アクセス), および Global Network Initiative, "Proposed German Legislation Threatens Free Expression around the World," http://globalnetworkinitiative.org/news/proposed-german-legislation-threatens-free-expression-around-world (2017年4月19日アクセス)参照．フェイスブックによる特定コンテンツの削除方針についての批判的な立場として Julia Angwin and Hannes Grassegger, "Facebook's Secret Censorship Rules Protect White Men from Hate Speech but Not Black Children," ProPublica, June 28, 2017, および Jeff Rosen, "Who Decides? Civility v. Hate Speech on the Internet," ***Insights on Law and Society*** 13, no. 2 (2013) を参照．

(4) こうした趨勢から，依然として改善の余地はあるものの，主要なSNS企業が責任を果たそうとしているのは事実である．Todd Spangler, "Mark Zuckerberg: Facebook Will Hire 3,000 Staffers to Review Violent Content, Hate Speech," ***Variety***, May 3, 2017 参照．規制と自治の混合こそが必要だとする提唱は Robinson Meyer, "A Bold New Scheme to Regulate Facebook," ***Atlantic***, May 12,

2016を見よ．アメリカの自主規制のモデルについてはAngela J. Campbell, “Self-Regulation and the Media,” *Federal Communications Law Journal* 51, no. 3 (1999): 711-772を参照.

(5) Victor Luckerson, “Get Ready to See More Live Video on Facebook,” *Time*, March 1, 2016, http://time.com/4243416/facebook-live-video/およびKerry Flynn, “Facebook Is Giving Longer Videos a Bump in Your News Feed,” Mashable, January 26, 2017.

(6) @mjahr, “Never Miss Important Tweets from People You Follow,” Twitter blog, February 10, 2016.

(7) こうした有害なコンテンツの特定は，将来はAIの発展によって容易となるだろう．他方では，フェイスブックの数百万ものエントリを調査するモデレーターにとってそれは実現不可能――かつ望ましくない――に思えるだろう．しかしオンラインのトラフィックのうちに占めるミームの数は少ないため，モデレーターは相対的に限られた投稿数だけに目を光らせれば済むことになる．たとえばフェイスブックでは，ユーザーの友達にヘイト・メッセージやフェイクニュースをタイムラインに表示することが依然として可能になっている．しかしフェイスブック社は広告表示と引き換えにこうした投稿を許すのではなく，他のユーザーのニュースフィードの上位に表示させることを止めるためにアルゴリズムを活用すべきだろう．ユーチューブのようなプラットフォームでの広告でヘイトスピーチ集団が資金を集めていることについてはPatrick Kulp, “Big Brands Are Still Advertising on YouTube Vids by Hate Groups—Here's the Proof,” Mashable, March 23, 2017. およびCharles Riley, “Google under Fire for Posting Government Ads on Hate Videos,” CNN Money, March 17, 2017.

(8) Gideon Resnick, “How Pro-Trump Twitter Bots Spread Fake News,” *Daily Beast*, November 17, 2016参照．またS. Woolley and P. N. Howard, “Political Communication, Computational Propaganda, and Autonomous Agents,” introduction to special section on Automation, Algorithms, and Politics, *International Journal of Communication* 10 (2016): 4882-4890; Philip N. Howard and Bence Kollanyi, “Bots, #Strongerin, and #Brexit: Computational Propaganda during the UK-EU Referendum,” Working Paper 2016. 1, Project on Computational Propaganda, Oxford Internet Institute, University of Oxford, June 21, 2016, およびBence Kollanyi, Philip N. Howard, and Samuel C. Woolley, “Bots and Automation over Twitter during the Second U.S. Presidential Debate,” Data Memo 2016. 2, The Computational Propaganda Project, Oxford Internet Institute, University of Oxford, October 19, 2016などを参照.

(9) 私信.

(10) たとえばある世論調査によれば，ニューヨーク市住民の半数が，政府が同時多発テロを意図的に防ごうとしなかったと答えている．Alan Feuer, “500 Conspiracy Buffs Meet to Seek the Truth of 9/11,” *New York Times*, June 5, 2006. また

Peter Knight, "Outrageous Conspiracy Theories: Popular and Official Responses to 9/11 in Germany and the United States," *New German Critique* 103 (2008): 165–193; および Jonathan Kay, ***Among the Truthers***: A Journey through America's ***Growing Conspiracist Underground*** (New York: Harper Collins, 2011) 参照. 月面着陸が嘘だったと信じる心性については Stephan Lewandowsky, Klaus Oberauer, and Gilles E. Gignac, "NASA Faked the Moon Landing—Therefore, (Climate) Science Is a Hoax: An Anatomy of the Motivated Rejection of Science," ***Psychological Science*** 24, no. 5 (2013): 622–633, および Viren Swami, Jakob Pietschnig, Ulrich S. Tran, Ingo W. Nader, Stefan Stieger, and Martin Voracek, "Lunar Lies: The Impact of Informational Framing and Individual Differences in Shaping Conspiracist Beliefs about the Moon Landings," ***Applied Cognitive Psychology*** 27, no. 1 (2013): 71–80 参照.「シオン賢者の議定書」については Stephen Eric Bronner, ***A Rumor about the Jews: Antisemitism, Conspiracy, and the Protocols of Zion*** (New York: Oxford University Press, 2003), および Esther Webman, ed., ***The Global Impact of "The Protocols of the Elders of Zion": A Century-Old Myth*** (New York: Routledge, 2012) を参照.

(11) 陰謀理論が生まれることについての明解な分析として Cass R. Sunstein and Adrian Vermeule, "Conspiracy Theories: Causes and Cures," ***Journal of Political Philosophy*** 17, no. 2 (2009): 202–227, および Jovan Byford, ***Conspiracy Theories: A Critical Introduction*** (New York: Palgrave Macmillan, 2011) 参照. 政府への信頼低下については同 Chapter 3, ならびに "Public Trust in Government: 1958–2017," Pew Research Center, May 3, 2017.

(12) Adam M. Samaha, "Regulation for the Sake of Appearance," ***Harvard Law Review*** 125, no. 7 (2012): 1563–1638 参照. 同じ考えは「正義がなされるだけではなく, 正義がなされることが見られなければならない」という格言にもみられる. (***R v Sussex Justices, Ex parte McCarthy*** [1924] 1 KB 256, [1923] All ER Rep 233). また重要な議論として Amartya Sen, "What Do We Want from a Theory of Justice?" ***Journal of Philosophy*** 103, no. 5 (2006): 215–238.

(13) Gregory Krieg, "14 of Donald Trump's Most Outrageous 'Birther' Claims—Half from after 2011," CNN, September 16, 2016; Jana Heigl, "A Timeline of Donald Trump's False Wiretapping Charge," Politifact, March 21, 2017, および Michael D. Shear and Emmarie Huetteman, "Trump Repeats Lie about Popular Vote in Meeting with Lawmakers," ***New York Times***, January 23, 2017 参照.

(14) McKay Coppins, "How the Left Lost Its Mind," ***Atlantic***, July 2, 2017, および Joseph Bernstein, "Louise Mensch Has a List of Suspected Russian Agents," Buzzfeed, April 21, 2017.

(15) よく知られたブログ「***Lawfare***」は 2017 年 5 月に「こうした諸事実の奇妙な結びつきをどう理解したらよいだろうか. 憶測を避けたいと思うならば, 真実はわからないということになるだろう」と書いている. それでもトランプのロシアとの関

係の可能性を探る中で，著者はトランプがロシアのエージェントかもしれないことを含む，さまざまなシナリオを提示している．「その可能性は高くないと考えるが，それも大統領が敵対国を手助けしているということを信じたくないがあまりかもしれない．しかし，知られている事実と整合的な解釈であり，多くの人々が指摘している」. Jane Chong, Quinta Jurecic, and Benjamin Wittes, "Seven Theories of the Case: What Do We Really Know about l'Affaire Russe and What It Could All Mean?" *Lawfare*, May 1, 2017.

(16) "Transcript: Read Michelle Obama's Full Speech from the 2016 DNC," *Washington Post*, July 26, 2016.

(17) 第 2 章参照.

(18) 近年の議論として Lawrence Lessig, *Republic, Lost: The Corruption of Equality and the Steps to End It*, rev. ed. (New York: Twelve, an imprint of Grand Central Publishing, 2015); Zephyr Teachout, *Corruption in America: From Benjamin Franklin's Snuff box to Citizens United* (Cambridge, MA: Harvard University Press, 2014); Lee Drutman, *The Business of America Is Lobbying* (New York: Oxford University Press, 2015); John P. Sarbanes and Raymond O' Mara III, "Power and Opportunity: Campaign Finance Reform for the 21st Century," *Harvard Journal on Legislation* 53, no. 1 (2016): 1-38, および Tabatha Abu El-Haj, "Beyond Campaign Finance Reform," *Boston College Law Review* 57, no. 4 (2016): 1127-1185.

(19) Tony Blair Institute for Global Change, "The Centre in the United Kingdom, France and Germany," June 2017, http://institute.global/sites/default/files/inline-files/IGC_Centre%20Polling_14.07.17.pdf 参照. EU の民主化についての最近の提案として Hennette, Thomas Piketty, Guillaume Sacriste, and Antoine Vauchez, *Pour un traité de démocratisation de l'Europe* (Paris: Seuil, 2017); Agnès Bénassy-Quéré, Michael Hüther, Philippe Martin, and Guntram B. Wolff, "Europe Must Seize This Moment of Opportunity," Bruegel, August 12, 2017, および Cécile Ducourtieux, "Europe: Macron livre une feuille de route ambitieuse tout en ménageant Berlin," *Le Monde*, September 27, 2017 を見よ.

(20) 議会の能力については Lee Drutman, "These Frightening New Survey Results Describe a Congress in Crisis," *Vox*, August 8, 2017; Lee Drutman and Steve Teles, "Why Congress Relies on Lobbyists Instead of Thinking for Itself," *Atlantic*, March 10, 2015; また Kevin R. Kosar et al., "Restoring Congress as the First Branch," *R Street Policy Study*, no. 50, January 2016, https://www.rstreet.org/wp-content/uploads/2016/01/RSTREET50.pdf を参照.

(21) Jon S. T. Quah, "Controlling Corruption in City-States: A Comparative Study of Hong Kong and Singapore," *Crime, Law and Social Change* 22, no. 4 (1994): 391-414 参照.

(22) George Washington, "Eighth Annual Address to Congress," December 7,

1796. the American Presidency Project より.

(23) James Madison to W. T. Barry, letter, August 4, 1822, in *Writings of James Madison*, ed. Gaillard Hunt, vol. 9 (New York: Putnam, 1910), 103–109, 引用は p. 103, *The Founders' Constitution*, ed. Philip B. Kurland and Ralph Lerner (Chicago: University of Chicago Press and the Liberty Fund, 1986), vol. 1, ch. 18, document 35 より.

(24) 有名な「スクールハウス・ロック」については "Schoolhouse Rock-How a Bill Becomes a Law," season 3, episode 1, September 18, 1975, American Broadcasting Corporation, https://www.youtube.com/watch?v=Otbml6WIQPo 参照.

(25) Allan Bloom, *Closing of the American Mind* (New York: Simon and Schuster, 1987)[アラン・ブルーム『アメリカン・マインドの終焉——文化と教育の危機』, 菅野盾樹訳, みすず書房, 1988 年]参照.

(26) American Bar Association and YMCA Youth in Government, "Partners in Civic Engagement," 2010, p. 2, https://www.americanbar.org/content/dam/aba/migrated/publiced/YouthInGovtYMCA.authcheckdam.pdf 参照.

(27) James W. Fraser, *Reading, Writing, and Justice: School Reform as If Democracy Matters* (Albany: SUNY Press, 1997), 55.

(28) *Bethel School District No. 403 v. Fraser* 478 US 675 (1986).

(29) アメリカの大学生の勉強量の少なさについてのデータは Richard Arum and Josipa Roksa, *Academically Adrift: Limited Learning on College Campuses* (Chicago: University of Chicago Press, 2011), および Richard Arum and Josipa Roksa, *Aspiring Adults Adrift: Tentative Transitions of College Graduates* (Chicago: University of Chicago Press, 2014).

(30) 懸念すべき傾向についてまとめたものとして, Campaign for the Civic Mission of Schools, "Civic Learning Fact Sheet," 参照.

(31) Max Fisher, "Americans vs. Basic Historical Knowledge," *Atlantic*, June 3, 2010, および Jonathan R. Cole, "Ignorance Does Not Lead to Election Bliss," *Atlantic*, November 8, 2016 を参照. また William A. Galston, "Civic Education and Political Participation," *PS: Political Science and Politics* 37, no. 2 (2004): 263–266, および William A. Galston, "Civic Knowledge, Civic Education, and Civic Engagement: A Summary of Recent Research," *International Journal of Public Administration* 30, no. 6–7 (2007): 623–642 も参照.

(32) 管見の限りでは, この点についての体系的な調査はほとんど存在していない. もっとも数十年前と比べてアメリカ人の養育について政治はほとんど関心を払わず, 市民的徳についての知識もないのであれば, こうした逸話もより大きな傾向を指示しているものであるように思える.

(33) 教育学については David F. Labaree, "Progressivism, Schools and Schools of Education: An American Romance," *Paedagogica Historica* 41, no. 1–2 (2005): 275–288, および David F. Labaree, *The Trouble with Ed Schools* (New Haven:

Yale University Press, 2004). 研究大学院での教員教育についてはArthur Levine, "Educating School Teachers," report of The Education Schools Project, Washington, DC, September 2006, https://files. eric. ed. gov/fulltext/ED 504144. pdf 参照.

(34) David Randall with Ashley Thorne, "Making Citizens: How American Universities Teach Civics," National Association of Scholars, January 2017, https://www. nas. org/images/documents/NAS_makingCitizens_fullReport. pdf ならびに Stanley Fish, "Citizen Formation Is Not Our Job," *Chronicle of Higher Education*, January 17, 2017 参照.

(35) David Brooks, "The Crisis of Western Civ," *New York Times*, April 21, 2017 による応答を参照.

最終章

(1) アテネについては Sarah B. Pomeroy, ***Ancient Greece: A Political, Social, and Cultural History*** (Oxford: Oxford University Press, 1999), および Robert Waterfield, ***Athens: A History, From Ancient Ideal to Modern City*** (New York: Basic Books, 2004)参照. ローマについては Mary Beard, ***SPQR: A History of Modern Rome*** (New York: W. W. Norton, 2015), および Marcel Le Glay, Jean-Louis Voisin, and Yann Le Bohec, ***Histoire romaine*** (Paris: Presses universitaires de France, 1991)参照. ヴェネツィアについては Frederic Chapin Lane, ***Venice, a Maritime Republic*** (Baltimore: Johns Hopkins University Press, 1973), および John Julius Norwich, ***A History of Venice*** (London: Penguin, 1982)参照.

(2) Adam Easton, "Analysis: Poles Tire of Twins," BBC News, October 22, 2007, および Choe Sang-Hun, "Park Geun-hye, South Korea's Ousted Leader, Is Arrested and Jailed to Await Trial," *New York Times*, March 30, 2017 参照.

(3) トルコについては Dexter Filkins, "Erdogan's March to Dictatorship in Turkey," *New Yorker*, March 31, 2016; および Soner Cagaptay, ***The New Sultan: Erdogan and the Crisis of Modern Turkey*** (London: I. B. Tauris, 2017)参照. ベネズエラについては Rory Carroll, ***Comandante: Hugo Chávez's Venezuela*** (London: Penguin Books, 2015)[ローリー・キャロル『ウーゴ・チャベス――ベネズエラ革命の内幕』, 伊高浩昭訳, 岩波書店, 2014年], および "Freedom in the World 2017: Venezuela," Freedom House website 参照.

(4) Kanchan Chandra, "Authoritarian India: The State of the World's Largest Democracy," ***Foreign Affairs***, June 16, 2016; Anne Applebaum, "It's Now Clear: The Most Dangerous Threats to the West Are Not External," ***Washington Post***, July 16, 2016; および Richard C. Paddock, "Becoming Duterte: The Making of a Philippine Strongman," *New York Times* Magazine, March 21, 2017 参照.

(5) Michael S. Schmidt, "In a Private Dinner, Trump Demanded Loyalty. Comey Demurred," *New York Times*, May 11, 2017; Sharon Lafraniere and Adam Goldman, "Guest List at Donald Trump Jr.'s Meeting with Russian Expands Again," *New York Times*, July 18, 2017; Rosie Gray, "Trump Defends White-Nationalist Protesters: 'Some Very Fine People on Both Sides,'" *Atlantic*, August 15, 2017, および@realdonaldtrump: "So why aren't the Committees and investigators, and of course our beleaguered A. G., looking into Crooked Hillarys crimes & Russia relations?" tweet, July 24, 2017, 9:49 am (トランプは非難したことがあっても，白人至上主義者たちと明確に距離をとることを否定している).
(6) Tim Marcin, "Donald Trump's Popularity: His Approval Rating among His Base Voters Is Back Up," *Newsweek*, July 12, 2017 参照.
(7) David Leonhardt, "G. O. P. Support for Trump Is Starting to Crack," *New York Times*, July 24, 2017 参照.
(8) 過去の大統領と比べてのトランプの支持率の平均値については，以下が参考になる．"How Popular Is Donald Trump?" FiveThirtyEight. com.
(9) 現時点でトランプの再選は難しくみえるが，しかし絶対に不可能ではない．トランプが2020年にも勝利するシナリオとしてDamon Linker, "Trump Is Toxically Unpopular. He Still Might Win in 2020," The Week, August 30, 2017を見よ．
(10) Beard, *SPQR*, 232.
(11) ローマ共和国についてMike Duncan, *The Storm before the Storm: The Beginning of the End of the Roman Republic* (New York: PublicAffairs, 2017)を参照.
(12) Epictetus, *The Discourses*, Book 1, Chapter 1.